나를 심히 창대케 하소서!

"나를 더욱 창대하게 하시고
돌이키사 나를 위로 하소서."
- 시편 71편 21절

평강의 주님께서 친히
때마다 일마다 평강을 주시며
심히 창대하게 하시기를 기도합니다.




특별히 _____ 님께
이 소중한 책을 드립니다.

김장환 목사와 함께 / 경건생활 365일

# 나를 심히 창대케 하소서!

나침반

## 시작하면서

## "네 시작은 미약하였으나
## 네 나중은 심히 창대 하리라."

 번창하고 세력이 왕성해지는 창대의 축복은 하나님이 모든 성도들에게 주시는 큰 복입니다. 그리고 세상에서 하나님을 향한 바른 믿음으로 창대의 복을 간구하는 것은 기복 신앙이 아니라 성도의 당연한 권리이며 특권입니다.

 아브라함은 믿음으로 하나님께 창대하여지는 큰 복을 받았고(창 12:2), 솔로몬도 바른 믿음을 가졌을 때 하나님께서 심히 창대하게 하셨고(대하1:1), 목숨을 걸고 믿음을 지켰던 모르드개도 각 지방에 명성이 퍼질 정도로 창대했습니다(에9:4).

 신앙의 위인들이 영육간에 커다란 복을 받았던 것처럼 우리도 하나님의 은혜로 영성과 물질과 명성과 전도의 열매가 창대해 질 수 있습니다.

 그러나 우리는 말씀을 묵상하고, 기도를 하면서도 나의 능력과 환경의 틀에 갇혀서 하나님의 능력을 제한하는 삶을 살고 있습니다.

 우리도 말씀을 지켜 행한다면 하나님은 언제라도 창대하게 하실 것을 약속하셨는데도...(레 26:9, 미 5:4).

 떡 다섯 개와 물고기 두 마리가 수천 명을 먹이고 남았던 것처럼 우리의 삶에도 봉사와 나눔의 창대한 복이 임할 수 있습니다.

이 책을 통해 말씀을 묵상하는 많은 성도님들이 다시 주님과 이웃을 사랑할 수 있는 힘을 얻게 되고, 세상과 싸워 이길 큰 힘을 얻어, 하나님이 주실 창대한 복을 듬북 누리길 간절히 소망합니다.


창대케 하실 주님을 의지하며...

*김장환*

김장환(목사/극동방송-이사장)

# 1월

"내가 너와 함께 있어
네가 어디로 가든지 너를 지키며
너를 이끌어 이 땅으로 돌아오게 할지라
내가 네게 허락한 것을 다 이루기까지
너를 떠나지 아니하리라 하신지라"

-창세기 28:15-

# 1월 1일 심히 창대하리라

읽을 말씀 : 창 12:1-4

● 창 12:2 내가 너로 큰 민족을 이루고 네게 복을 주어 네 이름을 창대하게 하리니 너는 복이 될지라

맥나머스 목사님이 담임하시는 미국의 모자이크 교회는 코뿔소 교회로 유명합니다.

코뿔소는 시력이 좋지 않아서 바로 앞에 있는 물체밖에 보이지 않지만 언제나 전력질주를 합니다. 시야가 전방 5m 정도기 때문에 코뿔소가 앞에 어떤 장애물을 확인하고 멈추는 경우는 거의 없습니다. 그러나 강철 같은 뿔과 갑옷 같은 피부 덕분에 코뿔소는 대부분의 장애물을 그냥 부수고 돌진합니다. 또한 이런 저돌성 때문에 사자나 표범 같은 맹수들도 코뿔소에게 덤비지 못하고 대부분 피해갑니다.

모자이크 교회가 코뿔소 교회로 불리는 이유는 말씀을 듣고 실천하는 강한 실행력 때문입니다. 하나님이 주신 사명이라는 확신이 생기면 토론과 회의보다는 일단 실천하는 것이 이 교회의 특징입니다. 그리고 이런 실행력 때문에 다른 교회들보다 훨씬 많은 봉사와 선교를 담당하며 지역사회의 빛으로 인정을 받고 있습니다.

한 해를 시작하면서 세우는 계획을 이루는데 가장 중요한 것은 철저한 실행력입니다. 하나님만을 바라보며 집중할 때 세상의 모든 어려움과 방해들은 저절로 사라집니다.

하나님이 주신 마음의 소원을 품으며 올 한 해를 힘차게 시작하십시오. 반드시 창대하게 될 것입니다.

♡ 주님! 깨달은 하나님 말씀은 곧 실행하게 하소서!
📖 올해의 마음의 소원을 자세히 기록해 보십시오.

나의 영적 일지

# 믿음에서 출발하라

읽을 말씀 : 단 6:19-28

●단 6:23 왕이 심히 기뻐서 명하여 다니엘을 굴에서 올리라 하매 그들이 다니엘을 굴에서 올린즉 그의 몸이 조금도 상하지 아니하였으니 이는 그가 자기의 하나님을 믿음이었더라

'음악의 어머니' 헨델은 유럽 전역에서 큰 인기를 얻은 음악가였습니다. 화려한 가곡으로 40년간 부와 명성을 얻었던 헨델은 이탈리아에서의 연이은 실패로 인해 빈털터리가 되었습니다. 건강까지 매우 나빠진 헨델은 온천을 찾아가 요양을 했습니다.

그런 헨델에게 어느 날 찰스 기븐이라는 작가가 찾아와 헨델을 위로하며 성경 이사야서를 건네주었습니다.

헨델은 성경엔 별 관심이 없었지만 건네 준 성의를 생각해서 한 번은 읽어보기로 했습니다. 그리고 이사야서를 통해 예수님의 모습과 마음을 알게 되었고 큰 감동과 위로를 받았습니다. 요양을 통해 건강이 회복된 그는 곧바로 영국으로 건너가 '메시아'를 작곡했습니다. 메시아가 큰 인기를 얻으며 헨델은 다시 유명해졌지만 그는 별로 개의치 않았습니다. 그리고 다시 나빠진 건강 탓에 실명을 하게 되었지만 그 역시 개의치 않았습니다. 하나님을 만남으로 흔들리지 않는 마음의 평안을 이미 얻었기 때문입니다.

사람의 인생은 출생으로 시작되는 것이 아니라 하나님을 만난 뒤로부터 시작됩니다. 마음의 중심이 하나님께 붙어있는 있는 사람은 역경을 통해 오히려 주님께 쓰임을 받습니다.

한 해를 시작하면서 무엇보다도 하나님을 가까이하고 하나님으로부터 출발하는 믿음의 소유자가 되십시오. 반드시 창대하게 될 것입니다.

♡ 주님! 주님과 함께 할 때가 가장 적당할 때라는 것을 알게 하소서!
📖 내 인생의 목표가 믿음에서 출발하는지 점검해보십시오.

나의 영적 일지

**1월 3일**

## 결론을 내려야 할 때

읽을 말씀 : 히 11:1-12

●히 11:7 믿음으로 노아는 아직 보이지 않는 일에 경고하심을 받아 경외함으로 방주를 준비하여 그 집을 구원하였으니 이로 말미암아 세상을 정죄하고 믿음을 따르는 의의 상속자가 되었느니라

 일본의 시사경제잡지 닛케이 비즈니스에서 전문 기업인들을 대상으로 조사를 한 뒤 발표한 '실패하는 회의의 6가지 특징'입니다.
 1.여러 사람의 지각으로 회의 시작 시간이 늦어진다.
 2.명확하지 않은 출처의 자료가 사용된다.
 3.'대략', '~~이라고 생각합니다' 등의 애매한 단어가 등장한다.
 4.특정한 몇몇을 빼고는 발언을 하지 않는다.
 5.리더가 '결론은 다음에 냅시다'라고 자주 말한다.
 6.회의가 끝난 뒤에 할 일이 뭔지 아는 사람이 없다.
 일본의 회의문화를 비판하는 내용의 글이지만 이 글의 내용은 오늘날의 크리스천들에게도 적용이 가능합니다.
 매주 드리는 예배가 성공하지 못하는 것은 예배시간을 지키지 않는 안이한 마음 때문이며, 또한 말씀을 애매하게 받고 변화의 결심을 내리지 못하기 때문입니다.
 예배를 통해 마음에 주시는 주님의 음성에 확신을 가지고 매일 순종하십시오. 반드시 창대하게 될 것입니다.

♥ 주님! 말씀을 묵상하며 들리는 음성에 순종하게 하소서!
 지난 주일날 예배를 드리던 때의 모습을 반성해 보십시오.

**나의 영적 일지**

# 자리의 책임

읽을 말씀 : 시 9:1-11

● 시 9:10 여호와여 주의 이름을 아는 자는 주를 의지하오리니 이는 주를 찾는 자들을 버리지 아니하심이니이다

    영국의 스탠리 볼드윈 총리는 혼란한 시기의 영국을 잘 추스른 인물입니다. 국민의 이익을 최우선으로 생각하고 주로 강경하지 않은 부드러운 정책을 추구한 그는 영국의 재무차관, 상업장관, 재무장관을 역임했으며 총리에만 3번이나 당선되는 처칠에 버금가는 수상이었습니다.

    볼드윈이 처음으로 수상으로 당선된 때에 국왕의 임명을 받기 위해서 왕궁에 도착을 했는데, 자리에 많은 시민들이 모여서 박수를 치며 총리의 임명을 축하했습니다. 그러나 볼드윈은 많은 군중들에게 인사를 한 뒤에 말했습니다.

    "영광입니다. 국민 여러분, 하지만 아직은 그렇게 기뻐할 때가 아닙니다. 지금 이 혼란한 정국을 위해 다 같이 기도해주십시오. 저를 위해, 또 나라를 위해 기도해주시길 부탁드립니다."

    볼드윈은 총리의 자리가 그 누구보다 커다란 책임을 져야 하는 자리임을 알고 있었습니다. 총리의 자리를 신중하게 생각한 볼드윈은 실제로 당선이 된 뒤에는 경제공황 상태의 영국을 잘 다스려 많은 파업을 막고 국력을 회복시켰습니다.

    진정으로 축하를 받을 순간은 자리에 오르는 순간이 아니라 자리를 마치는 순간입니다.

    화려하게 시작하여 시드는 삶이 아니라 날로 더 나아지는 삶을 살기 위해 하나님을 의지하는 겸손한 삶을 사십시오. 반드시 창대하게 될 것입니다.

💗 주님! 날이 갈수록 더욱 주님을 의지하며 살게 하소서!
🌀 일과 신앙에 대한 책임을 지는 삶을 사십시오.

나의 영적 일지

**1월 5일**

# 스마트 시대의 위험성

읽을 말씀 : 요 4:13-26

● 요 4:24 하나님은 영이시니 예배하는 자가 영과 진리로 예배할지니라

　전주에 있는 솔빛중학교는 '스마트 시대'를 역행하는 학교입니다.
　스마트폰의 보급률이 크게 높아지면서 어느 곳을 가나 사람들이 스마트폰만 쳐다보고 있는 이 시대에 학교 내에서 핸드폰 사용을 전면 금지하고 있기 때문입니다. 더 주목할 점은 이런 규제가 강제적으로 시행되는 것이 아니라 학생들 스스로가 동의한 사항이라는 점입니다.
　학교에서 스마트폰을 사용하는 것이 여러모로 좋지 않다는 점에 대해서 학생들이 충분히 이해했기 때문에 자발적으로 참여가 이루어졌습니다. 한때 서울시에서 '학생인권조례'가 시행되면서 학교에서 휴대폰을 규제할 수 없게 되었던 것과는 완전히 다른 모습입니다.
　실제로 어린 나이 때 스마트폰을 많이 접한 사람일수록 주의력과 집중력이 떨어지고, 주어진 걸 받기만 하는 수동적인 사람이 될 위험성이 높다는 연구들이 많이 발표되고 있습니다. 그런 이유로 현재 미국과 프랑스 같은 나라들은 학교에서 스마트폰을 철저히 규제하고 있습니다.
　인터넷과 전자기기들이 발달하면서 점점 편의성을 중시하는 사회로 발전되고 있습니다. 그리고 이런 현상은 이제 교회 안에까지 깊게 들어와 예배시간에도 핸드폰을 사용하는 성도들이 있습니다. 예배는 다른 무엇보다도 우리의 정성과 온 마음으로 하나님께 드리는 능동적인 행위가 되어야 합니다.
　나의 편의대로 예배하지 말고 신령과 진정으로 예배를 드리십시오. 반드시 창대하게 될 것입니다.

🖤 주님! 주님에게 드리는 수고와 노력을 아끼지 않게 하소서!
🖼 신령과 진정으로 드리는 예배에 대해서 깊이 생각해보십시오.

`나의 영적 일지`

# 항상 정직하라

읽을 말씀 : 왕상 3:1-15

● 왕상 3:6 솔로몬이 이르되 주의 종 내 아버지 다윗이 성실과 공의와 정직한 마음으로 주와 함께 주 앞에서 행하므로 주께서 그에게 큰 은혜를 베푸셨고 주께서 또 그를 위하여 이 큰 은혜를 항상 주사

"죄송합니다. 저희 제품에는 유독성분이 들어있습니다."

세계 케첩 시장 1위인 하인즈 식품은 위와 같은 광고를 대대적으로 신문과 방송에 낸 적이 있습니다. 하인즈 식품은 자체적인 조사를 통해 장기간 섭취하면 몸에 해로울 수 있는 첨가물을 자신들이 사용하고 있다는 사실을 알게 되었는데, 이 사실을 감추기보다는 먼저 알리고 추후 대책을 확실히 마련하기 위해서 사람들에게 알린 것입니다.

이 사실을 공개하기 전날 까지만 해도 회사 경영진들 사이에서는 찬반 논의가 끊이지 않았다고 합니다. 실제로 이 사실이 공개되고 난 뒤에 제품의 매출은 급격히 떨어졌고, 동일한 첨가제를 사용하는 경쟁업체들은 허위사실유포로 하인즈를 고소했습니다. 고소와 관련된 판결이 나기까지 4년이 걸렸고, 수차례 파산의 위기를 맞았습니다.

그러나 점차 소비자들은 하인즈라면 신뢰할 수 있다는 생각을 하게 되었습니다. 문제가 생긴다 하더라도 하인즈라면 숨기지 않고 먼저 공개할 것이라는 신뢰가 생겼기 때문이었습니다. 그렇게 하인즈는 2000년도부터 한 번도 미국 소비자 만족조사인 ACSI에서 1위의 자리를 놓치지 않는 신뢰의 기업이 되었습니다.

위기의 순간에 더욱 필요한 것이 바로 정직입니다. 삶이 어렵고 힘들수록 잘못된 유혹에 빠지지 말고 정직하게 양심을 지키십시오. 반드시 창대하게 될 것입니다.

♥ 주님! 정직을 지킬 수 있는 선한 양심을 갖게 하소서!
📖 교회와 나에 대한 세상 사람들의 지적에 변명하기 보다는 사과를 하십시오.

나의 영적 일지

**1월 7일**

## 진정한 잠재력

읽을 말씀 : 출 9:1-19

● 출 9:16 내가 너를 세웠음은 나의 능력을 네게 보이고 내 이름이 온 천하에 전파되게 하려 하였음이라

타임지(2009년)에서 선정한 '세계에서 가장 영향력 있는 100인'에 선정된 래리 곽 박사님은 자녀교육으로도 매우 유명한 분입니다.

세 명의 아들과 막내딸을 포함한 4명의 자녀들을 모두 미국의 명문대에 진학시킨 박사님은 사람들이 자녀교육의 비법에 대해서 물을 때마다 "공부도 물론 중요하지만, 하나님을 믿게 하는 것이 더욱 중요합니다. 좋은 대학을 가는 것보단 아이의 잠재력을 키워주는 것이 더 좋은 일입니다."라고 말합니다.

하나님을 알게 하고, 관심분야를 개발할 수 있는 터전을 마련해주었더니 아이들이 스스로 하고 싶은 일을 찾았기 때문에 좋은 결과가 나왔다는 것입니다. 모든 아이들이 다 명문대에 갈 수 없듯이 공부를 잘 하는 것보다는 하나님이 주신 잠재력을 찾는 것이 더욱 중요하다고 박사님은 말했습니다.

그리고 성적에 너무 집중하지 말고 매일 5분이라도 자녀와 함께 하는 시간을 갖고 신앙의 중요성을 꾸준히 알려주며, 공부 뿐 아니라 운동과 악기, 예술 활동도 신경을 써주는 것이 명문대를 보내는 것보다 더 좋은 자녀교육비법이라고 덧붙였습니다.

하나님을 알고, 하나님을 위한 삶을 사는 것보다 더 큰 축복은 없습니다. 세상이 추구하는 목표와 성공에 한눈을 팔지 말고 주님을 위해 하나님이 주신 잠재력을 믿음을 기반으로 계발 하십시오. 반드시 창대하게 될 것입니다.

💟 주님! 인생의 최우선 목표가 주님이 되게 하소서!
🔲 세상이 말하는 성공을 기준으로 신앙을 이용하지 마십시오.

**나의 영적 일지**

# 속도와 방향

읽을 말씀 : 욥 28:12-28

● 욥 28:28 또 사람에게 말씀하셨도다 보라 주를 경외함이 지혜요 악을 떠남이 명철이니라

'velocitylaws.com'라는 사이트는 빠르게 변화하는 디지털 시대에서 살아남은 기업들에 대한 이야기가 올라오는 곳입니다.

나이키의 본사 부사장과 유명 에이전시의 대표가 직접 인터뷰를 하며 진행되는 이곳에는 짧은 법칙과 함께 성공한 회사들의 일화가 소개되어 있습니다. 최근 가장 인기있는 소셜 서비스인 페이스북의 법칙은 '불평보단 행동이 쉽다'인데 창업자인 마크 주커버그는 돈을 벌기 위해서가 아니라 페이스북 같은 서비스가 있으면 좋겠다고 주변 사람들에게 말을 하다가 창업을 결심했습니다.

세계최대의 커피프랜차이즈 스타벅스는 '최고의 광고는 광고를 하지 않는 것이다' 입니다. 창업자 하워드 슐츠는 제품이 훌륭하면 고객이 알아서 광고를 해줄 것이라고 생각해 광고를 하지 않았습니다. 대신에 고객이 살만한 멋진 디자인의 매장, 머그잔, 로고 등을 만들기 위해 고심했습니다. 그런데 이 사이트에서는 모든 기업에 적용된다며 마지막에 '당신보다 더 큰 목적을 가지세요'라는 법칙을 소개합니다. 위대한 기업은 돈 이상의 목표를 가져야 하듯이 성공한 개인은 더 큰 목적의식이 필요하기 때문입니다.

위 예화에 나오는 사이트의 이름이 '속력(speed)'이 아닌 '속도(velocity)'인 것은 빠르기보다도 방향이 더 중요하다는 의미라고 합니다. 더 나은 인생보다 주님께 더 가까워지는 인생을 꿈꾸십시오. 반드시 창대하게 될 것입니다.

♥ 주님! 인생의 모든 순간에서 항상 믿음을 잃지 않게 하소서!
※ 지금 나의 삶의 방향이 주님께로 향해 있는지 체크해 보십시오.

나의 영적 일지

## 경고할 책임

**1월 9일**

읽을 말씀 : 사 40:1-8

● 사 40:3 외치는 자의 소리여 이르되 너희는 광야에서 여호와의 길을 예비하라 사막에서 우리 하나님의 대로를 평탄하게 하라

지하철역 보수 공사를 하고 있는 장소에 한 남자가 서있었습니다.

작업을 하는 인부들은 다칠 수도 있으니 공사 현장에서 조금 떨어진 곳으로 이동하라고 주의를 주었지만 남자는 오히려 자신의 권리를 주장했습니다.

"당신들이 전세 냈습니까? 나는 서 있을 권리가 있습니다."

그러나 몇 분 뒤에 정말로 떨어진 벽돌 조각에 남자가 머리를 맞아 부상을 당했습니다. 남자는 손해배상을 청구했지만, 인부들은 주의를 주었다며 배상을 거절했고, 남자는 변호사를 선임해서 법정으로 이 사건을 끌고 갔습니다. 사건의 정황을 파악한 판사는 다음과 같은 판결을 내렸습니다.

"건축회사가 억지로 사람을 길에서 비키게 할 수는 없습니다. 길에서 서 있을 권리가 있다는 남자의 주장은 타당합니다. 그러나 회사에서는 사전에 위험을 공지하는 의무를 다했으므로 이 시점에서 부상을 당할 권리 역시 남자에게 있다고 볼 수 있습니다. 회사는 책임을 다했기 때문에 배상의 여지가 없습니다."

타인에게 강요를 해선 안 되지만 깨달은 것을 전하고 경고하는 의무는 다해야 합니다.

하나님이 주시는 경고의 표시를 무시하는 책임은 우리에게 있음을 이해하는 지혜로운 성도가 되십시오. 반드시 창대하게 될 것입니다.

♥ 주님! 상황들을 통해 주시는 메세지를 잘 분별하게 하소서!
🙏 성도의 의무를 미루지 않고 책임을 다하는 삶을 사십시오.

나의 영적 일지

# 한통에 한 가지 물만

읽을 말씀 : 시 5:1-12

● 시 5:7 오직 나는 주의 풍성한 사랑을 힘입어 주의 집에 들어가 주를 경외함으로 성전을 향하여 예배하리이다

신학자 에케르트에게 한 청년이 찾아와서 물었습니다.

"선생님, 하나님이 주시는 기쁨을 어떻게 느낄 수가 있습니까? 저는 세상의 즐거움을 포기하는 일이 너무나 힘들게 느껴집니다."

"하나님이 주시는 기쁨을 체험해보셨습니까?"

청년이 잠시 고민을 한 뒤에 그런 것 같다고 대답했습니다. 그러자 에케르트가 말했습니다.

"하나님이 주시는 기쁨을 느껴본 사람은 절대로 형제님과 같은 고민을 하지 않습니다. 우리의 몸은 물을 담는 항아리와 같아서 두 가지를 동시에 담을 수는 없습니다. 물이 담겨있는 항아리에 포도주를 담기 위해서는 먼저 물을 다 버려야 합니다. 물에다 포도주를 그냥 붓는 다면 그것은 물도 버리고 포도주도 버리는 일이 됩니다. 하나님이 주시는 기쁨을 사모하는 마음이 분명하게 있다면 그것을 버리고 세상의 기쁨을 담으려고 하지는 않을 것입니다. 그러니 먼저 형제님을 기쁘게 하는 것들을 모두 버린 후에 하나님이 주시는 기쁨과 평안을 담아보는 것은 어떻겠습니까?"

하나님으로 인해 만족하지 못하는 것이 아니라 하나님께 더 가까이 가지 않았기 때문에 만족하지 못하는 것입니다. 마음이 힘들고 어려울 때, 고난과 환란이 다가올 시기야 말로 하나님과의 동행이 더욱 필요할 때입니다. 어려울수록 더욱 주님께 나아감으로 능력과 위로를 받으십시오. 반드시 창대하게 될 것입니다.

♥ 주님! 주님이 주시는 평안으로 마음을 가득 채워 주소서!
🌸 세상의 즐거움보다 하나님이 주시는 평안을 사모하십시오.

나의 영적 일지

## 1월 11일

# 교회 이름 이야기

읽을 말씀 : 벧전 4:1-10

● 벧전 4:10 각각 은사를 받은 대로 하나님의 여러 가지 은혜를 맡은 선한 청지기 같이 서로 봉사하라

전국에 등록된 교회들의 수를 다 합치면 약 5만여 개 된다고 합니다. 예전에는 교회들이 지역이름이나 성경에 나오는 단어들을 따서 주로 교회의 이름으로 사용했습니다. 그런데 요즘에는 교회의 사역 방향과 연결 지어 이름을 짓는 개성 있는 교회들이 많다고 합니다.

서울 목동의 '도토리 교회'는 흉년일 때도 풍작이 되는 도토리처럼 강한 생명력을 가지고자 하는 의미로 이름을 지었습니다. 경기도 안산에는 '누구나 교회'가 있는데, 누구나 올 수 있는 교회, 누구나 구원받을 수 있다는 사실을 전하는 교회가 되고자 하는 뜻입니다. '가까운 교회'도 있고, 또 '모자이크교회'는 '모'이고, '자'랑하고, '이'끌고, '크'게 되자의 앞 글자를 따서 지었습니다.

교회 이름이 궁금해서 물어보다가 전도하는 경우도 있을 정도로 사람들이 큰 관심을 보인다고 합니다.

한국 교회의 가장 큰 문제점 중 하나는 교인들의 수평이동입니다. 많은 성도들이 헌신을 하기 보다는 서비스를 받으려고 하기 때문에, 일이 많고 어려운 작은 교회보다는 대형 교회를 더욱 선호 합니다. 그러나 주님께서 내가 가서 섬기기를 원하는 곳에서 주님을 섬기는 것이 하나님의 뜻 입니다.

복음 전파를 위한 교회의 독특한 이름처럼 내가 속한 사역지에서 최선을 다하는 청지기가 되십시오. 반드시 창대하게 될 것입니다.

♥ 주님! 맡겨주신 사역지에서 기쁨으로 헌신하게 하소서!
※ 대접을 받는 자리보다 내가 필요로 하는 자리에서 헌신하십시오.

나의 영적 일지

# 노력을 한 뒤에

읽을 말씀 : 롬 12:9-18

● 롬 12:11 부지런하여 게으르지 말고 열심을 품고 주를 섬기라

1월 12일

　독일의 전신이었던 프로이센의 황제 프레드릭 2세는 작곡에 큰 관심이 있었습니다.
　황제는 틈틈이 악보를 그리며 직접 연주를 했습니다. 프레드릭 2세는 많은 음악가들과도 친분관계를 쌓았는데 특히 바하와 각별한 관계를 유지했습니다. 한 때 황제의 성에 머무를 정도로 총애를 받았던 바하가 하루는 황제에게 인사를 하러 들렀다가 우연히 황제가 작곡한 악보를 보게 되었습니다.
　황제가 작곡한 음악은 그리 뛰어난 곡은 아니었지만 바하는 편곡을 하기 시작했고 어느새 황제의 음악은 바하가 작곡한 듯한 음악으로 다시 태어나 있었습니다. 황제는 바하의 솜씨를 보고 매우 놀라워했습니다.
　"나의 형편없는 곡을 이토록 놀랍게 변화시키다니, 역시 대단하네."
　"그러나 이곡은 폐하의 노력이 없었으면 완성되지 않았을 것입니다. 그래서 지금 이 곡을 폐하께 헌정하도록 하겠습니다."
　'음악의 헌정'(Musi-cal Offering)이라는 명곡은 이렇게 최선을 다한 황제의 노력을 통해서 바하의 명곡으로 탄생하게 되었습니다.
　하나님이 주신 은사나 재능을 가지고 최선을 다해 노력한다면 모든 것을 창조하신 하나님의 손길이 우리의 노력을 명작으로 바꿔주신다는 사실을 늘 기억하십시오. 반드시 창대하게 될 것입니다.

💚 주님! 어떤 상황에서도 최선의 노력을 다하는 열정을 주소서!
🖼 우리의 노력을 값지게 쓰시는 하나님을 바라보며 최선을 다하십시오.

나의 영적 일지

## 1월 13일 빨래줄과 기도

읽을 말씀 : 살전 5:16-23

●살전 5:17 쉬지 말고 기도하라

미국에 알타 베일이라는 여성이 있었습니다.

평범한 가정주부였던 그녀가 하루는 주일날 교회에서 기도의 위력과 중보기도의 필요성에 대해서 들었습니다. 집으로 돌아온 그녀는 집안일을 하면서 오늘 들었던 설교말씀처럼 '어떻게 하면 습관처럼 기도를 할 수 있을까?'라는 생각을 했습니다.

그러다 다림질을 하던 도중에 무심코 빨랫줄에 걸려 있는 빨래들이 눈에 들어왔고, 그녀는 곧 기도 제목을 걸어놓는 '기도의 줄'을 만들기로 했습니다. 하루 중 가장 오랜 시간을 보내는 부엌을 가로지르는 짧은 줄을 걸어 그녀는 다른 사람들이 부탁한 기도제목을 종이에 적어 걸어놓았습니다. 그리고 그 줄이 보일 때마다 종이를 보며 의식적으로 기도를 했습니다. 그러다가 응답받은 기도들은 빨래를 걷은 것처럼 줄에서 걷어 다른 상자에 보관을 해놓았습니다.

기도의 줄을 부엌에 설치한 이후에 그녀는 얼마나 많은 기도들이 응답받고 있는지 알게 되었고, 그 간증을 들은 주위 성도들도 자신들에게 적합한 장소에 '기도의 줄'을 만들어 늘 기도하기 시작했습니다.

쉬지 말고 기도하라는 말씀처럼 기도는 우리의 일상 속에 들어와야 합니다. 서로 기도하고 응답을 공유하는 신앙을 통해 다른 성도들도 기도의 중요성과 응답하시는 하나님에 대해서 깨닫게 됩니다.

가장 많은 시간을 보내는 곳에서 기도할 수 있는 방법을 찾아보십시오. 반드시 창대하게 될 것입니다.

♡ 주님! 삶 속에 기도가 스며들어 있는 성도의 삶이 되게 하소서!
🖼 습관처럼 기도를 하기 위해 기도줄을 만드십시오.

나의 영적 일지

# 돈을 버는 원리

읽을 말씀 : 욥 1:13-22

●욥 1:21 이르되 내가 모태에서 알몸으로 나왔사온즉 또한 알몸이 그리로 돌아가올지라 주신 이도 여호와시요 거두신 이도 여호와시오니 여호와의 이름이 찬송을 받으실지니이다 하고

마이클 필립스라는 청년은 돈이 돌고 도는 과정에는 원리가 있기 때문에, 그 방법을 아는 사람은 돈을 벌며 그렇지 못한 사람은 돈에 휘둘린다고 말했습니다.

처음 그가 팸플릿을 통해 그 법칙을 알렸을 때에 사람들은 아무런 관심도 없었지만, 직접 원리를 적용한 그가 미국 캘리포니아 은행의 부행장이 되자 앞 다투어 그가 쓴 팸플릿을 구해 읽기 시작했습니다. 마이클이 말한 돈을 버는 원리입니다.

1. 바른 일을 한다면 돈은 저절로 생긴다.
2. 돈의 수입과 지출은 명확히 파악하고 있어야 한다.
3. 돈은 실체가 아닌 허상이다.
4. 돈은 죄를 짓게 하는 악몽이 될 수도 있음을 알아야 한다.
5. 돈은 절대로 거저 주는 법이 있을 수가 없다.
6. 돈은 절대로 공짜로 받게 되는 법은 있을 수가 없다.
7. 돈은 세상의 전부가 아니며 삶의 본질이 될 순 없다.

돈이 전부가 아니며, 돈은 합당한 가치의 대가이며, 돈은 인생을 사는데 수단이지 목적이 아니라는 것을 깨달아야 합니다.

돈과 재물을 주님보다 더 섬기는 잘못을 범하지 마십시오. 반드시 창대하게 될 것입니다.

♡ 주님! 물질의 축복도 모두 주님이 주시는 것임을 알게 하소서!
❀ 물질과 하나님과의 우선 순위를 명확히 정하십시오.

나의 영적 일지

**1월 15일**

## 행동해야 할 때

읽을 말씀 : 눅 6:46-49

● 눅 6:47 내게 나아와 내 말을 듣고 행하는 자마다 누구와 같은 것을 너희에게 보이리라

호기심과 의문이 많은 한 청년이 목사님을 찾아와 물었습니다.
"목사님, 질문이 있습니다. 우주에는 지구와 같은 행성이 여러 개 있다고 하는데 그곳에도 사람이 있고 성경이 있을까요? 아담과 하와가 사용하던 최초의 언어는 무엇일까요?"
"먼저 묻고 싶은 것이 한 가지 있습니다. 형제님은 예수님을 구주로 영접하셨습니까?"
청년은 그렇다고 대답했습니다. 복음을 믿고 확신이 있지만 이런 의문들이 너무나 궁금해 참을 수 없다는 것이었습니다.
"형제님, 만약 여기에 교통사고가 나서 쓰러진 사람이 있다면 어떡하시겠습니까?"
"당연히 구급차를 부르고 다른 사람들에게 도움을 요청해야지요."
"앞에 교통사고가 난 사람이 쓰러져 있는데 이 사람이 어쩌다 사고가 났으며 운전자의 직업은 무엇인지 생각하는 사람은 없을 것입니다. 마찬가지로 예수님을 구주로 영접하고 체험까지 했는데, 말씀을 실천하기보다 궁금해 하는 것은 좋지 못합니다. 성도님의 많은 의문은 말씀을 실천하면 저절로 해소 될 것입니다."
하루가 다르게 변해가는 이 세상 속에서 유일하게 붙잡을 것은 우주 만물을 만드신 하나님과 나의 마음에 있는 구원의 확신뿐입니다.
먼저 믿고 실천함으로 의심보다 굳건해지는 믿음을 세우십시오. 반드시 창대하게 될 것입니다.

♡ 주님! 내가 믿음 안에 있는지 확실한 증거를 갖게 하소서!
📖 구원의 확신이 있다면 말씀을 실천하는 일이 우선임을 기억하십시오.

나의 영적 일지

# 작은 교회의 힘

읽을 말씀 : 마 23:1-12

● 마 23:11 너희 중에 큰 자는 너희를 섬기는 자가 되어야 하리라

　미국의 워싱턴에 있는 세이비어교회는 미국에서 가장 영향력이 큰 교회 중 하나입니다.
　성도 150여명의 작은 교회이지만 지역 사회와 믿지 않는 사람들에게 끼치는 영향력은 그 어떤 대형 교회에 비교를 해도 뒤지지 않습니다. 1947년 '토기장이의 집'이라는 간판을 달고 서점과 카페를 겸한 자그마한 매장이 세이비어교회의 시작입니다. 처음부터 지역 주민들에게 다가가 복음을 전하는 것을 비전으로 삼았기 때문에 교회보다 서점과 까페로 먼저 시작을 하게 되었습니다.
　이 교회 교인들은 '하나님을 위한 철저한 헌신'의 마음으로 지역 주민들을 섬깁니다. 지금은 200여개의 소그룹을 통해 지역 주민들과 지속적인 모임을 갖고 있는데, 주로 노숙인, 마약 중독자, 알코올의존증 환자와 같이 사회적으로 소외된 계층들을 섬기고 있습니다.
　세이비어 교회의 앤 딘 목사님은 적은 성도로도 이 같은 영향력을 끼칠 수 있는 비결에 대해서 "우리 성도들은 지역 주민들에게 하나님을 전하기 위해 봉사합니다. 그런데 이 헌신의 과정에서 우리들도 하나님과 함께 계심을 체험하게 됩니다." 라고 말했습니다.
　교회의 가치는 성도들이 말씀을 실천하고 있는지, 얼마나 하나님과 함께하는 기쁨을 누리고 있는지에 의해서 결정됩니다.
　맡은 자리에서 최선을 다하며 교회의 비전을 따라 협력하는 성도가 되십시오. 반드시 창대하게 될 것입니다.

♡ 주님! 사역할 수 있는 교회를 주심을 감사하게 하소서!
🙏 교회의 가치를 규모로 판단하는 실수를 조심하십시오.

나의 영적 일지

## 1월 17일

# 미래라는 가능성

읽을 말씀 : 요 12:12-36

● 요 12:26 사람이 나를 섬기려면 나를 따르라 나 있는 곳에 나를 섬기는 자도 거기 있으리니 사람이 나를 섬기면 내 아버지께서 그를 귀히 여기시리라

2008년 한국에서는 최초의 우주인 이소연 박사가 탄생했습니다.

이소연 박사가 우주를 갔다가 돌아오는 데에만 소요된 비용이 약 260억 원이었는데, 당시에는 이 비용이 쓸데없이 허비되는 것이라는 의견이 매우 많았습니다. 게다가 이미 미국과 러시아가 수도 없이 다녀온 우주를 굳이 다녀올 필요가 없다는 말까지 나왔습니다.

그런데 1970년대에 미국이 처음으로 우주를 개발할 때도 이와 같은 말이 많았습니다. 지금까지 우주 개발에 사용한 비용은 매년 40조 정도로 우리나라가 사용한 비용과는 비교도 되지 않습니다.

그런데 최근에 우주개발에 미국이 투자한 금액을 따져보니 이미 투자한 1달러 당 14달러의 이득을 본 것으로 계산되었습니다. 위성을 통해 날씨를 예보하고, 기상을 관측해 농업이 유리해졌고, 공해에 대한 정보도 신속히 얻을 수 있게 되었고, 발전소 부지를 미리 살펴볼 수도 있었고 비밀 군사작전에도 사용하게 되었습니다. 처음에 우주 개발 비용에 든 금액만을 따져봤을 때는 수익률 0%에 가까운 투자였지만 지금은 140%의 높은 수익률을 내는 중요한 사업으로 발전하게 된 것입니다.

사람을 판단하지 말고 격려와 용기로 세워줘야 할 이유는 미래는 하나님께 달려있기 때문입니다. 내세울 것 없는 열 두 제자도 주님을 만남으로 새로운 사람으로 변화되었습니다.

지금 보이는 사람의 모습과 능력으로 판단하지 말고 안에 담겨진 가능성을 바라보십시오. 반드시 창대하게 될 것입니다.

💚 주님! 모든 사람을 향해 축복의 기도를 해주는 중보자가 되게 하소서!
🧩 모든 사람에게 가능성이 있다는 사실을 잊지 마십시오.

나의 영적 일지

# 백혈병을 주신 이유

읽을 말씀 : 요 11:1-16

● 요 11:4 예수께서 들으시고 이르시되 이 병은 죽을 병이 아니라 하나님의 영광을 위함이요 하나님의 아들이 이로 말미암아 영광을 받게 하려 함이라 하시더라

피아니스트 유수연 씨는 17살 때 급성 백혈병에 걸렸습니다.

수연 씨는 갑자기 닥친 어려움에도 기죽지 않고 담대히 하나님께 의지했습니다. 그러나 항암제 부작용이 심해지고 같은 병으로 병실에 있던 다른 환자들이 죽기 시작하자 두려워지기 시작했습니다.

어렸을 때부터 피아노를 취미삼아 배웠던 수연 씨는 병실 구석에 있는 피아노를 치며 찬송을 부르며 두려운 마음을 이겨냈는데, 그 연주를 듣던 다른 환자들까지도 마음에 큰 평안을 얻었습니다.

'조금만 더 인내하라'는 하나님의 음성이 들렸고 그로부터 1주일 뒤에 병세가 급격히 호전되었습니다. 그리고 1년이 지나자 깨끗이 병이 사라졌습니다.

수연 씨는 투병 생활 중 병실에서 자신의 연주를 듣고 사람들이 희망을 얻었던 일을 떠올리며 피아니스트의 비전을 가졌고 총신대 작곡과를 수석으로 졸업하고 오스트리아로 유학을 떠났습니다. 최근엔 30년 전통의 벨베데레 콩쿠르에서 우승을 하며 하나님께 영광을 돌렸습니다. 그리고 이제는 피아노를 통해 사람들을 위로하고 복음을 전하는 삶을 위해 준비하고 있습니다.

고통의 순간에도 하나님의 음성을 들을 수 있습니다. 견디기 힘든 순간이라 하더라도 하나님의 음성을 기다리는 마음으로 기도하며 감사하십시오. 반드시 창대하게 될 것입니다.

♥ 주님! 모든 상황 속에서 주님을 의지하게 하소서!
📖 어떤 상황에도 하나님께 의지하고 먼저 기도하십시오.

나의 영적 일지

**1월 19일**

## 믿음이 필요한 순간

읽을 말씀 : 욥 23:1-17

● 욥 23:10 그러나 내가 가는 길을 그가 아시나니 그가 나를 단련하신 후에는 내가 순금 같이 되어 나오리라

　1855년도 영국에 사랑하는 사람과의 결혼을 앞둔 조셉 스크리븐이라는 청년이 있었습니다.
　그런데 여행을 다녀오던 조셉의 연인이 탄 배가 침몰되어 결혼식 전날 죽었습니다. 행복한 결혼식 날에 사랑하는 사람의 장례를 치른 청년은 큰 실의에 빠졌고, 하나님에 대한 믿음마저 의심하기 시작했습니다.
　조셉은 모든 일을 다 정리한 후에 자신의 고향으로 돌아가 무기력한 나날들을 보냈습니다. 그러나 그런 생활 가운데에 차츰 하나님에 대한 신뢰가 회복되었고, 다시 기도를 하며 말씀을 묵상하게 되었습니다. 그리고 조셉은 아주 중요한 사실을 깨달았습니다.
　'하나님께서도 나를 위해 독생자를 주셨고, 아들을 잃으셨다. 나도 믿음으로 이 상처를 극복해야 한다'
　이와 같은 고백을 하는 순간 조셉의 마음에는 큰 기쁨이 생겼습니다. 조셉은 자신이 느끼는 감정을 시로 적기 시작했습니다.
　'근심 걱정 무거운 짐 아니 진 자 누군가
　피난처는 우리 예수 주께 기도드리세…'
　조셉의 이 고백은 '죄 짐 맡은 우리 구주'라는 찬양이 되어 지금까지 많은 성도들에게 불려지고 있습니다. 슬픔과 고난이 가득한 순간이 하나님을 향한 믿음이 필요한 순간입니다. 고난의 순간에 하나님을 멀리하는 어리석은 사람이 되지 말고 고난의 순간에 하나님께 의지하는 지혜로운 사람이 되십시오. 반드시 창대하게 될 것입니다.

　♥ 주님! 고난의 순간에 더욱 함께 하시는 주님을 의지하게 하소서!
　📖 정말 어려운 순간에 하나님께 의지할 믿음을 위해 기도하십시오.

나의 영적 일지

## 순결한 언어생활

읽을 말씀 : 마 10:16-23

● 마 10:16 보라 내가 너희를 보냄이 양을 이리 가운데로 보냄과 같도다 그러므로 너희는 뱀 같이 지혜롭고 비둘기 같이 순결하라

   심리학자 엘마 게이츠 박사는 사람의 숨결에 대한 실험을 한 적이 있습니다.
   '사람의 감정에 따라서 숨결이 변한다'는 가설을 세운 엘마 박사는 다양한 감정 상태를 경험한 사람의 숨결을 포집해 냉각시켜 액체로 만든 뒤에 특성을 비교했습니다. 그 결과 분노 상태에 있는 사람의 경우에는 숨결이 갈색으로 변하고 고통의 상태에서는 회색으로 변했습니다. 특히나 분노의 상태에서 내뿜는 숨결을 응축한 액체는 심각한 독성을 띠었습니다.
   최근에 EBS에서 방영된 욕에 대한 한 다큐에서도 엘마의 실험을 소개했는데, 그 프로그램에서 소개된 학생들의 언어생활은 매우 충격적이었습니다. 우리나라 초중고 학생들 중에 습관적으로 욕을 하지 않는 학생의 비율은 단 10%뿐이었습니다. 더욱 충격적인 것은 아이들이 주로 욕을 배우는 경로가 부모와 선생님 같은 어른들을 통해서였다는 사실이고, 대부분 과도한 학업이나 불행한 가정생활로 큰 스트레스를 받고 있었습니다.
   말은 생각에서 나옵니다. 나의 생각이 순결해질 때 언어생활도 따라오며 거룩한 생활도 가능해집니다.
   무심코 던진 말도 다른 사람들에게 영향력을 끼친다는 생각을 잊지 말고 오늘도 거룩한 믿음의 말을 하십시오. 반드시 창대하게 될 것입니다.

♥ 주님! 말과 생각부터 먼저 순결해지게 도우소서!
📖 오늘부터 욕이나 거친 말을 하지 않는 습관을 시작하십시오.

나의 영적 일지

**1월 21일**

## 성실의 가치

읽을 말씀 : 마 25:14-30

●마 25:21 그 주인이 이르되 잘 하였도다 착하고 충성된 종아 네가 적은 일에 충성하였으매 내가 많은 것을 네게 맡기리니 네 주인의 즐거움에 참여할지어다 하고

후지다 덴이라는 회사원은 맥도날드를 창업하려는 꿈이 있었습니다. 평범한 회사를 다니던 그는 더 늦기 전에 꿈을 이루어겠다는 생각으로 맥도날드 일본 지사를 찾아갔습니다. 그러나 퇴직금을 더해도 창업을 하기에는 돈이 턱없이 부족했습니다. 그동안 저축한 5만 엔의 10배가 넘는 75만 엔의 비용에 신용보증까지 받아와야 했습니다.

후지다 씨는 평소에 거래하던 스미토모 은행의 지점장을 찾아가 대출을 요청했습니다.

"지난 6년 동안 한 푼도 낭비하지 않고 예금을 했습니다. 필요한 생활비 외에는 한 푼도 쓰지 않았고, 어쩔 수 없이 돈을 쓸 일이 생기면 점심을 굶었습니다. 저를 믿어주십시오."

지점장은 후지다 씨가 거래했던 직원을 불러 신상을 물어봤고, 직원은 후지다 씨가 거래 고객 중 가장 믿을 수 있는 분이라고 대답했습니다. 지점장은 직원의 말을 담보로 요구하는 만큼의 금액을 대출해주었고 신용보증까지 서주었습니다. 몇 년이 지나 후지다 씨의 매장은 일본에서 가장 많은 매출을 올리는 매장이 되었고, 또 맥도날드 일본 지사의 최고 경영자 자리에까지 올랐습니다.

성실은 가장 귀한 재능입니다. 예수님은 달란트를 받은 종들의 재능보다는 종들의 성실함을 보셨습니다. 하나님께 약속한 것은 반드시 지키는 성실한 성도가 되십시오. 반드시 창대하게 될 것입니다.

♥ 주님! 매일 매일을 성실하게 살아가게 하소서!
📖 하나님을 섬기는 일에 게으름이 없도록 노력하십시오.

나의 영적 일지

# 노력의 결실

읽을 말씀 : 눅 8:9-15

● 눅 8:15 좋은 땅에 있다는 것은 착하고 좋은 마음으로 말씀을 듣고 지키어 인내로 결실하는 자니라

영국의 4인조 밴드 비틀즈의 멤버들은 모두 불우한 어린 시절을 보내거나 주위 사람들로부터 실패할 것이라는 말을 들으며 자랐습니다.

폴 매카트니는 14살 때 어머니를 여의고 사랑을 받지 못하며 자랐고, 링고 스타는 6살 때 희귀병에 걸려 정규교육을 거의 받지 못했습니다. 조지 해리슨은 가난한 버스 운전사의 아들로 어른이 될 때까지 용돈 한 번 받지 못했습니다. 특히나 존 레논의 경우는 더욱 심했는데, 존이 어렸을 때 아버지는 가족을 버리고 다른 지역으로 말도 없이 떠나버렸습니다. 게다가 그 사실에 충격을 받은 어머니도 이모에게 존을 맡긴 채 아버지와 마찬가지로 사라져버렸습니다.

이런 가정환경 탓에 문제를 많이 일으켰던 존이었고 담임한 선생님들마다 "어차피 실패할 게 뻔하다"라고 말하며 도움의 손길을 주지 않았습니다. 존의 유일한 낙은 집에서 하루 종일 치는 기타였는데, 이모는 그 모습을 볼 때마다 "기타로는 먹고 살 수 없으니 다른 일을 하거라"라고 혼냈습니다. 그러나 비틀즈는 역사상 가장 크게 성공한 밴드가 되었습니다. 존은 성공을 한 뒤에 이모에게 "세상에는 이런 일도 있답니다"라는 글귀를 새긴 황금으로 만든 기타를 선물했다고 합니다.

노력하는 사람은 기적을 만들어냅니다. 그러나 노력하며 기도하는 사람은 하나님의 일을 크게 나타냅니다.

작은 성공이라도 그 열매가 하나님께서 주신 것이라는 점을 잊지 마십시오. 반드시 창대하게 될 것입니다.

♥ 주님! 뿌린 데서 거두는 것이 하나님의 원리임을 깨닫게 하소서!
📖 오늘의 값진 노력으로 내일의 결실이 열린다는 것을 기억하십시오.

나의 영적 일지

**1월 23일**

## 그리스도인의 뿌리

읽을 말씀 : 갈 3:23-29

● 갈 3:28 너희는 유대인이나 헬라인이나 종이나 자유인이나 남자나 여자나 다 그리스도 예수 안에서 하나이니라

1948년 건국된 이스라엘은 2년 뒤인 1950년도에 헌법을 만들었습니다. 그런데 이 헌법을 만드는 과정에 '이스라엘인의 자격'에 대한 논의로 많은 논쟁이 있었다고 합니다. 이스라엘인들은 전통적으로 유대교를 믿는데 사회가 개방되고 해외로 퍼져나가는 인구가 늘어남에 따라서 유대교를 믿지 않거나 아예 다른 종교로 개종을 하는 사람들이 나왔기 때문입니다.

당시 이스라엘 법원은 유대교를 믿지 않는 '무신론자'는 이스라엘인으로 인정해야 하지만 다른 종교로 개종을 한 경우에는 인정하지 않는다는 판결을 내렸습니다. 20년이 지나 이스라엘 법원은 이스라엘인의 조건에 대해서 종교와 상관없이 이스라엘에서 태어난 사람이라고 다시 판결을 내렸습니다. 그러나 국회는 법원의 판결에 따르지 않고, 다른 지역에서 태어났더라도 유대교로 개종을 한 사람이라면 이스라엘인이 될 자격이 있다는 법안을 제정하고 통과시켰습니다.

이스라엘 사람들에게 종교가 그들의 뿌리를 나타내는 것과 마찬가지로 성도들에게는 예수님을 향한 믿음이 뿌리로 자리 잡아야 합니다. 그리고 구원의 확신이 있다면 그가 어느 교파에서 믿음 생활을 하던지 그는 그리스도인이며, 우리의 형제와 자매입니다. 인간이 만든 교파 때문에 주님이 피 흘려 만든 그리스도인을 배척하지 마십시오.

다른 이유가 아닌 오직 예수님을 중심으로 하는 신앙생활을 하십시오. 반드시 창대하게 될 것입니다.

♡ 주님! 그리스도 안에 있는 형제자매를 귀하게 여기게 하소서!
📖 내가 성도로 불리는 근거가 무엇인지 스스로 돌아보십시오.

나의 영적 일지

# 9살의 꿈을 담은 백만 달러

읽을 말씀 : 요 12:20-36

● 요 12:24 내가 진실로 진실로 너희에게 이르노니 한 알의 밀이 땅에 떨어져 죽지 아니하면 한 알 그대로 있고 죽으면 많은 열매를 맺느니라

미국 시애틀에 사는 레이첼 베크위드는 5살 때부터 남을 돕는 일에 큰 관심을 가졌습니다.

항암치료를 받는 아이들이 탈모로 힘들어하는 모습을 보고 머리카락을 잘라 가발을 만드는 데 써달라고 보낸 것이 첫 기부였습니다.

레이첼은 아프리카 어린이들이 깨끗한 물이 없어 고생한다는 말을 듣고 기부사이트를 만들어 모금 운동을 벌이기 시작했습니다. 그리고 자신의 9번째 생일 땐 '선물 대신 9달러를 기부해주세요'라고 사이트를 통해 사람들에게 알리며 220달러를 모았습니다. 레이첼은 애당초 목표로 삼았던 300달러를 채우기 위해 다른 모금을 계획하고 있었지만 갑작스러운 교통사고로 세상을 떠나고 말았습니다.

교회 목사님과 성도들은 이 안타까운 사연을 레이첼이 만든 사이트에 올려 계속해서 모금운동을 펼치기로 했습니다. 보름 만에 3만 여명의 기부자가 모여 100만 달러가 넘는 금액이 모였고, 레이첼의 부모님은 이 돈을 모두 아프리카에 우물을 만드는 단체에 헌금 했습니다.

한 사람의 꿈을 통해 많은 사람들이 남을 돕는 일에 동참하게 되고, 많은 아이들과 사람들이 도움을 받게 되었습니다.

많은 결실을 맺는 밀알과 같이 쓰임을 받는 성도가 되십시오. 반드시 창대하게 될 것입니다.

♡ 주님! 나보다도 남을 행복하게 하는 꿈을 갖게 하소서!
🖼 많은 사람들을 행복하게 할 수 있는 꿈을 품은 사람이 되십시오.

### 1월 25일
## 역경은 문제가 아니다

읽을 말씀 : 롬 8:18-39

● 롬 8:18 생각하건대 현재의 고난은 장차 우리에게 나타날 영광과 비교할 수 없느니라

'주홍글씨', '큰바위얼굴'과 같이 교훈적인 작품을 많이 썼던 나다니엘 호손은 다리가 불편한 몸으로 태어났습니다. 호손은 어려서부터 늘 집에 혼자 있어야 했기에 외로운 삶을 살아야 했지만 그 시간을 통해 글을 씀으로 세계적인 소설가가 되었습니다.

'피아노의 시인'으로 불리는 쇼팽은 평생 건강이 좋지 않았습니다. 쇼팽은 건강이 좋지 않았기 때문에 더더욱 작곡에 매진해야 된다고 생각했고, 그 중에서도 자신의 전문분야를 살려 대부분 피아노곡만 작곡했습니다. 쇼팽은 40살도 안 되어 세상을 떠났지만 교향곡의 베토벤, 가곡의 슈베르트처럼 피아노의 쇼팽이라는 불리는 음악계의 거장이 되었습니다.

하버드 대학교 정문에는 이런 글귀가 있습니다.

"하나님께서 우리들을 이 땅에 안전하게 데려다주신 후, 우리들은 집을 짓고 필요한 물건을 얻을 수 있었다. 또한 예배당을 주셨고, 정부를 통해 나라를 주셨다. 따라서 우리는 여기서 배운 지식을 우리 세대에 그치지 않고 후대에까지 계속해서 물려주어야 한다."

아메리카 대륙에 도착한 청교도들 앞에는 역경과 고난의 상황뿐이었지만 하나님과 함께함으로 그들은 그것을 극복하고 감사함으로 오늘날 강대국이 되었습니다.

나를 아끼시는 주님이 고난을 주시는 것은 나를 성장시키기 위함이라는 사실을 잊지 마십시오. 반드시 창대하게 될 것입니다.

💗 주님! 어려움 속에서 더욱 주님께 감사할 수 있는 믿음을 주소서!
🥀 역경을 통해 능력과 믿음을 성장시킬 하나님을 신뢰하십시오.

나의 영적 일지

## 좋은 배우자를 위한 조건

읽을 말씀 : 마 24:3-14

●마 24:12 불법이 성하므로 많은 사람의 사랑이 식어지리라

1월 26일

　성산효대학원대학교의 현용수 교수님은 30년 동안 유대인의 가정과 교육, 그리고 탈무드에 대해서 연구를 한 국내의 권위자입니다.
　교수님은 급증하는 한국의 이혼율을 낮추는 방법을 연구하다가 세계에서 가장 이혼율이 낮은 유대인들의 배우자를 선택하는 법을 연구하게 됐고, 이 연구를 토대로 '기독교인이 좋은 배우자를 구하는 법'에 대해서 깨달았습니다.
　교수님은 지금 결혼적령기의 세대들이 빠져있는 물질중시, 외모지상주의는 대부분 결혼생활을 실패로 이끌어가고 있다며 배우자 선정의 5가지 기준에 대해서 다음과 같이 말했습니다.
　1. 신앙의 코드를 맞출 것.
　2. 정신적, 감성적 대화 수준이 맞는 사람을 찾을 것.
　3. 상대방의 성품을 먼저 확인할 것.
　4. 남자는 능력과 성실, 여성은 감성과 내면의 아름다움을 기준으로 삼을 것.
　5. 스킨십을 쉽게 생각하는 사람을 피할 것.
　결혼은 서로의 사랑의 결실이기도 하지만 함께 배워나가는 공간이기도 합니다. 사랑이나 조건만큼 신앙을 중요하게 여길 때 쉽게 다투고 헤어지는 모래알 같은 결혼생활이 아니라 비온 뒤의 진흙처럼 굳건해지고 돈독해지는 결혼생활을 할 수 있음을 기억하십시오. 반드시 창대하게 될 것입니다.

♥ 주님! 잘못된 세상의 기준으로 배우자를 구하지 않게 하소서!
📖 성경을 바탕으로 한 배우자를 위한 기도제목을 세우고 매일 기도하십시오.

나의 영적 일지

**1월 27일**

## 즐거움이 있는 직장

읽을 말씀 : 시 95:1-11

● 시 95:2 우리가 감사함으로 그 앞에 나아가며 시를 지어 즐거이 그를 노래하자

    사우스웨스트 항공은 미국에서 가장 튼튼한 우량기업 중 하나입니다. 지난 30년 동안 평균 주가 수익률 1위, 세계에서 가장 존경받는 기업 2위, 46분기 연속 흑자달성과 같이 대단한 기록들을 달성했고, 일하기 좋은 기업에 7년 연속으로 선정되기도 했습니다.
    이런 기록들이 더욱 놀라운 이유는 사우스웨스트 항공사가 미국에서 가장 저렴한 가격으로 운영하는 초저가 서비스를 제공하는 곳이기 때문입니다. 돈을 어떻게든 아껴 써야 하는 짠돌이 회사에서 일하는 것이 즐거울 리 없음에도 이곳은 미국인들이 가장 다니고 싶어 하는 직장이 되었습니다. 또한 항공사 이용 중에 변변찮은 기내식도 제공되지 않지만 이용을 하는 고객들의 만족도는 최고 수준입니다.
    전문가들은 이 회사의 이런 원동력은 최고 경영자인 허브 캘러허의 '즐거운 경영'이라는 철학에서 나온다고 말합니다. 허브 씨는 사원들의 이름을 전부 외우고 있으며 점심시간에는 엘비스 프레슬리 복장을 하고 돌아다닙니다. 항공사 직원들은 랩으로 기내방송을 하고, 승객에게 박수로 호응을 유도합니다. 물질을 제공하는 것만이 서비스가 아니라는 생각이 직원들과 고객들의 큰 만족도의 비결이었습니다.
    즐거운 분위기에서 일이 지겨울 리가 없고, 승객들도 불만을 가질 이유가 없습니다. 작은 정성과 아이디어의 즐거움이 가정, 직장, 교회에도 가득할 수 있도록 노력 하십시오. 반드시 창대하게 될 것입니다.

♥ 주님! 모든 성도들에게 즐거움이 가득한 교회가 되게 하소서!
🖼 삶의 영역에 즐거움이 있는지, 없다면 원인이 무엇인지 생각해보십시오.

나의 영적 일지

# 꿈이 있는 백성

읽을 말씀 : 잠 29:1-27

● 잠29:18 묵시가 없으면 백성이 방자히 행하거니와 율법을 지키는 자는 복이 있느니라

    소설 '이방인'으로 1957년 노벨 문학상을 받은 알베르 카뮈는 세상 사람들을 교도소의 세 사람에 비유한 예화를 말한 적이 있습니다.
    "세상이라는 교도소에는 세 사람이 갇혀 있습니다.
    ● 첫 번째 사람은 자신이 갇혀있다는 사실에 분을 품고 날뛰는 사람입니다. 이런 사람들은 머리로 벽을 박고 주먹을 쳐 피투성이가 되어서 쓰러져 있습니다.
    ● 두 번째 사람은 자신이 갇힌 것은 어쩔 수 없는 운명이며 팔자라고 체념한 사람입니다. 이런 사람은 아무런 노력도 하지 않고 그저 감방에 누워만 있습니다.
    ● 세 번째 사람은 감방에 자신이 있는 것은 억울하지만 언젠가는 나가게 될 날이 올 것을 기다리며 계획을 세우는 꿈이 있는 사람입니다.
    세 사람은 겉으로 보기에는 모두 갇혀있는 같은 사람입니다. 그러나 그 사람들은 결코 같은 사람들이 아니며 그 작은 차이가 커다란 차이의 결과를 만들어낼 것입니다."
    꿈이 없는 백성은 망한다고 가르치는 성경처럼 모든 성도들에게는 이 땅의 꿈과 더불어 천국의 소망이 필요합니다.
    천국을 향한 꿈과 그 과정을 이루는 동안 세상에서 가져야 할 꿈, 이 두 가지 꿈을 항상 잃지 말고 간직하십시오. 반드시 창대하게 될 것입니다.

💛 주님! 꿈을 잃지 않는 지혜로운 자녀가 되게 하소서!
🌀 주님 안에서 이 땅의 소망을 계획 하십시오.

나의 영적 일지

## 1월 29일 — 시간을 쓰는 법

읽을 말씀 : 엡 5:15-21

● 엡 5:16 세월을 아끼라 때가 악하니라

옛날 아메리칸 대륙에 살았던 인디언들은 직접 경작하는 사람들에게만 토지의 소유권을 주었습니다.

대부분의 인디언들은 어차피 땅이야 얼마든지 있었기 때문에 필요한 만큼의 땅에다만 농사를 짓고 살았는데 피츄라는 한 인디언은 땅을 더 가지고 싶은 욕심에 잠자는 시간까지 아껴 넓은 땅에 농사를 지었고, 그 결과 인디언들 중에 가장 많은 곡물을 수확하였습니다.

피츄는 자신이 땅을 많이 가진 것을 자랑하고 싶어서 마을에서 가장 적은 땅을 경작하는 인디언을 찾아가 땅을 주겠다고 말했습니다.

"땅을 일구기가 힘들어서 농사를 조금만 짓는건가? 여기 내가 부지런히 농사를 지으려고 일군 땅이 있는데 자네가 필요로 한다면 이 땅을 주도록 하겠네."

"힘들게 일군 땅을 준다니 나야 고맙지만 괜찮다네, 농사를 그렇게 많이 한다면 노래할 시간이 어디 있겠나?"

요즘 사람들은 오로지 편안한 미래를 위해서만 시간을 투자합니다. 그러나 내일 일을 알 수 없다는 사실을 알고 있는 지혜로운 사람들은 미래만큼 현재를 중요시합니다.

세상의 일보다 하나님의 일을 더욱 중요하게 생각하고 그 일을 위해 시간을 사용하는 지혜로운 성도가 되십시오. 반드시 창대하게 될 것입니다.

♥ 주님! 주님을 만나고 예배하는 것이 정말로 중요한 일임을 알게 하소서!
📖 하나님을 예배하는 시간이 일주일 중 몇 순위인지 파악해 보십시오.

나의 영적 일지

# 마음이 열린 교회

읽을 말씀 : 롬 14:13-23

● 롬 14:18 이로써 그리스도를 섬기는 자는 하나님을 기쁘시게 하며 사람에게도 칭찬을 받느니라

한국 교회의 청년, 학생들이 점점 줄고 있는 현상이 심각한 문제로 떠오르고 있습니다.

1998년부터 진행된 갤럽의 조사에 따르면 한국 교회의 청년들의 수는 지속적으로 줄어들고 있으며 종교호감도에도 불교(36%), 천주교(35%), 개신교(24%)의 순서로 사실상 꼴찌를 하고 있다고 합니다.

미국에서도 리서치기관인 바나 그룹에서는 '청년들이 교회를 떠나는 이유'에 대해서 대대적인 조사를 했는데 그 결과 다음의 다섯 가지 이유가 주요결과로 나왔습니다.(복수 응답 가능)

1. 교회 밖의 문화를 모두 사탄의 것으로 취급한다.(25%)
2. 과학적인 주장들을 모두 무시하고 거부한다.(23%)
3. 의심하거나 호기심이 많은 사람에 대해서 매우 공격적이다.(22%)
4. 다른 신앙과 종교를 지나치게 공격한다.(29%)
5. 삶에 직면한 문제와 완전히 동떨어진 해답을 제시한다.(31%)

위 이유가 모두 교회 자체의 문제는 아니며, 응답을 한 개인의 문제일 수도 있습니다. 그러나 청년들이 점점 교회를 떠나는 현실에서 믿음의 선배들과 교회의 지도자들은 조금 더 열린 마음으로 지혜롭게 현 세대의 청년들과 학생들을 향해 먼저 다가가야 할 의무가 있습니다.

조금 더 열린 태도로 미래 세대에 복음을 전하고자 노력하십시오. 반드시 창대하게 될 것입니다.

♥ 주님! 시대에 맞는 방법으로 복음을 전하는 지혜를 주소서!
🖼 교회에서 자리를 못 잡는 청년, 학생들의 믿음생활을 위한 멘토가 되십시오.

나의 영적 일지

## 1월 31일 할 수 있는 일을 하라

읽을 말씀 : 딤전 4:6-16

● 딤전 4:15 이 모든 일에 전심 전력하여 너의 성숙함을 모든 사람에게 나타나게 하라

일본의 미야자와 겐지는 가난한 농민들을 돕는 일에 평생을 헌신했습니다.

유복한 집안에서 자라 명문대까지 졸업해 먹고 살 걱정이 없었지만 농민들이 잘 사는 나라가 되어야 한다는 생각에 농학과를 갔고, 졸업 후에는 직접 농사를 지으며 연구를 했습니다.

그러나 정작 농민들은 혼자서 뭘 할 수 있겠냐며 그를 무시했습니다. 자신이 도우려는 농민들에게 외면을 당했지만 미야자와는 농촌에서 살며 농법과 비료를 개발하는 일에 전념했습니다. 그리고 남는 시간에는 틈틈이 글을 쓰며 소일을 했습니다. 그러다 잘 먹지도 못하며 몸에 익지 않은 농사일을 하다 보니 무리가 갔고, 폐결핵에 걸리게 되었습니다. 의사는 집으로 돌아가 휴식을 취하라고 했지만 그는 연구를 해야 한다며 고집을 부리다가 39살의 젊은 나이에 세상을 떠났습니다.

미야자와를 아는 사람들은 그의 인생이 참으로 의미 없는 삶이라고 말을 했습니다. 그러나 그가 유품으로 남겼던 '은하철도의 밤'이라는 책이 발견되어 출간되었고, '은하철도 999'라는 만화로도 만들어졌습니다. 그리고 이 책과 만화는 큰 인기를 끌며 물질만능주의에 점점 지쳐가는 사람들에게 꿈과 희망을 주는 명작이 되었습니다.

할 수 있는 일을 최선을 다해서 하는 삶이 가치 있는 삶입니다. 비전을 따라 더 좋은 일을 이루실 하나님을 최선을 다해 믿고 따르십시오. 반드시 창대하게 될 것입니다.

♡ 주님! 언제나 처한 상황에서 최선의 일을 하게 하소서!
📖 어떤 상황에서도 되는 방향으로 생각을 하는 사람이 되십시오.

나의 영적 일지

# 2월

"또 여호와를 기뻐하라
그가 내 마음의 소원을
네게 이루어 주시로다
네 길을 여호와께 맡기라
그를 의지하면 그가 이루시고
네 의를 빛 같이 나타내시며
네 공의를 정오의 빛 같이 하시리로다"

-시편 37:4~6-

## 2월 1일 하나님의 사랑의 힘

읽을 말씀 : 눅 10:25-37

● 눅 10:27 대답하여 이르되 네 마음을 다하며 목숨을 다하며 힘을 다하며 뜻을 다하여 주 너의 하나님을 사랑하고 또한 네 이웃을 네 자신 같이 사랑하라 하였나이다

　무척 가난했으며 지방의 상고를 졸업하자마자 서울의 한 은행에 취직해 은행원으로 하나님을 섬기며 성실히 살았습니다. 그는 은행원 생활 35여 년 만에 국내 굴지의 은행인 IBK기업은행의 부행장이 되었는데, 기업은행 최고의 영업통, 1등 제조기, 이성,감성,지성,인성,영성의 5성급 리더, 인생 재테크 전문가라고 불렸습니다. 그는 자신의 삶과 직장생활의 비결 책 "마음에 꿈을 그려라"를 쓴 후 인생 후반전을 새롭게 살기 위해 은행을 퇴직하고, 현재 더 많은 나눔의 가치를 확산시키고 싶어 비영리 단체인 민들레포럼 대표로 일하고 있는 유희태 장로입니다.

　그는 고등학교 때 교회에서 만난 여학생과 사귀면서 졸업하자마자 20살 때 아내 박길주 여사와 결혼해, 아버지의 빚을 갚기 위해 신혼 단칸방에서 함께 살았고, 자식이 있음에도 불구하고 남이 데려가길 꺼려하는 쌍둥이 자매를 입양했는데. 지금은 초등학교 6학년으로 부모와 함께 매일 새벽기도를 다니며, 가정 예배도 두 딸이 돌아가며 인도하는데… 장래 목사님과 의학박사를 꿈꾸며 건강한 정신과 몸으로 무럭무럭 피어나고 있습니다. 부부의 딸 사랑이 많은 사람들에게 감동과 모범을 줘 여러 메스 콤에서도 소개된바 있는데, 이로 인해 입양기관의 홍보 대사로도 활동하고 있습니다.

　하나님의 사랑은 이렇듯 강한 생명력이 있습니다. 우리를 구원하기 위하여 십자가에 못 박히신 예수님 보혈의 공로로 우리가 새 생명을 얻었습니다. 이제 이웃에게 그 사랑을 나누어 주십시오. 반드시 창대하게 될 것입니다.

💗 주님! 내 이웃을 내 몸같이 진실하게 사랑하게 하소서!
🖼 가난한 이웃을 돕는 것은 내게 과제가 아닌, 축복의 기회임을 기억하십시오.

　나의 영적 일지

# 작품을 만드는 것

읽을 말씀 : 사 48:1-11

● 사 48:10 보라 내가 너를 연단하였으나 은처럼 하지 아니하고 너를 고난의 풀무 불에서 택하였노라

2월 2일

   미켈란젤로는 레오나르도 다빈치와 함께 르네상스 시대에 가장 뛰어난 천재로 인정받는 예술가입니다.
   당시에는 교황, 귀족, 부호들과 같은 사람들이 미켈란젤로를 찾아와 작품을 의뢰했는데, 한 귀족이 조각이 완성됐나 보러 그의 작업실을 찾았습니다.
   그런데 귀족이 보기에는 작품이 이미 완성된 것 같았습니다. 그러나 미켈란젤로는 한 달 뒤에 다시 찾아오라고 말했습니다. 한 달 뒤에 다시 작업실을 찾은 귀족은 조각상이 거의 그대로인 것을 보고 화를 내며 따졌습니다.
   "한 달 전에 내가 본 그대로이지 않소? 다 된 조각을 한 달 있다 주는 이유가 무엇이오?"
   "그렇지 않습니다. 자세히 보십시오. 얼굴선이 더 부드러워졌고, 피부 결도 전과 같지 않습니다. 한 달 전에는 그냥 조각이었으나 이제는 작품이 되었습니다."
   신앙생활에 붙어있는 사소한 잘못과 습관들을 조금씩 쪼개어 나가야 합니다.
   작지만 꾸준한 노력을 통해서 나의 삶이 하나님이 바라시는 그대로의 작품이 된다는 것을 깨달으십시오. 반드시 창대하게 될 것입니다.

♥ 주님! 날이 갈수록 점점 성숙하여 변화되게 하소서!
※ 신앙생활의 사소한 부분들을 중요하게 생각하십시오.

나의 영적 일지

## 2월 3일 희생의 가치

읽을 말씀 : 엡 4:25-5:14

● 엡 5:2 그리스도께서 너희를 사랑하신 것 같이 너희도 사랑 가운데서 행하라 그는 우리를 위하여 자신을 버리사 향기로운 제물과 희생제물로 하나님께 드리셨느니라

　미국은 1998년도에 '디스커버리' 우주왕복선을 통해 우주에서 인체실험을 하려고 했습니다.
　사람이 우주에서 생활할 때 몸에 어떤 변화가 생기는지에 대해서 알고자 하는 목적이었는데, 당시만 해도 우주에서의 생활이 인체에 어떤 영향을 미치는지 확실한 정보와 자료가 없었기 때문에 아무나 보낼 수 없었고, 또 가겠다고 지원하는 사람도 찾기가 어려웠습니다. 이 때 우주인 출신이었던 존 글렌이 자신이 가겠다고 자원을 했습니다. 인류의 미래에 도움이 되는 일이기 때문에 헌신하겠다는 이유였습니다.
　77세의 고령이었지만 우주비행사출신이었기 때문에 자격은 충분했습니다. 그렇게 존은 디스커버리에 탑승해 우주로 떠났고 무중력 상태에서의 인체의 능력에 대해 여러 가지 실험을 마친 뒤 무사히 귀환했습니다. 이 실험을 통해 무중력 상태에서의 인간의 몸 상태가 크게 차이 나지 않는다는 사실을 알게 됐고, 우주정거장을 만들어 지속적으로 다양한 실험과 관측을 하게 되었습니다.
　존은 이때의 공로를 인정받아 미국의 국회의원과 나사의 고문 자리를 역임했으며 최근인 2012년도에는 오바마 대통령으로부터 민간인 최고 훈장인 자유훈장을 수여받기도 했습니다.
　한 사람의 희생은 많은 사람들에게 유익을 주고 그것은 결과적으로 나에게도 큰 유익이 됩니다. 주님의 희생을 본받아 희생의 가치와 유익을 사람들에게 주는 사람이 되십시오. 반드시 창대하게 될 것입니다.

♡ 주님! 먼저 참을 줄 알고, 먼저 배려할 줄 아는 사람이 되게 하소서!
※ 이기적인 마음을 내려놓고 항상 먼저 희생하는 본을 보이십시오.

나의 영적 일지

# 마지막 유서

읽을 말씀 : 고전 9:11-18

●고전 9:17 내가 내 자의로 이것을 행하면 상을 얻으려니와 자의로 아니한다 할지라도 나는 사명을 맡았노라

1985년도 8월에 일본에서 여객기가 추락하는 사고가 있었습니다.
4명의 생존자만 있었고 나머지 승객과 승무원을 포함해서 500명이 넘는 사람들이 모두 사망한 대참사였습니다. 그런데 사고 직후 조사에서 가와쿠치라는 남성이 가족에게 남긴 유서가 적힌 쪽지가 발견되었는데 내용이 일본 전역의 신문에 실려서 많은 사람들에게 큰 감동을 주었습니다.
"사랑하는 나의 세 딸들아,
아빠가 없이도 사이좋게 지내고 엄마를 잘 도와주거라.
아빠는 아마도 무사히 돌아갈 수 없을 것 같다.
폭발음이 들리고 비행기가 추락하는데 원인을 알려주지 않는구나.
그러고 보니 어제 우리 저녁식사가 가족과 함께한 마지막이 되었다.
여보, 이렇게 돼서 미안해, 아이들을 잘 부탁해.
지금 비행기는 급격하게 추락 중이오.
행복한 인생을 살게 해줘서 모두 고맙고 감사하오."
어떤 사람은 생의 마지막에 분노를, 또 어떤 사람은 감사를 유서로 남기고 떠납니다. 그러나 가장 값진 유서는 하나님이 주신 사명에 최선을 다했다는 사도 바울과 같은 고백입니다.
사명을 삶의 최우선으로 놓는 값진 삶을 사십시오. 반드시 창대하게 될 것입니다.

♥ 주님! 최선을 다하는 사명자의 삶을 살게 하소서!
📷 지금 이 순간, 나의 유서를 작성해보십시오.

나의 영적 일지

### 2월 5일
# 오늘을 위한 행복

읽을 말씀 : 히 3:7-14

● 히 3:13 오직 오늘이라 일컫는 동안에 매일 피차 권면하여 너희 중에 누구든지 죄의 유혹으로 완고하게 되지 않도록 하라

시빌 패트리지는 '행복하기를 바라는 사람들은 많지만 왜 대부분 행복하지 못할까?'라는 생각을 하며 많은 연구를 했습니다.

그는 사람들이 오늘을 소중히 여기지 않기 때문에 행복하지 못한다고 결론을 내려 '오늘만큼은'이라는 글을 통해 행복을 찾는 방법을 알렸습니다.

1. 오늘만큼은 행복하게 살기로 결심하자
2. 오늘만큼은 나의 환경을 받아들이고 적응해보자
3. 오늘만큼은 나의 마음을 지키자
4. 오늘만큼은 남을 위해 나를 희생해보자
5. 오늘만큼은 계획을 세워 살아보자
6. 오늘만큼은 조용히 사색하는 시간을 갖자
7. 오늘만큼은 어떤 두려움도 갖지 말자

하나님이 주신 오늘을 귀하고 소중하게 여기는 사람은 행복할 수 있습니다.

오늘을 행복하게 보내야 인생이 행복해진다는 사실을 기억하십시오. 반드시 창대하게 될 것입니다.

💚 주님! 오늘을 주님이 주신 귀한 선물로 생각하게 하소서!
🧩 오늘 하루 본문에 나온 다짐들을 실천해 보십시오.

나의 영적 일지

# 신앙이 성장한 증거

읽을 말씀 : 행 5:38-42

● 행 5:42 그들이 날마다 성전에 있든지 집에 있든지 예수는 그리스도라고 가르치기와 전도하기를 그치지 아니하니라

사람이 나이가 들수록 감출 수 없는 것이 목주름이라고 합니다.
그래서 이 목주름을 '사람의 나이테'라고도 하는데, 이마 같이 얼굴 부위에 생긴 주름들은 간단한 시술로도 쉽게 관리할 수 있지만 목주름을 제거하는 건 수술로만 가능할 정도로 까다롭고 어렵습니다. 그러나 사람들 앞에서 젊게 보이고 싶은 욕망 때문인지 한 때 할리우드 배우들 사이에서는 목주름을 제거하는 수술이 유행처럼 번졌다고 합니다.
미국의 요세미티 국립공원에는 상상도 할 수 없을 정도로 다양하고 거대한 나무들이 많이 있습니다. 그 중에는 몇 백 년이 넘는 수명을 가진 나무들도 많은데, 그 중 몇몇은 천재지변이나 사고로 가끔 부러지고 쓰러지는 사고가 일어나기도 합니다. 그럴 때면 식물학자들이 쓰러진 나무를 찾아와 나이테를 보며 조사를 시작합니다. 나이테는 단순히 수명뿐 아니라 언제 병에 걸렸는지, 가뭄을 겪었는지, 심지어는 번개를 맞았는지까지 알 수 있는데 이는 중요한 지정학적 자료가 됩니다. 그래서 식물학자들 중에는 나무의 나이테를 '나무의 자서전'이라고도 말하는 사람들도 있습니다.
나무가 쓰러지고 난 후에 나이테로 살아온 삶을 알 수 있듯이 성도의 성숙도는 그 사람이 전도한 영혼의 수를 통해 알 수 있습니다.
겉으로만 그럴싸한 신앙생활을 하지 말고 영혼을 주님께 인도하는 일을 통해 영혼의 나이테를 성장시키는 성도가 되십시오. 반드시 창대하게 될 것입니다.

💗 주님! 제자의 사명을 잃지 않고 살게 하소서!
🙏 이제까지 몇 명을 전도했는지 생각하고 신앙의 나이테를 측정해 보십시오.

나의 영적 일지

### 2월 7일
## 고통 가운데 남는 것

읽을 말씀 : 고후 1:1-11

● 고후 1:7 너희를 위한 우리의 소망이 견고함은 너희가 고난에 참여하는 자가 된 것 같이 위로에도 그러할 줄을 앎이라

화가 르누아르는 인상파를 대표하는 화가 중 한명으로 '행복을 그린 화가'로 불렸습니다,

그러나 전성기 때에 심한 관절염에 걸려 집에만 누워있어야 하는 신세였습니다. 고통이 너무나 심했고 고칠 수 있는 방법도 없었기 때문에 의사도 될 수 있으면 집에서 그냥 휴식을 취하라고 했지만 그는 통증을 참아내며 집에서 계속해서 그림을 그렸습니다. 유명한 야수파 화가인 마티스는 르누아르의 절친한 친구였는데, 화가인 그조차 르누아르가 그 고통 속에서 그림을 그리는 것을 이해하지 못했습니다.

"그렇게까지 그림을 그리는 이유가 뭔가? 건강을 우선 챙기는 것이 좋지 않겠나?"

"나는 그림을 그릴 수밖에 없네. 고통은 지나가지만 내가 남긴 그림의 아름다움은 영원하기 때문이지."

붓을 제대로 들 수 없을 정도로 증세가 심했던 르누아르는 세상을 떠나기 2년 전에 '목욕하는 사람들'이라는 명화를 남겼는데, 그 그림을 완성하는 데는 14년이란 시간이 걸렸습니다.

그러나 하나님은 우리의 평생을 통해 작품을 완성해 나가십니다.

아름다운 작품을 만들기 위해 고난과 어려움을 통해 나를 성장시키시는 하나님의 은혜를 믿고 감사하십시오. 반드시 창대하게 될 것입니다.

♥ 주님! 나의 삶 속에 언제나 임하여 주심을 알게 하소서!
 고난이 찾아올수록 주님을 더 의지하며 기도하십시오.

나의 영적 일지

# 바라는 것의 실상

읽을 말씀 : 히 1:1-14

●히 11:1 믿음은 바라는 것들의 실상이요 보지 못하는 것들의 증거니

뉴욕 할렘가의 데모크라시 프렙 차터스 고등학교는 뉴욕에서 가장 열악한 공립학교입니다.

학생의 80%가 흑인, 20%는 히스패닉계로 구성된 이 학교는 소득수준으로만 보면 미국 최하위 계층의 가정이며 전교생 중 80%는 이혼한 편부모 밑에서 자랐습니다. 그러나 창립 7년 만에 뉴욕 공립학교 중에서 최고로 높은 성과를 내는 학교가 되었습니다.

학교의 교장인 세스 앤드루 선생님은 학교가 처음 설립되고 아이들과 모두 개별 면담을 가졌는데, 아이들 중 대학을 가겠다고 생각하는 학생들은 한 명도 없었습니다.

그날부터 세스 교장은 아이들에게 대학을 향한 꿈을 불어넣어주기 시작했습니다. 복도와 교실마다 빼곡하게 아이비리그를 비롯한 세계의 유명대학의 깃발과 사진을 걸어놓고 아이들을 데리고 정기적으로 대학교를 탐방하기 시작했습니다.

밑바닥만 바라보며 자라던 아이들이 대학을 통해서 한 단계 위의 세상을 바라보게 되었고, 그 결과 어려운 환경 속에서도 값진 성과를 낼 수가 있었습니다.

바라는 것이 분명할 때 꿈을 꾸게 되고 기적이 일어납니다.

내가 진정으로 원하는 것이 무엇인지 또 그 일을 통해 어떤 영향력을 미치고 싶은지 깊이 생각해보십시오. 반드시 창대하게 될 것입니다.

♥ 주님! 뚜렷한 믿음을 갖고 매일 나아가게 하소서!
📖 바라는 것들의 목록을 적어보고 그 이유에 대해서 생각해 보십시오.

나의 영적 일지

**2월 9일**

## 위기의 상황이 알려주는 것

읽을 말씀 : 살전 2:17-3:13

● 살전 3:3 아무도 이 여러 환난 중에 흔들리지 않게 하려 함이라 우리가 이것을 위하여 세움 받은 줄을 너희가 친히 알리라

　미국 네바다주의 에어쇼에서 비행기가 관중석 쪽으로 추락하는 사고가 일어난 적이 있습니다.

　1975년부터 비행기를 몰며 여러 영화에서 비행기 스턴트를 맡았던 베테랑 조종사 지미 리워드 씨는 2차 세계대전에 사용되었던 구식 머스탱을 타고 에어쇼 예선전에 참여 했습니다. 그런데 잘못된 정비로 중간에 비행기가 추락하기 시작했고, 관람객 9명이 죽는 큰 사고가 일어났습니다.

　그러나 사고 후의 조사과정과 목격자들의 증언에 의해서 지미 씨의 살신성인 정신 때문에 피해가 작아졌다는 사실이 드러났습니다. 관중석으로 향하는 비행기를 막기 위해서 지미 씨는 탈출하려고 노력하기보다는 관중석으로 향하는 비행기를 돌리기 위해 혼신의 힘을 다해 조종간을 꺾으며 이륙을 시도했습니다.

　이런 노력으로 마지막 순간에 잠시 상승하며 왼쪽으로 방향이 꺾였고 덕분에 비행기는 관중석에 있는 군중들을 살짝 피해 지나갈 수 있었습니다. 그리고 그로 인해 약 300명 정도의 사람들이 목숨을 구했습니다.

　행복하고 즐거운 상황에선 사람의 본심과 근본을 알 수 없습니다. 어떤 사람을 가장 잘 나타내는 것은 위기와 혼란의 상황에서의 태도입니다. 어려울수록 성경의 가르침에서 해답을 구하는 지혜로운 성도가 되십시오. 반드시 창대하게 될 것입니다.

💗 주님! 어려울 때일수록 말씀을 따라 살아가게 하소서!
🖼 성경을 묵상하며 실제 삶에 적용하기 위해 노력하십시오.

나의 영적 일지

# 일을 끝까지 마치는 비법

읽을 말씀 : 살후 3:1-15

●살후 3:13 형제들아 너희는 선을 행하다가 낙심하지 말라

    정신질환으로 고생하는 사람들을 위해 많은 업적을 세운 정신분석학자 윌리엄 메닝거 박사는 사람의 끈기에 특히나 관심이 많았습니다.
    시작한 일을 끝까지 마치지 못하는 사람들을 오래 연구한 박사는 '일을 끝까지 완수하는 5가지 방법'을 찾아내 발표했습니다.
 1. 진지하게 관심과 흥미가 생기는 일을 시작하라.
 2. 일을 완수했을 때의 만족감을 생각하라.
 3. 어떤 일을 끝마쳐야 할 날짜를 정해 그것에 도전하라.
 4. 불필요한 간섭이나 신경 쓰이는 일들을 정리하라.
 5. 도움이 될 사람이나 함께 도전할 사람을 구하라
    하나님을 예배하는 일과 맡은 비전은 인생이 끝 날 때까지 완수해야 할 사명입니다. 하나님 나라에서 받을 상을 기대하며 세상에 시선을 빼앗기지 말고 훌륭한 동역자와 함께 할 때 마지막까지 사명을 완수할 수 있습니다.
    위의 다섯 가지 방법을 사역의 원리에 잘 적용해보십시오. 반드시 창대하게 될 것입니다.

♥ 주님! 맡은 사역을 포기하지 않는 충성된 일꾼이 되게 하소서!
📖 교회 내에서 맡고 있는 사역에 본문의 원리를 적용해 보십시오.

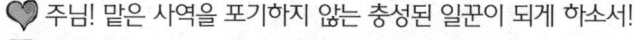

나의 영적 일지

## 2월 11일 세상이 감당 못할 사람

읽을 말씀 : 히 10:19-39

● 히 10:35 그러므로 너희 담대함을 버리지 말라 이것이 큰 상을 얻게 하느니라

세계적인 여성 패션 잡지 'Bazaar'에서 선정한 올해의 포토그래퍼 상을 수상한 조선희 씨는 대학교 동아리에서 사진을 시작한 비전공자입니다.

지금은 수많은 연예인들의 화보를 촬영하고, 세계적으로 유명한 패션잡지에서 촬영을 의뢰할 만큼 실력을 인정받고 있지만 사진이 전공이 아니라는 이유로 많은 어려움을 겪었습니다.

조선희 씨는 동아리에서 취미로 접한 사진에 완전히 마음을 뺏겨 사진사의 길을 걷기 시작했습니다. 그러나 아무리 열심히 하고 좋은 사진을 찍어도 업계는 전공자가 아니라며 실력을 인정하지 않았고 제대로 일을 시켜주지 않았습니다. 그러나 그럼에도 포기하지 않았기 때문에 지금의 성공에 이를 수 있었는데 한 매체와의 인터뷰에서 그 이유에 대해서 말했습니다.

"그때는 정말 사진에 미쳤거든요. 사진을 찍고 싶어서 밤에 잠이 오질 않았어요. 잠이 들면 꿈에서도 사진을 찍었습니다. 그렇게 미친 사람인데 보통 사람들이 당할 수 있겠어요?"

한 가지에 미친 사람들을 세상도 막을 수 없듯이 모든 그리스도인들은 복음에 미쳐야 하고 말씀에 묻혀 살아야 합니다. 그리스도인들이 세상의 눈치를 보고 말씀에 의심을 가질 때 맛을 잃은 소금이 되고 어둠에 묻히는 빛이 됩니다. 세상을 변화시키는 빛과 소금의 역할을 하는 성도가 되십시오. 반드시 창대하게 될 것입니다.

♥ 주님! 세상이 감당 못할 힘을 말씀을 통해 얻게 하소서!
📖 복음전파에 얼마나 열정이 있는지 자신을 돌아보십시오.

나의 영적 일지

# 모든 문제의 해결자

읽을 말씀 : 벧전 5:1-11

●벧전 5:7 너희 염려를 다 주께 맡기라 이는 그가 너희를 돌보심이라

앤 랜더즈는 미국사람들이 가장 신뢰하는 카운슬러 중 한 명입니다. 시카고 지역 신문인 신디게이트 필즈를 비롯해 여러 유명 신문에 칼럼을 기고하는 그녀는 여러 가지 인생 문제들을 해결할 수 있는 지혜롭고 따스한 조언을 해주는 것으로 유명했습니다.

20년 동안 칼럼을 기고하는 동안 그녀의 글은 1000개가 넘는 신문에 실렸고, 애독자는 5천만 명이 넘는 것으로 알려져 있습니다. 그러나 57세가 되는 해에 앤은 자신의 부부생활에 큰 문제가 있다며 이혼을 하게 됩니다. 지금까지 많은 사람들의 가정 문제와 부부간의 불화에 대해서 상담을 해주던 그녀였기에 이 일은 매우 큰 뉴스가 되었습니다. 어떤 신문은 "모든 해답을 알고 있는 그녀, 자신의 문제는 풀지 못하다"라는 제목으로 기사를 썼습니다. 앤은 자신의 이혼을 알리는 기자회견에서 말했습니다.

"36년간의 결혼 생활을 정리하는 것은 참으로 힘들고 어려운 일이었습니다. 그러나 저 스스로에게 질문을 해봐도 답이 나오지 않는다는 사실이 더욱 견디기 어려웠습니다."

아무리 지혜로운 사람도 해결할 수 없는 문제가 있습니다.

문제가 생길 때에 좋은 조언자를 두는 것도 중요하지만 가장 먼저 성령하나님께 묻고 의지하는 것이 더욱 중요함을 잊지 마십시오. 반드시 창대하게 될 것입니다.

♡ 주님! 말씀과 기도로 모든 상황을 이기게 하소서!
🎀 마음 속에 있는 문제들을 모두 주님께 맡기십시오.

나의 영적 일지

## 2월 13일 생각의 체계

읽을 말씀 : 히 12:1-13

● 히12:1 이러므로 우리에게 구름 같이 둘러싼 허다한 증인들이 있으니 모든 무거운 것과 얽매이기 쉬운 죄를 벗어 버리고 인내로써 우리 앞에 당한 경주를 하며

"몸이 천 냥이면 눈이 구백 냥이다"라는 옛 말이 있습니다.

최근에 알려진 과학 사실들에 따르면 이 말처럼 눈이 정말로 인체에서 아주 중요한 기관이라는 걸 확인할 수 있습니다.

먼저 눈이 뇌와 연결되어 있는 신경세포는 다른 기관들의 두 배가 넘는다고 합니다. 그래서 사람들은 다른 기관보다도 눈이 피로할 때 생활에 큰 어려움을 느끼고 휴식을 필요로 합니다. 또 눈은 우리가 뇌로 저장하는 정보의 80%를 받아들이는 기관이기도 합니다. 그러나 눈으로 받아들이는 정보에는 한 가지 중요한 특징이 있는데, 그것은 같은 사물을 본다고 모두 같은 정보를 받아들이는 게 아니라는 점입니다.

아동발달분야의 대가인 아놀드 게젤 박사는 "아직 지각 체계가 생성되지 않은 어린이들은 사물을 보는 것만으로는 어른과 같은 생각을 하지 못한다"고 주장합니다. 예를 들어 강아지를 처음 보며 두려워하거나 좋아하는 경우는 거의 없지만, 눈으로 본 강아지와 함께 한 체험을 통해 강아지가 귀엽다 혹은 무섭다는 사고 체계가 생긴다는 것입니다. 이처럼 눈뿐 아니라 사람이 오감으로 받아들이는 모든 정보는 사고 체계에 의해서 재해석되어 받아들여집니다.

좋은 것을 보고 좋은 것을 경험함으로 사람의 사고 체계는 얼마든지 변할 수 있습니다. 믿음의 용사들이 가진 생각의 프레임으로 세상을 바라보고 미래를 계획하십시오. 반드시 창대하게 될 것입니다.

♥ 주님! 성경을 통해 믿음의 생각과 순종의 자세를 배우게 하소서!
📖 하나님께서 주시는 믿음이 무엇인지 생각해 보십시오.

나의 영적 일지

# 아름다운 마무리

읽을 말씀 : 딤후 1:3-18

● 딤후 1:14 우리 안에 거하시는 성령으로 말미암아 네게 부탁한 아름다운 것을 지키라

2월 14일

말기암 환자인 K씨는 명지 병원에서 통증완화 치료를 받았습니다.

몇 달 전에 기도암 수술을 받았지만 다시 재발해 목 부위까지 퍼져 재수술이나 항암치료는 더 이상 효과가 없다고 판단되어 임종을 편안히 준비할 수 있는 차원의 치료였습니다.

K씨에겐 세 명의 딸들이 있었는데, 딸들은 그런 어머니의 모습을 보며 슬퍼하거나 다른 치료방법을 알아보기 보다는 어머니를 위한 더욱 특별한 시간을 준비하기로 했습니다. 세 딸은 어머님이 투병 중에 즐겨 들으시던 찬송가, 직접 준비한 무용, 어머니의 일대기를 담은 동영상 등으로 그동안 키워주신 어머님을 향한 사랑과 감사의 마음을 담은 콘서트를 몰래 준비해 열기로 했습니다.

그리고 콘서트 당일 어머님뿐 아니라 어머님과 함께 투병 생활을 하고 있는 분들과 의료진들까지 콘서트를 함께 관람했습니다. 세 딸들의 깜짝 콘서트를 관람한 뒤에 K씨는 매우 감격스러워 말을 잇지 못했습니다. 함께 참석한 다른 사람들은 K씨의 삶이 얼마나 가치 있는 삶이었는지, 딸들이 어머니를 얼마나 사랑하는지 느낄 수 있었습니다.

인생을 더욱 풍요롭게 해주는 것은 서로를 향한 사랑입니다.

부모님과 가족, 사랑하는 친구들을 향한 사랑을 더 늦기 전에 고백하십시오. 반드시 창대하게 될 것입니다.

♥ 주님! 주님이 주신 귀한 관계를 사랑으로 가꾸게 하소서!
🖼 오늘 만나는 모든 사랑하는 사람에게 마음을 고백하십시오.

나의 영적 일지

**2월 15일**

## 단순한 노력

읽을 말씀 : 잠 3:27-35

● 잠 3:34 진실로 그는 거만한 자를 비웃으시며 겸손한 자에게 은혜를 베푸시나니

아프리카 남동부에 있는 말라위라는 가난한 나라에 캄쾀바라는 소년이 살았습니다.

농촌에서 태어난 소년은 8만원이 없어서 중학교로 진학을 하지 못했습니다. 도서관에서 혼자 공부를 하던 캄쾀바는 미국 초등학교 과학 교과서를 읽다가 바람이 많이 부는 말라위의 특징을 이용해 풍차를 만들겠다며 온 동네의 쓰레기장을 뒤지고 다녔습니다.

당시 마을 사람들은 캄쾀바가 풍차를 만드는 광경을 보며 조롱을 했습니다. 인구의 2%만이 전기를 사용하는 나라에서 고장 난 자전거와 빨랫줄 같은 것을 모아놓고 전기를 만들겠다는 생각을 사람들은 이해할 수가 없었습니다.

그러나 두 달이 지난 후 캄쾀바는 정말로 풍차를 만들었고 그 풍차로 인해 마을의 60가구는 전기를 사용할 수 있게 되었습니다. 6년이 지난 뒤에 캄쾀바는 세계적인 지식 컨퍼런스인 TED에 강사로 초청되었는데, 거기서 말했습니다.

"불이 들어오자 사람들이 저에게 와서 만드는 법도 모르면서 도대체 어떻게 한 거냐고 물었습니다. 그래서 저는 짧게 대답했죠. 만들려고 노력을 했으니까요."

기적을 만드는 것은 끝없는 노력뿐입니다.

매일 사는 하루를 하나님의 선물로 생각하고 최선을 다해 살아가십시오. 반드시 창대하게 될 것입니다.

♡ 주님! 우리가 누리는 것들의 숨겨진 누군가의 노고에 감사하게 하소서!
📖 시도해보지도 않고 포기한 일이 없는지 생각해 보십시오.

나의 영적 일지

# 쉬지 말고 기도하라

읽을 말씀 : 살전 5:12-28

●살전 5:17 쉬지 말고 기도하라

　지금 한국 사회에서는 스마트폰 중독, 스마트폰 증후군과 같은 새로운 사회적 현상들이 큰 문제로 대두되고 있습니다.
　잠자는 시간을 제외하고는 모두들 스마트폰을 쳐다보면서 산다는 말이 있을 정도인데 최근 한 그리스도인이 인터넷에 기도와 스마트폰을 비교한 글을 올려 화제가 된 적이 있습니다.
　"스마트폰은 공공장소에 꺼야 하며,
　가끔 터지지 않는 곳도 있습니다.
　그러나 기도는 시간과 공간의 영향을 받지 않습니다.
　스마트폰은 배터리가 떨어지면 충전을 해야 합니다.
　그러나 기도는 배터리의 걱정 없이 언제든지 할 수 있습니다.
　스마트폰은 시간이 지나면 최신기종으로 구입을 해야 합니다.
　그러나 기도는 태어나서 죽을 때까지 그럴 필요가 없습니다.
　스마트폰으로는 사람들과 항상 교류를 할 수 있습니다.
　그러나 기도는 하나님과 항상 교류를 할 수 있습니다"
　스마트폰을 사용하는 열정의 반만이라도 기도생활에 쏟는다면 우리의 삶은 훨씬 더 나아질 것입니다.
　지금의 기도생활을 돌아보고 반성하며, 더 많은 시간을 기도에 투자하십시오. 반드시 창대하게 될 것입니다.

♥ 주님! 기도의 중요성을 깨닫고 기도를 소홀히 여기지 않게 하소서!
🙏 기도만을 위한 시간을 하루의 일과에 편성하십시오.

나의 영적 일지

## 2월 17일 신뢰할 수 있는 사회

읽을 말씀 : 왕상 15:1-8

● 왕상 15:5 이는 다윗이 헷 사람 우리아의 일 외에는 평생에 여호와 보시기에 정직히 행하고 자기에게 명하신 모든 일을 어기지 아니하였음이라

　한국고속철도인 코레일에서는 지난 2009년 8월에 KTX가 정차하는 17개 역의 개찰구를 모두 없앴습니다.
　'고객을 믿고 소통하며' 고객 중심으로 운영을 하겠다는 것이 취지였습니다. 그러나 개찰구가 있는 바로 전년도만 해도 9만 건에 가까운 무임승차가 있었기에 사람들은 대다수 부정적인 반응을 보였습니다. 개찰구를 없애는 것이 오히려 무임승차의 빌미를 줄 수도 있다는 것이었습니다.
　그러나 코레일 측은 검표를 확인한 고객의 편의는 더욱 확충하되 검표방식은 철저히 함으로 자연스런 신뢰와 소통을 유도하겠다고 답변했습니다. 그리고 검표가 확인된 고객은 비어있는 좌석 어디라도 이동할 수 있는 편의 서비스를 도입했습니다. 그 결과 애초의 의도대로 무임승차는 2010년도 4만 건으로 줄었고, 2011년도에는 3만 건으로 줄었습니다.
　무임승차는 줄어들면서 반대로 코레일을 이용하는 고객들의 만족도는 점점 높아졌고, 이런 이유로 국정감사에서도 아무런 지적을 받지 않고 몇 년째 여당과 야당 모두에게 인정을 받는 보기 드문 일도 일어났습니다.
　그리스도인들이 점점 힘을 잃어가는 것은 신뢰를 잃어버렸기 때문입니다. 때로는 손해를 보는 것 같더라도 먼저 믿고 다가가야 합니다.
　세상과 소통할 수 있는 신뢰할 수 있는 그리스도인이 되십시오. 반드시 창대하게 될 것입니다.

♡ 주님! 말보다 행동으로 먼저 인정받는 성도가 되게 하소서!
📖 주위 사람들에게 신뢰받을 수 있는 책임감 있는 삶을 사십시오.

나의 영적 일지

# 기쁨이 기록되는 신앙

읽을 말씀 : 사 58:1-12

- 사 58:11 여호와가 너를 항상 인도하여 메마른 곳에서도 네 영혼을 만족하게 하며 네 뼈를 견고하게 하리니 너는 물 댄 동산 같겠고 물이 끊어지지 아니하는 샘 같을 것이라

  매년 4월 발표되는 퓰리처상은 미국에서 가장 권위 있는 예술상입니다.

  90년이 넘는 역사를 가진 이 상은 보도사진, 문학, 음악 등의 7가지 예술 분야에 상을 수여하는데, 퓰리처상이 사진기자들에게만 주는 것으로 아는 사람이 많을 정도로 사람들은 보도사진부문 수상작에 가장 큰 관심을 가집니다.

  보도 사진은 내분이나 전쟁, 거대한 스캔들 같이 사회적인 문제의 사진들이 선정되는데 한 장의 사진으로 인해 국제 정세가 변하는 경우도 많습니다. 그래서 보통 이 부문에서의 수상작은 기아상태에 있는 아프리카 사람이나 전쟁 중에 죽어가는 사람들과 같이 도움이 필요하거나 비참함을 느끼게 하는 사진들이 선정됩니다.

  그러나 1974년에 수상한 '넘치는 기쁨'이라는 상만은 예외였습니다. 비더라는 사진기자가 찍은 이 사진에는 온 가족의 환한 미소가 담겨있는데, 로버트 스텀이라는 군인이 베트남 전쟁에서 포로로 잡혔다가 무사히 풀려나온 뒤에 가족과 재회하는 장면을 찍은 것이었습니다.

  그리스도인의 삶은 세상 사람들과 달라야 합니다. 구원받은 사람들은 하나님으로 인해 어떠한 상황 속에서도 기쁨에 처할 줄을 알아야 합니다.

  하나님을 만난 기쁨이 인생의 결정적인 순간을 담은 최대의 사건인지 스스로에게 물어보십시오. 반드시 창대하게 될 것입니다.

♥ 주님! 기쁨의 기록이 되는 신앙생활을 살아가게 하소서!
🖼 신앙생활 중에 가장 큰 기쁨을 느꼈던 게 언제인지 생각해 보십시오.

**나의 영적 일지**

### 2월 19일
## 마지막으로 담겨진 모습

읽을 말씀 : 몬 1:4-7

● 몬 1:6 이로써 네 믿음의 교제가 우리 가운데 있는 선을 알게 하고 그리스도께 이르도록 역사하느니라

미국 경찰관인 제레미 헨우드 씨는 근무 도중에 괴한에게 총격을 맞고 숨졌습니다. 검거된 범인에게는 어떤 동기도 찾을 수가 없었습니다. 그래서 경찰은 제레미 씨가 죽기 전 마지막으로 들렀던 맥도날드의 CCTV를 확인해 보기로 했습니다.

매장에 들어간 제레미 씨에게 한 흑인 소년이 다가와 10센트만 빌려달라고 요청했습니다. 매장 직원에 따르면 그 소년은 1달러짜리 쿠키를 사려고 했으나 10센트가 모자랐고, 1시간가량 매장에서 만나는 사람들에게 도움을 구했지만 아무도 10센트를 주지 않았다고 합니다. 그러나 제레미 씨는 아이의 딱한 사정을 알고 자신의 음식을 주문하면서 쿠키를 같이 주문해 소년에게 주었습니다. 주문한 음식이 나오는 동안 제레미 씨는 소년에게 꿈을 물어봤고, 농구선수가 되겠다는 아이의 대답을 듣고는 머리를 쓰다듬으며 반드시 될 수 있을 거라는 격려를 해줬습니다.

제레미 씨의 마지막 모습을 확인한 경찰은 사건을 해결하진 못했지만 순직한 제레미 씨가 어떤 사람인지를 알려주기 위해 이 장면을 공개했고, 언론들은 '마지막 선행'이라는 제목으로 대서특필했습니다.

선행은 특별한 배려가 아니라 일상의 습관입니다. 우리는 선행을 통해 구원 받을 수 없지만, 구원받은 사람은 선행을 해야된다고 성경은 말씀하고 있습니다.

오늘도 예수님의 발자취를 따라 선을 실천하는 삶을 사십시오. 반드시 창대하게 될 것입니다.

💟 주님! 언제나 선행을 실천하라는 주님의 말씀을 잊지 않게 하소서!
🧩 하루에 한 가지씩이라도 선행을 실천하려고 노력하십시오.

나의 영적 일지

# 문제를 해결하는 사람

읽을 말씀 : 고후 1:1-11

● 고후 1:9 우리는 우리 자신이 사형 선고를 받은 줄 알았으니 이는 우리로 자기를 의지하지 말고 오직 죽은 자를 다시 살리시는 하나님만 의지하게 하심이라

    덴마크와 노르웨이에 걸린 스칸디나비아 반도에는 바이킹이라는 민족이 살았습니다.
    성격은 매우 포악했으나 뛰어난 항해술과 강인한 체력으로 한 때는 매우 넓은 영토를 차지했으며 또한 20명도 탈 수 없는 작은 배를 타고 콜럼버스가 신대륙을 발견하기 500년 전에 이미 북대서양을 횡단해 신대륙을 다녀왔다고 합니다.
    최근의 역사학자들은 바이킹들이 전쟁을 좋아하는 포악하고 둔한 민족으로 알려져 있지만 사실은 북유럽의 문화 형성과 교역에 도움을 주는 활동에도 큰 영향을 끼쳤다고 합니다. 그리고 이런 바이킹의 몇몇 좋은 업적들은 추운 기후와 척박한 땅에서 자란 그들의 환경 때문에 가능한 일이었다고 분석했습니다.
    태풍이 불면 독수리는 태풍이 일으키는 바람을 타고 안전한 곳으로 날아갑니다. 그러나 다른 새들은 오히려 둥지로 돌아가 숨었다가 태풍에 휩쓸려 버린다고 합니다. 마찬가지로 문제를 해결하는 방법은 문제에 제대로 맞서는 것입니다. 현실을 외면해 문제를 잠시 피하는 것은 어설픈 방책일 뿐 완전한 해결책은 아닙니다.
    베드로가 심한 태풍 속에서도 물 위를 걸었던 것은 주님의 말씀을 믿고 주님을 의지했기 때문입니다.
    말씀을 의심함으로 기적을 체험하고도 물에 빠지는 사람이 되지 말고 모든 순간에 하나님을 의지함으로 인생의 문제들을 지혜롭게 해결하십시오. 반드시 창대하게 될 것입니다.

💛 주님! 문제를 두려워하지 않고 주님을 의지하게 하소서!
📛 지금 처해있는 문제의 목록을 적어보고 하나씩 해결하십시오.

**나의 영적 일지**

## 2월 21일 — 좋은 이미지를 만드는 것

읽을 말씀 : 고후 3:12-18

● 고후 3:18 우리가 다 수건을 벗은 얼굴로 거울을 보는 것 같이 주의 영광을 보매 그와 같은 형상으로 변화하여 영광에서 영광에 이르니 곧 주의 영으로 말미암음이니라

'이미지 메이킹'이란 외국 도서에서 소개하는 「좋은 이미지를 만드는 열 가지」입니다.
 01. 주어진 시간을 낭비하지 말라.
 02. 자신에게 진실하라.
 03. 자신을 사랑하라.
 04. 비전을 가져라.
 05. 옷을 사기 전에 계획을 세워라.
 06. 상사, 동료, 부하를 존경 또는 존중하라.
 07. 생각하기 전에 말하지 말라.
 08. 주의 깊게 들어라.
 09. 절대 생각하기 전에 행동하지 말라.
 10. 자신의 이미지를 항상 생각하고 성스럽게 지켜라.

진정으로 좋은 이미지는 외면보다도 내면에서 나옵니다. 우리는 남과 비교하여 우월의식이나 열등의식을 갖게 됩니다. 그러나 이들은 하나님앞에서 모두 교만입니다. 하나님께서 나에게만 주신 창조적 이미지가 중요합니다.

예수님을 닮길 바라는 그리스도인들은 좋은 창조적 이미지가 될 수밖에 없습니다.

잠시 본성을 가리는 가면이 아닌 점점 주님을 닮아가는 변화를 통해 좋은 이미지를 가꾸십시오. 반드시 창대하게 될 것입니다.

♡ 주님! 주님의 성품을 닮아가는 변화되는 모습을 주소서!
📷 날마다 더욱 주님을 닮아가기를 소망하십시오.

나의 영적 일지

# 3분의 성공

2월 22일

읽을 말씀 : 요일 5:1-13

● 요일 5:4 무릇 하나님께로부터 난 자마다 세상을 이기느니라 세상을 이기는 승리는 이것이니 우리의 믿음이니라

하루에 3분을 성공하면 인생이 성공한다는 '3분의 미학'이라는 말이 있습니다.

3분은 하루의 0.2%에 해당하는 작은 시간입니다. 그러나 가수들이 보통 노래 한곡을 부르는 데 걸리는 시간이 3분입니다. 가수 싸이는 이 3분을 잘 꾸려서 세계적으로 유명한 가수가 되기도 했습니다. 새로 시작하는 드라마의 경우 처음 시작하는 3분이 재미없으면 이후 시청률이 급감한다고 합니다.

반대로 초반 3분에서 시청자의 흥미를 끄는 경우는 10분 정도의 시청시간이 보장된다고 합니다. 그렇게 또 10분을 끌면 1회 전체를 보게 되고 곧 2회도 보게 될 가능성이 매우 크다고 합니다. 영화관으로 관객을 부르는 것도 약 3분 정도의 예고편입니다. 영화가 아무리 재밌고 잘 만들었어도 이 3분을 잘 꾸리지 못하면 관객들이 극장으로 찾아오지 않습니다. 기업에서 신입사원을 면접할 때도 주는 시간은 통상 3분이고 세일즈맨이 물건을 팔 때 가장 효과적인 시간이 만남 뒤의 3분입니다.

일본의 다카이 노부오는 이런 이야기들로 착안해 '3분력'이라는 책까지 썼습니다. 하루의 3분간 자신을 돌아봄으로 인생이 달라진 많은 사람들을 목격했기 때문입니다.

3분을 성공하는 사람은 하루를 성공할 수 있습니다. 아침에 일어난 뒤의 3분, 처음 일을 할 때의 3분, 사람과의 만남의 첫 3분을 중요하게 생각하십시오. 그러나 매일 하나님과 만나는 3분 이상의 시간이 필요하다는 사실도 기억하십시오. 반드시 창대하게 될 것입니다.

♥ 주님! 꾸준한 경건생활이 하루의 습관이 되게 하소서!
🌠 오늘 하루 하게 되는 모든 일의 처음 3분을 위해 노력하십시오.

나의 영적 일지

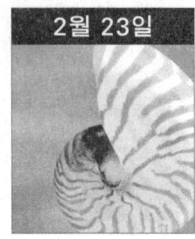

### 2월 23일
## 성장을 위한 아픔

읽을 말씀 : 딤전 4:6-16

● 딤전 4:7 망령되고 허탄한 신화를 버리고 경건에 이르도록 네 자신을 연단하라

    건강한 육체미를 뽐내는 보디빌더들은 '거리의 수도사'라고 불리기도 합니다.
    근육의 성장을 위해 식단을 엄격하게 제한하고, 운동과 휴식시간을 완벽히 일정에 맞춰서 생활하기 때문입니다. 그런데 보디빌더들이 그 날의 한 운동이 잘 됐는지 알아보는 신호 중의 하나가 근육의 통증입니다. 근육은 무거운 무게를 반복해서 들어 근육이 과부하상태가 되어 상처를 입고, 그 빈틈에 충분한 단백질과 영양이 채워 들어감으로 생기는 것이기 때문입니다. 같은 맥락으로 세계적인 발레리나 강수진 씨도 연습을 하고 다음날 눈을 뜰 때 몸에 통증이 없으면 마음이 불안했다고 한 토크쇼에 나와서 고백하기도 했습니다.
    정원사들은 병충해에 걸려 죽어가는 꽃을 살리기 위해서 가위를 듭니다. 이미 썩은 부분의 줄기를 대각선으로 자른 뒤에 불로 지져서 봉합을 하면 병이 더 이상 퍼지지 않고 물을 받아들이는 표면적이 늘어납니다. 그러나 꽃이 상할까봐 두려워 가위로 잘라주지 않으면 곧 시들뿐만 아니라 주위의 다른 꽃들에게까지 병충해가 전염됩니다.
    사람의 인생 가운데 어려움과 고통이 없다면 성장도 없게 됩니다. 보디빌더의 근육처럼 고통이라는 틈이 생길 때 하나님을 향한 믿음이 스며들 수 있고, 이로 인해 신앙이 성장하게 됩니다.
    때로는 이해할 수 없는 고통이라 하더라도 나를 살리기 위한 하나님의 손길임을 믿고 주님을 더욱 의지하십시오. 반드시 창대하게 될 것입니다.

💛 주님! 어렵고 힘들 때에 더욱 주님께 감사하게 하소서!
🖼️ 고난의 이유에 대해서 생각해보고 항상 감사할 수 있는 신앙을 가지십시오.

나의 영적 일지

# 행복의 10가지 조건

읽을 말씀 : 고후 3:1-9

● 고후 3:5 우리가 무슨 일이든지 우리에게서 난 것 같이 생각하여 스스로 만족할 것이 아니니 우리의 만족은 오직 하나님께로부터 나느니라

현대인들이 살면서 가장 누리고 싶어 하는 것은 '행복'입니다.

지금까지 여러 시대에 걸쳐 수많은 학자들이 이 문제에 대해서 조사를 해봤지만, 한 번도 행복이 순위권에서 밀려난 적은 없었습니다. 그래서 최근에 미국의 여러 기관들이 행복도가 높은 만 오천 명의 사람을 합동으로 조사해 10가지 공통점을 기준으로 '행복지수 10'이라는 행복의 기준을 발표했는데 다음과 같습니다.

첫째, 유머감각이 있고 잘 웃는다. 둘째, 쉴 여유가 있고 여가를 즐긴다. 셋째, 긍정적이고 적극적인 행동을 한다. 넷째, 대인관계가 좋다. 다섯째, 남을 위해 봉사를 한다. 여섯째, 감사를 표현하는 어떤 대상이 있다. 일곱째, 용서에 대해서 관대하다. 여덟째, 배우는 일을 좋아한다. 아홉째, 인내심이 좋다. 열 번째, 영성에 관심이 있다.

자, 이제 위의 기준으로 자신을 살펴보십시오. 예수님을 믿기 전에는 몇 가지 조건이 충족되었으며, 믿고 난 후에는 몇 가지 조건이 충족되었습니까? 또한 삶에서 느끼는 행복의 원인이 환경과 조건 때문입니까? 아니면 그리스도가 주시는 평안 때문입니까?

그리스도인에게 행복의 조건은 오로지 예수 그리스도입니다. 예수님으로 인해 기뻐하고 웃을 수 있고, 인내하며 기다릴 수 있습니다. 일흔 번씩 일곱 번이라도 용서하며 겉옷을 달라하면 속옷까지 벗어주며 나눕니다.

예수님으로 인해 행복한 사람이 되십시오. 반드시 창대하게 될 것입니다.

♥ 주님! 주님 한분만으로 행복하며 만족하게 하소서!
📖 내가 느끼는 삶의 행복의 근원이 무엇인지 파악해 보십시오.

나의 영적 일지

## 2월 25일 3,2,1 법칙

읽을 말씀 : 마 10:16-23

● 마 10:16 보라 내가 너희를 보냄이 양을 이리 가운데로 보냄과 같도다 그러므로 너희는 뱀 같이 지혜롭고 비둘기 같이 순결하라

미국의 경제 전문지 포춘은 타임지를 창간한 H.R. 루스가 창간한 잡지입니다.

포춘에서 한 번은 '비지니스맨이 성공하는 비법'이라는 제목의 칼럼을 실은 적이 있습니다. 그 비결을 한 줄로 표현하면 '누구를 만나든지 먼저 자신의 이야기를 절대로 하지 말고 상대의 이야기를 경청하라'였습니다. 사람들이 가장 중요하게 생각하는 것인 자기 자신이고, 그래서 대부분의 사람들은 듣기 보다는 말하고 싶어 합니다. 이런 이유로 말을 잘하는 것보다는 어떤 말이라도 들어주는 사람이 더욱 성공할 수밖에 없다는 것입니다.

이런 점에서 착안해 생긴 '3,2,1 법칙'도 있습니다. 먼저 3분간 귀를 열어 듣고, 2분간은 공감을 해주고, 나머지 1분간 할 말을 하라는 것입니다. 특별히 사람들과의 관계가 더욱 소원해지는 미래 시대일수록 다른 사람이 말을 할 수 있게 들어주는 기술을 가진 사람들은 더욱 성공에 가까운 사람일 확률이 매우 높습니다.

세상의 모든 비법은 성경에 들어 있습니다. 나보다 남을 낮게 여기는 배려의 모습은 성경이 진작부터 가르치던 내용입니다. 이제는 계속해 배우기보다는 배운 것을 실천해야 할 때입니다.

성경이 가르치는 경청과 배려의 법칙을 삶에서 적용하는 성도가 되십시오. 반드시 창대하게 될 것입니다.

💚 주님! 매일 한 구절이라도 말씀을 실천하는 은혜의 삶을 주소서!
🙏 성령님이 주시는 감동을 따라 오늘을 보내십시오.

나의 영적 일지

# 사랑의 편지 성경

읽을 말씀 : 롬 1:1-7

●롬 1:2 이 복음은 하나님이 선지자들을 통하여 그의 아들에 관하여 성경에 미리 약속하신 것이라

　독일의 대문호 괴테는 청년시절에 7살 연상의 슈타인이란 여인을 사랑했습니다.
　그는 사랑에 빠진 자신의 마음을 1,500통의 편지로 고백했는데, 그 중 가장 유명한 다음의 시는 '사랑'이라는 이름으로 불립니다.
　"우리들은 어떻게 태어났는가? 그것은 사랑 때문에.
　우리들은 왜 좌절하는가? 사랑이 식어지기 때문에.
　우리들은 무엇으로 성장하는가? 사랑의 힘이 있기 때문에.
　우리들은 무엇으로 사랑을 알 수 있는가? 다른 사람의 사랑 때문에.
　우리들을 잠 못 들게 하는 것은 무엇인가? 사랑의 감동 때문에.
　우리들을 하나 되게 하는 것은 무엇인가? 사랑의 온기 때문에"
　한 사람의 진실한 사랑의 고백은 아름답습니다. 그러나 성경이 말하는 하나님의 사랑이 가장 아름답습니다. 하나님이 우리에게 주신 사랑의 편지인 성경은 모든 인류를 위한 책이며 가장 위대한 사랑을 담은 책입니다.
　성경은 하나님의 사랑을 담은 편지입니다. 나를 향한 하나님의 사랑은 성경을 통해 알 수 있고 또 체험할 수 있습니다.
　하나님의 말씀을 묵상함으로 참된 사랑을 발견하십시오. 반드시 창대하게 될 것입니다.

♡ 주님! 성경을 통해 하나님의 사랑을 깨닫게 하소서!
🖼 하나님의 사랑의 고백인 성경을 매일 한 장씩이라도 묵상하십시오.

나의 영적 일지

**2월 27일**

## 과잉의 시대

읽을 말씀 : 딤전 4:6-16

● 딤전 4:8 육체의 연단은 약간의 유익이 있으나 경건은 범사에 유익하니 금생과 내생에 약속이 있느니라

영국 건강노화 연구소의 매튜 페이버 박사는 자신의 팀과 함께 식사량과 수명과의 관계에 대해서 조사를 했습니다.

생명주기가 짧은 실험용 흰쥐들을 대상으로 각기 다른 식사량을 제공하며 평균 수명을 계산했는데, 권장 식사량보다 음식을 훨씬 적게 섭취한 생쥐들의 수명이 월등히 높았습니다. 40%정도 식사량을 줄인 생쥐들의 수명은 일반적인 식사량을 섭취한 흰쥐들에 비해서 수명이 30%정도 길었습니다. 그동안 소식은 노폐물이 몸 안에 쌓이지 않게 하는 데에 도움이 된다는 결과는 있었지만 실제로 수명이 연장되는 효과가 확인된 것은 처음이었습니다.

물론 흰쥐가 아닌 인간의 경우에는 별로 효과가 없다는 실험도 있습니다. 그러나 일본의 의학계에서도 공복상태에서 건강에 도움이 되는 장수 호르몬이 나온다는 실험 결과가 나오기도 했고, 이를 통해 하루에 한 끼만 먹는 일일 일식 식사법까지 생겨났습니다. 성장기의 어린이라든가 허약한 체질의 경우에는 충분한 에너지를 반드시 섭취해야 하는 주의가 필요하지만 때에 따라선 지나친 섭취보단 약간 모자란 섭취가 훨씬 유익합니다.

영양섭취가 과다하면 건강에 안 좋은 영향을 끼치듯이 세상의 잘못된 문화와 좋지 않은 환경들에 너무 많은 정신을 빼앗기는 것도 영적 삶에 아주 해롭습니다.

하나님과 만나는 시간의 결핍이 없도록 세상에 너무 빠져 시간을 허비하지 마십시오. 반드시 창대하게 될 것입니다.

💟 주님! 세상의 문화에 몸과 마음이 너무 빠져있지 않게 도우소서!
📖 세상을 가까이하기보다 하나님과 더욱 가까이 하기를 사모하십시오.

나의 영적 일지

# 우리를 지키시는 분

읽을 말씀 : 살후 3:1-5

● 살후 3:3 주는 미쁘사 너희를 굳건하게 하시고 악한 자에게서 지키시리라

과테말라의 독재자인 알폰소 대통령은 오로지 자신의 안위에만 신경을 쓴 사람입니다.

그는 저격을 당할까봐 대통령궁 근처에 있는 반경 2Km의 건물의 창문을 모두 폐쇄했으며, 주치의에게 매일 검진을 받아 건강의 이상을 체크했고, 자기를 만나는 사람들은 그 어떤 물건이라도 소지하고 오지 못하게 관리했습니다. 작은 펜이나 수첩, 시계는 물론 넥타이핀까지 모두 압수당했습니다. 그러나 이런 보호를 받으면서 그가 한 일이라고는 전 세계에서 보내온 구호기금을 횡령하며 마약을 밀매하는 일이었습니다.

그가 횡령한 돈 중에는 과테말라 학생들을 위한 도서관 도서 구입비용도 포함되어 있었습니다. 그리고 나중에 밝혀진 바에 의하면 그는 대통령이 되기 전 자신이 교수로 재직하던 대학교에서 제자 2명을 살해한 것으로 밝혀졌습니다.

이런 이유로 그는 재선에서 낙선한 뒤에 국민의 심판을 받아 감옥을 갔다 왔고, 모든 재산을 몰수당했습니다. 그리고 지금은 출소 뒤에 추가로 밝혀진 죄목으로 감옥을 가지 않으려고 멕시코로 도망가 시멘트 회사에서 일용직으로 일을 하며 살고 있습니다.

아무리 자신의 안위를 챙긴다 하더라도 악인의 말로는 불을 보듯 뻔합니다. 그러나 하나님을 경외하고 선을 행하는 사람은 야곱처럼 다윗처럼 하나님의 보호하심을 받습니다.

오늘도 나를 지켜주시는 하나님께 큰 감사를 드리십시오. 반드시 창대하게 될 것입니다.

♡ 주님! 악한 자에게서 지켜주시는 주님을 더욱 의지하게 하소서!
🖼 필요한 순간에 넘치도록 임하는 하나님의 도움을 기대하십시오.

나의 영적 일지

# 3월

"주께서 심지가 견고한 자를
평강하고 평강하도록 지키시리니
이는 그가 주를 신뢰함이니이다"

-사 26:3-

### 3월 1일
## 믿음의 애국

읽을 말씀 : 마 6:19-34

● 마 6:33 너희는 먼저 그의 나라와 그의 의를 구하라 그리하면 이 모든 것을 너희에게 더하시리라

남강 이승훈 선생이 독립운동을 하다가 순사에게 체포된 적이 있습니다.

취조하던 검사가 독립운동을 지시한 윗선이 누구인지 대라고 묻자 이승훈 선생이 크게 웃으며 말했습니다.

"시킨 사람 이름이 궁금하십니까? 하나님이 시킨 일에 어떻게 사람 이름을 댈 수 있습니까? 허허허."

민족의 스승 도산 안창호 선생님은 다음과 같은 기도를 드린 적이 있습니다.

"주님, 저는 죄인입니다. 나라가 어렵다 말을 할 뿐 나라를 위해 일을 할 생각은 하지 않는 죄인입니다. 후손은 조상을 원망하고, 학생은 스승을 원망하는 것이, 민족이 잘못된 원인이라고 지금껏 생각했습니다. 그러나 나라가 독립하지 못하는 것은 바로 내 책임입니다. 다른 사람만 잘못됐다 탓하면서 정작 스스로 돌아보지 않은 죄를 주님, 회개합니다."

성도들에게 애국도 믿음의 결과입니다. 나라의 독립을 위해 애쓰던 수많은 위인들은 사명과 믿음을 통해 조국을 위해 일할 힘을 얻었습니다.

우리만 잘되기를 바라는 이기적인 마음이 아니라 예수님을 인하여 나라와 민족, 그리고 세계까지 섬기는 큰 일꾼이 되게 해달라고 기도하십시오. 반드시 창대하게 될 것입니다.

♥ 주님! 주님 안에서 애국하며 봉사하는 마음을 갖게 하소서!
📖 내가 속한 곳의 잘못된 책임을 남에게 전가하지 마십시오.

나의 영적 일지

# 주관을 가진 삶

읽을 말씀 : 롬 12:1-13

● 롬 12:2 너희는 이 세대를 본받지 말고 오직 마음을 새롭게 함으로 변화를 받아 하나님의 선하시고 기뻐하시고 온전하신 뜻이 무엇인지 분별하도록 하라

가난한 환경에서 성장했던 벤자민 프랭클린은 근검절약하는 생활이 몸에 배어 있었습니다.

벤자민은 회사에서 받는 식비를 아껴 책을 사서 읽을 정도로 절약을 했으며 의식주에 필요 이상으로 돈을 쓰지 않았습니다. 그런 벤자민이 한 번은 친한 친구와 식사를 한 적이 있었는데, 그 친구는 식도락을 즐기는 사람이었습니다. 푸짐한 고기요리와 맥주를 주문한 친구는 벤자민이 약간의 빵과 야채를 물과 함께 먹는 것을 보며 안쓰럽다는 듯이 말했습니다.

"그거만 먹고 무슨 재미로 산단 말인가? 오늘 음식은 내가 살 테니 돈은 걱정하지 말게나."

"맥주의 99%가 물이라는 사실은 알고 있나? 또한 필요 이상으로 음식을 먹어봤자 대부분 소화하는 일에 섭취한 에너지를 사용하고 만다네. 쓸데없이 음식을 사주지 말고 그 돈으로 나에게 책이나 사줬으면 좋겠네."

자기 주관 없이 그냥 다른 사람들을 따라 사는 현상을 레밍 현상이라고 합니다. 그런데 요즘 그리스도인들도 세상 사람들과 구별된 삶을 살지 않고 그저 비슷하게 따라가는 삶이 많아지고 있습니다.

거룩한 삶은 곧 구별된 삶이라는 사실을 잊지 말고 분명한 성도의 기준을 가지십시오. 반드시 창대하게 될 것입니다.

♡ 주님! 주님 말씀을 기준으로 삶의 행로를 정하게 하소서!
📖 그리스도인의 정체성을 나타내는 삶을 살아가기 위해 노력하십시오.

나의 영적 일지

### 3월 3일

## 모든 사람의 고민

읽을 말씀 : 시 14:1-7

●시 14:1 어리석은 자는 그의 마음에 이르기를 하나님이 없다 하는도다 그들은 부패하고 그 행실이 가증하니 선을 행하는 자가 없도다

　삼성그룹의 창업주인 고 이병철 회장님은 세상을 떠나기 전 몇 가지 질문을 남겼습니다.
　이 회장은 폐암으로 투병하던 중 '하나님의 존재를 증명할 수 있는가?', '악인의 존재는 어떻게 설명해야 하는가?', '하나님이 창조주라는 증거는 무엇인가?'와 같은 종교적인 궁금증을 담은 24개의 질문의 답을 받고 싶어했으나 증세가 급격히 안 좋아져 곧 세상을 떠나게 되어 질문에 대한 답을 듣지 못했습니다. 그러다 이 사실이 최근에 다시 알려지면서 몇몇 종교인과 신학자가 그 질문에 대한 답변을 하기도 했습니다.
　그러나 이 질문에 대한 답들보다도 당대 최고의 부자이자 불교신자였던 분이 어째서 죽음을 앞두고 인생의 근원적인 부분에서 다른 종교인에게 질문을 했는지에 초점을 맞춰야 합니다. 그것은 부와 명예나 다른 종교를 가지고는 인간이 마주한 근원적인 문제들을 해결할 수 없다는 것을 보여주는 하나의 사실이자 증거이기 때문입니다.
　실존주의 철학자인 하이데거 역시 "인간의 근원에 대한 문제는 절대로 해결할 수 없다"고 생각했습니다. 그러나 성경을 통해 하나님을 만나게 될 때, 예수님을 영접함으로 십자가의 구원이 나의 삶에 임할 때 이 모든 불가능한 기적이 내 삶에 일어나며 인생의 의문에 대한 해답이 풀립니다.
　예수님을 구주로 영접하고 또 주위 사람들에게 전하는 삶을 사십시오. 반드시 창대하게 될 것입니다.

　♡ 주님! 구원의 이름은 오직 예수그리스도임을 전하게 하소서!
　📖 구원의 사실이 내 삶에 일어난 가장 큰 기적임을 고백하십시오.

나의 영적 일지

# 포기하는 순간

3월 4일

읽을 말씀 : 갈 6:1-10

● 갈 6:9 우리가 선을 행하되 낙심하지 말지니 포기하지 아니하면 때가 이르매 거두리라

해리 콜린스라는 미국의 유명한 세일즈맨에게 어떤 신참 세일즈맨이 찾아와 질문을 했습니다.

"당신 같은 판매왕도 고객에게 거절을 당합니까?"

"그럼요. 아주 많이 있습니다. 세일즈맨 일을 시작한 뒤로는 한 번도 거절을 안당해본 날이 없습니다."

"그럼 한 명의 고객에게서 몇 번의 거절을 당한 뒤에 포기해야 합니까? 저는 거절을 한 고객에게 다시 연락을 하는 일이 너무 두렵습니다."

해리는 잠시 생각을 한 뒤 대답했습니다.

"곰곰이 생각해보니 이건 제 성공의 비결이기도 한 것 같습니다. 당신이 제 고객이라고 해보죠. 그리고 당신이 거절했다고 합시다. 그러나 저는 포기하지 않고 조만간 연락을 또 할 겁니다. 사실 당신이 죽거나 내가 죽는 일이 일어나지 않는 이상 나는 포기하지 않습니다."

모든 일의 성취에 가장 중요한 것은 능력이나 요령보다도 끈기입니다. 그리스도인들은 특히나 주위 사람들의 전도에 대한 끈기를 가져야 합니다. 거절한다고, 싫어한다고 전도와 중보를 멈춰서는 안 됩니다.

성도가 끈기를 잃는 순간 영혼도 잃게 된다는 사실을 기억하십시오. 반드시 창대하게 될 것입니다.

♡ 주님! 영혼구원의 의무를 포기하거나 소홀히 여기지 않게 하소서!
📖 전도대상자들을 위해 계속해서 중보하며 전도의 기회를 살피십시오.

나의 영적 일지

### 3월 5일

## 본래의 기능

읽을 말씀 : 딤후 1:3-18

● 딤후 1:13 너는 그리스도 예수 안에 있는 믿음과 사랑으로써 내게 들은 바 바른 말을 본받아 지키고

    이란은 인구의 97%가 이슬람을 믿는 회교 국가입니다.
    그런데 이란의 수도 이스파한에는 반크 교회라는 유명한 유적지가 있습니다. 이곳은 90%가 넘는 인구가 이슬람을 믿는 사람들 속에서 당당히 교회를 짓고 하나님을 예배하는 성도들이 있었음을 나타냅니다. 그러나 지금은 교회로써의 기능을 하지 못하고 단지 유적지로 변하고 말았습니다. 여기를 세운 성도들의 믿음은 대를 따라 내려오지 못했고, 이 교회는 단지 한 때 이란에서도 당당히 그리스도인임을 나타내는 성도들이 있었다는 사실만 알려주고 있습니다. 유럽의 많은 교회처럼...
    미국 캘리포니아에는 허스트라는 백만장자가 지은 집이 있습니다. 20년에 걸쳐 방이 200개 가까이 있는 대저택인 이곳은 오로지 허스트 본인의 가족을 위해서만 지어졌습니다. 그러나 허스트가 죽은 뒤에 2대째 사업이 기울어 이 집은 경매에 넘어갔고, 지금은 사람들이 돈을 내고 구경하는 관광지가 되었습니다.
    성도가 없는 교회가 의미가 없고, 사람이 머물지 않는 집이 쓸모가 없는 것처럼 외형적인 것보다는 내실이 중요합니다. 그러기 위해서는 나부터의 성경적 교회 중심의 믿음 생활이 중요 합니다.
    큰 성공을 바라는 삶보다는 믿음과 신앙이 성장하는 삶을 위해 노력하면 큰 성공도 따라옴을 기억하십시오. 반드시 창대하게 될 것입니다.

🖤 주님! 정말로 귀한 것을 위해 삶을 투자하게 하소서!
🧭 본분을 지키는 성도로써 복음을 전하는 교회를 섬기십시오.

나의 영적 일지

# 칭찬의 요령

읽을 말씀 : 잠 27:1-6

●잠 27:2 타인이 너를 칭찬하게 하고 네 입으로는 하지 말며 외인이 너를 칭찬하게 하고 네 입술로는 하지 말지니라

3월 6일

'칭찬은 고래도 춤추게 한다'는 말처럼 어떤 경우에도 칭찬은 자주 할수록 좋습니다. 그러나 교육 전문가들의 연구에 따르면 다음의 법칙을 통해 칭찬의 효과를 더 배가 시킬 수 있다고 합니다.

●법칙 1. 칭찬의 초점을 사람에게 맞출 것.

좋은 사진을 보고 카메라가 좋다고 말하는 것은 칭찬이 아닙니다. 칭찬의 주는 반드시 사람이어야 합니다.

●법칙 2. 성과보다는 노력을 칭찬할 것.

조건부 칭찬은 결과지상주의 성향을 키웁니다. 좋은 태도만으로 충분한 칭찬의 이유가 됩니다.

●법칙 3. 상대방의 수준에 따라 눈높이를 맞춰 칭찬할 것.

아이에게 하는 칭찬과 어른에게 하는 칭찬은 달라야 합니다. 대상과 상황에 맞춰 칭찬을 하십시오.

●법칙 4. 노력한 과정에 관심을 갖고 구체적으로 칭찬할 것.

좋은 칭찬은 관심에서 나옵니다. 두루뭉술한 칭찬은 의무적이고 방어적인 칭찬으로 받아들여지기 쉽습니다.

●법칙 5. 한 부분만을 강조하여 칭찬하지 말 것.

한 부분만을 강조하면 다른 부분은 부정적으로 느껴집니다. 전체적인 부분을 칭찬하고 특정부위를 강조하는 칭찬을 하십시오.

칭찬도 때에 맞게 지혜롭게 해야 은혜가 되고 덕이 됩니다.

때와 사람에 맞는 칭찬을 할 수 있는 지혜를 달라고 성령님의 인도하심을 구하십시오. 반드시 창대하게 될 것입니다.

♥ 주님! 때에 맞는 지혜로운 칭찬을 하도록 생각과 혀를 주장하여 주소서!

주변 사람들에게 조금 더 관심을 갖고 많은 칭찬을 베푸십시오.

나의 영적 일지

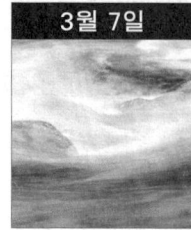

### 3월 7일

## 칼과 칼집

읽을 말씀 : 벧전 1:13-25

● 벧전 1:15 오직 너희를 부르신 거룩한 이처럼 너희도 모든 행실에 거룩한 자가 되라

'칼과 칼집'이라는 책에서는 타고난 재능을 칼, 그리고 후천적인 노력을 칼집에 비유합니다.

칼은 사용하는 시간보다 칼집에 들어있는 시간이 많기 때문에 나쁜 칼집은 좋은 칼을 녹슬게 만듭니다. 마찬가지로 재능의 크기보다 재능을 사용하고자 하는 노력에 더 공을 들여야 합니다.

「좋은 칼집을 만들기 위한 4가지의 요소」가 있다고 합니다.

● 첫째는 겸손함입니다.

겸손은 강한 사람의 자신감에서 나오는 덕목이기 때문입니다.

● 둘째는 균형 감각입니다.

정말로 성공한 사람은 재능으로 인해 성과를 내는 사람이 아니라 재능을 발휘하면서도 가정과 건강, 관계의 측면을 무너트리지 않는 사람입니다.

● 셋째는 부드러움입니다.

시대를 이끄는 리더들에게는 항상 유연한 사고가 있었습니다.

● 넷째는 지속적인 학습입니다.

다양한 경험들을 계속해서 습득하면 이 경험들이 나중에 또 다른 새로운 아이디어로 융합됩니다.

내 안에 담겨진 믿음도 중요하지만 그 믿음을 담고 있는 칼집인 말과 행동도 중요합니다. 나쁜 칼집에 담겨진 좋은 칼이 없듯이,

우리 안에 있는 그리스도의 사랑을 잘 드러내는 말과 행동을 하십시오. 반드시 창대하게 될 것입니다.

♡ 주님! 말씀의 능력을 늘 마음에 담고 살아가게 하소서!
🕊 그리스도의 향기를 나타내는 삶을 살고 있는지 생각해 보십시오.

나의 영적 일지

# 꿈이 있는 공부

읽을 말씀 : 요일 2:7-17

●요일 2:17 이 세상도, 그 정욕도 지나가되 오직 하나님의 뜻을 행하는 자는 영원히 거하느니라

쇼 야노 씨는 세계에서 손꼽히는 천재 중에 한 명입니다.
2살 때 혼자서 글을 읽기 시작했으며 3살 때부터 글을 쓰기 시작했습니다. 9살 때는 시카코의 로욜라 대학에 입학을 했고 18살 때 유전학 박사학위를 받았습니다. 그리고 21살 때 다시 의학박사 학위를 받았는데, 이는 지금까지 의학 박사학위를 받은 사람들 중 최연소였습니다. 이처럼 세계적인 천재로 인정을 받는 야노 씨가 최근에 한국을 온 적이 있었는데, 많은 사람들이 천재의 공부비법에 대해서 질문을 했습니다. 그러나 야노 씨의 입에서는 의외의 대답이 나왔습니다.
"공부를 잘 하는 법보다는 자신이 누구인지, 무엇을 원하는지를 먼저 끈질기게 찾아보라는 말을 해주고 싶습니다. 공부를 잘하는 방법을 찾으려 하기 전에 먼저 자신에 대해서 공부하세요."
실제로 야노 씨 역시 의대박사 학위를 딴 것은 '불치병으로 고통받는 아이들을 치료하고 싶다'는 꿈이 있었기 때문입니다. 학습을 효율적으로 하는 방법은 분명히 존재하지만 무엇을 위해 공부하려고 하는지가 더욱 중요한 문제라고 야노 씨는 말했습니다.
많은 길을 걷는 것보다 바른 길로 가는 것이 더욱 중요합니다. 그리고 인생에서 바른 길을 가기 위해서는 반드시 신앙과 꿈(비전)이 필요합니다.
하나님을 알고, 목적을 제대로 아는 성공을 위해 더욱 간구하십시오. 반드시 창대하게 될 것입니다.

♡ 주님! 믿음과 신앙이 인생의 목적이 되게 하소서!
묵상과 기도로 삶의 이정표를 세우십시오.

나의 영적 일지

## 3월 9일 새로운 빛

읽을 말씀 : 마 4:12-17

● 마 4:16 흑암에 앉은 백성이 큰 빛을 보았고 사망의 땅과 그늘에 앉은 자들에게 빛이 비치었도다 하였느니라

한 유명한 화가가 몇 년에 걸쳐 공들인 작품을 완성했습니다.

화가는 먼저 자신과 오랜 세월 우정을 나눠 온 친구에게 연락을 했습니다.

"그동안 매달려 있던 작업이 드디어 끝났다네. 먼저 자네에게 보여주고 싶어."

친구는 화가의 연락을 받고 곧장 달려갔습니다. 화가는 친구를 반갑게 맞은 뒤에 잠시 기다려 달라며 다른 방으로 친구를 데리고 갔습니다. 그리고 방안의 불을 모두 끄고 10분이 넘도록 가만히 머물렀습니다. 친구는 아직 마무리해야 할 작업이 남았냐고 물었습니다.

"아니, 작업은 이미 마쳤다네. 다만 작품을 제대로 감상하게 하려고 자네를 데려온 거네. 거리의 햇볕을 쬐면서 온 자네는 지금 내 작품의 색을 제대로 감상할 수가 없어. 강렬한 햇빛은 그림의 색에 대한 감각을 둔화시킨다네."

빛의 광원의 종류에 따라서 사람이 인지하는 색은 조금씩 달라집니다. 마찬가지로 예수님이 주시는 평안과 행복이 삶 속에서 느껴지지 않는다면 세상이 주는 쾌락과 행복에 눈이 멀어있기 때문일 수도 있습니다. 세상의 빛에서 잠시 눈을 돌리고 고요하고 잠잠한 중에 다시 주님을 바라본다면 이전의 삶과는 비교할 수도 없는 찬란하고 새로운 빛을 보게 될 것입니다.

세상을 향한 마음의 욕심을 거두고 주님을 바라보십시오. 반드시 창대하게 될 것입니다.

♡ 주님! 세상의 빛에서 눈을 돌려 참된 빛을 바라보게 하소서!
📖 하루의 생활에서 고요한 가운데 주님께 나아가는 시간을 정하십시오.

나의 영적 일지

# 믿음과 연결되어 있는 삶

읽을 말씀 : 약 2:1-26

●약 2:26 영혼 없는 몸이 죽은 것 같이 행함이 없는 믿음은 죽은 것이니라

　1972년도 미국의 매릴랜드 주에 있는 한 교회의 목회자가 성인잡지에 구인광고를 낸 적이 있습니다.
　곧 정년을 맞는 조세트 루포 목사는 미국의 대표적인 성인잡지인 '플레이보이'지의 전면광고로 자신의 후임을 구하는 광고를 냈습니다. 이 일은 당시에 매우 큰 화제로 다뤄졌고, 많은 성도들에게 비난을 받았습니다. 목회자가 어째서 후임을 구하는 광고를 성인잡지에 냈는지에 대해서 조세트 씨는 대답했습니다.
　"저는 지난 1년 동안 각종 종교잡지와 지역 신문에 후임을 구한다는 기사를 냈습니다. 그러나 신청자가 35명에 지나지 않았고 그 중에는 자격을 갖춘 사람도 거의 없었습니다. 그러나 제가 성인잡지에 광고를 내자 일주일 만에 600명이 넘는 지원자가 생겼습니다. 그리고 그 중에는 적격한 자격을 갖춘 사람도 상당히 많았습니다."
　목회에 관심이 있는 사람들이 성인잡지를 구독하고 구매한다는 것은 분명한 모순입니다. 오늘 날에도 구원을 교회에서의 삶과 세상에서의 삶으로 분리시켜서 생각하는 성도들이 많습니다. 그러나 평소에 내가 보는 것, 읽는 것, 행하는 것들과 믿음이 연결되어 있어야 합니다.
　성도로써의 삶과 세상에서의 삶이 분리되지 않은 믿음대로 행하는 삶을 사십시오. 반드시 창대하게 될 것입니다.

　♡ 주님! 저의 일거수일투족이 주님과 연결되어 있게 하소서!
　▩ 나의 믿음과 모순된 행동이 최근에 있었는지 돌아보십시오.

나의 영적 일지

### 3월 11일
## 성도의 또 다른 의무

읽을 말씀 : 창 1:24-31

● 창 1:31 하나님이 지으신 그 모든 것을 보시니 보시기에 심히 좋았더라 저녁이 되고 아침이 되니 이는 여섯째 날이니라

최근 타임지는 '지구 종말을 피하기 위해서 시급히 해결해야 할 문제 10가지'를 선정했습니다.

● 첫째, 삼림파괴와 인구폭발/ 1988년 이래 삼림파괴는 계속해서 진행되어 왔고, 인구는 이번세기에 90억 명까지 증가될 예정입니다.

● 둘째, 동식물 멸종과 기후변화/ 삼림파괴를 맞아 멸종위기를 맞고 있는 동식물 종이 점점 늘어나고 있고, 지구는 점점 따뜻해져 가고 있습니다.

● 셋째, 기아와 물 부족/ 9억 명이 넘는 인구가 아사 직전의 상태에 몰려있고, 전 세계인 9명 중 1명은 물이 부족한 상태에 놓여있습니다.

● 넷째, 빈곤과 에너지 고갈/ 빈부격차는 전 세계적으로 심해지고 있고, 인류가 사용할 수 있는 에너지와 자원도 점점 줄어가고 있습니다.

● 다섯째, 대양, 대기 오염/ 무분별한 군사실험과 어족남획으로 바다의 상태는 점점 심각해져가고 있으며 매년 130만 명이 대기오염 때문에 목숨을 잃습니다.(이하 중략)

복음을 전하고 제자를 삼는 것이 성도의 가장 큰 의무이지만 하나님이 창조하신 지구를 잘 보존하고 후손에게 물려주고자 하는 것도 커다란 의무입니다.

자연과 환경보호를 위해 조금씩 더 노력하십시오. 반드시 창대하게 될 것입니다.

♡ 주님! 내가 살고 있는 지구를 지키게 하소서!
🖼 자연보호를 위한 습관들을 지속적으로 실천하십시오.

나의 영적 일지

# 고독의 두 가지 의미

읽을 말씀 : 시 51:1-7

●시 51:6 보소서 주께서는 중심이 진실함을 원하시오니 내게 지혜를 은밀히 가르치시리이다

3월 12일

뉴욕의 유명한 카운슬러 데니스 윌콧은 외로움에 대해 말했습니다.
"저를 찾아오는 사람들의 99%는 외로움 때문입니다. 두통, 신경과민, 불면증, 무기력증 등등 저마다 증상은 다르게 나타나지만 근본적인 원인은 대부분 외로움 때문입니다."

'Christianity Today'가 일반대중을 대상으로 진행한 "당신은 외로움을 느끼십니까?"라는 설문조사에 따르면 약 80%가 넘는 사람들이 종종 외로움을 느낀다고 응답했다고 합니다. 미국에서 한 해에 자살하는 사람의 수는 약 50만 명인데 이들 대부분은 죽기 전에 극심한 외로움을 주변에 호소하거나 오랜 시간 동안 고독하게 지내왔다고 합니다.

신학자 틸리히는 "사람들이 외로움을 느끼는 것이 하나님을 모르기 때문이다"라고 말했습니다. 하나님을 모르는 사람에게 혼자 있는 것은 고독이며 마음의 쓰라림이지만 하나님을 아는 사람에겐 하나님의 영광을 마주하는 시간이며 세상을 살아갈 에너지를 비축하는 시간이 되기 때문입니다.

예수님은 이 땅에 계셨을 때에 늘 한적하고 조용한 곳을 찾아서 기도하셨습니다. 혼자 있는 시간이 경건의 시간이 되지 못하고 외로움의 문제로 발전하는 것은 온전히 하나님을 의지하지 못하기 때문입니다.

고요한 가운데 하나님을 만나고 외로운 사람들에게 하나님을 전하는 삶을 사십시오. 반드시 창대하게 될 것입니다.

♥ 주님! 날마다 주님의 임재를 느끼는 삶을 살게 하소서!
근원적인 문제들은 복음을 통해서만 이겨낼 수 있음을 기억하십시오.

나의 영적 일지

## 3월 13일 — 세 가지 웃음

읽을 말씀 : 요 17:9-17

● 요 17:13 지금 내가 아버지께로 가오니 내가 세상에서 이 말을 하옵는 것은 그들로 내 기쁨을 그들 안에 충만히 가지게 하려 함이니이다

웃음은 크게 3가지 종류로 나눌 수 있습니다.
같은 웃음이라도 어떤 웃음이냐에 따라서 주변에 미치는 효과가 부정적일 수도 있고, 긍정적일 수도 있다고 합니다.
● 첫 번째 웃음은 재치로부터 나오는 웃음입니다.
재치는 절제된 생각으로부터 나옵니다. 재치는 사람들에게 큰 웃음을 주진 못하지만 심리적 긴장을 해소해주고 좋은 감정을 샘솟게 하는 역할을 합니다.
● 두 번째 웃음은 해학입니다.
해학은 주로 사회적 현안이나 다루기 어려운 문제들을 통해 모순되게 표현하는데, 조금 더 깊은 생각을 하게 만드는 고급스런 웃음입니다.
● 세 번째 웃음은 가장 저급한 웃음인 익살입니다.
익살은 주로 남의 약점이나 모자란 부분을 공격하며 이루어지기 때문에 가장 쉽게 웃길 수 있는 방법이지만 공격당하는 사람에게는 평생의 상처가 되기도 합니다.
갤럽의 설문조사에 따르면 한국 사람들의 웃음지수는 세계에서 97위라고 합니다. 그리고 그나마 웃는 일도 다른 사람에 대한 놀림인 경우가 많다고 합니다. 그러나 건강한 웃음은 상대방을 존중하는 자세에서 나오는 것입니다. 장난이라는 명목으로 함부로 대하지 마십시오. 무슨 어려운 경우든 믿음으로 바라보면 기회가 됩니다.
앞으로 이뤄질 일을 생각하며 기쁘게 웃으며 생활 하십시오. 반드시 창대하게 될 것입니다.

💗 주님! 모든 사람들을 한 인격체로 존중하는 자세를 갖게 하소서!
🧷 자신보다 타인에게 더욱 관대한 기준을 가지십시오.

나의 영적 일지

# 포기가 아닌 기다림

읽을 말씀 : 벧후 3:14-18

●벧후 3:15 또 우리 주의 오래 참으심이 구원이 될 줄로 여기라 우리가 사랑하는 형제 바울도 그 받은 지혜대로 너희에게 이같이 썼고

3월 14일

  탤런트 H씨와 C씨는 연예계의 대표적인 잉꼬부부입니다.
  불교집안에서 태어난 H씨였지만 독실한 크리스천이었던 C씨와 결혼을 하며 신혼 때는 교회에 잠깐 나가기도 했습니다. 그러나 어떤 일로 마음에 상처를 입고 난 뒤에 이후로는 교회를 한 번도 가지 않았습니다.
  그렇게 15년이 지난 뒤에 H씨는 다시 스스로 교회를 찾아왔고, 하나님을 만났습니다. H씨가 다시 신앙을 찾은 것은 남편과 시댁 가정의 인내의 기다림 때문이었습니다. H씨가 교회를 떠난 뒤에 남편인 C씨와 시댁의 모든 식구들은 H씨의 마음을 이해하고 기다려주었다고 합니다. 하나님을 알지 못하고 살아가는 아내를 바라보는 마음이 안타깝고 슬펐지만 단 한 번도 강요를 하지 않고, 대신 묵묵히 기도하고 더욱 따스하게 대해주었습니다.
  이유를 알 수 없는 악몽에 시달리기 시작할 때도 H씨는 하나님을 믿기 싫어서 미신을 알아보고 다른 방법을 찾았지만 결국 두려움을 해결할 수 없었고 이 때 하나님께로 돌아가야겠다는 마음이 저절로 들었다고 합니다. 그리고 이제는 어려운 사람들에게 하나님을 전하는 축복의 통로가 되겠다는 새로운 비전을 위해 살아가고 있습니다.
  포기에 기도와 배려가 들어갈 때 기다림이 됩니다. 하나님이 나에게 맡겨주신 영혼들을 포기하지 말고 기다리십시오. 반드시 창대하게 될 것입니다.

  ♥ 주님! 오늘도 영혼 구원을 위해 기도하는 사람이 되게 하소서!
  📖 주위 사람들의 구원을 위해 꾸준히 기도하십시오.

나의 영적 일지

**3월 15일**

## 간절히 구하는 것

읽을 말씀 : 삼상 2:18-21

● 삼상 2:21 여호와께서 한나를 돌보시사 그로 하여금 임신하여 세 아들과 두 딸을 낳게 하셨고 아이 사무엘은 여호와 앞에서 자라니라

독일의 신학자 쉴라터는 구하는 기도에는 '욕구에 의한 것'과 '간절함에 의한 것' 두 가지 종류가 있다고 말했습니다.

욕구에 의한 기도는 시기와 때에 따라서 내용이 달라집니다. 욕구가 생길 당시에는 그것이 반드시 필요하다고 생각을 하고 구하지만 시간이 지나면 기도한 사실조차 잊어버리거나 다른 욕구가 자리를 채웁니다.

그에 반해서 간절함에 의한 기도는 반드시 응답되는 기도입니다. 간절함으로 기도를 하는 사람은 기도를 한 내용을 절대로 잊지 않고 감정과 환경의 영향을 받지도 않습니다.

욕구에 의한 기도는 대부분 물질에 관련된 것이고 이런 기도는 이루어진다고 하더라도 하나님과의 관계에 악영향을 미칩니다. 그러나 간절한 기도는 물질에 국한되지 않습니다. 설령 물질을 구한다 해도 반드시 영적인 영역으로 확장되기 위한 목적이 분명합니다.

쉴라터는 기도가 이루어지지 않는 것은 욕구에 의한 기도이기 때문이며 간절함에 의한 기도는 하나님이 반드시 들어주신다고 주장했습니다.

기도생활은 성도의 젖줄입니다. 그러나 무엇을 위해 기도하는지, 무엇을 위한 간절함이 있는지는 깊이 생각해봐야 할 중요한 문제입니다. 하나님께 드리는 기도 제목을 다시 한 번 살피고 더욱 간절한 마음으로 기도하십시오. 반드시 창대하게 될 것입니다.

♥ 주님! 신령과 진정으로 예배하고 기도하게 하소서!
📖 주로 무엇을 구하는 기도를 하는지 최근의 기도제목을 살펴보십시오.

나의 영적 일지

# 세 가지 생각

읽을 말씀 : 빌 2:1-11

●빌 2:5 너희 안에 이 마음을 품으라 곧 그리스도 예수의 마음이니

서로 다른 직업을 가진 세 사람이 함께 그랜드캐니언을 찾았습니다. 수많은 협곡으로 이루어진 광대한 풍광을 보고 직업이 화가인 사람이 말했습니다.

"정말 장관입니다. 여기서 본 광경들은 차마 캔버스에 담을 수가 없을 정도로 광대합니다."

그 말을 들은 신학자가 대답했습니다.

"이것은 정말로 하나님의 놀라운 솜씨입니다. 인간은 그저 보고 감탄만 할 뿐입니다."

마지막 사람인 카우보이는 깊은 한숨을 쉬며 말했습니다.

"풍경이 멋지긴 한데... 여기서 소라도 잃어버리는 날에는...어휴..."

같은 풍경을 보고도 세 가지 다른 생각이 존재하듯이 같은 세상을 살면서도 인간적인 생각으로 바라보는 사람이 있고, 하나님의 섭리로 받아들이는 사람이 있고, 자기 이해관계로 걱정만 하는 사람이 있습니다.

우리가 하고 있는 일을 바라보는 자기 자신도 인생을 욕망이나 걱정으로 보지 말고, 하나님의 뜻을 이루는 것으로 보십시오.

세상을 사는 모든 것이 하나님의 섭리임을 믿음으로 걱정과 욕망을 내려놓으십시오. 반드시 창대하게 될 것입니다.

♥ 주님! 모든 사물과 사건을 하나님의 섭리로 받을 줄 알게 하소서!
🌀 사물과 사건을 볼 때 긍정적이지 부정적인지 생각해 보십시오

나의 영적 일지

### 3월 17일

## 예수님의 용서

읽을 말씀 : 골 1:9-23

●골 1:20 그의 십자가의 피로 화평을 이루사 만물 곧 땅에 있는 것들이나 하늘에 있는 것들이 그로 말미암아 자기와 화목하게 되기를 기뻐하심이라

미국의 오하이오주의 차든 고등학교에서는 끔찍한 사고가 일어났습니다.

T. J. 레인이라는 학생이 학교에 몰래 총을 가지고 들어와 점심시간에 다른 학생들을 쏘기 시작했는데, 이 일로 3명이 죽고, 2명이 중태에 빠졌습니다. 그런데 희생자 중 한 명인 드미트리 휼린의 어머니는 심경을 묻는 ABC방송과의 인터뷰에서 예수님의 마음으로 가해자를 용서한다고 말해 큰 화제가 되었습니다. 휼린의 어머니는 방송에서 말했습니다.

"저는 아들에게 과거 속에서 살지 말고 용서함으로 늘 오늘을 살라고 가르쳤습니다. 하나님의 은혜는 날마다 새롭고 모든 것을 용서할 수 있게 만들기 때문입니다. 그래서 저는 예수님이 십자가에서 보여주신 용서의 마음으로 용서했습니다. 총을 쏜 학생은 자신의 죄를 알지 못했을 것입니다."

담담히 용서를 말하면서도 눈시울을 붉혔던 휼린의 어머니는 아들의 평소 의사에 따라 장기를 기증했고, 이로 인해 8명이 새로운 삶을 얻었습니다. 용서는 평온한 삶이 아니라 치열한 고통 가운데 배우게 됩니다.

예수님은 십자가에서도 사람들을 용서하셨고, 또한 용서하라고 가르치셨습니다. 예수님이 나에게 베푸신 용서의 의미와 크기를 생각해보고 그 용서를 다른 사람에게도 적용하십시오. 반드시 창대하게 될 것입니다.

♡ 주님! 주님께 받은 놀라운 큰 은혜를 언제나 가슴에 품고 살게 하소서!
🧩 예수님의 용서를 깨닫고 예수님의 용서로 용서하십시오.

나의 영적 일지

# 사람들을 사랑하는 가치

3월 18일

읽을 말씀 : 엡 1:15-23

● 엡 1:18 너희 마음의 눈을 밝히사 그의 부르심의 소망이 무엇이며 성도 안에서 그 기업의 영광의 풍성함이 무엇이며

연예인 관리와 연기 아카데미인 피플지 컴퍼니의 김은경 대표는 미스코리아 부산 대표로 뽑히면서 인기상까지 함께 받았습니다. 그녀는 KBS 연예가중계 프로에 '연예계 샛별'로 연예계에 성공적인 데뷔를 했고, 방향을 바꿔 연예인들의 매니저를 하며, 직접 매니지먼트사, 아카데미와 메이크업 샵 까지 설립해 경영을 잘해 성공했습니다.

그러나 혼자서 많은 사업을 관리하다 보니 문제가 생기기 시작했고, 이 과정에서 상실감에 큰 상처를 받았습니다. 김 대표는 자살을 세 차례 시도했으나 모두 실패하고, 마지막 자살 시도가 실패한 뒤 자신도 모르게 어릴 때 몇 번 나갔던 교회로 찾아가 하나님께 기도했습니다.

이때 만난 하나님을 통해 성령을 체험하고 만성병의 치유를 받은 김 대표는 다시 연기 아카데미 사업을 시작했습니다. 연예계 쪽에 접대와 유흥 같은 잘못된 문화가 너무 뿌리 깊게 퍼져 있기 때문에 "하나님께 영광이 되고 사람들을 사랑하는 가치"를 아는 연예인들을 세우는 일이 필요하다고 느꼈기 때문입니다. 잘못된 관행과 타협하지 않고 하나님 말씀을 중심으로 배우들을 배출해 복음의 영향력을 키우기 위해서였습니다. 그러면서 장애인들에게 관심을 갖고 국내 최초 장애인 영화배우 강민휘 씨를 배출하며 하나님이 주신 복음의 사명을 충실히 감당하고 있습니다. 필요한 곳에 필요한 일을 하는 사람들이 필요합니다.

하나님을 경험한 체험으로 도움이 필요한 사람들을 돕는 귀한 복음 사역을 하십시오. 반드시 창대하게 될 것입니다.

♡ 주님! 복음의 능력을 나타내며 세상을 살아가게 하소서!
※ 음지에서 헌신하는 크리스천들을 위해 관심을 갖고 기도 하십시오.

나의 영적 일지

**3월 19일**

## 지식을 이기는 지혜

읽을 말씀 : 고전 1:18-31

● 고전 1:24 오직 부르심을 받은 자들에게는 유대인이나 헬라인이나 그리스도는 하나님의 능력이요 하나님의 지혜니라

영국에선 내비게이션과 사람의 경주가 있었습니다.

런던에서만 20년 넘게 운전을 한 택시기사와 최신형 내비게이션을 탑재한 자동차를 운전하는 기자의 대결이었습니다. 경주가 시작된 초반에는 택시기사가 조금 뒤쳐졌습니다. 내비게이션은 계속해서 인공위성으로 신호를 받아 차가 막히지 않는 길을 탐색해 기자에게 알려주었습니다.

그러나 복잡한 런던의 시내에 돌입하자 상황이 역전되었습니다. 내비게이션은 급속히 바뀌는 도로의 체증상황에 제대로 대처하지 못해서 비슷한 길을 계속해서 오가거나 같은 자리를 돌게 안내를 했습니다.

그러나 택시기사는 비슷한 시간대의 어느 도로가 막히는지 이미 알고 있었기에 경험을 바탕으로 능숙하게 길을 선택했습니다. 결국 처음에는 내비게이션의 승리로 예상되었던 이 경주는 택시기사가 30분이나 더 빨리 도착하는 것으로 승부가 났습니다.

택시기사에게는 내비게이션과 같은 지식은 없었으나 지식을 활용할 지혜(뇌비게이션)가 있었습니다. 말씀을 아는 것이 지식이고 말씀을 실천하는 것이 지혜입니다. 아는 것을 곧 실천하는 지혜로운 사람이 되십시오. 반드시 창대하게 될 것입니다.

♡ 주님! 듣고 깨달을 뿐 아니라 실천하게 하소서!
📖 말씀을 묵상해 깨달은 내용을 한 주간 실천하십시오.

나의 영적 일지

# 저항과 순응

읽을 말씀 : 고전 15:12-34

● 고전 15:19 만일 그리스도 안에서 우리의 바라는 것이 다만 이 세상의 삶뿐이면 모든 사람 가운데 우리가 더욱 불쌍한 자이리라

타이어가 처음 개발되었을 때는 지금처럼 품질이 좋지 않았습니다.

단순히 고무를 뭉쳐서 만든 타이어는 나무보다는 품질이 좋았지만 금방 헤어져 자전거나 자동차에 사용할 수가 없었습니다. 도로 표면의 마찰력과 장애물들로 인해 타이어가 받는 충격이 너무 컸기 때문에 과학자들은 처음엔 이 충격에 저항하는 다양한 방법을 찾기 시작했습니다. 그러나 어떤 방법을 써도 타이어의 수명은 늘지 않았습니다.

그러다 20년이 지난 뒤에 던롭이 개발한 방법을 통해 타이어의 수명은 획기적으로 늘었는데, 던롭은 타이어가 충격에 저항하는 것이 아니라 충격을 흡수할 수 있도록 타이어 안에 공기튜브를 넣었습니다.

던롭이 개발한 타이어로 인해 충격에 저항을 하는 기존의 방식보다 충격을 흡수하는 방식이 훨씬 뛰어나다는 것이 곧 여러 실험을 통해 밝혀졌고, 이 공기 타이어가 개발된 이후 비로소 자동차와 자전거에 고무 타이어가 사용되면서 인류의 발전에 큰 영향을 끼쳤습니다.

인생이란 길을 순탄히 가기 위해선 하나님이란 안전장치가 필요합니다. 내가 원할 때만 하나님을 찾는 것이 아니라 삶의 모든 영역에서 하나님과 함께하는 삶이 진정한 성도의 삶입니다. 하나님의 말씀에 순응하며 삶에 주도권을 내어드리십시오. 반드시 창대하게 될 것입니다.

💗 주님! 나의 삶의 주권이 주님께 있음을 고백하게 하소서!
🧩 주님의 계획에 나의 계획을 맞추십시오.

**나의 영적 일지**

**3월 21일**

## 빛과 소금

읽을 말씀 : 마 5:13-16

● 마 5:13 너희는 세상의 소금이니 소금이 만일 그 맛을 잃으면 무엇으로 짜게 하리요 후에는 아무 쓸 데 없어 다만 밖에 버려져 사람에게 밟힐 뿐이니라

지구 표면적의 80%는 바다로 덮여 있습니다.

그러나 이 물을 모두 모아 지구처럼 둥글게 만들면 지구 크기의 약 1/10밖에 되지 않습니다. 그리고 이 바닷물의 특징인 짠 맛은 2%의 염분에 의해서 나타나는 특성입니다. 약 2%의 염분 때문에 담수와 해수가 구분이 되고, 98%의 바닷물이 변화가 되는 것입니다.

또한 빛은 아주 작은 밝기로도 어둠을 밝힐 수가 있습니다. 아무리 칠흑 같은 어둠이라 하더라도 손전등 하나만 있으면 무사히 지나갈 수 있습니다. 작은 전등이 약 1m앞을 비추는 정도면 어두운 산길도 무사히 지나갈 수 있는데 이 밝기는 우리가 사용하는 컴퓨터 모니터의 1/300정도 밖에 안 되는 아주 작은 빛입니다.

예수님께서 우리에게 빛과 소금이 되라고 말씀하신 것은 이처럼 큰 영향력을 끼치라는 말씀이었습니다. 그러나 천만여 명이 되는 한국의 크리스천이 있음에도 사회는 너무나 혼란스럽습니다. 국회의원의 40%가 기독교인임에도 뇌물지수와 청렴지수는 세계 꼴찌 수준이고 불법이 관행처럼 만행합니다.

빛은 어둠에서 비춰야 하고 소금은 음식에서 맛을 내야 합니다. 많은 그리스도인이 필요하기보다는 진짜 참된 그리스도인이 필요합니다. 겉모습을 따르기보다는 속사람이 변하는 참된 그리스도인이 되기 위해 노력하십시오. 반드시 창대하게 될 것입니다.

♡ 주님! 빛과 소금처럼 사회에서 생명력을 갖는 그리스도인이 되게 하소서!
🖼 사회에서의 책임을 다하는 그리스도인이 되기 위해 노력하십시오.

나의 영적 일지

# 자포자기 증후군

읽을 말씀 : 잠 3:1-10

●잠 3:5 너는 마음을 다하여 여호와를 신뢰하고 네 명철을 의지하지 말라

'자포자기 증후군'은 6.25전쟁 때 북한군에게 포로로 잡힌 미군들에 의해 발견되었습니다.

6·25 전쟁이 끝난 후 북한군에 포로로 잡힌 병사들 중 약 40%가 이 병에 걸려 고생을 했는데, 이는 북한군이 사용한 심리적인 고문 때문이었습니다.

북한군은 매일 밤 병사들을 삼삼오오 모아놓고 서로 자신이 잘못했던 일과, 해야 했지만 하지 못했던 일들에 대해서 강제로 말하게 만들었습니다. 그리고 기밀을 불거나 탈출을 시도하는 동료를 밀고하는 사람에게는 원하는 생필품을 주었습니다. 탈출을 시도하다가 잡힌 사람에게는 아무런 고문도 하지 않고 멀쩡히 내버려두었는데, 이를 통해 다른 병사들은 전향을 했기 때문에 무사한 것이라는 의심을 했습니다.

이렇게 서로간의 신뢰가 붕괴되자 정신적 압박감을 이겨내지 못하고 망상에 빠져 고립된 생활을 하는 병사들이 점점 많아지기 시작했고, 고문을 당하지도 않았는데 건강이 급격하게 나빠지는 병사들이 생겼습니다. 이 증상을 진단한 의사들은 병의 징후를 '의심과 망상으로 인해 저항력과 인내심이 부족한 상태'가 되는 것으로 정의를 내렸습니다.

하나님을 믿지 못하고 서로를 믿지 못할 때 분열이 일어나고 포기하게 됩니다. 여러 가지 음모론과 소문들은 대부분 불안과 염려로 인해 생겨나는 공포입니다. 억측들에 의해 믿음을 의심하지 말고 변함없이 하나님을 신뢰하십시오. 반드시 창대하게 될 것입니다.

♡ 주님! 주님을 향한 믿음으로 성도들의 화합과 회복이 일어나게 하소서!
🖼 비판적인 의견과 비난의 의견을 잘 가려서 수용하십시오.

나의 영적 일지

**3월 23일**

# 항상 계신 하나님

읽을 말씀 : 사 45:1-8

● 사 45:5 나는 여호와라 나 외에 다른 이가 없나니 나 밖에 신이 없느니라 너는 나를 알지 못하였을지라도 나는 네 띠를 동일 것이요

    영어단어 학습기인 '깜박이'는 임형택 사장님이 취업준비를 하다가 만든 발명품입니다.
    대학을 졸업하던 시기에 영어 단어가 외워지지 않아서 고심이 많았는데, 효율적인 암기방법을 놓고 고민을 하다가 개발한 것이 깜박이의 원리였습니다.
    객관적인 성능 검증을 위해 주변 사람들에게도 실험을 해봤는데 하나같이 모두 효과를 봤습니다. 직장생활을 하면서도 깜박이의 원리에 대해서 계속해서 연구를 하던 임 사장님은 결국 본격적인 개발에 뛰어들었습니다. 그러나 학습기를 개발하고 또 보급하는 데만 8년 정도의 시간이 걸릴 정도로 그 길은 힘든 일이었습니다. 임 사장님이 부수적인 수입도 없는 힘든 상태에서 버틸 수 있었던 것은 그동안 잊고 살았던 하나님과의 만남 때문이었습니다.
    깜박이가 효과가 좋다는 소문이 돌아 대박을 치기 시작한 시점, 임 사장님은 지금까지의 삶이 모두 하나님의 계획 가운데 있었다는 사실을 깨달았습니다. 그리고 그에 보답하는 자신의 마음을 담아 신, 구약 성경 단어 3만 3천여 개를 깜박이에 넣었습니다.
    우리가 마음을 돌려 하나님을 바라보기만 한다면 하나님은 변함없이 그 자리에서 우리를 향해 미소 짓고 계십니다. 오늘도 나를 사랑하시는 하나님을 생각하며 모든 어려움을 이겨내십시오. 반드시 창대하게 될 것입니다.

  💜 주님! 동일하신 주님을 언제나 바라보게 하소서!
  📖 가장 힘든 순간에 임했던 하나님의 손길을 언제나 의지하십시오.

나의 영적 일지

# 성공을 부르는 힘

읽을 말씀 : 롬 2:1-16

● 롬 2:7 참고 선을 행하여 영광과 존귀와 썩지 아니함을 구하는 자에게는 영생으로 하시고

리더십 매거진 '리더피아'에서는 성공한 사람들의 조건으로 다음의 세 가지를 뽑았습니다.
 ● 첫째, 실패에도 낙담하지 않는다.
 ● 둘째, 실패에도 단념하지 않는다.
 ● 셋째, 해내기 전에는 포기하지 않는다.
가만히 살펴보면 세 가지 조건 모두 '실패를 경험해도 포기하지 않는다'는 말의 다른 표현입니다.
실제로 악성이라 불리는 베토벤은 음악 선생님에게 '재능이 없다'라는 말을 들었습니다. 디즈니랜드를 만든 월트 디즈니는 '좋은 아이디어가 없다'는 이유로 다니던 신문사에서 해고를 당했습니다. 그리고 미국 프로농구의 전설인 마이클 조던은 고등학교 때 농구팀에서 퇴출을 당한 적이 있었습니다.
지금 우리의 생각으로는 모두 이해할 수 없는 상황이지만 이들 모두가 성공을 거둘 수 있었던 것은 어떤 상황에서도 절대로 포기하지 않는 끈기가 있었기 때문입니다.
주님은 어떠한 경우에도 우리를 포기하지 않으십니다. 그러나 우리는 너무나 쉽게 나 자신을 포기하고 다른 영혼을 포기합니다.
하나님을 향한 굳건한 믿음이 있다면 그 분이 곧 나에게도 힘주시는 분이며 다른 사람과도 합력하여 선을 이루게 하시는 분임을 믿으십시오. 반드시 창대하게 될 것입니다.

💛 주님! 주님을 향한 믿음을 통해 자신감을 얻게 하소서!
🖼 실패를 경험할수록 더욱 기뻐하며 주님께 감사하십시오.

나의 영적 일지

## 3월 25일 나를 만드는 것

읽을 말씀 : 엡 2:1-10

● 엡 2:10 우리는 그가 만드신 바라 그리스도 예수 안에서 선한 일을 위하여 지으심을 받은 자니 이 일은 하나님이 전에 예비하사 우리로 그 가운데서 행하게 하려 하심이니라

　미국의 여러 설문조사 기관들은 '정상에 서 있는 기업인들의 생각'에 대해서 합동으로 연구를 한 적이 있습니다.
　실험 방법은 500대 기업에 있는 C.E.O.들, 억대 연봉을 받는 세일즈맨, 벤처창업자, 교수들과 같은 사람들을 대상으로 해당 직종의 상위 10%에 있는 사람들을 선정한 뒤 일주일 중 하루에 무작위로 연락을 해서 지금 하고 있는 생각이 무엇인지 물었습니다.
　그렇게 2년 동안 조사한 대답을 토대로 목표, 문제, 가족, 회사 등등의 분류로 나눠 무엇에 대한 어떤 종류의 생각을 가장 많이 하는지 분석했습니다.
　그 결과 상위 10%에 있는 사람들이 가장 많이 하는 생각은 '내가 원하는 것', 그리고 '그것을 어떻게 이룰지에 대한 방법'이었습니다. 저마다 비율은 조금씩 달랐지만 정상에 서 있는 사람들은 자신의 목표와 달성방법에 대한 생각을 가장 많이 했습니다.
　존 러스킨은 "인생은 하루하루를 채워나가는 것"이라고 말했습니다. 성공을 하는 사람들은 자신의 목표로 하루를 가득 채웁니다. 성공을 하는 성도들의 하루에는 주님을 위한 시간이 항상 들어있어야 합니다. 하루 중 가장 많이 하는 생각이 무엇인지 정리해보고 주님을 위한 시간을 채우십시오. 반드시 창대하게 될 것입니다.

♡ 주님! 하루의 가장 귀한 시간을 주님께 드리게 하소서!
🖋 하루를 마무리하면서 가장 많이 한 생각을 적어 보십시오.

나의 영적 일지

# 말씀이 말하는 성공

읽을 말씀 : 히 6:13-20

●히 6:14 이르시되 내가 반드시 너에게 복 주고 복 주며 너를 번성하게 하고 번성하게 하리라 하셨더니

'오늘 하루'라는 책에 나오는 성공의 비결이라는 글입니다.
"오늘 하루 성공하려면 어떻게 살아야 할까요?
창문은 말했다, '틀에 부딪히는 고통을 참아야죠'
얼음은 말했다, '차갑게 냉정을 유지해야죠'
망치는 말했다, '열심히 두드려 일해야죠'
칼은 말했다, '베일 듯이 날카로워야죠'
불은 말했다, '화끈하게 뜨거워야죠'
비누는 말했다, '때를 잘 제거해야죠'
형광등은 말했다, '빛을 밝게 비춰야죠'"

세상의 모든 것들은 만들어진 목적이 있고, 그 목적을 이룰 때 행복합니다. 사람도 목적을 이루는 것이 성공이며 행복입니다. 그렇다면 하나님이 말씀하시는 사람의 목적은 무엇이며, 성공은 무엇일까요?

하나님을 찬양하는 목적을 달성하는 삶, 이웃을 사랑하고 복음을 전하는 삶, 말씀을 듣고 작은 실천을 하는 성실한 삶이 성경이 말하는 성공한 그리스도인의 삶입니다.

오늘 하루를 그리스도인으로써 성공하는 삶을 사십시오. 반드시 창대하게 될 것입니다.

♡ 주님! 말씀의 나침반을 통해 혼란한 인생의 방향을 찾게 하소서!
🖼 세상의 성공이 아닌 주님이 기뻐하시는 성공을 바라십시오.

나의 영적 일지

## 3월 27일 한 걸음 물러서서

읽을 말씀 : 히 12:1-13

● 히 12:2 믿음의 주요 또 온전하게 하시는 이인 예수를 바라보자 그는 그 앞에 있는 기쁨을 위하여 십자가를 참으사 부끄러움을 개의치 아니하시더니 하나님 보좌 우편에 앉으셨느니라

뇌를 연구하는 과학자들은 처음엔 우리의 뇌가 과학자와 같다고 생각을 했습니다.

그러나 최근의 연구결과에 따르면 뇌는 과학자가 아닌 변호사를 더 닮았다고 합니다. 과학자는 정보를 객관적으로 수집해 논리적인 결론을 내립니다. 그러나 변호사들은 결론을 미리 내려놓고 증거와 논리를 찾습니다. 우리 뇌는 대부분 변호사처럼 생각하고 답을 내리는데 이런 성향을 '확증편향'이라고 합니다.

그런데 이런 확증편향은 과거의 아픈 기억을 잊고 극복할 용기를 준다는 점에서 장점이 훨씬 많다고 합니다. 다만 확증편향이 부정적인 부분에서 강하게 나타날 때는 심각한 문제가 됩니다. 예를 들어 같은 범죄를 저질러도 백인 여자보다 흑인 남자의 경우 형량을 더 높게 받을 확률이 큽니다. 흑인 남자라는 사실을 통해 판사와 배심원들은 더 나쁜 사람일 것이라는 확증편향을 가지기 때문입니다.

따라서 사람을 외모로 판단하지 않고, 과거의 부정적인 일들을 극복하기 위해서는 확증편향이라는 게 있다는 사실을 먼저 인정하고 조금 반대로 생각하는 노력이 필요합니다.

우리도 이 확증편향을 가질 수 있습니다. 그러나 한 걸음 물러서서 바라보면 제대로 보일 것입니다. 그리고 주변에 편향적인 시각을 가진 사람들의 영혼을 위해서 기도해주십시오. 반드시 창대하게 될 것입니다.

♡ 주님! 사람들을 오해하지 않고 제대로 이해하고 받아들이게 하소서!
자신에게 편향적인 부분이 있는가를 생각해 보십시오.

나의 영적 일지

# 거짓의 고통

읽을 말씀 : 딤전 1:2-10

● 딤전 1:5 이 교훈의 목적은 청결한 마음과 선한 양심과 거짓이 없는 믿음에서 나오는 사랑이거늘

페르디난트 데마라는 역사상 가장 유명한 사기꾼 중 한 명입니다. 그는 심리학자, 교사, 생물학자, 간수, 외과의사의 삶을 살았는데, 선생님을 사칭했을 때는 많은 아이들의 성적을 올렸고, 학부모로부터의 신뢰를 받았습니다. 나중에 사기꾼인 사실이 들통 났을 때에도 학부모들은 오히려 선생님을 돌려달라며 탄원을 했습니다.

그가 교도관일 때에는 많은 수감자들이 그와의 대화를 통해 교화되었습니다. 그는 한 번도 의료 교육을 받은 적이 없었지만 한국전쟁에도 군의관으로 참전했고, 외과, 내과를 가리지 않고 환자들을 진료했습니다. 야전 병원의 시스템을 새로 구축한 그의 아이디어 때문에 많은 병사들이 목숨을 구하고 죽어가던 환자도 여러 명을 구했습니다. 그러나 너무 유명해진 탓에 그가 사칭한 원래의 의사가 데마라를 알게 되며 그의 사기행각은 끝이 났습니다.

사람들은 그의 재능을 발휘할 기회를 주지 않았던 사회가 문제라고 말했습니다. 그러나 데마라는 자신의 삶을 후회했습니다.

"제가 어떤 성과를 내던 간에 새로운 신분을 위조할 때마다 진짜 저의 모습은 조금씩 죽어나갔습니다. 저는 더 이상 어떤 사칭도 원하지 않습니다."

아무리 좋은 성과를 내더라도 진실이 없으면 소용이 없습니다. 더 나은 성과를 원하기보단 하나님 앞에 떳떳한 사람이 되십시오. 반드시 창대하게 될 것입니다.

💗 주님! 주님께 가까이감으로 거짓과 점점 멀어지게 하소서!
🧩 되도록 진실만을 말하기 위해 더욱 노력하십시오.

나의 영적 일지

### 3월 29일
## 더욱 집중할 수 있다면

읽을 말씀 : 고후 4:16-18

●고후 4:17 우리가 잠시 받는 환난의 경한 것이 지극히 크고 영원한 영광의 중한 것을 우리에게 이루게 함이니

'음악의 아버지'로 불리는 요한 세바스찬 바하는 나이가 들어 시력이 매우 나빠졌습니다.

앞이 거의 보이지 않을 정도가 되자 의사를 찾아갔는데, 의사는 수술이 필요한 상황이지만 수술을 한다 해도 시력이 회복된다는 보장은 없다고 말했습니다. 어차피 잃을 것은 없었기에 바하는 수술을 받겠다고 말했습니다. 수술을 마치고 며칠 뒤 눈에 두른 붕대를 푸는 순간이 찾아왔습니다. 바하의 가족과 친구들 앞에서 의사가 물었습니다.

"어떻습니까? 앞이 좀 보이시나요?"

"아니요, 전혀 보이지 않습니다. 온통 검은 색으로 보입니다."

수술이 잘못되어 눈이 완전히 멀어버린 것입니다. 자리에 모인 사람들은 슬퍼하며 눈물을 보였습니다. 그러나 바하는 사람들에게 미소를 지으며 말했습니다.

"여러분, 울지 마십시오. 저는 어차피 시력을 잃을 운명이었습니다. 그리고 시력을 잃은 것이 반드시 나쁜 것만은 아닙니다. 저는 이제 음악에만 집중 할 수 있게 되었습니다."

주님께 집중하기 위해 포기해야 할 것이 무엇이 있습니까? 내가 원하는 것이 정말로 주님께 더욱 가까이 나아가게 하는 것인지, 아니면 세상의 즐거움에 빠져 살게 하는 것인지 생각해보십시오. 그리고 더욱 주님께 집중하기 위해 필요한 선택을 하십시오. 반드시 창대하게 될 것입니다.

♡ 주님! 세상살이의 즐거움보다도 주님과의 교제를 더욱 즐거워하게 하소서!
※ 하나님께 충분히 집중하는 삶을 사십시오.

나의 영적 일지

# 사랑을 얻었다면

읽을 말씀 : 요일 4:7-21

● 요일 4:8 사랑하지 아니하는 자는 하나님을 알지 못하나니 이는 하나님은 사랑이심이라

　미군인 댄 버스친스키 중위는 아프가니스탄으로 파병을 갔다가 두 다리를 잃었습니다.
　중위에게는 예일대에 다니는 레베카 테이버 라는 여자 친구가 있었는데, 그녀는 예일대의 학생회장을 했을 정도로 인기가 많았고 외모도 출중했습니다. 그녀는 남자친구가 두 다리를 잃었다는 소식을 듣고는 워싱턴의 병원으로 만나러 갔지만 남자의 가족들이 방문을 허락하지 않았습니다. 부상의 상태가 심각했기에 곧 헤어질 것이라고 생각한 것입니다. 레베카를 다시 만난 댄도 말했습니다.
　"네가 나를 떠난다 해도 미워하지 않을 거야."
　레베카는 '남자를 다리만 보고 고르는 사람은 없어요'라고 대답하며 댄을 안아주었습니다. 레베카는 댄이 아프가니스탄으로 파병될 때만 해도 관계에 확신이 없었습니다. 그러나 아프가니스탄에 가서 자기보다 동료를 걱정하는 댄의 모습과 다리를 잃고 나서도 자신을 배려하는 모습을 보며 미래를 함께 할 수 있는 사람이라고 확신했다고 합니다. 그리고 댄과 함께 하기 위해서 세계적인 컨설팅회사인 맥킨지의 입사제의도 거절하고 워싱턴의 교육청에서 일을 하며 함께 살고 있습니다.
　두 다리를 잃었어도 사랑을 얻었다면 행복한 사람입니다. 세상의 모든 걸 잃었어도 주님을 만났다면 행복한 사람입니다.
　주님과 동행하면서 세상에서 가장 행복한 사람이 되십시오. 반드시 창대하게 될 것입니다.

　♡ 주님! 주님과 동행하며 살아가는 인생이 되게 하소서!
　📖 매일 주님을 만나는 삶을 바라고 또 기도하십시오.

나의 영적 일지

### 3월 31일
## 등을 두드리는 사람

읽을 말씀 : 레 26:3-13

● 레 26:9 내가 너희를 돌보아 너희를 번성하게 하고 너희를 창대하게 할 것이며 내가 너희와 함께 한 내 언약을 이행하리라

박찬호, 류현진 선수 때문에 우리에게 더 알려진 미국 L.A. 다저스의 고문을 맡고 있는 토미 라소다 감독님은 현역 시절에 6회의 우승경력을 가진 뛰어난 감독이기도 했습니다.

현역 감독 시절의 라소다 감독님의 리더십은 너무나 유명해서 한 번은 한 경영전문잡지의 기자가 찾아와서 리더십의 비결을 물었습니다.

"선수들의 능력을 이끌어내는 비결이 무엇입니까?"

"글쎄요, 제가 알고 있는 확실한 한 가지는 사람들은 기분이 좋을 때 자신의 능력을 최대로 발휘한다는 것입니다.

선수들의 능력을 인정하고 높이 평가하는 것이 가장 중요합니다. 선수들이 좋은 성적을 내면 저는 등을 두드려주고 다가가 안아줍니다. 이게 저의 방법입니다."

대답을 들은 기자는 웃으며 다시 물었습니다.

"지금 연봉이 100억이 넘는 선수들에게 그런 방법이 통한다고 저에게 말씀하시는 건가요?"

"그렇습니다. 솔직히 말하면 저는 이 방법이 대통령일지라도 통할 것이라고 생각합니다. 등을 두드리는 격려와 칭찬이 필요하지 않은 사람은 세상에 한 명도 없습니다."

자신을 인정해주는 사람이 한 명만 있어도 사람은 힘이 납니다. 나의 뒤에는 항상 힘주시고 격려해주시는 사랑의 주님이 있다는 사실을 절대로 잊지 마십시오. 반드시 창대하게 될 것입니다.

🖤 주님! 따스한 격려를 세상에 전하는 사명을 감당하게 하소서!
📖 격려가 필요한 모든 사람에게 때에 맞는 지혜로운 격려를 하십시오.

나의 영적 일지

# 4월

"구하라 그리하면 너희에게 주실 것이요
찾으라 그리하면 찾아낼 것이요
문을 두드리라 그리하면 너희에게 열릴 것이니
구하는 이마다 받을 것이요
찾는 이는 찾아낼 것이요
두드리는 이에게는 열릴 것이니라"

-마 7:7~8-

## 4월 1일 양육의 필요성

읽을 말씀 : 딤전 4:6-16

●딤전 4:6 네가 이것으로 형제를 깨우치면 그리스도 예수의 좋은 일꾼이 되어 믿음의 말씀과 네가 따르는 좋은 교훈으로 양육을 받으리라

아프리카에는 유추프라카치아라는 꽃이 있습니다.

이 꽃은 '사람의 영혼을 가진 꽃'이라는 뜻의 아프리카어 입니다. 깊은 밀림의 어두운 곳에서만 피는 이 꽃에는 아주 신기한 특성이 있습니다. 곤충이나 사람이 이 꽃을 한 번 어루만지면 금세 시들어버립니다. 그러나 몇 번이고 반복해서 만져주면 시들지 않고 튼튼하게 성장합니다.

공기가 희박한 곳에서도 잘 살고, 물을 조금 줘도 잘 살아갑니다. 접촉의 순간이 없이도 잘 살아가지만 한 번 접촉을 한 뒤에는 꾸준한 관심과 애정을 받지 않으면 시들어버리고 맙니다. 아프리카 사람들은 이런 꽃의 특성이 사람과 매우 닮았다고 생각했고, 그래서 사람의 영혼을 가진 꽃이라는 이름을 붙였습니다.

사람에게는 꾸준한 관심과 사랑이 필요합니다. 사람을 위로하기가 어렵고 제자로 양육하기가 어려운 것은 관심과 사랑이 부족해 꾸준함으로 이어지지 않기 때문입니다.

그러나 예수님도 부족한 제자들을 3년이나 양육하고 보살펴주셨습니다. 그리고 그런 헌신으로 제자들은 목숨을 다해 복음을 전했고, 지금처럼 기독교가 널리 퍼질 수가 있게 되었습니다.

주님의 사랑과 관심을 본받아 연약한 영혼들을 보살피고 또 섬겨주십시오. 반드시 창대하게 될 것입니다.

♥ 주님! 제자가 될 뿐 아니라 제자를 삼는 삶을 살게 하소서!
🎗 나에게 맡겨진 새 신자와 전도 대상자들에게 꾸준히 연락하고 보살피십시오.

나의 영적 일지

# 나눔을 실천하는 교회

읽을 말씀 : 히 13:7-17

●히 13:16 오직 선을 행함과 서로 나누어 주기를 잊지 말라 하나님은 이같은 제사를 기뻐하시느니라

4월 2일

    한국에서 교회는 지금까지 '성스러운 전'의 이미지가 강했습니다.
    그래서 교회를 개방하거나 예배 외에 다른 용도로 사용하는 것에는 매우 부정적이었습니다. 그러나 최근에는 '처치 셰어링(Church Sharing)'이라는 문화가 퍼지고 있습니다. 교회를 지역 주민에게 필요한 시설로 개방하거나, 특수한 목적을 담당하는 기관으로 사용하는 것입니다.
    안산시에 있는 꿈의교회(담임 김학중목사)는 생활스포츠를 할 수 있는 센터를 지어 저렴한 가격으로 주민들에게 개방합니다. 하루에 이용하는 사람들 중 90% 믿지 않는 사람이며, 그 중엔 센터를 이용하다가 교회에 오게 된 사람들도 많다고 합니다.
    어떤 사람들은 처치 셰어링을 시류에 편승하는 인기 끌기로 생각하기도 합니다. 그러나 처치 셰어링을 하는 교회의 대부분은 누가복음 10장의 말씀이나 야고보서 1장 27절의 말씀을 토대로 세상의 빛과 소금이 되라는 주님의 말씀을 실천하고 하나님이 주신 달란트와 축복을 공유하고자 하는 마음에서 나온 것입니다. 언제나 교회와 기독교인들은 사회에 큰 공헌을 해왔습니다.
    하나님께 받은 것을 나와 성도들을 위해서만 사용하지 말고, 이제는 더 많은 모두와 공유함으로 복음의 수단으로 사용하십시오. 반드시 창대하게 될 것입니다.

♥ 주님! 조건 없이 베풀고 나누는 사랑을 실천하게 하소서!
📖 우리 교회에서 할 수 있는 처치 셰어링에 대해서 생각해보십시오.

나의 영적 일지

### 4월 3일
# 존중과 예의

읽을 말씀 : 롬 12:1-13

● 롬 12:10 형제를 사랑하며 서로 우애하고 존경하기를 서로 먼저 하며

　축구 국가대표의 감독인 홍명보 감독이 실력 이상으로 중요시하는 것은 인성이라고 합니다.
　2009년도에 청소년 국가대표 감독이 되었을 때 홍 감독은 선수들이 식당에서 일하시는 분들에게 인사를 하지 않는 것을 보고 모든 선수들을 모아놓고 말했습니다.
　"앞으로 여기서 만나는 모든 분들을 존경해야 한다."
　홍 감독은 맡는 팀들마다 모두 규율과 예의를 중요하게 여깁니다. 그리고 우수한 성적도 함께 거두며 축구에서 실력외의 요소도 중요하다는 것을 증명했습니다.
　유명한 칼럼니스트 시드니 해리스는 매일 출근길의 한 가판대에서 신문을 샀습니다. 주인은 매우 불친절했지만, 시드니는 항상 밝은 미소를 지으며 반갑게 인사를 했습니다. 그 모습을 본 친구가 불친절함에도 왜 미소를 짓느냐고 물었습니다.
　"그야 나란 사람은 불친절에도 친절로 대해주는 사람이거든."
　다른 사람을 존중하는 예의는 언제나 변함이 없어야 합니다.
　모든 사람이 하나님의 귀한 창조물임을 잊지 말고 항상 예의 바르고 상대방을 존중하는 모습을 보이십시오. 반드시 창대하게 될 것입니다.

♡ 주님! 모든 사람을 향해 바른 마음과 태도를 나타내게 하소서!
📖 어떤 상황에서도 사람들에게 무례한 행동을 하지 마십시오.

나의 영적 일지

# 맡겨두는 커피

읽을 말씀 : 갈 5:2-15

●갈 5:14 온 율법은 네 이웃 사랑하기를 네 자신 같이 하라 하신 한 말씀에서 이루어졌나니

이탈리아의 나폴리에서는 종종 맡겨두는 커피를 시키는 사람들이 있습니다.

예를 들면 두 사람이 카페에 들어와서 커피 다섯 잔을 시킵니다.

"커피 다섯 잔이요. 두 잔은 테이크아웃 할거고 세 잔은 맡겨둘게요."

처음 이 광경을 보는 사람들은 '맡겨두는 커피'에 대해서 매우 궁금해 합니다. 국내에서 여행을 간 한 관광객도 이 장면을 보고 궁금해 가이드에게 물었습니다.

"맡겨두는 커피요? 잠시만 기다리시면 알게 되실 거예요."

몇 분이 지나고 허름한 차림의 한 남자가 카페에 들어와 종업원에게 물었습니다.

"혹시 누가 맡겨둔 커피 한 잔 있나요?"

종업원은 곧 남자에게 커피를 무료로 가져다주었습니다. 맡겨둔 커피란 거리에서 생활하는 불쌍한 사람들을 위해서 다른 사람들이 미리 주문을 해놓는 일종의 기부였습니다.

매일 즐기는 커피 한잔으로도 남에게 베풀 수 있는 것은 남을 생각하는 마음 때문입니다.

남을 돕는 자세는 환경이 아니라 습관과 사랑에서 나옵니다. 조금 더 남을 생각하고 나누는 사람이 되십시오. 반드시 창대하게 될 것입니다.

♥ 주님! 작은 것도 나눌 수 있는 마음의 여유를 주소서!
📖 일상에서 실천할 수 있는 기부 습관을 만드십시오.

## 4월 5일 순례자의 자세

읽을 말씀 : 히 3:1-11

● 히 3:1 그러므로 함께 하늘의 부르심을 받은 거룩한 형제들아 우리가 믿는 도리의 사도이시며 대제사장이신 예수를 깊이 생각하라

천로역정은 기독교에서 영향력 있는 고전 중에 하나입니다.

이 책은 당시 기독교인들의 삶을 순례의 여정으로 잘 묘사해놓았는데 오늘 날 이 책을 접하는 기독교인들의 삶과도 겹치는 부분이 많습니다. 책의 내용 중에는 허영의 도시에서 박해받는 그리스도인들에 대한 이야기가 나옵니다. 도시를 지나는 순례자들을 사람들은 바보 취급하고 멸시했는데 그 이유는 다음과 같습니다.

● 첫째, 순례자들은 사람들과 다른 옷을 입고 있었습니다.
● 둘째, 순례자들은 다른 말을 하고 있었습니다.
● 셋째, 순례자들은 다른 가치관을 가지고 있었습니다.

허영의 도시 사람들은 모두 화려한 옷을 입고 있었지만 순례자들은 순례에 필요한 실용적인 옷을 입고 항상 하늘나라를 준비하는 말을 했습니다. 또 허영의 도시의 시장에는 매우 화려한 사치품이 많았는데, 순례자들은 자신의 보화가 있는 곳은 이곳이 아니라며 눈길도 주지 않았습니다.

성도들이 세상에서 영향력을 끼치던 시대에는 세상의 가치관을 따르지 않고 세상 사람들의 눈치를 보지 않았습니다. 사람보다 하나님의 말씀을 따르는 것이 훨씬 중요한 일이기 때문입니다. 세상의 길을 그대로 따라가지 말고 성령님이 인도하시는 길을 따르십시오. 반드시 창대하게 될 것입니다.

💗 주님! 양심의 소리를 어기지 않고 말씀의 도를 깨닫게 하소서!
🖼 현실의 문제로 고민하기보다는 말씀이 제시하는 해결책을 따르십시오.

나의 영적 일지

# 더욱 분발해야 할 때

읽을 말씀 : 마 20:29-34

●마 20:31 무리가 꾸짖어 잠잠하라 하되 더욱 소리 질러 이르되 주여 우리를 불쌍히 여기소서 다윗의 자손이여 하는지라

대부분의 기업들은 보통 경기의 흐름에 따라 성장이 결정됩니다. 아무리 호황기 때 성장한 기업이라 하더라도 불황기에 대처를 잘못하면 부도가 나는 경우가 많이 있고 반대로 불황기에도 호황기 못지않게 성장을 하는 기업들이 있습니다.

LG경제연구소에서는 경기 침체기에도 오히려 성장을 했던 기업들을 면밀히 조사했는데, 그 결과 네 가지 공통점이 있다고 발표했습니다.

●첫째는 중장기적인 비전입니다. 경기가 어려울수록 단기적인 비전에 집착하기 쉽지만 오히려 중장기적인 비전이 있는 기업들이 불황에 잘 대처했습니다.

●둘째는 선택과 집중입니다. 불황기를 이겨내는 기업들은 회사의 핵심역량과 신사업 중에서 유망한 부분에만 집중적으로 투자를 했습니다.

●셋째는 차별화입니다. 잘 만들기보다는 뭔가 다른 제품을 내놓는 회사들은 대부분 불황을 타지 않고 꾸준히 성장했습니다.

●넷째는 빠른 대처입니다. 일이 잘못되었을 때 두고 보기보다는 원인을 파악하고 해결하는 모습을 보인 회사들은 대부분 시장의 주도권을 잡았습니다.

정말로 분발해야 할 때는 불황기입니다. 지금처럼 나라와 교계가 어려운 상황에서 성도들은 더욱 합심해야 합니다. 불황기에도 성장하는 기업처럼 어려운 순간도 극복할 수 있습니다. 한국 기독교의 미래를 위해 더욱 헌신하고 기도하십시오. 반드시 창대하게 될 것입니다.

♥ 주님! 어려운 상황일수록 더욱 기도하고 헌신하게 하소서!
힘들 때일수록 말씀과 기도로 인해 새로운 가능성을 찾으십시오.

나의 영적 일지

## 4월 7일 함께하는 삶

읽을 말씀 : 고전 6:1-11

● 고전 6:10 도적이나 탐욕을 부리는 자나 술 취하는 자나 모욕하는 자나 속여 빼앗는 자들은 하나님의 나라를 유업으로 받지 못하리라

우리나라의 양극화 현상은 OECD국가 중 세 번째로 높다고 합니다. 가난한 사람과 부자들의 소득격차가 점점 벌어지고 있다는 이야기인데, 그래서 시대가 흐를수록 모두가 잘사는 상생, 공생과 같은 단어들이 점점 화두로 떠오르고 있습니다. 그런데 이런 공생의 모습은 '약육강식의 법칙'이 지배한다고 알려진 자연에서도 흔히 찾아볼 수 있는 현상입니다.

개미들은 진딧물이 생성하는 감로라는 액체를 매우 좋아하는데, 이 액체를 계속해서 공급받기 위해서 진딧물의 천적인 무당벌레가 쳐들어올 때는 항상 보호해줍니다. 또 까치는 동물의 몸에 붙어있는 진드기를 잡아먹는데 이 사실을 아는 사슴은 때때로 까치가 살고 있는 곳을 찾아가 자신의 몸에 붙어있는 진드기를 먹게 합니다. 소라집게는 혼자서 움직일 수 없는 말미잘을 업어서 옮겨줍니다. 그러면 말미잘은 소라집게의 천적으로부터 보호를 해주고, 대신에 더 쉽게 먹이를 구할 수 있게 됩니다.

정당한 자기의 이익만을 추구하는 과정에서 공생은 자연스럽게 생기는 현상입니다. 공생이 제대로 자리 잡지도 못하는 것은 필요 이상의 과도한 욕심을 부리기 때문입니다.

더불어 사는 사회가 되기 위해서는 공생뿐 아니라 희생과 배려가 필요합니다. 과도한 욕심을 내려놓고 먼저 양보하십시오. 반드시 창대하게 될 것입니다.

♡ 주님! 지나친 욕심에서 벗어난 삶을 살게 하소서!
🗾 모든 상황에서 역지사지의 생각을 하십시오.

나의 영적 일지

# 위기의 긍정적 효과

읽을 말씀 : 사 12:1-6

● 사 12:2 보라 하나님은 나의 구원이시라 내가 신뢰하고 두려움이 없으리니 주 여호와는 나의 힘이시며 나의 노래시며 나의 구원이심이라

긍정심리학의 대가인 마틴 셀리그먼 교수는 다음과 같은 실험을 한 적이 있습니다. 바닥에 전기 신호를 줄 수 있는 작은 유리방에 개를 넣어놓고 일정하게 자극을 주면 개는 처음에는 피할 곳을 찾아다닙니다. 그러나 피할 곳이 없다는 걸 알게 되면 그냥 바닥에 엎드려 고통을 감내하는 선택을 합니다.

나중에 바닥의 반에만 전기장치가 연결된 상자에 넣어둬도 자리를 옮기지 않고 그냥 앉아서 고통을 참습니다. 개가 아닌 어떤 동물에게 실험을 해도 공통적인 결과가 나타나는 것을 보고 셀리그먼 교수는 '학습된 무기력'이라는 이름을 붙였습니다.

처음에는 학습된 무기력은 절대로 벗어날 수 없는 것으로 생각되었습니다. 그러나 교수는 추가적인 실험을 통해서 기존의 몇 배 이상의 강한 자극을 줄 때 동물들은 학습된 무기력을 깨고 살 길을 찾기 위해 행동한다는 것을 알았습니다.

심지어 어떤 벼룩은 키의 100배가 넘는 점프력으로 한계를 넘는 모습을 보이며 탈출하기도 했습니다. 셀리그먼 교수는 고통이 학습된 무기력을 이겨내게 하는 것처럼 때로는 삶에서도 어려움을 통해 더욱 긍정적인 효과를 기대할 수 있다고 생각했습니다.

나의 힘으론 할 수 없습니다. 그러나 주님이 주시는 힘으론 할 수 있습니다. 급박한 위기의 순간이 찾아온다 할지라도 주님을 향한 신뢰를 져버리지 마십시오. 반드시 창대하게 될 것입니다.

💗 주님! 어떤 상황에서도 주님을 절대적으로 신뢰하게 하소서!
📖 인생의 위기의 때가 때로는 성장의 신호임을 깨달으십시오.

나의 영적 일지

**4월 9일**

# 마지막에 남아 있는 것

읽을 말씀 : 히 10:19-39

● 히 10:23 또 약속하신 이는 미쁘시니 우리가 믿는 도리의 소망을 움직이지 말며 굳게 잡고

시각장애인 윤인수 목사님은 평생을 교도소 사역에 헌신하셨습니다. 목사님은 11살 때 공산당에게 붙잡힌 아버지를 만나러 갔다가 고문을 당해 시력을 잃었습니다. 그러나 앞이 보이지 않음에도 어려운 집안 생활을 돕기 위해 친구들의 도움을 받아 신문을 돌리고 구두를 닦았습니다. 그렇게 힘들게 돈을 벌어 어머님께 갖다 드렸는데, 어머님은 먼저 십일조를 떼었습니다. 그러자 소년 윤인수는 어머님께 화를 내며 말했습니다.

"하나님이 아빠도 죽게 했고, 내 눈도 멀게 했고, 전쟁 통에 피란까지 오게 만들었는데, 뭐가 좋다고 힘들게 번 돈까지 바쳐야 합니까?"

"네 말이 맞다. 그러나 하나님을 향한 믿음까지 잃어버리면 정말로 모든 걸 잃는 거란다."

목사님은 어머님의 말을 통해 정말로 힘들 때야 말로 하나님께 의지해야 한다는 것을 깨달았습니다. 그리고 점자를 배우고 신학교에 들어가 목사님이 되어 정말로 힘든 사람들에게 하나님을 향한 믿음을 심어 주는 일에 평생을 헌신하셨습니다.

모든 것을 잃은 순간에도 결코 잊지 말아야 할 것은 하나님을 향한 믿음입니다. 최후의 순간에도 믿음만은 반드시 잃지 마십시오. 반드시 창대하게 될 것입니다.

♥ 주님! 어떤 상황에서도 흔들리지 않는 굳건한 믿음을 갖게 하소서!
📖 어려움으로 인해 믿음이 흔들렸던 과거를 다시 반복하지 마십시오.

나의 영적 일지

# 가장 처음으로 나온 말

읽을 말씀 : 롬 1:8-17

●롬 1:8 먼저 내가 예수 그리스도로 말미암아 너희 모든 사람에 관하여 내 하나님께 감사함은 너희 믿음이 온 세상에 전파됨이로다

프랑스의 필립 크루아종 씨는 고압전기에 감전되는 사고로 사지를 잃은 중증 장애인입니다.

그는 팔다리를 모두 잃었지만 하나님에 대한 믿음과 낙천적인 성격 덕분에 장애로 인해 좌절하기보다 새로운 일에 도전을 하는 삶을 살았습니다.

그런 그가 최근 이집트에서 홍해를 횡단하는 도전을 했습니다. 6월이라 더위가 극심했고, 홍해에 상어 떼가 출몰한 시점이었지만 필립 씨의 의지는 확연했습니다. '장애인도 할 수 있다'는 희망의 메시지를 전하고 싶다는 것이 목적이었습니다. 그렇게 필립 씨는 짧게 남은 팔다리에 의족과 오리발을 달고는 5시간 20분 동안 헤엄을 쳤고 마침내 아무런 직접적인 도움이 없이 스스로 홍해를 횡단하는 대기록을 세웠습니다.

목적지에는 프랑스 대사관 직원을 비롯해 많은 방송사에서 나와 있었는데, 그들 앞에 선 필립 씨의 첫 마디는 "하나님 감사합니다."라는 기쁨의 고백이었습니다. 필립 씨에게 대업적을 이루었다는 성취감보다, 장애인들을 향한 희망의 메시지보다 더욱 중요한 것은 하나님에 대한 감사였습니다.

주님께 받은 모든 것을 헤아려본다면 어떤 상황에서도 감사가 나와야 합니다. 하루를 시작할 때, 하루를 마무리 할 때 주님을 향한 감사와 기쁨이 임하도록 하루를 재정비하십시오. 반드시 창대하게 될 것입니다.

♡ 주님! 모든 일의 시작과 마무리에 주님을 향한 감사가 있게 하소서!
📖 오늘 하루 삶을 통해 주님께 영광과 감사를 돌리십시오.

나의 영적 일지

## 4월 11일

## 진실의 기준

읽을 말씀 : 요 17:13-26

● 요 17:17 그들을 진리로 거룩하게 하옵소서 아버지의 말씀은 진리니이다

　미국 코네티컷 주에는 루이스 스톤이라는 기자가 있었습니다.
　루이스는 기자의 경험을 통해 사람들은 책이나 신문에서 읽은 내용을 굉장히 신뢰한다는 사실을 알게 되었고 이 사실을 이용하면 큰돈을 벌 수 있겠다고 생각했습니다.
　그는 회사를 나와 직접 출판사를 차린 뒤에 거짓 정보로 여행기를 쓰기 시작했습니다. 구운 사과가 열리는 나무, 구두 닦는 다람쥐, 사람처럼 걸어 다니는 개… 그는 자신의 상상 속에서 벌어지는 일들을 진짜인 것처럼 포장해 여행기를 냈고, 코네티컷 뿐 아니라 다른 주의 사람들까지 루이스의 책을 진짜인 줄 알고 구입을 했습니다.
　10년이 넘게 계속해서 나오던 그 책은 내용에 의심을 품었던 한 독자의 추적에 의해서 거짓인 것으로 판명되었습니다. 이후로 한 동안 루이스는 거짓말쟁이의 대명사가 되었고, 타 지역의 사람들은 코네티컷에서 온 사람이라는 이유만으로 그 사람이 거짓말쟁이라고 생각을 하기도 했습니다.
　우리가 사는 세계에서의 진실은 아무리 과학적인 생각으로 바라본다 하더라도 분명한 한계가 있습니다. 그러나 성경을 통해 만나는 참된 복음의 진리는 언제나 동일합니다. 오직 성경만이 모든 진리의 기준이 됨을 잊지 마십시오. 반드시 창대하게 될 것입니다.

　💗 주님! 성경을 통해 참된 진리를 찾고 깨닫게 하소서!
　📖 예수님을 통한 구원의 복음이 진리임을 인정하십시오.

나의 영적 일지

# 허탈한 인생의 원인

읽을 말씀 : 고전 9:24-27

● 고전 9:24 운동장에서 달음질하는 자들이 다 달릴지라도 오직 상을 받는 사람은 한 사람인 줄을 너희가 알지 못하느냐 너희도 상을 받도록 이와 같이 달음질하라

　미국의 유명한 사회학자들이 모여서 '우울증의 원인'에 대해서 조사를 한 적이 있습니다.
　직장을 가진 성인들 중에서 우울증 판정을 받은 사람들을 대상으로 진행된 이 조사에서 밝혀진 원인은 고독감, 권태감, 건강 문제 등으로 매우 다양했습니다.
　그러나 그 중에서 가장 많이 언급된 원인은 목표 부재에 의한 자기 비하였습니다. 회사에서 시키는 대로 일만하며 살다보면 자신이 이 일을 왜 하는지 묻게 되고, 열심히 일해야 하는 이유, 더 나아가 세상을 살아야 하는 이유에 대해서 묻게 되는데 그에 대한 대답을 제대로 하지 못할 때 완전히 기력이 소진되는 '번 아웃' 증세가 찾아오게 되는 것입니다. 이런 증세는 목표를 좇아 크게 성공한 사람들 가운데서도 종종 찾아볼 수 있습니다. 사람들을 우울하게 만드는 것은 회사에서의 직위나 연봉의 액수, 대인관계가 아니라 인생의 분명한 목적에 대한 차이였습니다.
　일은 우리의 인생에서 매우 중요한 것이긴 하지만 최종 목표가 될 순 없습니다. 구원을 받지 못한 사람은 아무리 크게 성공을 해도 결코 올바른 목적을 위해 살 수가 없습니다. 따라서 하나님을 먼저 알고 그 안에서 비전을 찾아야 합니다. 그리고 그 비전을 통해 다른 사람에게도 인생의 올바른 목표를 찾게 도와주십시오. 반드시 창대하게 될 것입니다.

♡ 주님! 주님으로 인해 만족한 인생을 살아가게 하소서!
🌼 인생의 목표가 무엇인지, 주님 안에 올바로 세워진 목표인지 확인해 보십시오.

나의 영적 일지

## 4월 13일 정직한 초상화

읽을 말씀 : 시 7:1-17

● 시 7:10 나의 방패는 마음이 정직한 자를 구원하시는 하나님께 있도다

　헝가리의 어느 정치인이 한 화가를 찾아가 초상화를 그려달라고 부탁했습니다.
　실력은 있지만 아직 유명하진 않았던 화가는 좋은 기회라 생각해 최선을 다해 그림을 완성했습니다. 그런데 완성된 그림을 본 정치인은 매우 불만스러운 표정을 지었습니다.
　"이 그림이 도대체 나와 어디가 닮았다는 거요? 약속한 백만 원은 줄 수 없소. 만약에 십만 원쯤에 판다면 생각해 볼 수도 있겠군."
　"그 가격에는 팔 수 없습니다. 다만 이 그림이 선생님을 닮지 않았다는 확인서는 하나 써주십시오. 그래야 저도 팔지 못한 명분이 서지 않겠습니까?"
　그림을 싸게 사기 위한 수작이었지만 화가가 팔지 않겠다니 정치인도 어쩔 수 없었고, 원하는 대로 글을 적어주었습니다. 그리고 한 달이 지난 뒤에 화가는 개인전을 열었습니다. 그리고 그곳에는 팔지 못한 정치인의 초상화가 걸려 있었는데 작품의 제목은 '한 도둑놈의 초상화'였습니다. 자신의 초상화가 조롱거리가 되고 있다는 소문을 들은 정치인은 다시 화가를 찾아가 그림을 구입하겠다고 했고, 원래 가격의 10배가 넘는 큰돈을 주고야 겨우 그림을 살 수 있었습니다.
　정직하지 못한 사람은 어떤 식으로든 대가를 치르게 됩니다. 정직한 마음으로 사람과 하나님을 섬기십시오. 반드시 창대하게 될 것입니다.

　♥ 주님! 정결한 마음으로 주님을 예배하는 성도가 되게 하소서!
　📖 작은 이득을 채우기 위해 양심을 팔지 마십시오.

나의 영적 일지

# 겁을 내는 것이 현명할 때

읽을 말씀 : 고전 6:12-20

● 고전 6:18 음행을 피하라 사람이 범하는 죄마다 몸 밖에 있거니와 음행하는 자는 자기 몸에 죄를 범하느니라

육식동물 중 가장 거대한 코끼리의 유일한 천적은 놀랍게도 작은 주머니쥐입니다.

코끼리는 초식 동물이지만 덩치가 크고 힘이 좋기 때문에 사자와 호랑이 같은 육식동물들도 무리를 지어 달려들지 않는 이상 잡을 수가 없습니다. 그런데 이 코끼리가 갑자기 크게 우는 소리를 내며 꼼짝도 못할 때가 있는데 이것은 근처에 주머니쥐가 나타났다는 신호입니다.

주머니쥐는 작고 재빨라서 코끼리가 밟거나 공격을 할 수가 없습니다. 그리고 때때로 주머니쥐는 코끼리의 몸을 타고 올라오기도 하는데, 이 과정에서 코끼리가 흥분을 해서 주머니쥐를 떨어트리려고 하면 귀나 코의 구멍으로 들어갑니다. 이 과정에서 때때로 구멍이 막혀 질식사하는 코끼리가 생기기도 합니다. 그러나 자리에서 움직이지 않고 가만히 있으면 주머니쥐는 코끼리를 타지 않고 지나갑니다.

결국 코끼리가 주머니쥐를 만날 때 겁을 내는 것은 덩칫값을 못하는 나약한 행동이 아니라 목숨을 보존하는 현명한 행동인 것입니다.

믿음이 강한 그리스도인은 아무리 강한 유혹이 찾아와도 죄를 짓지 않고 어둠에 빛을 전합니다. 그러나 그런 믿음이 없을 때에는 유혹의 순간을 두려워하고 피하는 것이 상책입니다. 죄의 유혹에 대해서는 담대히 대적하십시오. 그러나 이겨낼 수 없을 때는 회피하십시오. 반드시 창대하게 될 것입니다.

♡ 주님! 죄를 이길 강한 믿음과 지혜를 주소서!
📖 죄의 유혹이 찾아오는 순간마다 지혜롭게 대처하십시오.

나의 영적 일지

**4월 15일**

## 온유한 마음

읽을 말씀 : 마 11:25-30

●마 11:29 나는 마음이 온유하고 겸손하니 나의 멍에를 메고 내게 배우라 그리하면 너희 마음이 쉼을 얻으리니

'온유'라는 말은 온화하고 부드러운 성격과 태도를 뜻합니다.

하지만 명확히 정의된 한글과 한자의 뜻과는 달리 세계적으로 온유라는 뜻은 매우 비슷하면서도 다양한 뜻으로 해석되고 있습니다. 우선 영어만 해도 온유를 나타내는 단어가 'gentleness, mildness, tenderness, docility, clemency, warmth'로 총 여섯 개나 되며 미묘한 뜻의 차이에 따라서 서로 다른 상황에서 사용됩니다.

아프리카의 모레 부족은 온유한 사람을 '그늘진 마음의 소유자'라고 표현하는데 이는 더운 아프리카의 태양빛을 피하게 해줄 그늘을 다른 사람에게 제공한다는 뜻입니다. 케냐의 원주민들은 온유를 '천천히 행동하는 것'이라고 표현합니다. 천천히 움직이는 사람은 욕심이 없다고 생각하기 때문인데 반대로 빠르게 움직이는 사람은 남보다 더 많은 것을 차지하기 위해서라고 생각하며 '교만한 사람'이라고 표현합니다. 남태평양의 카바라 부족은 '어린이의 마음을 가진 사람'을 온유한 사람이라고 표현합니다. 나라마다 표현법은 조금씩 다르지만 종합해보면 온유는 겸손한 사람, 그리고 남을 생각하는 사람이라는 뜻을 가지고 있다는 것을 알 수 있습니다.

예수님은 스스로를 온유하다고 표현하셨습니다. 또 제자들에게 모든 사람을 온유함으로 대하라고 가르치셨습니다. 하나님 앞에 겸손하고 남을 생각하는 온유한 마음을 가진 사람이 되십시오. 반드시 창대하게 될 것입니다.

♥ 주님! 주님의 온유를 배우고 또 따라 살게 하소서!
📖 성경이 말하는 온유의 자세를 찾아 배우고 또 실천하십시오.

나의 영적 일지

# 선한목자, 선한이웃

읽을 말씀 : 마 9:35-38

● 마 9:36 무리를 보시고 불쌍히 여기시니 이는 그들이 목자 없는 양과 같이 고생하며 기진함이라

뉴질랜드의 북섬 페토니에는 랜초드란 부인이 살고 있습니다.

부인의 남편은 신장이 좋지 않아 병원에 오랜 세월 입원해 있었는데, 최근에 병세가 더욱 안 좋아져 다니는 교회 목사님께 기도를 부탁했습니다.

데이비드 목사님은 부인의 힘든 사정을 듣고는 남편의 치유를 위해 열과 성을 다해 기도하기 시작했습니다. 그런데 기도를 하는 도중 목사님은 큰 결심을 하게 됩니다. 치유를 위한 기도뿐 아니라 직접 자신의 신장을 부인의 남편에게 이식해주기로 결심한 것입니다.

그러나 신장 이식 수술의 과정이 순조롭지만은 않았습니다. 목사님의 신장이 그리 건강한 편이 아니라 병원 의사는 수술 도중 심장이 멈출 수도 있다고 경고를 했기 때문입니다.

하지만 목사님은 수술을 강행했고, 수술을 마친 뒤에 관리와 운동을 통해 오히려 더욱 건강한 몸으로 회복시켰습니다. 신장이식으로 건강에 이상이 생기지 않았다는 사실을 랜초드 부인과 남편에게 보여주기 위해서였습니다.

선한목자는 자기 양을 위해 희생합니다. 그리고 그 목자의 가르침을 받은 양은 주위 사람들의 선한이웃이 됩니다. 기도를 하는 중에 마음에 하나님의 감동이 임한다면 꼭 순종하십시오. 반드시 창대하게 될 것입니다.

♡ 주님! 사랑의 기도를 실천하는 삶이 되게 하소서!
🙏 남이 돕기를 바라기보다 내가 먼저 도우십시오.

나의 영적 일지

## 4월 17일 기도와 말씀을 향한 관심

읽을 말씀 : 요 5:30-47

● 요 5:38 그 말씀이 너희 속에 거하지 아니하니 이는 그가 보내신 이를 믿지 아니함이라

영국에서 최초로 중국으로 파송된 번즈 선교사는 기도에 대해서 이런 말을 했습니다.

"성경의 말씀을 통해 나오는 기도가 아니라면 아무리 간절하고 큰 소리로 한다 해도 제대로 된 기도가 될 수 없다. 훌륭한 기도를 하고 싶은 사람은 먼저 말씀을 배워야 한다. 말씀을 자신의 생각과 행동에 충분히 채워 넣은 사람만이 제대로 된 기도를 할 수가 있다."

기독교의 많은 고전을 남긴 오스왈드 챔버스 목사님은 다음과 같은 말을 한 적이 있습니다.

"많은 사람들이 저에게 하나님 말씀을 대할 시간이 없다고 말합니다. 그런 사람들은 대부분 설교가 시작하자마자 하품을 하는 사람들입니다. 저는 그런 사람들에게 항상 말합니다. '아니요, 당신은 시간이 충분히 있습니다. 다만 관심이 없을 뿐입니다. 하나님을 향한 관심 말입니다.'라고..."

서로 사랑에 빠진 연인들은 돈과 시간, 생각, 모든 것을 아끼지 않고 서로를 위해 희생합니다. 서로를 향한 관심이 있기 때문입니다. 제대로 된 헌금이 어렵고, 기도할 시간이 없고, 말씀이 지루한 것은 하나님을 사랑하지 않기 때문이며, 하나님을 향한 관심이 없기 때문입니다. 기도와 말씀을 소홀히 대하고 있다면 하나님의 사랑을 잊고 있는 것입니다. 나에게 부어주신 하나님의 은혜를 생각함으로 다시 그 사랑을 향해 돌아가십시오. 반드시 창대하게 될 것입니다.

♡ 주님! 인생의 최우선 관심이 주님께로 향해 있게 하소서!
📖 말씀을 묵상하고 주님께 기도할 시간을 하루의 가장 귀한 시간으로 두십시오.

나의 영적 일지

# 수확의 때

읽을 말씀 : 고후 9:1-15

●고후 9:6 이것이 곧 적게 심는 자는 적게 거두고 많이 심는 자는 많이 거둔다 하는 말이로다

　멘델은 유전의 법칙의 토대를 세워 '유전의 아버지'라고 불립니다.
　멘델은 원래 교사가 되려는 꿈을 가졌습니다. 그러나 학교에 진학할 형편이 되지 않았고 성적도 모자라 장학금도 받지 못했습니다. 그래서 마을의 수도원에 들어가 밭을 일구며 일을 하기 시작했는데, 그러면서도 공부를 향한 열정을 포기하지 않았습니다. 멘델은 밭을 가꾸면서 공부할 수 있는 분야를 찾기 시작했는데 그것이 멘델이 완두콩을 관찰한 이유였습니다. 그리고 이를 통해 유전학의 법칙을 발견할 수 있었습니다.
　멘델의 이 놀라운 발견이 빛을 본 것은 멘델이 죽고 나서 30년이 지난 후였습니다. 멘델은 생전에 논문을 발표했지만 그가 학위가 없고 유명하지 않다는 이유로 아무도 거들떠보지도 않았기 때문입니다.
　멘델은 한 번도 자신이 원하는 환경에 처한 적이 없었습니다. 그러나 그는 언제나 최선을 다했기에 동시대의 훨씬 좋은 환경에서 수준 높은 교육을 받은 사람들보다도 월등한 업적을 남길 수 있었습니다.
　사명이 있는 사람은 불평할 시간이 없습니다. 맡은 소명의 크고 작음에 상관없이, 어떤 상황과 순간에도 최선을 다하는 것이 사명자의 삶에는 필요합니다.
　좋은 때의 최상의 결과를 거두실 하나님을 의지함으로 최선을 다해 씨를 뿌리십시오. 반드시 창대하게 될 것입니다.

♥ 주님! 어떤 상황에서도 최선을 다하게 하소서!
　멘델이 처한 환경과 지금 자신의 환경을 비교해보십시오.

나의 영적 일지

## 진정한 열정

### 4월 19일

읽을 말씀 : 갈 4:8-20

● 갈 4:18 좋은 일에 대하여 열심히 사모함을 받음은 내가 너희를 대하였을 때뿐 아니라 언제든지 좋으니라

   올해 16세의 김지은 양은 미국 카네기 홀에서 연주를 한 뛰어난 피아니스트입니다.
   4살 때부터 피아노를 시작했던 지은 양은 초등학생 때는 전국 단위 콩쿠르에서 대상을 탔을 정도로 실력이 뛰어났습니다. 그러나 집안이 기울어 베트남으로 이민을 간 뒤에는 더 이상 피아노를 배울 수가 없었습니다.
   피아노가 너무 치고 싶었던 지은 양은 유투브의 영상을 통해 거장들의 연주를 들으며 따라 치기 시작했습니다. 베트남 빈민가의 단칸방이라는 초라한 무대였지만 하루에 6시간 이상을 열정적으로 연습했습니다.
   마음이 심란하고 어려울수록 피아노를 연습했던 지은 양은 교민을 대상으로 한 행사에서 연주를 하게 되면서 점점 실력이 알려지기 시작했고, 그로 인해 베트남의 오케스트라와 협연을 하게 되었고 카네기 홀이라는 큰 무대에까지 설 수 있게 되었습니다.
   진정한 열정은 불가능을 가능하게 만드는 힘이 있습니다. 성경에 나오는 믿음의 선조들에게는 모두 이런 열정이 있었습니다.
   하나님이 주셨다는 확실한 소명이 있다면 그 소명에 걸맞은 뜨거운 열정을 품으십시오. 반드시 창대하게 될 것입니다.

♡ 주님! 뜨거운 열정을 품을 수 있는 소명을 찾게 하소서!
📖 주님이 주시는 거룩한 열정을 통해 선한 목표를 이루십시오.

나의 영적 일지

# 부활의 복음

읽을 말씀 : 요 5:19-29

●요 5:29  선한 일을 행한 자는 생명의 부활로, 악한 일을 행한 자는 심판의 부활로 나오리라

영국의 유명한 변호사인 프랭크 모리슨은 철저한 무신론자였습니다. 그는 특히나 성경에서 가장 말이 되지 않는 부분은 '부활에 관한 내용'이라고 생각했습니다. 그래서 객관적인 자료를 낱낱이 분석해 부활을 믿는 어리석은 사람들을 깨우쳐 주기 위한 책을 쓰려 했습니다.

그는 도저히 반박할 수 없는 증거를 가진 책을 쓰기 위해 오랜 세월동안 부활을 연구했습니다. 그러나 역사적인 문건과 책, 전문가의 견해와 여러 신학교의 논문들을 연구한 결과 그는 부활을 오히려 믿게 되었으며 크리스천이 되었습니다.

모리슨은 사람들이 복음을 믿지 않고 성경을 부인하는 것은 잘못된 사실이기 때문이 아니라 잘 알지 못하기 때문이라는 것을 자신의 경험을 통해 깨달았습니다. 그리고 자신이 부활을 부정하기 위해 연구한 자료를 다시 엮어서 '누가 무덤의 돌을 옮겼나?'라는 책을 썼고, 처음의 의도와는 반대로 부활의 확실성을 사람들에게 알리는 역할을 감당했습니다.

부활은 복음을 한 번에 믿게 만들 만한 힘이 있습니다. 믿지 않는 사람들에게는 부활만큼 허망한 소리도 없지만 성도들에게는 세상의 모든 문제를 해결할만한 힘이 바로 부활입니다. 주님께서 날 위해 죽음에서 부활하셨다는 기쁜 소식을 믿으십시오. 반드시 창대하게 될 것입니다.

♡ 주님! 부활의 믿음을 가슴 속에 품고 살게 하소서!
📖 부활의 신앙을 가진 성도의 삶에 대해서 깊이 생각해보십시오.

나의 영적 일지

## 4월 21일

## 기회를 잡는 사람

읽을 말씀 : 마 18:12-20

● 마 18:14 이와 같이 이 작은 자 중의 하나라도 잃는 것은 하늘에 계신 너희 아버지의 뜻이 아니니라

'동방견문록'을 쓴 마르코 폴로는 몽골의 황제 쿠빌라이 칸을 만난 적이 있습니다.

황제는 마르코 폴로를 굉장히 총애했는데 마르코 폴로가 고향으로 돌아가려고 간청을 해도 보내주지 않을 정도였습니다. 특히 쿠빌라이 칸은 마르코 폴로의 종교에 대해서 큰 관심을 가졌습니다. 그래서 마르코 폴로는 중국에서의 포교를 위해 100명의 성직자를 보내달라고 교황에게 요청했습니다. 그러나 교황은 한직에 머물러 있는 2명의 성직자만 보냈습니다. 그리고 그들은 중국으로 가는 도중에 여정이 힘들다고 곧 포기하고 돌아왔습니다.

교황 그레고리우스 10세는 멀리 있는 야만인의 나라를 위해 100명이나 성직자들을 보낸다는 것은 심각한 낭비라고 생각했기 때문입니다. 그러나 100명이 아니라 단 10명만이라도 성직자들이 몽골에 도착했다면 역사상 가장 넓은 영토를 차지했던 몽골의 황제에게 복음을 전할 수도 있었을 것입니다. 그러나 당시의 교황과 교황의 명령을 받은 성직자들은 이처럼 중요한 일을 하찮게 생각해 대충 처리했습니다.

일본의 전철 회사 한큐의 회장 고바야시 이치조는 "세상에서 가장 하찮은 일을 맡았더라도 제일 잘하려고 노력하십시오. 그러면 사람들이 당신을 심부름꾼으로만 두진 않을 것입니다."라고 말했습니다.

하나님이 우리에게 주신 일은 무엇이든지 최선을 다하십시오. 반드시 창대하게 될 것입니다.

♡ 주님! 매일 찾아오는 삶의 기회들을 놓치지 않게 하소서!
📖 기회는 상황의 변화가 아니라 태도의 변화에서 온다는 것을 기억하십시오.

나의 영적 일지

## 실패의 공유

읽을 말씀 : 눅 5:17-39

● 눅 5:32 내가 의인을 부르러 온 것이 아니요 죄인을 불러 회개시키러 왔노라

실패한 접착제를 활용해 '포스트잇'을 만든 3M의 이야기는 널리 알려진 예화입니다.

그런데 이런 성공이 가능했던 것은 실패를 공유하는 3M 회사의 독특한 분위기 때문입니다. 먼저 3M에는 '부트레깅'이라는 룰이 있습니다. 이 룰은 모든 직원의 근무시간의 15%를 자유롭게 연구할 수 있는 권한을 보장합니다. 이 시간을 어떻게 사용하는지는 완전한 비밀로 상사에게 보고하거나 누구에게 허락을 받을 필요가 없습니다. 심지어는 경영자들이 폐기하라고 지시한 연구까지 착수할 수 있습니다.

포스트잇에 사용된 접착제 역시 폐기된 프로젝트로 5년 간 창고에서 방치되어 있었습니다. 그러나 찬송가 페이지를 쉽게 찾을 수 있는 약한 접착제를 개발하던 한 직원이 창고에서 이 아이디어를 찾아내었고, 자신의 연구에 활용해서 포스트잇을 만들었습니다. 보통의 회사들은 실패한 프로젝트를 부끄러운 일로 생각해 폐기하거나 감추려고 하지만 3M은 오히려 실패를 권장하고 공유합니다. 그 이유는 누군가의 실패를 통해 또 다른 누군가는 성공할 가능성을 찾을 수 있기 때문입니다.

실패와 잘못을 솔직히 인정하는 풍토는 나 자신에게도 그리고 모든 교회에게도 필요합니다. 실수를 인정하는 것은 약점을 보이는 일이기도 하지만 반대로 보완하고 더욱 노력해야 할 가능성을 제시하는 것입니다. 당당히 실수와 잘못을 인정함으로 새로운 성장의 가능성을 찾으십시오. 반드시 창대하게 될 것입니다.

♥ 주님! 실수보다 속이고 감추는 것이 더 좋지 않은 것임을 알게 하소서!
🙇 잘못한 일이 있다면 당당하게 인정하고 용서를 구하는 사람이 되십시오.

나의 영적 일지

**4월 23일**

# 책임의 마음

읽을 말씀 : 잠 28:1-28

● 잠 28:1 악인은 쫓아오는 자가 없어도 도망하나 의인은 사자 같이 담대하니라

방황하는 10대들을 위한 글을 싣고 상담을 하는 '십대들의 쪽지'라는 사이트가 있습니다.

발행인 김형모 씨가 돌아가시고 이제는 아내인 강금주 사모님께서 맡아서 운영하고 계시는데 남편의 사역에 함께 동참하면서 30년 넘게 십대들의 고민과 방황을 지켜본 사모님은 아이가 사춘기 때 방황하거나 성장하는 것은 대부분 부모님의 자세에 달려있다고 말했습니다.

그런데 지금 한국의 부모님들은 이 책임을 학교에 떠넘기고 있습니다. 반대로 선생님들은 부모님의 잘못된 교육관을 가장 큰 문제로 꼽습니다.

교육부가 진행한 인성교육 실태조사에 따르면 선생님과 부모의 응답자 중 60%가 넘는 사람들이 상대방에게 책임을 떠넘겼습니다. 이렇게 어른들이 서로 책임을 묻는 사이 아이들이 기댈 곳은 점점 사라지게 되고, 문제는 점점 커져만 가고 있습니다.

만약 아이들을 친구처럼 이해하는 부모님, 학생들을 자녀처럼 생각하는 선생님들이 많이 있었다면 아이들의 인성에 대한 사회적인 문제가 지금처럼 커지지는 않았을 것입니다.

내 주위에 있는 어려운 사람들에 대한 책임도 어느 정도는 나에게 있다는 사실을 알고 또 도움을 주기 위해 노력하십시오. 반드시 창대하게 될 것입니다.

♡ 주님! 성도란 세상의 모든 부분에 일정 책임을 지는 사람임을 알게 하소서!
📖 마음의 부담감을 회피하지 말고 직접 대면할 용기를 가지십시오.

나의 영적 일지

## 흐름을 읽는 지혜

읽을 말씀 : 눅 12:54-59

● 눅 12:56 외식하는 자여 너희가 천지의 기상은 분간할 줄을 알면서 어찌 이 시대는 분간하지 못하느냐

4월 24일

　1940년대 미국에는 뉴욕의 메이시 백화점이 1위 업체였습니다.
　메이시 백화점이 1위를 할 수 있던 원동력은 다른 백화점에 비해 월등히 많았던 패션상품 때문이었는데, 1950년대에 들어서 소비의 트렌드가 바뀌기 시작했습니다. 사람들은 더 이상 패션상품을 사러 백화점을 찾지 않았고, 생활용품을 사러 백화점을 찾았습니다.
　메이시 백화점은 매출의 60%가 패션상품이었기 때문에 매출이 크게 떨어졌는데, 고위 경영자들은 고심 끝에 '패션상품을 더 사고 싶게 소비자들을 만드는 것'을 대책으로 내놓았습니다. 그러나 아무리 광고를 하고 신제품을 출시해도 손님은 점점 줄기만 했습니다.
　반대로 당시 업계 4위였던 블루밍데일 백화점은 이 변화를 적극 이용했습니다. 블루밍데일은 베이비붐으로 인한 트렌드의 변화가 10년은 넘게 유지가 될 것으로 판단하고 발 빠르게 '가정용품 전문점'을 슬로건으로 걸었습니다. 이로 인해 블루밍데일 백화점은 업계 2위로 단숨에 치고 올라갈 수 있었고, 메이시 백화점은 20년 동안 쇠락의 길을 걸었습니다.
　지혜롭기 위해서는 세상의 흐름을 알고 또 이용해야 합니다. 예수님도 시장의 물가와 세금의 금액에 대해서 상세히 알고 계셨습니다. 세상에서 쌓은 지식을 하나님을 위해 사용하는 지혜로운 사람이 되십시오. 반드시 창대하게 될 것입니다.

♥ 주님! 지혜의 뜻을 바로 알고 깨닫게 하소서!
❈ 세상의 흐름에 무관심하지 말고 지혜롭게 이용하십시오.

나의 영적 일지

## 4월 25일 단점과 장점

읽을 말씀 : 출 4:1-17

●출 4:11 여호와께서 그에게 이르시되 누가 사람의 입을 지었느냐 누가 말 못하는 자나 못 듣는 자나 눈 밝은 자나 맹인이 되게 하였느냐 나 여호와가 아니냐

미국의 유명한 코미디언 밥 호프의 꿈은 원래 가수였습니다.

그는 어렸을 때부터 꿈을 위해서 학원을 다니며 트레이닝까지 받았습니다. 그렇게 열심히 노래를 연습하는 도중 명절이 되어 가족과 친척들이 모두 한 자리에 모여 식사를 하게 되었는데, 사람들은 밥에게 실력을 좀 보여 달라며 노래를 청했습니다. 밥은 자신있어하는 노래를 최선을 다해 불렀지만 여기저기서 웃음이 터져 나오기 시작했습니다. 그 중 한 사람은 이렇게 까지 말했습니다.

"박자와 음정이 전혀 맞지 않아. 나는 한 번도 노래를 배운 적이 없지만 그래도 너보단 잘할 것 같구나. 일부러 그렇게 웃기게 노래하기도 정말 힘들겠어."

밥은 음악적 재능이 없다는 사실을 깨닫고 큰 슬픔에 빠졌습니다. 그러나 다음 날 생각을 바꿔 코미디언이 되기로 결심했습니다.

'멋지게 노래를 하려고 했는데도 사람들이 저렇게 웃는다면 작정하고 사람들을 웃기려고 한다면 훨씬 잘하지 않겠어?'

그리고 코미디언으로 크게 성공을 거두었습니다. 2003년도에 세상을 떠나기까지 사람들은 그를 '코미디의 황제'라고 불렀습니다.

단점이 누구에게나 있듯이 장점도 누구에게나 있습니다. 단점을 메우려하기보다는 장점을 개발하는 것이 훨씬 가치 있는 삶입니다. 하나님이 주신 은사를 더욱 개발하십시오. 반드시 창대하게 될 것입니다.

♥ 주님! 주님이 내게 주신 은사를 찾고 또 사용하게 하소서!
📖 내가 가진 단점과 장점, 어느 쪽에 더 많은 투자를 하고 있는지 생각해보십시오.

나의 영적 일지

# 마음의 창

읽을 말씀 : 시 13:1-6

● 시 13:5 나는 오직 주의 사랑을 의지하였사오니 나의 마음은 주의 구원을 기뻐하리이다

 학교에서 집으로 돌아가던 소년이 맛있는 빵 냄새를 맡았습니다.
 냄새가 너무나 맛있어서 빵을 사먹으려고 했지만 도대체 어디서 나는 냄새인지를 알 수가 없었습니다. 그렇게 한참을 냄새를 따라가는 도중 거기서 멀지 않은 빵집이라는 사실을 알았습니다. 그러나 간판이 너무나 허름했고, 유리창이 더러워서 진열장의 빵이 잘 보이지 않았기에 빵집이라는 것을 쉽게 알아볼 수 없었습니다.
 소년은 사장님을 불러 말했습니다.
 "제가 매상을 두 배로 올려드리면 한 달간 매일 아침 갓 구운 빵을 주시겠어요?"
 사장은 손해 볼 것이 없었기 때문에 승낙을 했습니다. 소년은 다음 날 유리창을 닦고 큼직하게 글씨를 쓴 종이를 붙였습니다.
 '지금 맡고 계시는 맛있는 냄새가 나고 있는 곳'
 사장은 고작 유리창 하나 닦아서 무슨 효과가 있겠냐고 생각을 했지만 매상은 소년이 말한 것의 배 이상으로 크게 올랐습니다. 냄새만 맡던 사람들은 빵집을 그냥 지나쳐 갔지만 맛있는 빵의 모습과 센스 있는 문구가 더해져 발길을 끌 매력을 만들었기 때문입니다.
 하나님의 사랑을 가득 체험하고 있는 사람이라면 내면의 행복이 미소로, 행동으로, 손짓으로 나와야합니다. 구원 받은 기쁨을 삶으로 표출하는 성도가 되십시오. 반드시 창대하게 될 것입니다.

♡ 주님! 구원으로 인한 변화가 삶에서 나타나게 하소서!
🙏 구원받은 하나님의 자녀답게 오늘 하루를 사십시오.

나의 영적 일지

## 4월 27일
## 상위 1%의 차이점

읽을 말씀 : 요 15:1-8

● 요 15:8 너희가 열매를 많이 맺으면 내 아버지께서 영광을 받으실 것이요 너희는 내 제자가 되리라

'별 다른 공통점은 없음'
뉴욕타임스에서 미국 상위 1%의 부자들의 비결을 알아내고자 조사한 결과입니다.

뉴욕타임스는 상위 1%에 속하는 부자들을 직접 찾아가 성공 스토리와 사업 철칙, 생활과 가치관을 철저하게 조사한 뒤에 서로 비교를 해 봤습니다. 그러나 이들이 성공한 방법과 사고방식은 공통점이 거의 없다고 할 정도로 모두 달랐습니다. 심지어는 사는 지역까지도 천차만별이었습니다.

다만 자신과 같은 부자들이 더 많은 세금을 내야 한다는 생각은 대부분 비슷했습니다.

이들 1%가 내는 세금은 미국 예산의 25%에 속하며 미국 전역에서 거둬들이는 자선기부금의 30%도 이들에게서 나옵니다. 그리고 이들의 또 다른 특징은 일하는 시간이 일반 직장인에 비해서 월등히 많았다는 사실입니다. 일하는 직종과 스타일이 모두 달랐지만 일하는 시간은 일반 사원들에 비해서 3배 이상 많았습니다.

상위 1%를 꿈꾸는 사람들은 많지만 이들처럼 생각하고 이들처럼 노력하는 사람은 많지 않습니다. 마찬가지로 주님을 더 사랑한다고 고백하고 신앙이 성장하기를 바란다는 사람은 많지만 참된 제자로 노력하는 사람은 많지 않습니다. 일이든 신앙이든 입술의 고백만큼 노력의 땀을 흘리십시오. 반드시 창대하게 될 것입니다.

♥ 주님! 바라는 만큼 노력할 수 있는 열정을 주소서!
더 나은 목표를 위한 노력을 계획하고 투자하십시오.

나의 영적 일지

# 믿고 나서 후회해도

읽을 말씀 : 막 1:12-15

● 막 1:15 이르시되 때가 찼고 하나님의 나라가 가까이 왔으니 회개하고 복음을 믿으라 하시더라

    미국의 한 지역 일간지에 고급 승용차를 1달러에 판다는 광고가 올라온 적이 있습니다.
    중고로도 굉장히 비싸게 거래되는 승용차였기에 사람들은 그 광고를 보고 모두 사기라고 생각했습니다. 그런데 한 남자가 밑져야 본전이란 생각에 광고에 나온 번호로 전화를 걸어 차를 사겠다고 했습니다.
    "광고를 보고 전화 드렸습니다. 차가 판매되었나요?"
    "아니요, 아직까지 한 번도 문의가 없었습니다. 내일 알려드린 주소로 차를 받으러 오세요."
    다음 날 약속장소로 나가면서까지 남자는 광고가 사실이 아닐 거라는 생각을 했습니다. 그러나 광고를 낸 여자는 정말로 1달러를 받고 차를 넘겨주었습니다. 계약서를 작성한 뒤에 도대체 왜 이 차를 1달러에 파는지 물었습니다.
    "이 차는 몇 주 전에 죽은 제 남편 거였어요. 그런데 유서에 자신의 재산을 처분해 외도를 한 여자에게 남겨주라고 써놨더군요. 그래서 남편의 재산을 모두 1달러에 정리중이에요."
    상식이 있다면 사기라고 생각하는 것이 당연한 광고라도 때로는 이유 있는 행운으로 찾아오는 경우가 있습니다. 충분한 준비가 있다면 믿고 나서 후회해도 늦지 않습니다.
    진리의 복음을 일단 믿어보십시오. 반드시 창대하게 될 것입니다.

♡ 주님! 일단 믿음으로 순종하는 복을 받게 하소서!
🌀 성경에 나오는 하나님의 말씀을 먼저 의심 없이 믿고 기도해 보십시오.

나의 영적 일지

**4월 29일**

## 최고의 가치를 만드는 기술

읽을 말씀 : 갈 5:2-15

● 갈 5:5 우리가 성령으로 믿음을 따라 의의 소망을 기다리노니

　평범함의 새로운 탄생을 뜻하는 '브리콜라주'라는 단어의 어원은 '주어진 재료로 최고의 작품을 만드는 인디언의 기술'이라는 뜻에서 나왔습니다.
　인디언들은 양치대신 치클이라는 약초를 찾아 씹었는데 덕분에 충치가 생기지 않았습니다. 또 고기를 불로 달군 진흙판에 구워 먹었는데 이는 최고의 고기 맛을 내는 조리 방법 중의 하나라고 합니다. 자연에서 생활에 필요한 것을 찾아냈던 인디언들처럼 기존에 있던 기술을 융합해 스마트폰이라는 IT생태계를 만든 스티브 잡스도 이 분야의 대가였습니다.
　그러나 브리콜라주는 대가들만 할 수 있는 것이 아닙니다. 낡은 커튼을 가지고 아름다운 식탁보로 만드는 것도 브리콜라주이며, 짜투리 천을 가지고 인테리어 소품을 만드는 것도 모두 브리콜라주의 영역입니다.
　브리콜라주라는 단어가 최근 세계적으로 이슈가 되고 있는 것은 평범해 보이는 재료를 완전히 새로운 작품을 변화시키는 모습들이 사람들의 공감을 이끌어내기 때문입니다.
　평범한 것도 잘 활용하면 작품이 될 수 있습니다. 아무리 평범한 사람도 하나님을 만나면 자신의 진정한 가치를 알게 되고 인생을 하나님의 작품으로 살게 됩니다. 하나님이 주신 재능을 최고로 활용하는 브리콜라주를 만드십시오. 반드시 창대하게 될 것입니다.

　♡ 주님! 오병이어를 드리던 소년의 마음으로 나를 주님께 드리게 하소서!
　📖 부족함에 대한 열등감을 버리고 귀한 자존감을 가지십시오.

나의 영적 일지

# 진정한 이득

읽을 말씀 : 약 1:12-18

●약 1:14 오직 각 사람이 시험을 받는 것은 자기 욕심에 끌려 미혹됨이니

중세시대 유럽에 '마름병'이라는 병충해가 돌아 큰 흉년이 일었던 적이 있습니다.

유럽의 최대 곡물 생산지인 프랑스에도 이 병이 돌아 큰 피해가 있었는데, 당시 한 농장에만 이 마름병이 돌지 않아 작물들이 무사히 자랐습니다. 그 농부의 친한 친구가 이 소식을 듣고 급히 찾아왔습니다.

"자네 농장은 무사하단 말인가? 내가 최근에 듣기론 유럽 전역에 큰 흉년이 들었다고 하네. 그렇다면 여기서 수확되는 밀은 아주 값비싸게 팔린다는 얘긴데, 지금이 바로 밀을 팔아 큰 돈을 벌 수 있는 기회 아니겠나?"

그러나 농부는 담담하게 대답했습니다.

"그럴지도 모르지. 그러나 내가 생각하기엔 지금은 밀을 나눠줄 때야."

그리고 농부는 예년과 비슷한 가격으로 밀을 판매해 폭리를 취하지 않았고, 여분의 밀은 마을의 가난한 사람들에게 나누어주었습니다.

세상에서 얻을 수 있는 이득은 대부분 물질적인 것입니다. 그러나 정신적인 가치를 얻는 것이 중요 합니다. 그리고 사람의 영혼을 얻게 된다면 천국에서 영생으로 이어지는 영원한 가치를 얻게 됩니다.

유한한 시간을 영혼을 구원하는 귀한 일에 투자하십시오. 반드시 창대하게 될 것입니다.

♡ 주님! 세상보다 한 차원 높은 생각으로 삶을 살게 하소서!
🖼 영혼을 구원하는 일에 더 높은 가치를 두십시오.

나의 영적 일지

# 5월

"그러므로 염려하여 이르기를
무엇을 먹을까
무엇을 마실까
무엇을 입을까 하지 말라
이는 다 이방인들이 구하는 것이라
너희 하늘 아버지께서 이 모든 것이
너희에게 있어야 할 줄을 아시느니라"

-마 6:31~32-

## 5월 1일 성공의 기준

읽을 말씀 : 고전 7:25-40

● 고전 7:31 세상 물건을 쓰는 자들은 다 쓰지 못하는 자 같이 하라 이 세상의 외형은 지나감이니라

　호주 시드니의 애슐리 윌슨 부부는 회계사라는 좋은 직장을 그만두고 선교사가 되었습니다.
　이들 부부가 회계사 자격증을 따고자 했던 것은 세상적인 성공을 제1의 목표로 두었기 때문이었습니다. 좋은 배우자를 만나 가정을 꾸리고, 좋은 집과 자동차를 갖는 것이 이들의 목표였고, 27살이라는 이른 나이에 원하던 걸 모두 이루게 되었습니다. 그러나 부부가 바라던 만족은 찾아오지 않았습니다.
　"밤낮없이 일만 해서 돈을 벌고 더 나은 환경을 이루는 것은 어떤 행복도 주지 못했습니다."
　하나님 앞에 모든 것을 내려놓고 새로운 목표를 위해 고민하던 이들 부부는 짐 앨리엇같은 선교사들의 이야기를 듣고 큰 감동을 받아 같은 길을 걷기로 결심했습니다.
　선교지는 단기 선교를 통해 큰 은혜를 받았던 캄보디아로 정했습니다. 불교 국가인 캄보디아에서 복음을 전하는 것은 결코 쉬운 일이 아니었지만 이들 부부는 그전의 생활보다는 불편하지만 인생의 마지막에 결코 후회는 하지 않을 것 같다며 더욱 선교에 힘을 쓰고 있습니다.
　세상적인 목표를 세우는 것이 나쁜 것은 아니지만 그것이 전부가 아니라는 사실은 알아야 합니다. 다른 어떤 성공보다도 신앙과 성품의 성공을 위해 더욱 노력하십시오. 반드시 창대하게 될 것입니다.

♡ 주님! 말씀을 기준으로 성공의 기준을 세우게 하소서!
📖 인생의 성공기준이 어디에 있는지 점검하고 다시 세우십시오.

나의 영적 일지

# 한 가지 방법

읽을 말씀 : 사 60:1-9

●사 60:2 보라 어둠이 땅을 덮을 것이며 캄캄함이 만민을 가리려니와 오직 여호와께서 네 위에 임하실 것이며 그의 영광이 네 위에 나타나리니

1998년도 우리나라에 외환위기가 찾아왔을 때 IMF에서는 우리나라 기업들에게 세 가지를 요구했습니다.
- ●첫째, 투명성을 높일 것.
- ●둘째, 도덕성을 높일 것.
- ●셋째, 불확실한 투자를 하지 말 것.

2008년 미국의 월가로부터 시작된 서브프라임 모기지 사태로 인해 미국의 경제가 무너지고 세계적으로 위기가 찾아왔을 때 전문가들은 또 다시 세 가지 해결책을 제시했습니다.
- ●첫째, 투명성을 높일 것.
- ●둘째, 도덕성을 높일 것.
- ●셋째, 불확실한 투자를 하지 말 것.

시대가 다르고 위기가 찾아온 지역은 달랐지만 문제는 모두 기본적인 조건이 지켜지지 않았기 때문에 일어났습니다.

이 세 가지 법칙은 오늘 날의 한국 교회와 성도들에게도 비슷하게 적용할 수 있을 것 같습니다. 그러나 세 번째의 항목은 하나님의 영광이 되지 않는 것에는 투자하지 말 것 이라고 바꿔야 할 것 같습니다.

세상 사람과는 다른 성경적 기준으로 인생을 사십시오. 더욱 투명하고, 높은 도덕적 기준으로 복음을 전하는 성도가 되십시오. 반드시 창대하게 될 것입니다.

💚 주님! 신앙의 기본적인 요소를 잘 지키는 삶이 되게 하소서!
🔲 신앙의 성장을 이룰 수 있는 높은 기준을 세우십시오.

**나의 영적 일지**

### 5월 3일
## 작은 관심이 막은 자살

읽을 말씀 : 마 10:40-42

● 마 10:42 또 누구든지 제자의 이름으로 이 작은 자 중 하나에게 냉수 한 그릇이라도 주는 자는 내가 진실로 너희에게 이르노니 그 사람이 결단코 상을 잃지 아니하리라 하시니라

부산의 한 여대생이 심심풀이로 스마트폰에 '우울증 테스트'라는 애플리케이션을 받았습니다.

여대생은 프로그램을 설치하려는 도중 밑의 댓글에 달린 자살 의심 문구를 발견하게 되었습니다.

"같이 자살하실 분 구해요. 밑에 연락처로 연락주세요."

여대생은 어쩐지 상대방이 진짜 자살을 할 것 같아 순간적으로 자신도 자살을 결심했으니 함께 끼워달라며 대화를 유도했습니다. 대화를 주고받던 도중 자살 가담자가 10대이며 가담자가 한 명 더 있다는 사실과 약속된 날짜와 시간, 장소까지 알게 되었습니다.

여대생은 사태의 심각성을 깨닫고 상대방의 이름과 학교까지 상세히 알아내어 경찰에 신고했습니다. 경찰의 조사 결과 이들은 초등학생과 고등학생이었으며 모두 자살을 하기 전에 발견되어 가정으로 돌아갔습니다.

여대생의 작은 관심과 재빠른 조치로 가족들에게 이 사실을 알려 사전에 자살을 막을 수가 있었습니다.

그저 모른척하고 지나가도 그만인 인터넷 공간의 댓글 하나에 대한 관심이 10대 학생 두 명의 자살을 막았습니다. 하나님은 성도들에게 잃어버린 양들에 대한 관심과 사랑을 수 없이 당부하셨습니다.

관심과 사랑이 필요한 사람들에게 먼저 다가갈 줄 아는 성도가 되십시오. 반드시 창대하게 될 것입니다.

♡ 주님! 하나님의 사랑을 관심으로 배달하는 삶을 살게 하소서!
📖 하루에 한 번이라도 사랑을 담은 관심을 이웃에게 보이십시오.

나의 영적 일지

# 칭찬의 효율

읽을 말씀 : 딤후 1:3-18

●딤후 1:16 원하건대 주께서 오네시보로의 집에 긍휼을 베푸시옵소서 그가 나를 자주 격려해주고 내가 사슬에 매인 것을 부끄러워하지 아니하고

   세계적인 컨설팅 업체 '굿 싱크'의 션 아처 회장은 '행복'에 대한 주제로 하버드 대학에서 10년째 강의 중입니다.
   강의를 시작한 후 한 번도 최고의 인기강의 자리를 놓친 적이 없었던 회장은 학생들에게 늘 행복한 삶에는 '칭찬'이 가장 중요하다고 강조했습니다. 그러다가 한 번은 정말로 칭찬이 삶에 중요한 역할을 하는지 직접 적용해보기로 했습니다. 회장은 자신의 회사 직원들의 목록을 뽑아놓고 하루에 최소 한 번 이상 어떤 작은 일이라도 꼭 칭찬을 해주기로 한 뒤에 한 달 동안 업무성과표를 작성했습니다.
   6개월이 지난 뒤에 종합적으로 결과를 내보자 매우 놀라운 결과가 일어났습니다. 하루에 한 번 하는 사소한 칭찬으로 모든 직원들의 생산성이 평균 30%나 높아졌기 때문입니다. 많은 기업에서 직원들의 생산성을 늘리기 위해서 시스템을 바꾸고, 인센티브와 같은 다양한 제도를 실시하고 있지만, 단지 상사가 하는 하루 한 번의 칭찬으로 업무 효율은 30%나 향상되었습니다.
   가장 적은 비용으로 생산성을 올릴 수 있는 방법은 바로 칭찬입니다. 어떤 상황에서도 칭찬은 비난보다 더 나은 결과를 가져옵니다. 먼저 가까운 사람에게 하루에 한 번씩이라도 칭찬을 시작하십시오. 반드시 창대하게 될 것입니다.

♥ 주님! 남을 세워주는 일에 적극적인 성도가 되게 하소서!
📖 가족과 친구, 동료들에게 하루에 일일칭찬 실천하십시오.

나의 영적 일지

## 자녀를 위한 최고의 교육

읽을 말씀 : 골 3:18-25

● 골 3:21 아비들아 너희 자녀를 노엽게 하지 말지니 낙심할까 함이라

    미국의 가족관계협회에서 "당신의 자녀가 당신을 닮아도 좋으십니까?"라는 질문을 전국의 부모님들을 대상으로 조사한 적이 있습니다.
    결과는 매우 충격적이었습니다. 무려 90%의 부모가 "아니요, 나를 닮지 않았으면 좋겠습니다."라고 응답했기 때문입니다. 따라서 부모님들이 대부분 자녀들에게 시키는 교육은 '나처럼 되라'가 아니라 '나처럼 되지 말아라'였습니다.
    그러나 아동교육 전문가인 도로시 로널드 박사는 부모가 할 수 있는 가장 좋은 교육은 "아이에게 본이 되는 삶을 사는 것"이라고 주장합니다. 아이들은 유전자적 요인과 환경적 요인으로 필연적으로 부모를 닮을 수밖에 없습니다. 그러나 부모들은 아이가 자신과 닮은 행동을 하는 것을 싫어하기 때문에 부정적인 모습을 보입니다.
    이 과정에서 꾸중을 많이 듣는 아이는 남을 비난하는 성향을 띄고, 부모로부터 수치심을 받은 아이들은 죄의식에 빠집니다. 그러나 반대로 격려를 받는 아이들은 감사를 배우며, 관용으로 이해받은 아이들은 사람에 대한 신뢰를 배웁니다. 따라서 아이들에게 가장 훌륭한 교육은 좋은 성품을 삶으로 보여주는 부모님이 될 수밖에 없습니다.
    교육은 이론이 아니라 실천입니다. 내가 할 수 없는 일은 아이도 할 수 없습니다. 좋은 성품의 훈련을 통해 먼저 본을 보이고 자녀들에게 좋은 가치관을 심어주십시오. 반드시 창대하게 될 것입니다.

♡ 주님! 본을 통해 가르치는 지혜로운 부모가 되게 하소서!
📖 가르치기 전에 먼저 스스로를 돌아보는 교육을 실천하십시오.

나의 영적 일지

# 말씀으로 채우라

읽을 말씀 : 눅 11:14-28

● 눅 11:28 예수께서 이르시되 오히려 하나님의 말씀을 듣고 지키는 자가 복이 있느니라 하시니라

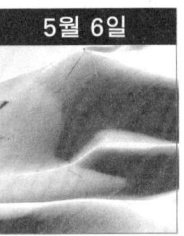
5월 6일

    일본의 대뇌를 연구하는 학자들의 말에 따르면 뇌세포의 98%는 그 사람이 하는 말에 영향을 받는다고 합니다.
    "나는 일을 잘 할 수 있다"라고 말을 하는 사람과 "나는 뭐든지 실패할 것이다"라고 말하는 사람의 하루는 별 차이가 없어 보이지만 이 말을 듣는 뇌는 분명히 영향을 받고 있습니다.
    뇌에 끼치는 이 작은 영향이 결국 나중에는 상상할 수 없는 큰 차이를 만듭니다.
    뇌는 어떤 말을 반복해서 들으면 그것을 각인시킵니다. 그리고 각인된 말을 직접 하기 위해서 신경계를 움직이는데 이것은 마음먹을 일을 실제로 행동하게 하는 일에 큰 도움을 준다고 합니다.
    같은 맥락으로 데일 카네기는 성공한 사람들은 "없다", "잃었다", "한계다"라는 세 가지 말은 절대 하지 않았다고 했습니다.
    성공을 하는 사람은 행동이 다르고 행동이 다른 사람들은 생각이 다르고 생각이 다른 사람들은 결국 말이 다릅니다. 주님의 말씀으로 가득 차 있다면 사람의 인생은 형통할 수밖에 없습니다.
    하나님의 말씀으로 생각과 마음을 풍성하게 채우십시오. 반드시 창대하게 될 것입니다.

💗 주님! 경건생활을 통해 주님의 말씀으로 마음을 채워가게 하소서!
👣 듣는 말씀들을 통해 변화되는 삶인지 돌아보십시오.

나의 영적 일지

## 5월 7일 · 세상에서 가장 슬픈 장례식

읽을 말씀 : 히 6:13-20

● 히 6:17 하나님의 약속을 기업으로 받는 자들에게 그 뜻이 변하지 아니함을 충분히 나타내시려고 그 일을 맹세로 보증하셨나니

케빈은 영국군으로 아프가니스탄에 참전했다가 목숨을 잃었습니다. 다행히 유해는 영국으로 돌아왔고, 엄숙한 분위기 속에서 장례식이 치러지고 있었습니다. 그런데 장례식 도중에 연두색 원피스를 입은 한 남자가 나타났습니다. 입구에 서 있던 병사들은 미친 사람인 줄 알고 입장을 막았지만 원피스를 입은 남자는 눈물을 흘리며 자신은 반드시 들어가야 한다고 말했습니다. 병사들은 상관을 불렀고, 상관은 남자가 영국 군인이라는 것을 확인한 후 복장이 이상한 이유에 대해서 물었습니다.

"저는 케빈과 가장 친한 친구입니다. 저희는 파병을 가기 전에 만약에 둘 중 한 명이 먼저 전사를 하면 여자 드레스를 입고 장례식에 오기로 약속을 했습니다. 무덤에서 그 모습을 보며 마음껏 웃을 수 있게 말입니다. 서로 죽지 말자는 농담이었지만 저는 약속을 지켜야 합니다."

상관은 이 말을 듣고 그의 입장을 허락했습니다. 이 아름다운 이야기는 여러 방송을 통해 '세상에서 가장 슬픈 장례식'이라는 이름의 사연으로 사람들에게 소개되었습니다.

케빈의 친구는 케빈을 정말로 사랑했기 때문에 약속을 지켰습니다. 사랑은 반드시 약속과 책임을 수반합니다. 하나님도 우리를 사랑하심으로 예수님을 약속하셨고, 십자가로 책임을 지셨습니다. 그 사실을 믿음으로 행해야 할 약속과 책임을 감당하십시오. 반드시 창대하게 될 것입니다.

♥ 주님! 변치 않는 주님의 약속을 믿게 하소서!
🎁 하나님의 약속의 말씀들을 묵상하고 주님께 서원한 것들을 지키십시오.

나의 영적 일지

# 효도의 의무

읽을 말씀 : 출 20:1-17

●출 20:12 네 부모를 공경하라 그리하면 네 하나님 여호와가 네게 준 땅에서 네 생명이 길리라

옛날 어느 마을에 유명한 효자가 있었습니다.

몸이 불편해 밖에 나가지 못하는 어머니를 위해 매일 업고 동네를 한 바퀴씩 도는 효자였습니다. 효자의 소문은 어느새 임금님 귀에까지 들렸고, 임금님은 암행을 나와 소문이 사실인지를 확인해보았습니다. 효자를 직접 확인한 임금님은 신하를 시켜 쌀 백 섬과 백 냥을 보내주었습니다.

이 소식을 들은 옆 마을의 불효자는 자기도 상을 받기 위해 멀쩡한 어머니를 업고 효자와 같이 마을을 돌았습니다. 불효자가 갑자기 효도를 한다는 소문도 몇 달 만에 임금님의 귀에 들어가게 되었고 똑같이 상을 주라고 명했습니다. 그러자 불효자의 행적을 미리 조사해 본 신하가 말했습니다.

"전하, 그 사람은 유명한 불효자로 소문이 났습니다. 아마도 상을 노리고 그런 일을 했을 테니 상 대신 벌을 주셔야 합니다."

"억지로 하는 효도도 효도요. 모든 부모님들은 그만한 대우를 받을 자격이 있소. 다만 상을 받고 부모님을 제대로 모시지 않는다면 그때 심한 벌을 내리겠소."

부모님의 희생을 생각해볼 때 효도는 모든 자녀들이 반드시 해야 할 필수 덕목입니다. 부모님을 공경하는 것은 성경의 계명이며 예수님이 직접 말씀하신 명령입니다. 부모님의 노고에 진심으로 감사하며 사랑을 표현하십시오. 반드시 창대하게 될 것입니다.

♡ 주님! 부모님을 향한 진정한 사랑과 감사의 마음을 갖게 하소서!
🎁 부모님을 위한 특별한 감사와 선물을 준비하십시오.

나의 영적 일지

## 5월 9일 진정한 부자

읽을 말씀 : 눅 12:22-34

● 눅 12:33 너희 소유를 팔아 구제하여 낡아지지 아니하는 배낭을 만들라 곧 하늘에 둔 바 다함이 없는 보물이니 거기는 도둑도 가까이 하는 일이 없고 좀도 먹는 일이 없느니라

루이스 헨리 세브란스는 한국에 많은 도움을 준 사업가입니다.

그는 사업으로 번 많은 재산을 모두 남을 돕기 위해 사용했습니다. 한국에 세운 최초의 종합병원인 세브란스는 지금의 가치로 5천억 원이 넘는 돈이 들어갔지만 세브란스는 조금의 고민도 하지 않고 기부를 결정했습니다. 뿐만 아니라 자신의 주치의였던 어빙 러들로 박사를 한국에 보내 한국의 의학발전에도 큰 도움을 주었습니다.

세브란스가 세상을 떠난 뒤에 남겨진 그의 유품 중에 작은 수첩이 있었는데, 그 수첩에는 기부약정 목록이 빼곡하게 적혀 있었습니다. 게다가 그는 자신이 기부하던 곳이 자신이 죽어도 지원이 끊이지 않도록 기금까지 미리 조성을 해놓았습니다.

그러나 정작 자신의 명의로는 집 한 채 가지고 있지 않았습니다. 이처럼 모든 걸 나눴던 세브란스의 삶의 모습은 자녀들에게도 큰 깨달음을 주었습니다. 그의 자녀들은 아버지의 재산이 없이도 모두 자수성가 했고 아버지를 따라 미국에 수많은 병원과 도서관, 미술관을 설립하며 나누는 삶을 대를 이어 실천하고 있습니다.

세브란스는 기부를 하는 이유에 대해서 "받는 당신보다 주는 내가 더 행복하기 때문에"라고 답했습니다. 진정한 부자는 돈을 어떻게 사용해야 하는지 아는 사람입니다. 맹목적으로 돈을 따르지 말고 명확한 목적을 세우십시오. 반드시 창대하게 될 것입니다.

♡ 주님! 물질을 우상으로 섬기지 말고 다스리게 하소서!
✺ 필요한 금전적인 축복과 그 사용처에 대한 계획을 세워보십시오.

나의 영적 일지

# 세 가지 약점

읽을 말씀 : 신 19:1-13

●신 19:9 또 너희가 오늘 내가 너희에게 명하는 이 모든 명령을 지켜 행하여 네 하나님 여호와를 사랑하고

몇 년 전 인도에서 열린 육아 세미나에서 인도 교육의 어머니로 불리는 캐리 선생님이 인도의 교육이 어려운 원인에 대해서 말했습니다.
"지금 인도에서 제대로 된 교육을 받을 수 있는 계층은 매우 소수입니다. 저는 이 문제의 원인이 다음 세 가지에서 나온다고 생각합니다.
●첫째는 모르면서 배우려고 하지 않는 자세 때문입니다.
●둘째는 아는 사람이 가르치지 않으려고 하는 모습 때문입니다.
●셋째는 할 수 있다고 말해주는 사람이 없기 때문입니다."
위의 내용을 신앙과 전도에 그대로 대입해 보십시오.
어쩌면 나와 우리의 모습일 수도 있습니다. 복음을 전하는 사람들이 배우고자 하지 않는 것은 어쩔 수 없는 문제입니다. 그러나 복음을 아는 내가 전하는 것과 복음을 전하는 일에 대한 독려는 외부의 환경과 상관없이 언제든지 할 수 있는 것입니다.
흉작이 들어도 풍작이 들어도 성실한 농부는 언제나 농사를 지어야 합니다. 아는 것을 나누고 믿는 것을 전하고 할 수 있다고 보여주는 신앙과 인생을 살려고 노력하십시오. 반드시 창대하게 될 것입니다.

♥ 주님! 청지기의 정신으로 복음과 물질을 관리하게 하소서!
🖼 전도를 하지 못하는 이유에 대해서 생각해보십시오.

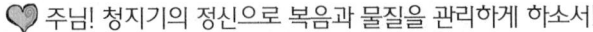

### 5월 11일
## 환상과 실재

읽을 말씀 : 히 2:5-18

● 히 2:10 그러므로 만물이 그를 위하고 또한 그로 말미암은 이가 많은 아들들을 이끌어 영광에 들어가게 하시는 일에 그들의 구원의 창시자를 고난을 통하여 온전하게 하심이 합당하도다

영국의 청교도 혁명의 중심이었던 크롬웰 장군은 백성들의 큰 지지를 받던 때에 돌연 은퇴를 선언하고 측근들에게 고향으로 돌아가겠다고 말했습니다.

장군의 수하에 있던 참모들이 달려와 다시 생각해달라고 말했지만 장군의 뜻은 변하지 않았습니다.

"나는 이제 내 고향으로 돌아가서 교회를 세울 거라네, 거기서 매일 주님을 예배하며 여생을 마무리하는 것이 내 마지막 계획이네."

"하지만 장군님, 아직 장군님은 충분한 능력이 있으십니다. 백성들의 지지도 굳건합니다. 일을 하면서 교회를 다니는 것도 가능한데 왜 그런 결정을 내리십니까?"

"더 이상은 환상을 쫓고 싶지 않네."

영국의 정점의 권력에 서 있던 크롬웰이었지만 하나님의 부름에 비하면 세상의 모든 일들은 환상과 같이 의미 없는 일로 여겨졌던 것입니다.

세상의 모든 것이 의미 없다는 크롬웰의 고백이 곧 사도 바울의 고백이며, 하나님께 쓰임 받은 모든 사람들의 고백입니다. 인생의 우선순위가 확실할 때 쓸모없는 일들로 인해 인생을 낭비하지 않을 수 있습니다. 세상의 헛된 가치들을 좇기보다는 하나님의 뜻을 더욱 중요하게 여기십시오. 반드시 창대하게 될 것입니다.

♡ 주님! 주님보다 더 중요한 세상일은 없다는 것을 알게 하소서!
📖 주님과 관련된 일을 모든 시간의 최우선으로 세우십시오.

`나의 영적 일지`

# 그래도 행복한 이유

읽을 말씀 : 전 6:1-12

● 전 6:6 그가 비록 천 년의 갑절을 산다 할지라도 행복을 보지 못하면 마침내 다 한 곳으로 돌아가는 것뿐이 아니냐

'소외 계층', '월세난민', '신용불량자', '사회 극빈층'…
 신림동에 사는 K씨를 나타내는 우리 사회의 수식어입니다. 배운 것 없이 시골에서 상경해 할 수 있는 일은 모두 하며 열심히 살았지만 20년 넘게 생활은 조금도 나아지지 않았습니다. 방값이 싼 곳만 찾아다니다보니 재개발 지역을 전전했고, 서울에 올라온 뒤에 이사만 20번을 넘게 했을 정도로 떠돌이 인생을 살았습니다.
 그러나 그 어떤 상황에서도 K씨는 미소를 잃지 않아 이사를 갔던 지역마다 K씨를 '스마일맨'이라고 불렀습니다. 10년 넘게 살아온 지금의 동네에서도 모든 주민들이 K씨의 밝은 성격과 사람 좋은 웃음을 알고 있습니다. 처음에 사람들은 K씨의 미소가 너무 밝아서 좋은 일이 있냐고 자주 물었다고 합니다. 그럴 때마다 K씨는 더 환한 웃음을 지으며 말했습니다.
 "하나님 한 번 믿어보세요."
 20년 동안 떠돌이 생활을 하면서 고생을 하고 이제는 막노동과 폐지를 모으며 살아가는 삶이 남들이 보기엔 힘들어 보이지만 그래도 지난 세월 어려웠던 순간마다 하나님이 붙들어 주셨다는 고백이 K씨의 미소의 이유였습니다.
 무화가 나뭇잎이 말라도 하나님으로 인하여 즐거워한다는 선지자 하박국의 고백이 나의 삶에도 있어야 합니다. 기쁠 때도 슬플 때도 주님으로 인해 즐거워하십시오. 반드시 창대하게 될 것입니다.

♥ 주님! 어떤 상황에도 주님으로 인해 행복할 수 있게 하소서!
🖼 사람들을 만날 때마다 주님을 생각하며 활짝 웃어보십시오.

나의 영적 일지

## 5월 13일 질문의 의도

읽을 말씀 : 고전 6:12-20

● 고전 6:12 모든 것이 가하나 다 유익한 것이 아니요 모든 것이 내게 가하나 내가 무엇에든지 얽매이지 아니하리라

빌리 그래함 목사님에게 어떤 성도가 찾아와 물었습니다.
"목사님, 제가 전도하고자 하는 친구가 이번 주일만 함께 여행을 가면 다음 주에 교회에 나온다고 하는데 어쩌면 좋겠습니까?"
"영혼을 구원하는 일인데 다녀오셔야지요."
그런데 같은 성도가 또 다음 주에 찾아와 물었습니다.
"목사님, 집에 차가 고장 났는데 어떡하지요? 예배를 드리고 집에 가면 차를 고칠 시간이 없습니다. 그러면 내일부터 출근을 할 수가 없어요. 오늘 예배를 어떡하면 좋을까요?"
목사님은 성도의 질문이 예배를 소중하게 여기는 마음에서 나오는 것이 아님을 알고 말했습니다.
"당연히 차를 고치러 가셔야지요. 그러나 주일날마다 고장이 나는 차라면 당장 팔아버리십시오. 그리고 주일을 어기게 만들고는 약속을 지키지 않는 친구도 당장에 의절하십시오."
술과 담배, 주일 성수, 용서와 교제 같은 여러 가지 문제들을 놓고 사람들은 자신에게 유리한 방향으로 해석을 합니다. 그러나 이러한 문제는 율법과 교훈보다는 사랑과 배려로 받아들여지고 적용되어야 합니다.
사랑과 배려가 모든 계명의 우선임을 기억하십시오. 반드시 창대하게 될 것입니다.

♡ 주님! 사랑과 배려의 마음으로 분별하게 하소서!
📖 성경의 말씀과 율법을 사랑으로 받아들이고 이해하십시오.

나의 영적 일지

# 날아야 할 때

읽을 말씀 : 잠 13:1-8

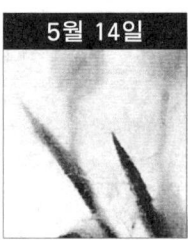

● 잠 13:4 게으른 자는 마음으로 원하여도 얻지 못하나 부지런한 자의 마음은 풍족함을 얻느니라

아프리카에는 뱀잡이수리라는 희귀 맹금류가 있습니다.
눈가에 빨간 장식이 있어 매우 아름답게 보이는 이 새는 멀리서 보면 두루미나 학과 비슷하게 보이지만 사실 독수리나 매와 비슷한 종류입니다. 이 뱀잡이수리에게는 하늘을 잘 날 수 있는 능력이 있음에도 대부분의 시간을 땅에서 걸어 다니는 이상한 특성이 있습니다. 사냥을 할 때도 절대로 날지 않고 위기의 순간이 찾아와도 날지 않습니다.
맹수들이 뱀잡이수리를 잡기 위해서 달려오면 간단히 하늘로 날라가면 모든 문제가 해결됩니다. 그러나 뱀잡이수리는 날지 않고 땅에서 도망만 다니다가 결국 죽습니다.
뱀잡이수리는 아주 평범하고 의미 없는 순간에만 하늘을 날았다가 다시 내려옵니다. 날 수 있는 능력이 있음에도 그것을 위기 때에는 전혀 사용하지 않는 이런 특성 때문에 아프리카 원주민들도 뱀잡이수리를 발견만 하면 아주 쉽게 사냥할 수 있는 먹이로 여긴다고 합니다.
위기의 순간에 날지 못하면 잡히고 맙니다. 마찬가지로 하나님을 더욱 믿어야 할 때, 주님을 더욱 신뢰해야할 때 다른 방법을 찾게 되면 인생에 시험이 오게 됩니다.
평소에 말씀을 묵상하고 기도를 하는 훈련을 통해 모든 고난을 이겨내십시오. 반드시 창대하게 될 것입니다.

♡ 주님! 기도와 말씀이 필요한 순간을 깨닫게 하소서!
❀ 어떤 순간에도 말씀과 기도의 방법을 놓지 마십시오.

나의 영적 일지

## 5월 15일 참된 스승의 영향력

읽을 말씀 : 전 12:9-14

● 전 12:11 지혜자들의 말씀들은 찌르는 채찍들 같고 회중의 스승들의 말씀들은 잘 박힌 못 같으니 다 한 목자가 주신 바이니라

미국의 한 주일학교 학생이 무척이나 목사님을 따랐습니다.

하루는 그 아이가 목사님을 찾아와 성공하는 비결을 알려달라고 물었습니다.

"목사님, 훌륭한 사람이 되기 위해선 무엇을 해야 하는지 알려주실 수 있나요?"

"하루에 15분은 하나님께 기도하고, 15분은 성경을 묵상 하거라. 15분은 누구에게든지 하나님을 전하는 시간으로 사용을 하고 나머지 15분은 말씀을 이웃에게 실천하는데 쓰렴. 매일 이렇게 한 시간을 보낸다면 주님이 너를 세상의 빛으로 사용하실 거란다."

아이는 목사님의 가르침을 평생 실천하며 살았습니다. 이 아이는 성년이 되어 미국 메이저 리그의 시카고 화이트 삭스라는 프로 야구단에 속한 유명한 야구 선수였다가, 복음 전도자가 되어 백만 명이상을 회심시킨 빌리 선데이로, 하루에 한 시간의 투자를 통해 평생 주님께 쓰임을 받는 귀한 삶을 살았습니다.

좋은 스승은 한 사람의 인생을 바꿉니다. 말씀을 통한 가르침은 평생을 가도 사라지지 않는 귀한 자산이 됩니다.

지금껏 키워주신 신앙의 스승님께 감사의 마음을 표현하고, 그 가르침을 따라 선한 영향력을 미치는 사람이 되십시오. 반드시 창대하게 될 것입니다.

💛 주님! 신앙의 길로 인도해준 믿음의 스승들을 주심에 감사하게 하소서!
📖 좋은 가르침을 주신 스승님께 감사한 마음을 표현하십시오.

나의 영적 일지

# 0.5밀리의 차이

읽을 말씀 : 벧후 1:1-11

● 벧후 1:10 그러므로 형제들아 더욱 힘써 너희 부르심과 택하심을 굳게 하라 너희가 이것을 행한즉 언제든지 실족하지 아니하리라

　필립 라이스라는 독일의 과학자는 알렉산더 벨보다도 먼저 전화를 발명했습니다. 그러나 라이스가 발명한 전화는 대화가 가능할 정도로 소리가 정확히 전달되지 않는 큰 문제가 있었습니다. 라이스는 전화가 가능은 하지만 지금의 기술로는 불가능할 것이라 생각했습니다. 필립 라이스 이전에는 안토니오 무치오라는 과학자가 전화를 발명했지만 그가 발명한 전화는 성능이 더욱 좋지 않았습니다. 그래서 임시특허권을 얻었음에도 많은 투자자를 구하지 못했습니다.
　벨이 만든 전화는 이들의 방식을 더욱 개량한 것인데, 단지 라이스가 만든 전화의 한 부품의 나사를 한 바퀴 정도 더 꽉 조였을 뿐입니다. 그러나 그 작은 변화로 성능이 좋아져 전화가 성공할 수 있다는 가능성을 볼 수 있게 되었습니다. 이후에 벨은 에디슨의 발명품을 이용하는 것과 같은 지속적인 개량을 통해 전화를 상용화시켰고 큰 성공을 거뒀습니다. 온라인 백과사전인 위키피디아에는 최초의 전화 발명자는 안토니오 무치오로, 그리고 실용적인 전화기의 발명가로는 '알렉산더 벨'로 기록되어 있습니다. 라이스는 '0.5밀리의 차이로 나는 실패했다'라는 말을 남겼습니다.
　예수님은 우리에게 겨자씨 만한 믿음이면 족하다고 말씀하셨습니다. 매일 주님을 향한 마음이 조금씩 커져 간다면 이 땅에서의 인생은 성공입니다. 주님을 사모함으로 천국에서 주님께 칭찬을 듣는 성도가 되십시오. 반드시 창대하게 될 것입니다.

💗 주님! 마지막까지 포기하지 않고 책임을 다하는 성도가 되게 하소서!
🧩 나에게 주님이 맡겨주신 사명을 돌아보고 걸맞은 하루를 사십시오.

나의 영적 일지

# 유혹과 대처법

5월 17일

읽을 말씀 : 히 3:1-19

● 히 3:13 오직 오늘이라 일컫는 동안에 매일 피차 권면하여 너희 중에 누구든지 죄의 유혹으로 완고하게 되지 않도록 하라

　기독교 전문 설문조사 업체인 바나그룹은 미국 전역에 기독교인들을 대상으로 '일상에서 겪는 가장 이겨내기 힘든 유혹'에 대해서 조사를 했습니다.
　조사결과 가장 견뎌내기 힘든 유혹은 과식, 탐식이었는데, 이 밖의 상위 항목은 다음과 같았습니다.
　1. 과식과 탐식의 유혹
　2. 일을 미루고자 하는 생각의 유혹
　3. TV와 인터넷 같은 미디어 탐닉의 유혹
　4. 게으름을 피우고 싶은 유혹
　5. 음란물에 대한 유혹
　그리고 응답자의 대부분은 이런 유혹을 이겨내는 가장 효과적인 방법이 '하나님께 기도하기'라고 대답했습니다.
　유혹을 이겨내는 사람이나 그렇지 못한 사람이나 기도가 최선의 방법이라는 것은 모두 알고 있습니다. 유혹은 대부분 여러 종류로 찾아오지만 그 유혹을 이겨내는 방법은 오직 하나입니다.
　일상에서 끊임없이 나를 괴롭히는 유혹이 있다면 기도로 승부하십시오. 반드시 창대하게 될 것입니다.

💗 주님! 기도로 마음과 행동을 지키는 성도가 되게 하소서!
📖 하루를 시작하고 마무리할 수 있는 기도제목을 정하십시오.

나의 영적 일지

# 상실을 통한 성장

읽을 말씀 : 엡 1:11-22

●엡 1:19 그의 힘의 위력으로 역사하심을 따라 믿는 우리에게 베푸신 능력의 지극히 크심이 어떠한 것을 너희로 알게 하시기를 구하노라

랄프 왈도 에머슨은 긍정과 자신감에 대한 많은 명언들을 남긴 철학자입니다.

그러나 정작 에머슨의 인생은 매우 큰 상실과 고난의 현장이었습니다. 27살 때 사랑하는 아내가 세상을 떠났고, 재혼을 해서 얻은 아들은 2살 때 세상을 떠났습니다. 또 심한 열병을 앓아 몸이 약간 불편해지는 장애까지 생겼습니다. 그러나 이런 수많은 고난을 겪은 뒤에도 그는 여전히 긍정과 행복에 대한 자신의 신념을 사람들에게 전했습니다.

에머슨은 인생의 마지막에 남긴 '보상'이라는 수필에서 자신이 겪은 고난에 대해서 말했습니다.

"불구가 되고, 사업이 실패하고, 친구도 잃고, 가족도 잃는 불행이 나에게 찾아왔습니다. 그러나 오랜 시간이 지난 지금, 그런 고통으로 인해 충분한 보상과 성장이 나에게 있었다는 사실을 나는 깨닫습니다. 모든 고통 속에는 강력한 치유의 힘이 숨어있습니다. 온실의 화초를 숲 속의 거목으로 만들 수 있는 힘은 고통에서 찾아옵니다."

하나님이 우리에게 고난을 주시는 이유도 이와 같습니다. 고난은 하나님을 체험하는 기쁨의 순간이며, 열매가 맺히는 수확의 순간입니다. 고난을 통해 열매를 맺고, 그 열매를 나누십시오. 반드시 창대하게 될 것입니다.

♡ 주님! 고난은 견디는 고통보다 더 많은 유익이 있게함을 알게 하소서!
🖼 인생에 찾아오는 어려움의 순간들을 믿음의 디딤돌로 여기십시오.

나의 영적 일지

**5월 19일**

# 가장 확실한 증명

읽을 말씀 : 요 1:15-18

●요 1:18 본래 하나님을 본 사람이 없으되 아버지 품 속에 있는 독생하신 하나님이 나타내셨느니라

어떤 유치원에서 미술시간에 그리고 싶은 것을 그리라는 과제를 주었습니다.

선생님은 아이들 한 명 한 명을 둘러보며 무엇을 그리는지 살펴보고 조언을 해주었습니다. 그런데 한 아이의 그림이 조금 이상했습니다.

"지금 무엇을 그리려는 거지?"

"이번 주일학교 시간에 들었던 하나님이요. 천국에 계신 하나님을 그릴 거예요."

선생님은 아이가 상처 받지 않게 조심스럽게 말했습니다.

"다른 그림을 그리는 게 좋지 않겠니? 하나님이 어떻게 생겼는지는 아무도 아는 사람이 없으니까 말이야."

"맞아요. 그러나 제가 그림을 다 그리면 선생님도 곧 알게 되실 거예요."

하나님을 만나고 체험한 사람들에게는 분명한 변화가 일어나야 합니다. 가장 확실한 사실은 내가 한 체험이며, 가장 확실한 증거는 변화된 삶입니다. 그리스도인들은 삶의 모습을 통해 보이지 않는 하나님을 확실하게 전할 수가 있습니다.

하나님을 만난 체험을 통해 사람들에게 하나님을 증명하는 삶을 사십시오. 반드시 창대하게 될 것입니다.

♥ 주님! 주님을 향한 믿음과 사랑이 더욱 더 깊어가게 하소서!
📖 그리스도인의 본분을 지키는 삶을 위해 노력하십시오.

나의 영적 일지

# 소돔과 고모라 이야기

읽을 말씀 : 딤전 6:11-21

5월 20일

● 딤전 6:14 우리 주 예수 그리스도께서 나타나실 때까지 흠도 없고 책망 받을 것도 없이 이 명령을 지키라

소돔과 고모라에 관련되어 전승되는 한 이야기가 있습니다.

소돔과 고모라가 심판을 받기 전에 하나님의 명을 따라 이 지역을 찾은 한 선지자가 있었다고 합니다. 그 선지자는 사람들을 회개시키기 위해서 붉은 글씨로 '회개하라'라고 쓴 푯말을 들고서 종일 거리를 돌아다니며 큰 소리로 외쳤습니다. 그러나 몇 달이 지나도 사람들은 관심을 보이지 않았습니다. 그래도 여전히 선지자는 거리를 돌아다니며 외쳤습니다.

하루는 그 광경을 보다 못한 한 남자가 선지자를 불러 화를 냈습니다.

"시끄러우니 제발 좀 그만 하시오! 이 성의 사람들은 아무도 당신의 말에 귀를 기울이지 않는단 말이요!"

"나도 알고 있소. 그러나 계속할 수밖에 없소."

선지자의 대답을 들은 남자는 소용이 없다는 걸 알면서도 어째서 해야 하냐고 물었습니다.

"처음엔 당신들을 변화시키기 위해서 나는 외쳤소 그러나 지금은 내가 당신들에게 물들지 않기 위해서 외치고 있기 때문이오."

진리를 외치는 것은 상대방을 위한 목적도 있지만 나를 위한 유익도 큽니다. 때를 불문하고 복음을 전하며 하나님의 자녀답게 살아야 하는 것은 세상을 변화시키기 위한 목적도 있지만 나를 지키고자 하는 목적도 있습니다. 오늘도 세상 속에서 성도의 본분을 지키십시오. 반드시 창대하게 될 것입니다.

♡ 주님! 혼란한 세상 속에서 믿음의 중심을 지키게 하소서!
🖼 적당한 때가 찾아올 때마다 두려워 말고 복음을 전파하십시오.

나의 영적 일지

### 5월 21일 함께 만드는 행복

읽을 말씀 : 딤전 5:1-11

● 딤전 5:8 누구든지 자기 친족 특히 자기 가족을 돌보지 아니하면 믿음을 배반한 자요 불신자보다 더 악한 자니라

우리나라의 법적인 이혼은 크게 세 종류로 나눠져 있습니다.

두 사람간의 합의 하에 진행되는 협의 이혼, 그리고 협의가 이루어지지 않거나 협의 조건이 성립 안 될 경우에 법원이 개입하는 조정 이혼, 그리고 조정의 절차도 실패할 경우 법에 의해 판단해 강제적으로 이루어지는 재판상 이혼입니다. 우리나라뿐 아니라 전 세계적으로도 매우 다양한 이혼제도가 있는데 최근 들어 이혼율이 점점 높아짐에 따라서 개정되거나 새로 제정되는 법률도 점점 많아지고 있다고 합니다.

그런데 아프리카의 어떤 부족은 이혼을 결정하는 아주 특이한 방법을 가지고 있습니다. 이 부족은 결혼식을 하는 날에 신랑이 신부에게 옷을 한 벌 선물합니다. 그리고 이 옷이 헤지는 경우에는 이혼이 성립됩니다. 아내가 불만을 가질만한 일을 남편이 하면 아내는 옷을 마구 다루기 때문에 남편들은 아내에게 함부로 할 수 없으며 아내들은 옷이 헤지면 이혼을 하게 되기 때문에 남편이 준 옷을 잘 간직하며 남편의 마음을 소중하게 생각하게 된다고 합니다.

실패한 결혼 생활이 누구의 책임인지 정하는 것이 이혼의 쟁점입니다. 그러나 대부분의 이혼은 한쪽만의 책임으로 이루어지진 않습니다. 남편은 아내를 목숨을 다해 사랑하고, 아내는 남편을 정성을 다해 섬길 때에 하나님이 주신 가정이란 공동체에서 행복을 누릴 수가 있습니다. 하나님이 정해주신 섭리 안에서 행복을 위해 노력하십시오. 반드시 창대하게 될 것입니다.

♡ 주님! 세상의 어떤 문제라도 성경을 통해 해결책을 찾게 하소서!
🕮 행복은 주어지는 것이 아니라 노력하는 것이라는 사실을 깨달으십시오.

나의 영적 일지

# 황금률의 위력

읽을 말씀 : 마 7:7-12

●마 7:12 그러므로 무엇이든지 남에게 대접을 받고자 하는 대로 너희도 남을 대접하라 이것이 율법이요 선지자니라

미국의 소프트웨어 회사인 워싱턴 인더스트리는 1990년대부터 비약적인 성장을 했습니다.

벤처회사로 시작을 해 국내에는 잘 알려져 있진 않지만 비행기회사인 보잉, 세계 최대 소프트웨어 회사인 마이크로소프트 같은 굴지의 회사들도 워싱턴 인더스트리에게 기술적인 도움을 받고 있습니다. 이 회사의 창업자인 존 맥코넬은 미국이 경제적으로 어려운 시기에 혼자서 회사를 세웠고, 지금의 성장까지 이끌었습니다.

회사가 성공한 뒤에 존의 성공스토리는 미국 전역으로 퍼졌고 유명해졌습니다. 그리고 그 노하우를 배우러 관공서에서까지 그를 연구하러 찾아와서 정보를 얻어가기도 했습니다. 그리고 존은 비결을 배우러 온 사람들에게 '마태복음 7장 12절'이라는 해답을 주었습니다.

"우리 회사는 성경에 나온 황금률을 철저히 지키는 회사입니다. 그것은 나의 철칙이며 우리 회사의 철칙입니다. 나의 처지를 남의 처지와 바꾸어 생각할 줄 아는 마음, 그렇게만 한다면 아무리 큰 문제가 생긴다 하더라도 걱정이 없습니다."

"네 이웃을 네 몸과 같이 사랑하라"는 이 단순한 말씀에는 황금 이상의 가치가 있습니다. 이제부터라도 이 말씀을 지키며 살아보십시오. 반드시 창대하게 될 것입니다.

♥ 주님! 말씀을 통해 깨달음과 변화를 체험하게 하소서!
🖼 오늘 본문의 말씀을 매일 기억하며 실천하도록 노력하십시오.

나의 영적 일지

**5월 23일**

## 하나님의 시간

읽을 말씀 : 요 4:19-24

● 요 4:24 하나님은 영이시니 예배하는 자가 영과 진리로 예배할지니라

외국의 예배는 개방적인 모습이 많이 있고 성도의 참여도가 높기 때문에 국내와는 사뭇 다릅니다.

목사님이 유머를 하면 성도들이 오랜 시간 크게 웃기도 하며 또한 은혜나 감동을 받았을 때는 우레와 같은 박수가 아멘 소리와 함께 몇 초간 쏟아지기도 합니다.

그러나 영국이 낳은 세계적인 신학자 존 스타트 목사님은 이런 모습들이 때로는 지극한 낭비가 된다고 생각했습니다. 실제로 세계 선교대회에서 말씀을 전하던 도중 은혜를 받은 청중들이 중간 중간 박수를 쳐서 목사님은 설교를 여러 번 멈춰야 했습니다. 존 목사님은 결국 설교를 잠시 멈추고 말했습니다.

"여러분의 박수 때문에 벌써 설교 시간이 2분이나 낭비되었습니다. 제발 귀중한 설교 시간을 빼앗지 말아주시길 부탁드립니다."

존 목사님은 주어진 설교시간이 하나님께서 맡겨주신 시간이라고 생각을 했고, 그 시간을 위해 최선을 다하셨습니다.

존 목사님의 일화를 통해서 우리는 예배의 분위기와 스타일의 옳고 그름을 논하기보다는 시간을 대하는 자세에 대해서 생각을 해봐야 합니다.

예배 시간을 하나님께 바치는 귀한 시간으로 여기고, 더 나아가 매일 하루를 하나님이 주신 귀한 선물로 여기십시오. 반드시 창대하게 될 것입니다.

💗 주님! 청지기의 사명을 감당하기 위해 지혜롭게 시간을 사용하게 하소서!
🖋 일분일초를 귀하게 여기는 마음으로 주님을 예배하십시오.

나의 영적 일지

# 용서의 유익

읽을 말씀 : 막 11:20-26

● 막 11:25 서서 기도할 때에 아무에게나 혐의가 있거든 용서하라 그리하여야 하늘에 계신 너희 아버지께서도 너희 허물을 사하여 주시리라 하시니라

　메가마인드 메모리 트레이닝 회사의 대표인 에란 카츠는 기억력 부문 기네스북에 올라있는 천재입니다.
　500자리 숫자를 한 번 보고 외울 정도로 기억력이 뛰어난 그는 자신의 재능을 살려 사람들의 뇌를 훈련시키는 기억력 증진 프로그램을 만드는 회사를 만들었습니다.
　그는 자신의 책과 프로그램을 홍보하러 세계를 돌아다니는데 어디를 가든지 먼저 기억력이 좋은지 시범을 보여 달라고 하며 또 좋은 기억력의 비결에 대해서 묻는다고 합니다. 그러나 그는 오히려 그때마다 망각이 더 중요한 것이라고 대답 합니다.
　"좋은 기억력은 훌륭한 재산이지만 적절한 망각은 삶을 위한 축복입니다. 그리고 나쁜 기억과 트라우마를 잊는 가장 좋은 방법은 용서입니다. 영어로 용서(forgive)와 잊다(forget)이 비슷한 것은 제 생각에는 우연이 아닙니다."
　하나님이 나의 죄를 기억하지 않으시는 건 나를 사랑하고 용서하셨기 때문입니다. 용서를 하는 사람은 하나님의 마음을 아는 사람이며 하나님의 사랑을 실천하는 사람입니다.
　용서를 통해 하나님이 주시는 평안과 기쁨을 누리십시오. 반드시 창대하게 될 것입니다.

♡ 주님! 나를 용서하신 주님을 생각하며 다른 이를 용서하게 하소서!
🧩 나에게 잘못을 한 사람들을 조금씩 용서해 나가십시오.

나의 영적 일지

## 5월 25일 죄와 은혜

읽을 말씀 : 롬 5:12-21

● 롬 5:20 율법이 들어온 것은 범죄를 더하게 하려 함이라 그러나 죄가 더한 곳에 은혜가 더욱 넘쳤나니

인류의 오랜 역사 속에 제정된 법률들은 다 기록할 수 없을 정도로 많이 존재했었습니다.

현재 미국에 있는 모든 주의 법률을 합하면 2백만 조항이 넘습니다. 하루에 열 가지씩 법률을 배운다고 하더라도 천 년이 넘게 걸리는 어마어마한 양입니다.

고대의 강대국이던 로마의 법률은 2천 권의 분량이었는데, 6세기를 거쳐 수많은 학자들이 머리를 짜내어 만들었다고 합니다. 중세 프랑스에는 민법만 2281가지가 존재했다고 합니다. 이 법은 법령과 조항, 그리고 그 법률에 해당하는 주석과 수정 및 예외 조항으로 다시 세부적으로 이루어졌는데, 쉽게 이해할 수 있게 하려는 목적으로 만든 법임에도 불구하고 이 법을 제대로 알고 있는 사람은 몇몇 없었다고 합니다. 심지어는 이 법을 제정하는데 큰 기여를 한 페르디낭 플로콩 조차도 법률을 잘못 해석해 국가에서 추방당하는 수모를 당하기도 했습니다.

역사상 존재했던 법률은 당대의 최강대국의 최고의 지혜를 가진 사람들이 모여서 만들었던 지혜의 집합체였습니다. 그러나 그렇게 수많은 법이 존재했음에도 죄를 막지 못했고, 오래 가지 못했습니다. 이처럼 평생 공부해도 다 알 수도 없을 정도의 법이 세상에 있다는 것은 인간이 그만큼 연약한 존재이며 스스로 설 수 없는 존재라는 것을 알려줍니다. 인간의 죄성과 불완전함을 올바로 깨닫고 하나님이 주신 은혜의 자유를 맛보십시오. 반드시 창대하게 될 것입니다.

♡ 주님! 구원의 기쁨은 오로지 주님의 은혜임을 알게 하소서!
🙏 십자가의 보혈을 값없이 주신 주님의 은혜를 늘 기억하십시오.

나의 영적 일지

# 함께하는 경쟁

읽을 말씀 : 갈 2:1-10

● 갈 2:9 또 기둥같이 여기는 야고보와 게바와 요한도 내게 주신 은혜를 알므로 나와 바나바에게 친교의 악수를 하였으니 우리는 이방에게로, 그들은 할례자에게로 가게 하려 함이라

현대 사회를 무한경쟁사회라고 사람들은 표현합니다.

승자가 모든 것을 갖는 사회 구조에서 밀려나지 않기 위해 사람들은 끊임없이 자기를 계발하고 다른 사람들을 견제합니다. 흔히 이런 사회의 부정적인 분위기는 20세기 들어서 시작된 것으로 많이들 알고 있지만 이미 1980년도부터 심각한 경쟁중시 풍토에 대해 우려하는 사회학자들의 목소리가 많이 있었습니다.

1982년도 독일에서는 올해의 단어로 '팔꿈치 사회'가 선정된 적이 있습니다. 옆 사람을 팔꿈치로 밀어내며 앞으로 나가야 하는 사회적인 분위기를 나타낸 단어입니다. 그러나 경쟁이란 단어의 본래 뜻은 '함께 추구하는 것'이라는 의미로 지금의 현대인들이 생각하는 뜻과는 완전히 다른 뜻이었습니다. 경쟁의 본래 뜻이 이처럼 왜곡된 것은 점점 발전하는 기술과 사회와는 다르게 사람들의 내면이 두려움과 불안, 과시와 불만족과 같은 요소들로 얼룩져 있기 때문이라고 경쟁을 연구하는 많은 사회학자들은 평가하고 있습니다.

진정한 경쟁이란 사람을 밀쳐내고 내가 승리하는 것이 아니라 옆 사람의 손을 잡고 함께 목표를 이루기 위해 노력하는 것입니다. 그러나 하나님이 주신 사랑을 마음에 담지 않고서는 남을 진정으로 이해할 수도 사랑할 수도 없습니다.

하나님이 주신 사랑을 통해 올바른 경쟁을 시작하고 또 세상에 가르치는 성도가 되십시오. 반드시 창대하게 될 것입니다.

♡ 주님! 조급함과 시기가 아니라 여유와 사랑으로 마음을 채워 주소서!
경쟁의 본래 의미와 성도들이 추구해야 할 경쟁에 대해 생각해 보십시오.

나의 영적 일지

**5월 27일**

# 가장 큰 사랑의 실천

읽을 말씀 : 롬 13:8-10

● 롬 13:10 사랑은 이웃에게 악을 행하지 아니하나니 그러므로 사랑은 율법의 완성이니라

2012년도에 이탈리아에서 유람선이 좌초한 사고가 있었습니다.

코스타 콩코르디아호라는 유람선은 암초에 충돌하는 바람에 선체에 물이 차면서 급격히 기울기 시작했습니다. 유람선에서는 구명보트를 타기 위해서 몰려드는 사람 때문에 커다란 혼란이 찾아왔습니다.

그러나 당시 배에 타고 있었던 바이올리니스트 선도르 페헤르 씨와 동료인 지우세페 지롤라 씨는 목숨을 바쳐 아이들을 구했습니다. 선도르 씨는 길을 잃고 울고 있는 아이들을 발견하고는 자신이 입고 있는 구명조끼를 입혀 선체로 올려 보냈습니다.

그리고 다른 아이들에게도 선내에 있는 구명조끼를 찾아 입히고 구명보트를 타러 가라며 갑판으로 올려 보냈습니다. 그리고 마지막으로 남은 조끼를 찾아 입고 구명보트를 타러 출발했지만 이미 때는 너무 늦어서 목숨을 잃고 말았습니다.

동료인 지우세페 씨는 구명보트에 탑승까지 했지만 미처 타지 못한 한 어린이에게 자리를 양보하고 조끼를 대신 입혔습니다. 목숨을 아끼지 않고 아이들을 먼저 생각했던 이들의 희생과 사랑은 큰 화제가 되어 CBS-TV를 통해 미국 전역에까지 알려졌습니다.

이웃을 위해 목숨을 잃는 희생은 사람이 할 수 있는 가장 큰 희생입니다. 그러나 우리는 너무나 작은 희생과 배려도 실천하지 못할 때가 많습니다. 갚을 수 없는 사랑과 은혜를 주신 주님을 먼저 생각함으로 이웃에게도 사랑을 실천하십시오. 반드시 창대하게 될 것입니다.

💟 주님! 먼저 베풀어주신 주님의 사랑과 용서를 생각하게 하소서!
📖 작은 희생과 배려부터 습관으로 만들어 나가십시오.

**나의 영적 일지**

# 알아도 안 되는 것

읽을 말씀 : 롬 3:19-31

● 롬 3:27 그런즉 자랑할 데가 어디냐 있을 수가 없느니라 무슨 법으로냐 행위로냐 아니라 오직 믿음의 법으로니라

중세 신학의 토대를 세운 어거스틴은 마니교라는 이단을 믿으며 방탕한 삶을 살았습니다.

그러나 다행히 오랜 방황 끝에 하나님의 사랑을 체험하고 새로운 삶을 시작하고자 마음을 먹었습니다. 하지만 그의 생각과는 달리 이전의 방탕한 삶을 정리하기란 쉽지 않았습니다. 어거스틴은 머리로는 예수님을 믿고 새로운 삶을 살아야 한다는 것을 깨달았지만 아무리 노력해도 그것을 실행할 수가 없었습니다.

어거스틴은 극심한 무력감에 빠져 살아갈 의욕을 잃었으나 그의 어머니와 믿음의 동역자 파트키리우스가 매일 찾아와 어거스틴을 위해 기도해 주었습니다.

어거스틴은 이런 격려로 인해 조금씩 힘을 내어 성경을 묵상했고, 로마서를 통해 인간의 노력으로는 결코 구원에 이를 수 없다는 사실을 깨닫게 되었습니다. 그리고 아이러니하게도 스스로 문제를 해결할 수 없다는 사실을 깨달은 그 순간부터 그토록 이겨내기 힘들었던 어거스틴의 방황은 끝이 나게 되었고 이후 그는 '고백록'을 비롯한 많은 저서를 남기며 지금도 많은 존경을 받는 신학자가 되었습니다.

어떤 사람이든 죄의 문제는 절대로 피해갈 수 없습니다. 다만 그것을 인정하지 않는 사람이 있을 뿐입니다. 나에게 필요한 노력은 오로지 하나님만을 의지하는 것뿐임을 깨달으십시오. 반드시 창대하게 될 것입니다.

♡ 주님! 죄로 인해 방황하는 것이 아니라 더욱 주님께 나아가게 하소서!
❈ 이겨내기 힘든 죄의 순간들이 있다면 주님께 모두 맡기십시오.

나의 영적 일지

### 5월 29일

# 놀라운 변화

읽을 말씀 : 사 38:9-22

●사 38:16 주여 사람의 사는 것이 이에 있고 내 심령의 생명도 온전히 거기에 있사오니 원하건대 나를 치료하시며 나를 살려 주옵소서

다라하 요네꼬 사모님은 홀어머니 밑에서 자랐지만 극진한 사랑을 받았습니다.

그러나 고등학생 때 어머님이 갑자기 세상을 떠나셨고, 사모님은 극심한 우울증에 빠졌습니다. 사모님에게 어머니는 세상에서 유일하게 자신을 사랑해주는 사람이었기 때문입니다. 결국 슬픔을 이기지 못하고 기찻길에 몸을 던진 사모님은 다행히 목숨은 건졌지만 한 다리와 두 손을 잃게 되었습니다. 이전보다 더 비참한 상황에 처한 탓에 사모님은 다시 자살을 시도하기 위해 몸이 나을 날만 기다렸습니다.

그런데 입원 중의 사모님에게 한 신학생이 찾아왔습니다. 병원에 정기적으로 찾아와 복음을 전하던 신학생은 사모님께도 복음을 전해주었습니다. 사모님은 신학생을 통해 점점 마음을 열었고, 예수님을 영접하게 되었습니다. 그리고 절대로 치유되지 않을 것 같던 마음의 상처도 모두 낫게 되었습니다. 사모님은 날마다 찾아오던 그 신학생과 결혼까지 하게 되었고, 이후의 자신의 간증을 담은 '산다는 것은 황홀하다'라는 책까지 내었습니다.

온전한 육체와 정신으로도 감당하지 못했던 슬픔을 더 심한 상황 속에서 이겨낼 수 있는 일, 하나님의 놀라운 사랑이 담겨있는 복음을 알게 될 때 이런 일들이 일어날 수 있습니다. 복음을 통해 세상의 모든 고난과 시험을 이겨낼 힘과 치유할 능력과 하나님의 사랑을 느껴보십시오. 반드시 창대하게 될 것입니다.

♡ 주님! 복음으로 인해 삶이 변화되고 사람들을 변화시키게 하소서!
📖 복음으로 인한 기쁨이 내 마음에 있는지 생각해보십시오.

나의 영적 일지

# 마지막 사명

읽을 말씀 : 행 20:17-38

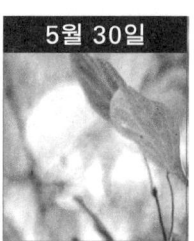

● 행 20:24 내가 달려갈 길과 주 예수께 받은 사명 곧 하나님의 은혜의 복음을 증언하는 일을 마치려 함에는 나의 생명조차 조금도 귀한 것으로 여기지 아니하노라

미국 캘리포니아주에 사는 제시카 조이리스는 12살에 뇌종양에 걸렸습니다.

수술이 불가능한 희귀한 종양이었기 때문에 화학치료와 방사능치료를 할 수밖에 없었는데 부작용이 매우 심각해 고통이 극심했습니다. 그러나 제시카는 그런 상황 속에서도 자신과 같은 소아암 환자들을 지원하고자 비영리기관을 세우고 자신의 블로그에 투병과정을 기록하며 소아암에 걸린 아이들이 얼마나 힘겨운 싸움을 하고 있는지 알렸습니다. 그리고 올리는 모든 글의 마지막엔 '절대 포기하지 마세요(Never ever give up)'의 약어인 'N.E.G.U.'를 적었습니다.

뇌종양과 힘겹게 싸우는 12살의 소녀가 이런 일들을 계획한 것은 자신의 사명이라고 생각했기 때문입니다. 제시카는 자신의 사명이 '희망과 기쁨, 사랑을 퍼뜨려 암과 싸우고 있는 어린이들에게 절대 포기하지 않도록 용기를 주는 일'이라고 말했습니다. 안타깝게도 10개월의 투병 생활 끝에 제시카는 하늘나라고 가고 말았습니다. 그러나 그녀가 남긴 글을 통해 많은 소아암 환자들이 용기를 얻고 있고, 그녀가 세운 재단으로 인해 많은 환자들이 지원을 받고 있습니다.

크던 작던 자신의 사명을 찾고 끝까지 완수하는 사람들이 점점 늘어날수록 세상은 조금씩 바뀌어 갈 것입니다. 주님이 지금 주시는 사명이 무엇인지 알고 행하십시오. 반드시 창대하게 될 것입니다.

🧡 주님! 사명은 모든 상황에서 존재한다는 사실을 알게 하소서!
🖼 사명을 다하는 마지막 순간까지 절대로 포기하지 마십시오.

나의 영적 일지

**5월 31일**

## 한 가지 질문

읽을 말씀 : 고전 4:1-5

● 고전 4:1 사람이 마땅히 우리를 그리스도의 일꾼이요 하나님의 비밀을 맡은 자로 여길지어다

  미얀마에서 선교를 하는 C선교사님의 원래 꿈은 장군이었습니다.
  별 다른 이유는 없었지만 어려서부터 군인이 되고 싶었다는 생각을 했고, 그 꿈을 이루기 위해 육사에 들어가 우수한 성적을 내고 있었습니다. 그대로 졸업만 하면 그토록 꿈꾸던 군인으로써 성공을 할 수 있었습니다. 그러나 육사 생활 중에 만난 한 가지 질문 때문에 선교사님의 삶은 180도 바뀌게 되었습니다.
  '당신은 무엇을 위해 살고 있는가?'
  이 질문이 선교사님의 인생을 바꾸었습니다. 육사 생활 중에 하나님을 만나게 되면서 막연히 가졌던 군인의 꿈이 사라지기 시작했고 하나님의 일을 하고자 하는 마음이 생겼습니다. 결국 선교사라는 새로운 꿈에 확신을 갖게 된 선교사님은 신학을 시작하였고, 미얀마를 선교지로 정하고 준비를 하기 시작했습니다.
  이런 선교사님의 변화를 본 주위 사람들은 제정신이 아니라고 말했지만 '당신은 무엇을 위해 살고 있는가?'라는 질문에 내린 스스로의 해답이었기에 선교사님은 개의치 않았습니다. 지금 미얀마에서 3곳의 고아원과 15곳의 교회를 운영하며 100여 명의 고아를 돌보고 있는 선교사님은 한국에서 꿈꿨던 성공보다 미얀마에서의 고생이 훨씬 값진 일이라고 말씀하십니다.
  삶의 방향과 목적을 정하는 것은 매우 중요합니다. 어떤 일을 하든지 하나님을 위해 일을 하고자 하십시오. 반드시 창대하게 될 것입니다.

💚 주님! 저의 삶이 세상의 빛과 소금이 되게 하소서!
🌸 본문에 나온 질문을 스스로에게 던져 보십시오.

나의 영적 일지

# 6월

"여호와는 나의 반석이시요
나의 요새시요 나를 건지시는 이시요
나의 하나님이시요
내가 그 안에 피할 나의 바위시요
나의 방패시요 나의 구원의 뿔이시요
나의 산성이시로다"

-시편 18:2-

**6월 1일**

# 13번째 덕목

읽을 말씀 : 빌 2:1-11

● 빌2:2 마음을 같이하여 같은 사랑을 가지고 뜻을 합하며 한 마음을 품어

　미국 화폐에 나온 인물 중에 대통령이 아닌 사람은 알렉산더 해밀턴과 벤자민 프랭클린 둘 뿐입니다.
　그 중에서 벤자민 프랭클린은 백과사전에 '정치가, 외교관, 과학자, 저술가, 출판인, 발명인'이라고 소개되어 있을 정도로 다양한 분야에서 두각을 나타내었습니다. 요새 선풍적인 인기를 끌고 있는 '프랭클린 플래너'도 벤자민 프랭클린이 시간을 효율적으로 관리하기 위해서 스스로 만들어 사용하던 것인데, 자서전에 후손들을 위해 직접 공개한 내용을 후세대들이 적용해서 만든 것입니다.
　또 벤자민 프랭클린은 직접 13가지 덕목을 정해 그것을 자신의 습관으로 만들어 품성을 계발했는데, 13가지 덕목 중 한 가지를 일주일마다 목표로 정해 그것을 습관으로 만들기 위해서 노력했습니다. 그런데 그 13가지 덕목의 가장 마지막은 다음과 같았습니다.
　'13.겸손, 예수와 소크라테스를 본 받는다'
　벤자민 플랭클린은 생전에 기독교에 그렇게 호의적인 인물은 아니었습니다. 그러나 그에게도 예수님의 삶과 지혜는 배울만한 것이었으면 평생 실천할 만한 덕목이었습니다. 그러나 오늘 날의 성도들은 예수님을 사랑한다고 고백하면서도 그분을 따라 살고자 하는 노력은 별로 하지 않습니다. 매주 드리는 예배를 통해 주님께 더 가까이 나아가기를 소망하십시오. 반드시 창대하게 될 것입니다.

♡ 주님! 성도의 본분과 행할 바를 알게 하소서!
🙏 주님을 따라 살고자 하는 노력이 삶에 있는지 생각해보십시오.

나의 영적 일지

# 빛의 화가의 탄생

읽을 말씀 : 벧전 1:3-12

● 벧전 1:7 너희 믿음의 확실함은 불로 연단하여도 없어질 금보다 더 귀하여 예수 그리스도께서 나타나실 때에 칭찬과 영광과 존귀를 얻게 할 것이니라

  화가 렘브란트는 '빛의 화가'라는 별명을 가지고 있습니다.
  렘브란트가 그린 초상화는 700억 원 상당의 값어치를 가지고 있을 정도로 인정을 받고 있습니다. 그러나 렘브란트가 세계적인 화가가 될 수 있었던 것은 고난 속에서 체험한 신앙 때문이었습니다.
  렘브란트는 뛰어난 실력으로 비싼 값을 받으며 그림을 팔고 명성도 얻었습니다. 유럽 전역에서 렘브란트에게 그림을 배우기 위해 셀 수가 없을 정도로 많은 사람들이 찾아왔습니다.
  1645년, 그가 야경이란 작품을 내었을 때 사람들은 렘브란트 최고의 작품이 나왔다고 평했습니다. 그러나 곧 사랑하는 아내가 죽는 일이 일어났고 큰 슬픔에 빠진 렘브란트는 재산을 탕진하며 우울한 느낌의 그림만을 그렸습니다. 그의 그림은 더 이상 팔리지 않았고, 제자들은 모두 떠나갔습니다.
  그런 고통 속에서 하나님을 체험한 렘브란트는 사람의 내면을 표현하는 그림과 성화를 그리기 시작했습니다. 렘브란트가 이 때 그린 '돌아온 탕자', '엠마오의 그리스도' 같은 작품들로 인해 그는 역사에 길이 남는 화가로 성장할 수 있었습니다.
  인생의 가장 고통스러운 순간을 겪는다 해도 그 경험을 통해 하나님을 만날 수 있다면 큰 복이 됩니다. 순간순간 예수님과 함께하는 귀한 하루가 되기를 기대하십시오. 반드시 창대하게 될 것입니다.

♡ 주님! 숨 쉬는 순간마다 주님을 체험하는 귀중한 시간이 되게 하소서!
📖 오늘 체험할 하나님의 도우심을 기대하십시오.

나의 영적 일지

## 6월 3일 삶의 기본

읽을 말씀 : 눅 12:22-34

● 눅 12:26 그런즉 가장 작은 일도 하지 못하면서 어찌 다른 일들을 염려하느냐

최경주 씨는 한국인 최초로 아시아 골프 명예의 전당에 입성한 선수입니다.

외딴 시골인 완도에서 태어나 처음에는 역도선수가 되려 했지만 유독 팔이 긴 신체의 약점으로 인해 엉겁결에 골프로 전향을 하게 되었습니다. 완도에서 골프를 아무리 연습을 해도 사실상 서울로 올라가 프로가 될 기회는 없었지만 하루 종일 피나는 연습을 멈추지 않았습니다.

그런데 우연히 완도에 들른 한서고등학교의 이사장님이 이런 모습을 보고 서울에서 연습을 하고 대회에 나갈 수 있게 연고를 잡아주셨습니다. 서울에 올라와서도 골프장에서 일과 숙식을 해결하며 어렵게 생활을 했지만 시키지 않은 일까지 도맡아 했습니다. 손님들의 골프백의 먼지를 닦고 클럽에 녹까지 제거 했습니다.

이런 모습들을 보며 도와주는 사람들이 하나씩 생기기 시작했고 이런 분들의 도움을 통해 한국 최고가 되고, 아시아 최고가 되고, 미국 PGA에서 8회나 우승하는 세계적인 선수가 될 수 있었습니다. 또한 늦은 나이에 신앙을 가졌지만 경기 중에도 예배를 절대로 빼먹지 않습니다. 그립을 잡는 법이 골프의 기본이듯이 삶의 기본은 하나님을 의지하는 것임을 깨달았기 때문입니다.

신앙은 인생의 선택이 아닙니다. 하나님을 내 필요를 채우는 도구로 생각하지 말고 온 맘과 정성으로 하나님을 섬기십시오. 반드시 창대하게 될 것입니다.

💗 주님! 모든 일의 기본을 중시하며 최선을 다하게 하소서!
🧩 모든 일의 기본, 특히 신앙의 기본을 튼튼히 다지십시오.

나의 영적 일지

# 지금이라는 시간의 중요성

읽을 말씀 : 고후 6:1-13

● 고후 6:2 이르시되 내가 은혜 베풀 때에 너에게 듣고 구원의 날에 너를 도왔다 하셨으니 보라 지금은 은혜 받을 만한 때요 보라 지금은 구원의 날이로다

　남송 시대의 유학자 주자는 중국 역사상 손에 꼽힐 정도로 뛰어난 학자였습니다.
　주자는 유교의 모든 경전에 주석을 달 정도로 뛰어난 두뇌를 가졌고, 유교뿐 아니라 불교와 도교도 함께 공부하며 주자학이라는 독자적인 학문까지 창시했습니다. 이 학문은 중국 역사에서 오랫동안 사회의 주요 사상으로 대접을 받았는데, 이 책에서 주자는 지금이라는 순간의 중요성을 강조하는 글을 남겼습니다.
　"오늘 배우지 않고, 내일이 있다고 말하지 말며
　올해 배우지 않고 내년에 있다고 말하지 말라.
　해와 달은 가고, 세월은 나를 기다려 주지 않는다.
　어느새 나이가 들었음을 깨닫는다 해도
　그것은 누구의 잘못도 아닌 것을
　순간의 세월을 헛되이 보내지 말 것이며
　다만 주어진 지금에 최선을 다할 것이다.
　세월은 사람을 기다리지 않기 때문이다"
　내일의 문제가 해결되지 않는다면 오늘을 제대로 살 수가 없듯이 죽음 이후의 문제가 해결되지 않는다면 모든 노력들은 어떠한 의미도 가질 수 없게 됩니다. 오늘 진정으로 주님을 믿음으로 삶의 가장 큰 문제를 해결하십시오. 반드시 창대하게 될 것입니다.

　♥ 주님! 이 땅에 사는 동안의 순간순간을 귀하게 여기게 하소서!
　📖 하나님께 선물을 드린다는 마음으로 오늘 최선을 다해 사십시오.

나의 영적 일지

### 6월 5일
# 절대로 장담할 수 없는 일

읽을 말씀 : 잠 27:1-7

● 잠 27:1 너는 내일 일을 자랑하지 말라 하루 동안에 무슨 일이 일어날는지 네가 알 수 없음이니라

17세기 말 영국에 헨리 윈스텐리라는 건축가가 있었습니다.

그는 1696년도에 폭풍이 자주 오기로 유명한 에디스턴 섬의 항구에 등대를 건설했습니다. 폭풍우를 견디기 위해서 헨리는 모든 역량을 쏟아 부어 튼튼하게 설계를 했습니다. 그는 태풍이 직접 등대를 향해 온다고 해도 버텨낼 수 있을 것이라고 사람들에게 말했습니다. 그리고 자신의 말을 증명하기 위해서 거센 폭풍이 올 때마다 직접 등대에 올라가 튼튼하고 안전하다는 것을 과시했습니다.

그러나 1703년 11월에는 정말로 강력한 태풍이 몰아쳤습니다.

마을 사람들은 헨리에게 최소한 이번만은 등대에 올라가지 말라고 권유했지만 헨리는 아무 문제가 없다며 등대에 올라갔습니다. 마을 사람들은 폭풍이 너무 강해 안전한 대피소로 이동을 한 뒤에 하룻밤을 보냈습니다.

다음 날 폭풍이 사라진 뒤에 사람들은 헨리의 등대가 무사한지 살펴보러 갔습니다. 그러나 헨리의 등대는 완전히 부서져 흔적조차 남지 않았습니다. 사람들은 헨리 시체조차 발견하지 못했고, 비어있는 관으로 헨리의 장례식을 치러야 했습니다.

인간의 한계를 깨닫게 될 때 우리는 하나님의 존재를 깨닫게 되고 하나님의 존재를 깨달을 때 우리의 참 모습에 대해서 깨닫게 됩니다.

세상의 모든 일이 장담할 수 없다는 것을 깨닫고 겸손함으로 하나님을 의지하십시오. 반드시 창대하게 될 것입니다.

♡ 주님! 불확실한 세상 속에서 더욱 확실히 주님을 의지하게 하소서!
🕊 일의 모든 성패는 하나님께 있음을 인정하십시오.

나의 영적 일지

# 우주를 운행하시는 분

읽을 말씀 : 시 19:1-14

● 시19:6 하늘 이 끝에서 나와서 하늘 저 끝까지 운행함이여 그의 열기에서 피할 자가 없도다

'지구에서 산소가 5초간 사라진다면?'이라는 제목의 영상이 인터넷에 올라와 화제가 된 적이 있습니다.

이 영상에 따르면 지구에서 산소가 5초간 사라지면 다음과 같은 일들이 일어난다고 합니다.

- 햇볕을 쬐는 사람들은 즉시 화상을 입게 된다.
- 모든 사람들의 고막이 파괴된다.
- 수소를 제외한 모든 원소들은 파괴된다.
- 바다는 증발하여 우주로 사라진다.
- 모든 콘크리트는 무너지고 비철 건물들은 달라붙는다.

반대로 산소가 지금의 양보다 2배 더 늘어나면 사람들의 기분이 더 좋아지고, 자동차 연비도 좋아지지만 산소량에 따라 몸집이 결정되는 몇몇 곤충들은 사람보다도 거대해진다고 합니다. 이 영상은 "모든 것은 적당해야 합니다. 적당히 거기에 있어서줘서 고마워요, 산소"라는 말과 함께 끝이 납니다.

위대한 대자연을 바라볼 때 하나님의 놀라운 능력과 완벽한 섭리를 깨달을 수 있습니다. 한 치의 오차도 없이 완벽히 돌아가는 지구와 우주의 세계를 바라보면 "하나님이 보시기에 좋았더라"라는 성경 말씀을 이해하게 됩니다.

하나님이 지으신 피조물에 합당한 삶을 살기 위해 노력하십시오. 반드시 창대하게 될 것입니다.

♥ 주님! 세상의 모든 것을 통해 더욱 주님을 깨닫는 지혜를 주소서!
🖼 오늘 마주하는 하나님의 창조물들을 바라보고 묵상하십시오.

나의 영적 일지

## 6월 7일 — 열등감의 해방

읽을 말씀 : 사 40:25-31

● 사40:26 너희는 눈을 높이 들어 누가 이 모든 것을 창조하였나 보라 주께서는 수효대로 만상을 이끌어 내시고 그들의 모든 이름을 부르시나니 그의 권세가 크고 그의 능력이 강하므로 하나도 빠짐이 없느니라

러시아의 대문호 톨스토이는 못생긴 외모 때문에 심한 열등감이 있었습니다.

그는 거울을 볼 때마다 '나 같은 사람은 결코 행복하지 못할 거야'라고 생각을 했습니다. 그러나 그의 외모는 그렇게 못생긴 편이 아니었고 또 그것을 덮고도 남을 뛰어난 글 솜씨까지 있었습니다. 톨스토이는 러시아를 대표하는 작가로 성공해 많은 사람들에게 인정과 사랑을 받았지만 그럼에도 외모로 인한 열등감을 떨쳐내지 못했습니다.

이런 톨스토이의 심한 열등감은 하나님을 알게 되면서 해결되었는데 톨스토이는 이런 자신의 경험을 담은 고백의 책인 '참회'와 일기를 통해 회심을 온 유럽에 공표하였습니다. 신앙을 통해 인간은 행복해질 수 있다는 사실을 사람들에게 알리고자 했던 그는 '사람은 무엇으로 사는가?', '부활' 등의 책을 통해 사람들에게 신앙의 중요성을 알렸습니다.

하나님이 없다고 단언하기 전에 하나님의 존재를 인정하고 알아보려는 노력을 해보십시오. 그것은 우리 인생의 의미에 대한 문제이며, 인류의 근원에 대한 문제일 뿐 아니라 영원한 삶에 대한 문제이기 때문입니다. 우리의 근원을 알게 될 때 모든 문제와 열등감은 사라집니다.

나를 지으신 분이 누구이고 그 계획이 무엇인지 성경을 통해 알아보십시오. 반드시 창대하게 될 것입니다.

♡ 주님! 나를 향한 하나님의 창대한 계획이 있음을 알게 하소서!
📖 구원의 확신으로 열등감을 이겨내고 자신감을 회복하십시오.

나의 영적 일지

# 종교 이상의 것

읽을 말씀 : 갈 3:1-14

● 갈 3:1 어리석도다 갈라디아 사람들아 예수 그리스도께서 십자가에 못 박히신 것이 너희 눈앞에 밝히 보이거늘 누가 너희를 꾀더냐

회의론에 빠진 한 청년이 유명한 목사님을 찾아가 물었습니다.

"목사님, 저는 원래 신학생이었습니다. 그러나 교회의 잘못된 모습들에 실망해 학교를 그만두었습니다. 그리고 기독교 뿐 아니라 세상의 모든 종교를 연구했지만 지역마다 조금씩 차이가 있을 뿐 모든 종교는 관습과 문화의 산물이라는 답만을 얻었습니다. 어떤 종교를 믿는다고 모든 사람이 행복해지는 일은 없었습니다. 목사님은 어떻게 생각하십니까?"

목사님은 잠시 생각에 잠긴 뒤 말을 이었습니다.

"사실 저도 형제와 같은 경험이 있었습니다. 그러나 이제는 모두 포기하기로 했습니다."

청년은 그럼 지금 목회를 하고 있는 이유가 무엇이냐고 물었습니다.

"저는 종교가 아닌 예수를 믿습니다. 그리스도는 종교가 아니라 성경 말씀과 하나님의 사랑입니다. 사람을 볼 때 종교에는 희망이 없지만 예수를 만나면 더 이상 이런 것들은 문제가 되지 않습니다. 그래서 지금 당신에게 종교가 아닌 그리스도에 대해서 전하고 싶습니다."

교회와 종교의 잘못된 모습들은 절대로 바람직한 모습은 아닙니다. 그러나 예수님은 종교와 교회 이상의 본질이라는 사실을 바르게 이해해야 합니다.

다른 사람과 교회의 잘못된 모습들로 인해 낙망하지 말고 은혜로운 모습으로 본이 되는 삶을 결심하십시오. 반드시 창대하게 될 것입니다.

♡ 주님! 사람을 보지 않고 오직 예수님만 바라보게 하소서!
❀ 기독교의 본질은 예수 그리스도임을 잊지 마십시오.

나의 영적 일지

### 6월 9일
## 확실한 전달

읽을 말씀 : 마 28:16-20

● 마 28:20 내가 너희에게 분부한 모든 것을 가르쳐 지키게 하라 볼지어다 내가 세상 끝날까지 너희와 항상 함께 있으리라 하시니라

　'달과 6펜스'를 쓴 유명작가 서머싯 몸은 대중들에게 인기는 있었지만 글이 너무 쉽다는 이유로 전문가들에게는 인정을 받지 못했습니다.
　그러나 서머싯이 일부러 글을 읽기 쉽고 흥미 위주로 썼던 것은 보다 많은 사람들이 작품을 읽었으면 하는 바람 때문이었습니다. 그의 일흔다섯 번째 생일 때 친구 한 사람이 지금까지 살면서 가장 기뻤던 일이 무엇이냐고 물었을 때 그는 말했습니다.
　"2차 대전 때 군인으로부터 편지를 받았을 때라네. '선생님의 작품은 제가 사전을 찾아보지 않고 완전히 읽을 수 있었던 유일한 소설 이었습니다'라는 글이었는데 나로서는 이 이상의 기쁨은 없었다네."
　반대로 많은 사람들에게 천재로 인정받았던 뉴턴은 지식을 과시하기 위해서 '프린키피아'라는 책을 쓰며 일부러 어려운 단어를 사용하고 자세한 설명을 생략했습니다.
　같은 전달 방법이라도 전혀 다른 모습으로 드러낼 수 있습니다. 말과 대화를 무언가를 뽐내거나 자랑하기 위해 사용하는 것은 가장 미련한 짓입니다.
　겸손의 도구로 말을 사용하고, 또 다른 사람들이 이해할 수 있는 확실한 언어로 복음을 전하십시오. 반드시 창대하게 될 것입니다.

♥ 주님! 복음을 전할 때 내 지식을 과시하지 않고 쉽게 전하게 하소서!
📖 항상 상대방의 수준과 입장을 생각하며 대화를 하십시오.

나의 영적 일지

# 인격이 재산

읽을 말씀 : 롬 14:13-23

●롬 14:18 이로써 그리스도를 섬기는 자는 하나님을 기쁘시게 하며 사람에게도 칭찬을 받느니라

조지 부시 대통령의 어머니인 바바라 여사는 높은 인격으로 국민들에게 인기가 높습니다.

아들과 남편에 대한 평가와는 상관없이 국민들의 바바라 여사에 대한 평가는 대부분 좋습니다. 바바라 여사는 실제로 인격이 사람에게 가장 중요하다고 생각을 했는데, 자신의 '인격을 가꾼 다섯 가지 방법'에 대해 말했습니다.

1. 상대의 장점을 보고 단점은 잊는다.
   사람은 완벽할 수 없기 때문입니다.
2. 적을 만들기 보다는 친구를 만든다.
   적보다는 친구를 만드는 것이 더욱 쉽습니다.
3. 받은 은혜는 반드시 갚는다.
   답례를 표하는 것은 모든 사람들을 즐겁게 만듭니다.
4. 주위 사람과 자신을 비교하지 않는다.
   사람이 관심을 기울여야 하는 것은 타인이 아니라 자신입니다.
5. 친구를 소중히 하라. 친구는 사람의 가장 큰 재산입니다.

나를 아끼고 주위 사람들을 아끼는 것이 좋은 인격의 출발입니다.

하나님이 주신 좋은 모든 것들에 감사하며 인격이란 재산을 더더욱 키우십시오. 반드시 창대하게 될 것입니다.

♥ 주님! 믿음과 함께 성품도 성도의 중요한 부분임을 알게 하소서!
🖼 인격적으로도 사람과 하나님께 인정받는 성도가 되십시오.

나의 영적 일지

### 6월 11일

## 욕망과 영광

읽을 말씀 : 마 19:16-30

● 마 19:17 예수께서 이르시되 어찌하여 선한 일을 내게 묻느냐 선한 이는 오직 한 분이시니라 네가 생명에 들어가려면 계명들을 지키라

퀴리 부부로 유명한 마리 퀴리와 남편 피에르 퀴리는 모두 노벨상을 받은 뛰어난 과학자였습니다.

퀴리 부부가 라듐을 발견해 노벨물리학상을 수상하게 되었을 때 정부에서도 훈장을 수여하기로 했습니다. 신문사의 한 기자가 이 소식을 전하러 퀴리 부부를 찾았습니다.

"프랑스 정부가 레종 드 뇌르 훈장을 수여하기로 했습니다. 소감이 어떠십니까?"

남편인 피에르 퀴리가 말했습니다.

"글쎄요. 과학자에게 훈장이 무슨 필요가 있을까요? 연구소 시설을 개선해주면 모를까."

옆에 있던 부인 마리 퀴리도 말했습니다.

"저도 훈장 같은 것은 조금도 바라지 않아요. 다만 제 딸인 이렌이 저희와 같은 과학자가 되었으면 좋겠다는 소망은 있어요."

훈장과 노벨상보다도 가정과 과학자 본연의 일에 충실한 이들 부부를 보고 기자는 큰 감동을 받았고 결국 자신이 겪은 이야기를 다음 날 신문에 가감없이 실었습니다.

성공의 목적이 하나님께 영광을 돌리기 위한 것이라고 많은 사람들이 말합니다. 그러나 말처럼 살고 있는 사람은 너무나 적습니다.

많은 돈을 벌고 높은 위치에 올라가려는 것이 나의 욕망인지 하나님을 위한 영광 때문인지 구분하십시오. 반드시 창대하게 될 것입니다.

♡ 주님! 욕망과 영광을 지혜롭게 구분하게 하소서!
🖼 하나님께 어떤 영광을 돌리는 사람이 되고 싶은지 생각해 보십시오.

나의 영적 일지

# 십자가의 행군

읽을 말씀 : 딤후 4:1-8

●딤후 4:2 너는 말씀을 전파하라 때를 얻든지 못 얻든지 항상 힘쓰라 범사에 오래 참음과 가르침으로 경책하며 경계하며 권하라

    미국의 스무 살 청년이 길이 3미터의 십자가를 지고 2,240km를 행군하는 일이 있었습니다.
    의대를 다니던 가르시아는 세상에 빠져 살아가는 자신의 모습을 보며 교회생활은 오래토록 하고 있지만 주님과는 점점 멀어지고 있다는 생각이 들었습니다. 그리고 이제는 오직 주님의 말씀을 따라 살겠다는 결심을 했습니다. 그리고 복음에서 점점 멀어져가고 있는 미국 사람들에게도 다시 한 번 주님의 십자가를 전하기 위해서 3m의 십자가에 간이 바퀴를 매달고 텍사스 주 포트워스 북쪽부터 미국의 수도인 워싱턴까지 총 2240km를 행군하는 계획을 세웠습니다.
    이런 모습을 보고 대단한 결심이라는 사람들도 있었고, 겉보기만 그럴싸한 쇼라는 사람들도 있었습니다. 그러나 그의 행군을 통해 다시 한 번 신앙을 점검하게 된 많은 사람들 역시 있었으며, 그가 워싱턴에 도착했을 때에는 이슈가 된 그를 인터뷰하기 위해서 많은 언론사들이 몰려와 있었습니다. 그리고 그는 인터뷰를 통해 행군의 목적이 예수님의 십자가임을 고백하며 복음을 떠난 사람들에게 다시 돌아올 것을 종용했습니다.
    방법은 다르더라도 그리스도인들은 복음을 위해 세상 속에서 분명한 빛의 역할을 감당해야 합니다. 세상에서 복음을 분명하게 나타내는 성도가 되십시오. 반드시 창대하게 될 것입니다.

♥ 주님! 삶의 모습을 통해 조금이라도 주님을 나타내게 하소서!
📖 어떤 방법으로 주님을 나타낼지 생각해 보십시오.

**나의 영적 일지**

### 6월 13일
## 최고의 부름

읽을 말씀 : 마 6:19-34

● 마 6:33 너희는 먼저 그의 나라와 그의 의를 구하라 그리하면 이 모든 것을 너희에게 더하시리라

현대선교의 아버지로 불리는 윌리엄 캐리는 원래 구두수선공이었습니다.

그러나 선교를 가고자 하는 꿈을 이루기 위해 시간을 쪼개어 여러 나라의 언어를 익혔습니다. 언어에 재능이 있었기 때문에 독학을 했음에도 많은 나라의 말을 능숙하게 읽고 쓸 수가 있게 되었습니다. 캐리는 자신의 어학 실력이 어느 정도인지 궁금해 선교를 떠나기 전에 옥스퍼드 대학의 어학 담당 교수를 찾아갔습니다. 교수는 캐리의 어학실력을 점검한 뒤에 말했습니다.

"선교를 간다고 하셨습니까? 그러지 말고 우리 학교에 학생으로 들어오십시오. 당신은 세계적인 언어학자가 될 가능성이 있습니다. 나라를 위해 좋은 일을 할 기회입니다."

"제게는 모국보다 더 중요한 나라가 있습니다. 바로 하나님의 나라입니다. 여왕보다 높으신 하나님의 명령을 받았기에 저의 부름을 거부할 수가 없습니다."

캐리는 인도로 선교를 떠나 선교의 방법에 대한 많은 저술을 남기며 현대 선교에 중요한 역할을 감당했습니다.

성도들은 하나님의 상급을 바라보며 세상에서 사는 사람입니다. 하나님이 주신 명령을 최우선으로 따르십시오. 반드시 창대하게 될 것입니다.

♡ 주님! 주님이 주신 푯대를 향해 달려가게 하소서!
🖼 나에게 주신 하나님의 부름이 무엇인지 생각해 보십시오.

나의 영적 일지

# 청년과 노인의 기준

읽을 말씀 : 시 110:1-7

● 시 110:3 주의 권능의 날에 주의 백성이 거룩한 옷을 입고 즐거이 헌신하니 새벽 이슬 같은 주의 청년들이 주께 나오는도다

시드니 그린 버그라는 작가의 '청년과 노인'이라는 글입니다.
"사람을 먼저 믿으면 청년이고
사람을 먼저 의심하면 노인입니다.
고난도 즐거워한다면 청년이지만
고난을 피하려한다면 노인입니다.
새로운 생각을 즐긴다면 청년입니다.
그러나 관습만 따르는 사람은 노인입니다.
미래를 생각한다면 아직은 청년입니다.
그러나 과거만 떠올린다면 분명 노인입니다.
꿈을 꾸는 사람은 나이와 상관없이 청년이 맞습니다.
그러나 꿈은 허황되다고 생각한다면
나이와 상관없이 언제나 노인입니다."
청년과 노인은 생각에 의해 구분됩니다. 모세를 보고 갈렙을 보십시오. 하나님이 주시는 가능성의 생각을 가진 모든 청년들은 한계를 넘어서는 놀라운 일들을 할 수 있습니다.
나를 가로 막고 있는 모든 불가능한 생각을 버리고 나이와 상관없이 평생 하나님을 바라보는 청년이 되십시오. 반드시 창대하게 될 것입니다.

♥ 주님! 잘못된 생각으로 주님이 주시는 가능성을 제한하지 않게 하소서!
청년과 노인 중 어느 쪽에 더 가까운 사람인지 체크해 보십시오.

나의 영적 일지

**6월 15일**

# 벌의 인내

읽을 말씀 : 눅 8:9-15

● 눅 8:15 좋은 땅에 있다는 것은 착하고 좋은 마음으로 말씀을 듣고 지키어 인내로 결실하는 자니라

곤충 중에서 가장 부지런한 것은 벌입니다.

벌이 약 100g의 꿀을 채집하기 위해서는 1만 2천 개의 꽃을 찾아야 합니다. 그런데 이 꽃은 60개의 꽃관을 가지고 있습니다. 그래서 벌이 100g의 꿀을 모으기 위해서는 꽃관을 72만 번이나 들락날락 거려야 합니다. 일벌이 짧은 수명에도 지구를 3바퀴 돌 정도로 왕성한 운동량을 보이는 것은 꿀을 모으는 것이 이처럼 힘들고 어려운 일이기 때문입니다.

벌은 매일 10회 정도 벌판으로 나가 꿀을 모읍니다. 한 번 나갈 때마다 400개 정도의 꽃에서 작업을 하는데, 허탕을 치면 꽃을 제대로 찾을 때까지 약 4000번 까지 시도를 합니다. 꽃이 전혀 보이지 않는 들판에서도 12km정도 비행을 한 뒤에야 벌집으로 돌아옵니다. 우리가 한 입이면 다 먹는 적은 양의 꿀을 모으기 위해서 벌은 평생을 인내하며 부지런히 일을 합니다.

꿀을 찾기 위한 벌의 여정과 일을 하며 인내하는 나의 모습을 비교해 보십시오. 하나님께서 귀한 달란트를 주셨음에도 인내하지 못하고 시간을 낭비하고 있지 않습니까? 모든 일을 이루는데 가장 필요한 덕목은 바로 인내입니다.

벌의 인내와 같이 모든 일에 노력하는 사람이 되십시오. 반드시 창대하게 될 것입니다.

🖤 주님! 모든 일에 인내하는 끈기를 주소서!
🧩 어려운 일일 수록 인내함으로 결실을 이루십시오.

나의 영적 일지

# 감사의 비밀

읽을 말씀 : 골 4:2-6

● 골 4:2 기도를 계속하고 기도의 감사함으로 깨어 있으라

다케다 씨는 일본의 명과자인 '다마고 보로'를 만든 사람입니다.
다케다 씨는 최고의 품질로 과자를 만들어야 한다며 유정란만 사용했습니다. 유정란은 무정란에 비해서 가격이 세 배나 비쌌지만 일반 사람들은 맛의 차이를 거의 느끼지 못했습니다. 그런 이유로 대부분의 제과 회사는 무정란을 사용했지만 다케다 제과는 적자를 보면서도 유정란을 사용했습니다.
그런데 딱히 유정란을 쓴다고 광고도 하지 않았음에도 다케다 회사의 점유율은 점점 올라가기 시작했습니다. 점유율은 60%까지 치솟았지만 다케다 씨는 거기서 안주하지 않고 '감사'라는 재료를 과자에 넣기 시작했습니다. '만드는 사람의 심리적 파동이 과자에도 전달된다'라는 믿음을 가지고 있던 다케다 씨는 '감사합니다'라는 말을 공장에 24시간 틀어놓았습니다. 그리고 직원들이 진정으로 행복한 마음으로 과자를 만들 수 있게 좋은 조건과 환경을 만들어주었습니다. 하루에 주어진 횟수만큼 '감사합니다'라고 말을 하면 상여금까지 지급했습니다.
최소의 투자로 최대의 이윤을 내는 경제관념으로는 합리적이고 과학적이지 못한 이야기지만 다케다 제과는 이런 방법들로 업계의 최고가 되었고, 지금도 유지하고 있습니다.
정직하고 성실한 마음을 가진 사람만이 진정한 감사를 할 수 있습니다. 하나님이 기뻐하시는 마음을 가지고 매일 주님께 감사하십시오. 반드시 창대하게 될 것입니다.

♥ 주님! 마음속에서 우러나오는 진정한 감사를 드리게 하소서!
🎐 하루의 시작과 마무리를 주님을 향한 감사로 하십시오.

나의 영적 일지

## 6월 17일 - 최고의 의사가 본 믿음

읽을 말씀 : 엡 1:15-23

● 엡 1:19 그의 힘의 위력으로 역사하심을 따라 믿는 우리에게 베푸신 능력의 지극히 크심이 어떠한 것을 너희로 알게 하시기를 구하노라

김의신 박사는 세계최고의 암전문의로 인정을 받는 분입니다.
미국의사들이 뽑은 '최고의 의사'에 두 번이나 뽑힌 김 박사님은 「암을 예방하고 치료하는데 가장 중요한 다섯 가지」를 다음과 같이 설명합니다.
 1. 암에 대해 공부할 것
 2. 가족력을 체크하고 정기검진을 받을 것
 3. 인생에 대해서 겸손한 자세를 가질 것
 4. 전문가에게 치료를 맡기고 신뢰할 것
 5. 하나님에 대한 신앙을 가질 것
이 중 마지막 5번째는 법칙은 박사님이 수많은 환자들을 치료하고 연구하면서 얻게 된 중요한 결론입니다. 최고의 의사인 자신이 불가능하다고 포기한 환자가 치유되는 기적을 몇 십 명이나 목격했고, 또 기독교인들의 몸에는 일반인보다 면역세포가 천배나 많으며, 교회 성도들의 중보기도가 치료효과가 있다는 과학적 사실들을 직접 확인하고 경험했기 때문입니다.
세계 최고의 암전문의가 보기에 하나님의 살아계심과 역사하심은 눈으로 확인할 수 있는 분명한 사실이었습니다.
나의 삶에도 충만하게 역사하실 하나님을 믿고 또 기대하십시오. 반드시 창대하게 될 것입니다.

♡ 주님! 믿는 자들에게 베푸시는 주님의 은혜에 감사하게 하소서!
✤ 분명히 실존하는 주님이심을 확고히 믿으십시오.

나의 영적 일지

# 재료보다 정성

읽을 말씀 : 막 12:41-44

● 막 12:43 예수께서 제자들을 불러다가 이르시되 내가 진실로 너희에게 이르노니 이 가난한 과부는 헌금함에 넣는 모든 사람보다 많이 넣었도다

　공자가 수제자인 자공과 자로를 데리고 여행을 하다 길을 잃은 적이 있습니다.
　다행히 날이 어두워지기 전에 한 오두막을 발견하게 되었는데, 집의 주인이던 노인은 흔쾌히 방을 하나 빌려주었습니다. 저녁 시간이 되자 노인은 부엌에 들어가 죽을 끓여 공자 일행을 대접했는데, 낡은 냄비에 좁쌀로만 끓인 볼품없는 죽이 이가 다 빠진 그릇에 담겨 나왔습니다. 게다가 흙먼지가 잔뜩 묻어있는 노인의 손과 옷을 본 자공과 자로는 선뜻 죽을 먹지 못했습니다.
　그러나 공자는 접시를 들고 노인이 준 죽을 후룩 소리를 내가며 남기지 않고 맛있게 먹었습니다. 입맛이 매우 까다로웠던 공자였기에 당연히 죽을 먹지 않을 것이라 생각했던 제자들은 깜짝 놀랐습니다. 다음 날 오두막을 떠나며 공자에게 죽을 먹은 이유를 묻자 공자는 말했습니다.
　"더러운 옷과 낡은 그릇, 좁쌀은 잘도 보면서 없는 살림에 우리 셋을 대접한 노인의 정성과 친절은 보이지 않는가 보구나?"
　없는 대접도 가치 있게 만드는 것은 정성과 친절입니다. 예수님도 가난한 과부의 두 렙돈을 하나님이 크게 받으셨다고 말씀하셨습니다.
　내가 드릴 수 있는 시간, 선행, 물질, 친절을 하나님께 귀한 정성으로 항상 드리십시오. 반드시 창대하게 될 것입니다.

　💟 주님! 주님을 섬기는 일에는 늘 정성을 다하게 하소서!
　🌸 온 마음과 정성을 다해 기도와 찬양, 헌금을 드리십시오.

나의 영적 일지

**6월 19일**

# 자발적인 전파

읽을 말씀 : 살후 3:1-5

● 살후 3:1 끝으로 형제들아 너희는 우리를 위하여 기도하기를 주의 말씀이 너희 가운데서와 같이 퍼져 나가 영광스럽게 되고

'골든 룰 매거진'의 편집장이 미국의 파머 대학에서 강연을 한 적이 있었습니다.

그는 대학에서 강의를 준비하는 동안에 잡지에 기사로 실을 수 있는 몇 가지 소재를 얻게 되었습니다. 강의가 끝나고 학교의 관계자 측이 경비를 전해주러 오자 편집장이 말했습니다.

"저는 여기에 와서 잡지에 실을 많은 소재를 얻었습니다. 그것으로 보수는 충분하다고 생각되기 때문에 경비와 강의료는 받지 않겠습니다."

그런데 편집장이 강의를 마친 그 주부터 잡지의 정기구독이 크게 늘기 시작했습니다. 2년 동안이나 구독자의 증가는 계속되었고, 심지어는 다른 나라에서부터의 구독 요청도 들어오기 시작했습니다.

나중에 밝혀진 바에 따르면 편집장의 양심적인 이야기가 학생들 사이에 널리 퍼졌고, 감동을 받은 학생들이 자발적으로 구독 신청을 한 것이었습니다. 게다가 이 이야기가 다른 유명 잡지사에서 일하고 있는 파머 대학의 졸업생 중 한명에게 전해졌고 그는 그 이야기를 잡지에 실었습니다. 그리고 그 잡지를 통해 해외로부터의 구독요청이 들어온 것이었습니다.

그리스도인들이 세상 사람들에게 감동을 줄 때 복음은 자발적으로 더 널리 퍼져나갑니다. 사람들은 우리의 말 보다는 우리의 행동을 더 주시합니다. 깨끗한 양심으로 사람들을 섬기는 정직한 사람이 되십시오. 반드시 창대하게 될 것입니다.

♥ 주님! 그리스도인답게 살아 좋은 모습으로 주님이 영광 받게 하소서!
📖 하나님 앞에 깨끗한 양심으로 사람들을 대하십시오.

나의 영적 일지

# 최고의 표현

읽을 말씀 : 골 3:12-17

6월 20일

● 골 3:17 또 무엇을 하든지 말에나 일에나 다 주 예수의 이름으로 하고 그를 힘입어 하나님 아버지께 감사하라

    도산 안창호 선생님이 대전에 있는 감옥에 수감되었다가 풀려나셨을 때 많은 사람들이 출소를 축하하기 위해서 선생님을 찾았습니다.
    선생님을 찾아온 사람들은 매우 비싼 식사를 대접하기도 했고, 돈이나 선물을 가져오기도 했습니다. 선생님은 이런 대접이 자신을 위한 것이 아니라 민족을 위해 일하는 사람들에 대한 배려라고 생각했기 때문에 기쁘게 받았습니다.
    그리고 나중에 마당에서 자란 밤나무의 밤을 조금씩 담아 선물을 해준 사람들에게 답례품으로 주었습니다. 아무리 보잘 것 없는 답례품이라 해도 자신의 상황에 맞는 감사를 표현하는 것이 사람의 예의라고 생각했기 때문이었습니다.
    사람이 열 살이 될 때까지 사용하는 낱말은 6천개 정도 됩니다. 그런데 그 중에서 부모님이 아이로부터 들었을 때 가장 기뻐하는 말은 "감사합니다."라고 합니다.
    어른이 되면 2만 단어정도를 사용하게 되지만 그 중에서도 사람들을 가장 기쁘게 하는 말은 역시 "감사합니다."였습니다.
    감사는 사랑과 기쁨과 고마움을 표현하는 가장 좋은 수단입니다. "감사합니다"라는 단순한 말 한마디로 고마움을 표현하고 상대에게 기쁨을 줄 수 있습니다.
    하나님께 표현할 수 있는 최고의 감사로 사랑을 표현하십시오. 반드시 창대하게 될 것입니다.

♡ 주님! 받은 은혜를 늘 잊지 않고 감사하며 살게 하소서!
✍ 주님께 감사할 수 있는 이유들을 최소 다섯 가지 이상 적어보십시오.

나의 영적 일지

## 6월 21일
# 바스커 씨의 일주일 인사

읽을 말씀 : 고후 7:2-16

● 고후 7:4 내가 너희를 향하여 담대한 것도 많고 너희를 위하여 자랑하는 것도 많으니 내가 우리의 모든 환난 가운데서도 위로가 가득하고 기쁨이 넘치는도다

　월요병은 주말 동안 이틀 휴식을 취한 뒤에 다시 업무에 복귀하는 직장인들이 피로함을 느끼며 일에 집중을 못하는 상태를 뜻합니다.
　미국과 유럽에서는 'BLUE MONDAY'라고 월요병을 표현합니다.
　뿐만 아니라 전 세계적으로 '월요병'과 비슷한 말이 있으며 각종 조사기관의 자료에 따르면 월요일에 사람들이 가장 불행하며, 가장 덜 웃으며, 가장 집중을 못한다고 합니다. 실제로 영국에서는 월요일에 자살률이 가장 높으며, 스트레스로 인해 심장질환으로 인한 사고가 가장 많이 일어나며, 업무효율이 다른 날의 50% 정도 밖에 되지 않는다는 조사결과도 나왔었습니다.
　그러나 바스커 빌이라는 예술가는 각 요일별로 자신만의 수식어를 붙여 사람들에게 인사말을 할 때 사용했습니다.
　'행복한 월요일, 복된 화요일, 즐거운 수요일, 유쾌한 목요일, 기분 좋은 금요일, 영광스런 토요일, 하늘의 기쁨이 넘치는 주일'
　어떤 날에도 충분한 의미와 기쁨이 있다는 사실을 깨달을 때 환경에 상관없이 기쁨이 넘치는 삶을 살아갈 수 있습니다. 하나님의 사랑을 늘 체험하고 묵상하는 그리스도인들에게도 이런 깨달음이 있어야 합니다. 하나님과 함께하는 일주일 내내 특별한 의미를 부여해 보십시오. 반드시 창대하게 될 것입니다.

♡ 주님! 날짜와 요일은 바뀌어도 사명과 목적은 바뀌지 않게 하소서!
🏵 바스커 빌처럼 각 요일을 나만의 긍정적인 단어로 표현해 보십시오.

나의 영적 일지

# 내 생각보다 더

읽을 말씀 : 벧전 2:1-10

● 벧전 2:9 그러나 너희는 택하신 족속이요 왕 같은 제사장들이요 거룩한 나라요 그의 소유가 된 백성이니

6월 22일

한 화장품 회사의 조사에 따르면 자신을 아름답다고 생각하는 여성은 4% 밖에 되지 않는다고 합니다.

여성들이 자신의 외모에 이런 생각을 하게 된 것은 크게 두 가지 이유가 있다고 합니다.

● 첫 번째는 타인과의 비교입니다. 여성들은 자신들의 외모를 방송에 나오는 연예인들과 비교를 합니다. 연예인들은 얼굴을 아름답게 만들기 위해서 많은 시술을 하고 그렇게 아름다워진 얼굴에도 추가로 손을 쓰는 경우가 많습니다. 그래서 일반인이 연예인과 외모를 비교하는 것은 전혀 말이 되지 않으나 사람들은 이런 기준을 갖고 연예인을 닮아가려고 노력합니다.

● 두 번째는 자기비하입니다. 여성들은 다른 사람이 보는 것보다 훨씬 낮은 수준으로 자신의 외모를 평가하고 있습니다. 어떤 사람의 외모를 그려보라고 하면 다른 사람을 그려주는 그림이 자화상을 그린 것보다 훨씬 보기 좋았다고 합니다. 글로 표현해도 마찬가지였습니다. 이런 조사를 통해 한 화장품 회사는 광고에 "당신은 생각보다 더 아름답습니다"라는 문구를 사용해 많은 사람들의 큰 호응을 얻었습니다.

이 말은 사람들에게 하나님이 주시는 메시지이기도 합니다. 모든 사람은 하나님의 계획과 섭리 아래 특별하고 귀하고 아름답게 창조되었습니다. 하나님의 귀한 창조물이라는 사실을 잊지 말고 자존감을 높이십시오. 반드시 창대하게 될 것입니다.

🖤 주님! 잘못된 프레임과 가치관으로 스스로를 보지 않게 하소서!
🙏 외모로 인해 상처받지 말고, 외모로 인해 상처 주지 마십시오.

나의 영적 일지

**6월 23일**

## 초대교회의 구제

읽을 말씀 : 고전 13:1-13

●고전 13:3 내가 내게 있는 모든 것으로 구제하고 또 내 몸을 불사르게 내어 줄지라도 사랑이 없으면 내게 아무 유익이 없느니라

어떤 사람이 길을 가다 구걸을 하는 사람을 보았습니다.

매우 배가 고파 보이는 모습이었지만 사람들은 대부분 무관심하게 지나갔습니다. 그나마 몇몇 사람들이 동전을 던져주었을 뿐입니다. 그러나 남자는 걸인에게 다가가 그의 손을 잡아 주며 따스하게 말을 건넸습니다.

"많은 돈을 드리진 못해서 죄송합니다. 그러나 용기를 전해 드리고 싶습니다. 부디 지금의 생활을 이겨낼 힘이 생기시길 바랍니다. 하나님을 의지한다면 분명 큰 도움이 되실 겁니다."

길을 가던 남자는 웨스트민스터 교회의 F. B. 마이어 목사님이었는데, 목사님은 어려운 사람들에게 적선을 하며 손을 잡아주고 따스한 격려의 말을 건네셨습니다. 그리고 그 이유에 대해서 말했습니다.

"성경에 나오는 초대교회의 구제는 먹을 것만 주는 의무적인 행동이 아니었습니다. 그것은 식탁에 초대하고 기도와 관심을 통해 사랑을 전하는 거룩한 사역이었습니다."

사랑이 없는 구제는 사람들을 더욱 비참하게 만듭니다. 구제 그 자체가 목적이 아니라 구제를 통한 하나님의 사랑을 전달하는 것이 성도의 사명임을 기억하십시오. 반드시 창대하게 될 것입니다.

♥ 주님! 주님이 원하시는 아름다운 구제로 선을 행하게 하소서!
📖 의무가 아닌 사랑의 구제를 행하는 하루가 되십시오.

나의 영적 일지

# 소모적인 논쟁

읽을 말씀 : 마 7:1-6

● 마 7:2 너희가 비판하는 그 비판으로 너희가 비판을 받을 것이요 너희가 헤아리는 그 헤아림으로 너희가 헤아림을 받을 것이니라

그리스의 철학자 아리스토텔레스는 논쟁은 진리를 탐구하기 위해서만 해야 한다고 생각했습니다. 그래서 논쟁에 대해서 다음과 같은 말을 남겼습니다.

"불합리한 것을 내세우지 않고 분별력을 가진 사람들과 논쟁하십시오."

철학자 쇼펜하우어는 다음과 같이 말했습니다.

"아리스토텔레스가 말한 사람은 1%도 존재하지 않는다. 누구와 하든지 말싸움을 즐기고 궤변을 써서라도 이기면 그만이다."

쇼펜하우어는 당대 최고의 논객이라는 평가도 들었습니다. 그러나 대학에서 학생들의 신임을 얻지 못했고, 자신과는 달리 학교에서 인기가 많았던 헤겔의 험담을 평생 동안 했습니다.

쇼펜하우어는 자신의 재능과 기회를 제대로 활용하지 못했습니다. 그래서 뛰어난 재능을 가진 철학자로 평가받으면서도 최근의 학자들이 뽑은 역사상 중요한 업적을 남긴 철학자들의 순위에도 들지 못했습니다.

소모적인 논쟁은 누구에게도 도움이 되지 않습니다. 모든 인간관계와 신앙생활에서 소모적인 논쟁을 건설적인 격려의 모습으로 바꾸십시오. 반드시 창대하게 될 것입니다.

♥ 주님! 비난을 위한 논쟁을 일으키지 않게 하소서!
📖 항상 좋은 방향으로 생각하고 잘되게 하는 노력에 관해 이야기하십시오.

나의 영적 일지

## 6월 25일
## 값진 은혜, 값싼 은혜

읽을 말씀 : 벧후 1:1-11

● 벧후 1:2 하나님과 우리 주 예수를 앎으로 은혜와 평강이 너희에게 더욱 많을지어다

　대표적인 복음주의자인 베들레헴 교회의 존 파이퍼 목사님은 최근에 은퇴를 하셨습니다.
　33년간의 목회를 통해 많은 영혼들을 하나님께로 인도했던 목사님은 마지막 설교로 최근에 크게 대두되고 있는 번영신학을 비판했습니다. 목사님은 세상 속에서 행복한 그리스도인과 성공한 그리스도인은 점점 많아져야 한다고 평소 주장했습니다. 그럼에도 번영 신학을 비판했던 것은 하나님이 빚으신 행복이 아니라 하나님이 주신 물건들로 인해 행복해하는 성도들이 많아지고 있기 때문입니다.
　최근에 미국의 많은 목회자들은 성도들을 모으기 위해서 교회 분위기를 쾌활하고 명랑하게 만들며, 믿음으로 인해 좋은 집과 차, 재정적인 복을 누릴 수 있다고 설교합니다. 그러나 이것은 역설적으로 이미 이런 것들을 가진 사람들에게는 복음이 아무것도 아니라는 사실도 됩니다. 목사님은 '고난과 슬픔 속에서 꺾이지 않는 기쁨'이야말로 하나님이 주신 진정한 행복이며 그리스도인들이 세상 사람들에게 줄 수 있는 진정한 가치라고 마지막 설교를 통해 메시지를 전했습니다.
　독일의 신학자인 본 훼퍼는 "제자의 길을 회피하고 복만 추구하는 신앙"을 값싼 은혜라고 말했습니다. 하나님을 통해 복을 받고 행복해질 수 있는 것은 분명한 사실입니다. 그러나 그 뿌리인 모든 것의 중심이신 예수 그리스도의 십자가와 보혈의 희생에 대해서 잊지 말고 기억하십시오. 반드시 창대하게 될 것입니다.

♥ 주님! 모든 좋은걸 주신 분이 누구인지 깨닫고 감사하게 하소서!
✤ 복음은 단순히 기복이 아니라는 사실을 깨달으십시오.

나의 영적 일지

# 하나님의 사랑

읽을 말씀 : 롬 5:12-21

● 롬 5:19 한 사람이 순종하지 아니함으로 많은 사람이 죄인 된 것 같이 한 사람이 순종하심으로 많은 의인이 되리라

서울 양화진에 있는 외국인 선교사 묘원에는 개화초기부터 헌신을 하셨던 145명의 선교사님들의 무덤이 있습니다.

초기 선교사님들은 한국에 복음을 전했을 뿐 아니라 의료와 교육의 발전에도 지대한 영향을 끼쳤습니다. 그 중에는 한국의 독립을 위해 밀사로 활약한 헐버트 선교사님 같은 분도 계십니다. 먼 이국의 땅에서 목숨까지 잃어야 했던 선교사님들이었지만 이들의 묘비명을 보면 어떠한 마음으로 한국에서 선교를 했는지 알 수 있습니다.

양화진에 최초로 묻히고 제중원에서 일했던 알렌 선교사님은 '하나님의 아들이 나를 사랑하시고 나를 위해 자신을 주셨습니다'라는 묘비명으로 마지막까지 복음을 전했습니다. 여성선교를 위해 헌신했던 힐맨 선교사는 '내가 죽게 될지라도…'라는 묘비명을 남겼습니다.

한국에 온지 8개월 만에 숨을 거두었던 의료 선교사 루비 켄드릭은 '나에게 100개의 생명이 있다면 그 모두를 한국에 바치리라'라는 묘비명으로 한국에 대한 사랑을 표현했습니다. 헐버트 선교사는 '성직자에게 최고의 명예인 웨스트민스터 사원보다 한국 땅에 묻히기를 원한다'고 말했습니다.

이들이 목숨을 잃으면서까지 한국에 와서 봉사를 하고 복음을 전했던 것은 하나님의 사랑 때문이었습니다. 하나님의 사랑으로 인해 변화되고 또한 남을 변화시키는 삶을 사십시오. 반드시 창대하게 될 것입니다.

♥ 주님! 날마다 주님의 사랑을 더욱 알아가게 하소서!
🙏 하나님을 향한 사랑이 사람들에게도 나타나는 삶이 되도록 노력하십시오.

나의 영적 일지

**6월 27일**

## 거룩한 사용처

읽을 말씀 : 롬 8:18-30

● 롬 8:21 그 바라는 것은 피조물도 썩어짐의 종 노릇 한 데서 해방되어 하나님의 자녀들의 영광의 자유에 이르는 것이라

   피아니스트 론 세버린의 집 주변에는 유난히 술집이 많았습니다.
   캘리포니아의 롱비치 주립대학에 다니고 있었던 론은 학교에서 주로 오르간에 대해서 배우고 있었고, 또 교회에서도 오르간 연주자로 봉사하고 있었습니다.
   그런데 하루는 집에 가던 도중 술집에 쌓인 맥주 캔을 보고 '저걸로 오르간을 만들 수 있을 텐데'라는 생각이 들었습니다. 론은 도서관에서 자료를 찾고, 교수들에게 질문을 하며 오르간을 제작하기 시작했습니다. 완성된 설계도를 들고 술집 주인들을 찾아가 맥주 캔을 사용해도 좋다는 허락도 받았습니다. 론은 매일 맥주 캔을 들고 와 깨끗이 소독을 하고 필요한 크기로 절단을 한 뒤 이어 붙여 파이프를 만들기 시작했습니다. 그렇게 3년이 걸려 론은 마침내 연주할 수 있는 파이프 오르간을 만들었습니다.
   론이 만든 파이프 오르간은 전문적인 업체가 제작한 것보다는 외관이 볼품없고, 사용된 재료도 매우 저렴했지만 그래도 내는 소리만큼은 '악기의 왕'이라는 표현이 아깝지 않을 정도로 훌륭했습니다. 론은 자신이 만든 파이프 오르간을 교회에 기증했고, 매주 예배 때마다 직접 연주하며 봉사했습니다.
   세상의 물질은 사용하는 사람에 따라 쓰임이 달라집니다. 하나님이 주신 물건을 하나님의 뜻에 맞게 사용하십시오. 반드시 창대하게 될 것입니다.

♥ 주님! 세상의 물질을 주님의 영광을 위해 사용하게 하소서!
📖 물질의 노예가 되지 말고 하나님의 자녀로써 물질을 지배하십시오.

나의 영적 일지

# 망하는 욕심

읽을 말씀 : 엡 4:17-24

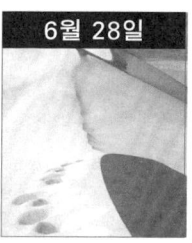

● 엡 4:22  너희는 유혹의 욕심을 따라 썩어져 가는 구습을 따르는 옛 사람을 벗어 버리고

    미국의 한 농장에서 실제로 일어났던 일입니다.
    옥수수를 키우는 한 농부가 우수한 개량종자를 구입했습니다. 관리가 훨씬 쉽고 수확량은 기존 종자보다 몇 배나 많았기 때문에 새로운 종자로 농사를 지은 첫해에는 엄청난 풍작이 났습니다.
    농부가 갑자기 많은 양의 옥수수를 수확했다는 소문을 들은 다른 농가에서는 농부를 찾아와 종자에 대해서 물었습니다. 그러나 농부는 다른 농가들도 풍작을 이루면 옥수수 값이 떨어질까봐 아무런 정보도 주지 않았습니다.
    그러나 몇 년이 지나자 수확량이 점점 줄기 시작했고 농부의 농장에서도 개량종자를 쓰기 전과 같은 평범한 양의 옥수수를 거두었습니다. 기존의 옥수수와 전혀 다를 바 없는 평범한 양과 질이었습니다.
    농부는 수확한 옥수수를 들고 가서 종자를 구입한 업체를 찾아가 이유를 물었습니다. 조사를 마친 회사의 연구원은 농부를 찾아와 말했습니다.
    "개량종자가 잘못된 것은 아닙니다만 주변 농가의 평범한 종자와 섞이는 바람에 혼종이 되어버리고 말았습니다. 혼종만의 장점이 있을 것으로 추측됩니다만 현재로서는 일반 종자의 특성과 비슷해 보입니다."
    이처럼 자신의 욕심만을 챙기려는 사람은 결국 망하게 됩니다. 함께 나누고 공유하고 서로 돕는 진정한 성공을 하나님께 구하십시오. 반드시 창대하게 될 것입니다.

💗 주님! 세상에 대한 모든 욕심을 내려놓게 하소서!
🖼 마음의 욕심을 비우고 그 자리에 사랑과 배려를 채워 나가십시오.

[나의 영적 일지]

### 6월 29일

## 어려웠기 때문에

읽을 말씀 : 빌 4:2-9

● 빌 4:3 또 참으로 나와 멍에를 같이한 네게 구하노니 복음에 나와 함께 힘쓰던 저 여인들을 돕고 또한 글레멘드와 그 외에 나의 동역자들을 도우라 그 이름들이 생명책에 있느니라

    노량진 수산시장의 '젓갈 할머니' Y씨는 지금까지 20억이 넘는 돈을 기부했습니다.
    37년간 젓갈을 팔고 계시는 할머니는 식사도 한두 가지 반찬으로만 하시며 악착같이 돈을 모았습니다. 초등학교만 졸업한 뒤 생활전선에 뛰어드셨기 때문에 조금이라도 아껴서 돈을 모으는 것이 할머니의 생활 신조였습니다.
    그런 할머니가 갑자기 기부에 돈을 쓰기 시작한 것은 20년 전에 머리는 좋았지만 돈이 없어 중학교에 진학하지 못했던 한 학생의 이야기를 듣게 되고부터였습니다. 할머니 역시 공부를 잘해 중학교 진학을 꿈꿨었지만 가난한 집안 탓에 학업을 일찍 접게 되었기에 도와야겠다는 생각을 한 것입니다. 이 일이 시작이 되어 할머니는 열심히 번 돈을 안타까운 사람들에게 기부로 투자하기 시작했습니다.
    할머니에게 도움을 받은 어떤 학생은 창업을 해 사장님이 되었고, 또 어떤 학생은 서울대에 들어가 의사가 되기도 했습니다. 그러나 할머니는 대가를 바라고 도운 것이 아니기 때문에 누구를 얼마나 도와줬는지 전혀 신경 쓰지 않으시며 지금도 어려운 학생들을 찾아다니며 도움을 주고 계십니다.
    어려웠기 때문에 어려운 사람에게 도움을 줄 수가 있습니다. 하나님이 나를 성장시키시고 도와주시는 것은 동일한 도움을 다른 사람들에게 주라는 신호임을 기억하십시오. 반드시 창대하게 될 것입니다.

♥ 주님! 어렵고 힘든 일들로 더욱 성숙하게 하소서!
📖 나와 동일한 아픔을 겪는 사람들을 더욱 배려하고 도움을 주십시오.

나의 영적 일지

# 생각의 변화

6월 30일

읽을 말씀 : 요 6:1-15

● 요 6:14 그 사람들이 예수께서 행하신 이 표적을 보고 말하되 이는 참으로 세상에 오실 그 선지자라 하더라

하버드 대학교의 심리학과 랭어 교수는 우연한 기회에 말이 가지는 힘에 대해서 알게 되었습니다.

호텔에서 청소부로 일하는 사람의 운동량을 조사하던 교수는 이들이 일을 통해 건강을 유지하기에 충분한 운동을 하고 있다는 사실을 알게 되었습니다. 그러나 청소부들의 체중과 건강상태는 전혀 육체노동을 하지 않는 사무직 직원들과 비슷한 상태였습니다.

설문을 하자 청소부들의 40%는 자신의 일이 전혀 운동이 되지 않는다고 생각했습니다. 교수는 이들 중 84명을 따로 뽑아 그들 중 절반인 42명에게만 지금 하고 있는 일이 건강에 매우 도움이 되며 많은 열량을 소모한다고 말해주었습니다. 그리고 한 달이 지난 뒤에 자료를 보여 준 42명의 건강 상태를 다시 체크했습니다.

이들은 평균적으로 몸무게와 복부비만율이 크게 감소했으며 허리둘레와 엉덩이 치수도 줄어들었습니다. 게다가 혈압까지도 10% 정도 낮아지며 전체적으로 건강해졌습니다. 교수의 한마디의 영향이었습니다. 반면에 이들과 똑같은 일을 하며 지낸 다른 42명은 여전히 한 달 전과 같은 평범한 건강상태를 유지하고 있었습니다.

생각의 변화는 실제적인 모습으로 일어납니다. 전도는 힘들다는 생각, 예배는 희생이라는 생각, 신앙이 행복과 성공에 방해된다는 잘못된 생각들을 벗어버리고 성경이 말하는 새로운 생각으로 틀을 짜십시오. 반드시 창대하게 될 것입니다.

♡ 주님! 말씀으로 인해 생각이 변화되게 하소서!
신앙생활에 가지고 있는 부정적인 생각을 긍정적으로 바꿔 생각하십시오.

나의 영적 일지

# 7월

"내가 네게 명령한 것이 아니냐
강하고 담대하라 두려워하지 말며 놀라지 말라
네가 어디로 가든지 네 하나님 여호와가
너와 함께 하느니라 하시니라"

-여호수아 1:9-

**7월 1일**

## 어쨌든 지나간다

읽을 말씀 : 신 11:8-32

● 신 11:19 또 그것을 너희의 자녀에게 가르치며 집에 앉아 있을 때에든지, 길을 갈 때에든지, 누워 있을 때에든지, 일어날 때에든지 이 말씀을 강론하고

그리스의 철학자 소크라테스가 감옥에서 죽을 날을 기다리고 있었습니다.

감옥에는 20대의 젊은 청년이 함께 갇혀 있었는데, 소크라테스와 달리 청년은 1주일 뒤에 감옥에서 나갈 예정이었습니다. 하루는 청년이 소크라테스를 위로하기 위해 '시테시코러스'라는 노래를 불러주었습니다. 청년의 멋진 노래를 들은 소크라테스는 노래를 가르쳐 달라고 부탁했습니다.

"그 멋진 노래를 나에게도 가르쳐 주지 않겠나? 감옥에 들어와서 이대로 죽는가 싶었더니 그나마 다행이군. 한 가지를 더 배운 상태에서 죽을 수 있을 것 같네."

"어차피 1주일 뒤에 사형을 당할 텐데 무슨 소용이 있나요?"

그러자 소크라테스가 대답했습니다.

"어차피 50년 뒤에는 자네도 죽네. 배우든 배우지 않던 시간은 지나가고 사람은 죽지 않는가? 살아있는 동안에 무엇을 하는가가 정말로 중요한 일이라네."

하나님 안에서 온전히 보낸 하루도, 또 세상일에 바쁘게 치이며 살던 하루도 어쨌든 지나갑니다. 같은 시간을 의미 없이 보내지 말고, 기도와 말씀으로 은혜롭게 채우며 후회 없는 삶을 살아가십시오. 반드시 창대하게 될 것입니다.

♡ 주님! 흘러가는 시간들을 귀하게 사용하게 하소서!
🖋 최근 들어 낭비하고 있는 시간들이 있는지 생각해 보십시오.

나의 영적 일지

# 교회의 순작용

읽을 말씀 : 행 9:26-31

● 행 9:31 그리하여 온 유대와 갈릴리와 사마리아 교회가 평안하여 든든히 서가고 주를 경외함과 성령의 위로로 진행하여 수가 더 많아지니라

"교회는 제 음악인생에서 가장 중요한 부분입니다."
국내 최고의 기타리스트인 함춘호 씨의 고백입니다. 2007년에야 앨범 '콰이어트 타임'을 통해 첫 찬양앨범을 낸 그였지만 31년의 음악 인생의 시작부터 모든 과정에는 교회와 신앙이 함께 있었습니다. 중학교 때부터 기타에 미쳐서 기타리스트의 꿈을 키우던 그는 교회를 통해서 새로운 노래와 찬양을 배우며 연습을 했고 또 교회에서 공연을 하며 꿈을 키우고 자신감을 갖게 되었습니다.
성인이 되어 밤무대를 전전하며 유흥에 빠져 살던 때에도 교회에서 만난 아내의 도움으로 겨우 정신을 차리고 다시 하나님 앞에 돌아올 수 있었습니다. 그는 '음악과 아내'를 하나님이 교회를 통해 주신 두 가지 선물이라고 말합니다. 그리고 이 선물로 인해 조용필, 전인권, 송창식, 이승철, 김건모를 비롯해 국내 최고의 가수들이 가장 먼저 찾는 최고의 기타리스트가 될 수 있었습니다.
그러나 지금의 성공 뒤에는 항상 초창기에 교회에서 받았던 도움이 있었다는 사실을 늘 잊지 않고 있습니다. 그래서 바쁜 스케줄에도 불구하고 해외선교 같은 하나님의 일에는 최대한 시간을 내며 자신의 첫 앨범도 모두 찬송가로 채웠습니다.
교회는 사람을 살리기도 하고, 사람을 키우기도 해야 합니다. 사람에 관심을 갖고 더욱 성장시킬 수 있는 세상 속의 교회가 될 수 있도록 늘 기도를 하며 관심을 가지십시오. 반드시 창대하게 될 것입니다.

♥ 주님! 건물과 형식보다 사람에 더욱 관심을 갖는 교회가 되게 하소서!
🙏 우리 교회가 세상에서 순작용을 할 수 있는 기관이 되도록 기도하십시오.

나의 영적 일지

**7월 3일**

# 하나님이 주시는 용기

읽을 말씀 : 삼상 30:1-6

● 삼상 30:6 백성들이 자녀들 때문에 마음이 슬퍼서 다윗을 돌로 치자 하니 다윗이 크게 다급하였으나 그의 하나님 여호와를 힘입고 용기를 얻었더라

윌리엄 게리슨은 미국의 노예제도 폐지를 위해 모든 것을 바쳤던 인물입니다.

그는 '해방자'(The Liberator)라는 신문을 통해 많은 사람들에게 노예 제도가 폐지되어야 하는 당위성에 대해서 알렸습니다. 이런 그의 모습은 당시의 기득권층이었던 노예제도 찬성론자들 눈에는 가시처럼 여겨졌습니다. 이로 인해 그는 많은 경제적인 어려움을 겪었고 때로는 생명에 대한 위협까지도 감수해야 했습니다.

그러나 그는 죽는 순간까지 믿는바를 굽히지 않았습니다. 그는 허드레 일도 마다 않고 돈을 벌었고, 돈이 모자랄 때면 집안의 가재도구까지 팔아가면서 신문을 발행했습니다. 사람들은 윌리엄을 '정직한 신념의 용기를 가진 사람'이라고 불렀습니다. 그는 힘들 때마다 자신의 좌우명을 돌아보며 힘을 얻었는데, 그의 묘비명이기도 한 좌우명의 내용은 다음과 같습니다.

'나는 성실하게 하루를 보내며 인생을 살 것이다.

나는 외로움에 굴하지 않고, 고난을 피하지 않을 것이다.

나는 하나님의 음성을 들을 것이다.'

하나님을 바라볼 때 하나님이 용기를 주십니다. 숱한 어려움 속에서도 중심을 잃지 않고 하나님 앞에 바로 서기를 간구하십시오. 반드시 창대하게 될 것입니다.

♡ 주님! 주님 앞에 떳떳할 수 있는 바른 용기를 주소서!
🖼 하나님의 음성을 외면하지 않는 삶이 되십시오.

나의 영적 일지

# 정직의 자세

읽을 말씀 : 대하 25:1-4

●대하 25:2 아마샤가 여호와께서 보시기에 정직하게 행하기는 하였으나 온전한 마음으로 행하지 아니하였더라

7월 4일

국내 인기 프로그램 K피디가 하와이에 촬영을 갔다가 첫날의 일정을 마치고 호텔로 돌아왔을 때의 일입니다.

K피디는 짐을 들어준 호텔 벨보이에게 실수로 100달러짜리 지폐를 주었습니다. 그런데 다음 날 아침에 100달러와 함께 쪽지가 도착해 있었습니다.

"손님, 이건 팁이라고 하기엔 너무 많습니다. 제 생각엔 손님이 실수하신 것 같네요."

K피디는 벨보이의 정직성에 놀라 자신의 SNS를 통해 이야기를 공유했고, 이 일화는 먼 곳에서 일어난 작은 선행이었지만 '정직한 하우스키퍼'라는 이야기로 많은 사람들에게 퍼져가며 정직에 대한 큰 교훈을 주었습니다.

벤더빌트 대학 수학과의 메디슨 체럿 교수는 감독을 세우지 않고 시험을 치르는 것으로 유명합니다. 교수는 시험을 치르기 전에 늘 다음과 같은 말을 학생들에게 합니다.

"여러분은 오늘 '정직'과 '수학'이라는 두 가지 과목의 시험을 봅니다. 수학은 낙제를 해도 인생은 문제없이 살아갈 수가 있습니다. 그러나 정직을 통과하지 못하면 많은 문제가 생길 것입니다."

직위와 직분에 상관없이 정직의 자세가 필요합니다.

하나님 앞에 정직하고 사람 앞에 정직함으로 누구나 신뢰할 수 있는 사람이 되십시오. 반드시 창대하게 될 것입니다.

💗 주님! 늘 주님께 보인다는 생각으로 정직하게 행하게 하소서!
🌸 작은 말에서부터 정직하기 위한 노력을 시작하십시오.

나의 영적 일지

**7월 5일**

## 나의 가치

읽을 말씀 : 마 16:21-28

● 마 16:26 사람이 만일 온 천하를 얻고도 제 목숨을 잃으면 무엇이 유익하리요 사람이 무엇을 주고 제 목숨과 바꾸겠느냐

시대를 잘못 타고 났다고 불평을 하는 청년이 있었습니다.

청년은 지금은 개천에서 용이 날 수 없는 시대며 불합리한 사회구조 때문에 가난한 가정에서 태어난 자신은 절대로 성공할 수 없다고 생각했습니다. 그래서 별 다른 일이나 노력을 하지 않고 그냥 되는 데로 살았습니다. 하루는 그의 친구 중에서 매우 성공한 사업가가 찾아와 말했습니다.

"자네가 얼마나 부자인지 내가 이제부터 알려주겠네. 자네의 손가락 하나당 천만 원을 쳐 줄 텐데 몇 개나 자르겠나?"

"아무리 돈이 없어도 그건 싫네."

"그럼 한 쪽 팔에 5억을 쳐주겠네, 이건 어떤가?"

"그런 제안을 받아들일 사람이 세상에 어디 있겠나?"

"아무래도 액수가 너무 적은가 보군. 그렇다면 한쪽 눈 당 10억을 쳐주지."

청년은 그것도 싫다고 말했습니다.

"이제 자네가 얼마나 많은 것을 가졌는지 알겠나? 아직도 가진 것이 없다고 불평하며 살텐가?"

하나님의 사람인 나의 가치는 세상의 기준으로 판단할 수 없습니다. 온 세상 보다도 더 가치가 있다고 성경이 말씀하고 있습니다.

하나님의 자녀로써의 자존감을 잃지 말고 당당하게 용기를 가지십시오. 반드시 창대하게 될 것입니다.

♡ 주님! 세상 앞에 기죽지 않는 하나님의 자녀가 되게 하소서!
🖼 하나님의 자녀라는 최고의 자존감을 가지고 하루를 사십시오.

나의 영적 일지

# 생각의 크기

읽을 말씀 : 미 5:2-9

● 미 5:4 그가 여호와의 능력과 그의 하나님 여호와의 이름의 위엄을 의지하고 서서 목축하니 그들이 거주할 것이라 이제 그가 창대하여 땅 끝까지 미치리라

    일본 사람들이 관상용으로 기르는 물고기 중에 코이라는 잉어가 있습니다.
    이 물고기에게는 자라는 환경에 따라 몸 크기가 달라지는 특징이 있습니다. 일반적인 어항에 코이 잉어를 넣어서 키우면 보통 10cm까지 몸이 자랍니다. 그러나 대형 어항이나 수족관, 작은 연못 등의 더 큰 환경에서 잉어를 키우면 20~30cm까지 몸이 자라납니다. 만약에 이 잉어가 폭이 넓은 강에서 살게 된다면 그 몸길이는 1m가 넘을 때까지 자랍니다.
    이 잉어가 이런 특성을 갖는 것은 뛰어난 적응력 때문입니다. 움직일 곳이 많지 않고 천적도 없는 경우에는 굳이 덩치가 커져봤자 식량과 에너지 소모가 많기 때문에 체구를 작게 키우고, 반대로 강과 같이 천적도 있고 다양한 생물과 함께 사는 경우에는 덩치를 키워 위협을 줌으로 위험을 피하기 위해서입니다.
    우리는 코이 물고기로부터 두 가지 중요한 사실을 배울 수 있습니다.
    첫째는 세상 앞에는 떳떳하게 하나님 앞에서는 겸손하게 상황에 맞춰 행동하는 지혜입니다.
    둘째는 하나님이 주신 가능성을 제한하지 않고 사명에 맞는 꿈을 펼치는 담대함입니다.
    말씀을 통해 생각의 지경을 넓히고 큰 꿈을 가지십시오. 반드시 창대하게 될 것입니다.

♡ 주님! 믿음으로 비전을 이뤄가게 하소서!
🖼 환경에 구애를 받지 말고 말씀을 통해 비전의 크기를 정하십시오.

> 나의 영적 일지

## 7월 7일
## 시간의 압박

읽을 말씀 : 살전 1:2-10

● 살전 1:5 이는 우리 복음이 너희에게 말로만 이른 것이 아니라 또한 능력과 성령과 큰 확신으로 된 것임이라 우리가 너희 가운데서 너희를 위하여 어떤 사람이 된 것은 너희가 아는 바와 같으니라

세계자동차협회에서 주최하는 '포뮬러 1' 대회의 기획자인 억만장자 버니 에클레스턴은 어떤 잡지와의 인터뷰에서 다음과 같은 질문을 받았습니다.

"사장님의 일에 대한 열정은 누구나 인정할 정도입니다. 그렇다면 일 외에 삶은 회장님께 어느 정도로 중요합니까?"

"저는 일 외적인 부분이 더욱 중요하다고 생각합니다. 그러나 사실 일 외의 삶을 위한 시간은 정작 거의 내지 못하고 있습니다."

라인하르트 슈프렝어는 성공한 사업가나 정치계의 거물들을 만나서 인터뷰를 하는 일을 합니다. 그는 어떤 사람을 만나든지 인생에서 가장 중요한 것이 무엇인지 묻습니다.

"제가 이 질문을 하면 대부분의 사람들은 '가족'이라고 대답합니다. 그러면 저는 곧 바로 일주일에 가족을 위해서 얼마나 시간을 내는지 묻습니다. 그 대답을 들으면 가족이 정말로 소중한지 분명히 알 수 있습니다. 가장 소중한 것을 위해서 시간을 내지 못한다는 건 말이 안 되는 이야기이기 때문입니다."

하나님이 정말로 내 인생에서 가장 중요하다면 그분을 위한 시간은 항상 우선순위에 있어야 합니다.

'시간이 부족하다', '일이 바쁘다'라는 잘못된 변명에서 벗어나 올바른 우선순위를 회복하십시오. 반드시 창대하게 될 것입니다.

♥ 주님! 가장 귀한 시간을 먼저 주님께 드리게 하소서!
🙏 하나님을 위한 시간을 먼저 계획하고 모든 일을 처리하십시오.

나의 영적 일지

# 인재의 세 가지 조건

읽을 말씀 : 신 32:37-47

- 신 32:46 그들에게 이르되 내가 오늘 너희에게 증언한 모든 말을 너희의 마음에 두고 너희의 자녀에게 명령하여 이 율법의 모든 말씀을 지켜 행하게 하라

도산 안창호 선생은 조국의 독립을 위해서 몸을 아끼지 않았으며 또한 나라를 살릴 인재 양성을 위해 평생을 바쳤기 때문에 사람들은 그를 '겨레의 스승'이라고 불렀습니다. 안창호 선생은 "나라의 인재에게는 세 가지 조건이 필요하다"고 말했습니다.

- 첫째는 정직입니다.

'죽더라도 거짓말은 하지 말아라'가 안창호 선생이 세운 대성학교의 교훈이었으며 안창호 선생을 크게 만든 밑거름이었습니다.

- 둘째는 사랑입니다.

물질이 풍요로운 것보다 마음이 풍요로운 것이 더욱 중요하기 때문입니다. 안창호 선생은 국민들이 서로 사랑만 한다면 어떤 어려움이 와도 살아남을 수 있을 것이라고 유언을 남길 정도로 사랑을 중요하게 생각했습니다.

- 셋째는 신앙입니다.

안창호 선생은 민족을 계몽하면서 복음을 전하는 일에도 열심을 내셨습니다. 모든 대한민국 국민이 손에 성경을 드는 날이 온다면 우리나라가 전인적으로 올바로 세워진다고까지 말하며 신앙의 중요성을 강조하셨습니다.

하나님께 쓰임 받기 위해선 정직해야 하며, 이웃을 사랑해야 하며, 하나님의 말씀을 청종해야 합니다. 세 가지 조건을 모두 충족하는 노력으로 하나님이 사용하시는 사람이 되십시오. 반드시 창대하게 될 것입니다.

💚 주님! 정직하게 하고, 사랑하게 하고, 더욱 믿게 하소서!
🔖 세 가지 조건 중 가장 부족한 점이 무엇인지 파악해 보십시오.

나의 영적 일지

### 7월 9일
## 예수님을 모신 곳

읽을 말씀 : 마 6:19-34

● 마 6:24 한 사람이 두 주인을 섬기지 못할 것이니 혹 이를 미워하고 저를 사랑하거나 혹 이를 중히 여기고 저를 경히 여김이라 너희가 하나님과 재물을 겸하여 섬기지 못하느니라

기독교 잡지 '선데이'에 「당신은 예수님을 어디에 모시고 있는가?」라는 글이 실린 적이 있습니다.

"어떤 성도들은 예수님을 스페어타이어로 여겨 자동차 트렁크에 넣어둡니다. 그들은 자신이 인생의 주인이 돼서 살아갑니다. 다만 갑자기 타이어가 펑크가 나거나 큰 사고가 생길 때는 예수님을 찾습니다. 트렁크를 열고 '예수님, 제발 지금의 문제를 해결해주세요'라는 기도를 한 뒤에 다시 문을 닫습니다. 그들에게 예수님은 문제가 생겼을 때 좋은 해결책이 되는 하나의 수단입니다.

다음으로는 예수님을 보조석에 앉히는 성도들이 있습니다. 이들은 예수님을 좀 더 가까이에 두며 때때로 예수님이 원하시는 대로 살아가기도 합니다. 그러나 최종 결정권을 쥐고 운전석에 앉아있는 건 여전히 본인이며 모든 문제의 최후 결정권을 스스로가 쥐고 있습니다.

마지막으로는 예수님을 운전석에 앉히는 성도들이 있습니다. 이들은 삶의 최종 결정권을 예수님께 넘겨 드리며 자신이 바라는 결정보다는 예수님이 바라는 대로 결정하기를 원합니다."

당신은 지금 예수님을 인생의 어느 자리에 모시고 있습니까? 예수님은 비상시기에 필요한 분이 아니며 우리를 돕기 위한 비서로 자리 잡고 계시는 분은 더더욱 아닙니다.

언제나 주님에게 인생의 주권을 맡기십시오. 반드시 창대하게 될 것입니다.

♡ 주님! 주님을 제 삶의 구주로 모시고 섬기게 하소서!
📖 내 인생의 최종 결정을 내리는 분이 예수님이 되도록 하십시오.

나의 영적 일지

# 누구나 나눌 수 있는 것

읽을 말씀 : 마 14:13-21

● 마 14:16 예수께서 이르시되 갈 것 없다 너희가 먹을 것을 주라

인도에는 '누구나 나눌 수 있는 일곱 가지 재산'이란 글이 있습니다.
1 부드럽고 밝은 미소로 사람을 대하는 것.
2. 사랑과 칭찬, 위로와 양보의 말을 하는 것.
3. 선한 마음으로 좋은 생각을 해주는 것.
4. 호의를 담은 눈으로 사람을 바라보는 것.
5. 몸을 쓰는 일로 다른 사람을 도와주는 것.
6. 버스자리 같은 작은 특권이라도 더 필요한 사람에게 양보하는 것.
7. 다른 사람의 마음을 이해하려고 노력하는 것.
이 일곱 가지 재산의 알려진 다른 제목은 '인생을 행복하게 하는 일곱 가지 습관'입니다.

이 일곱 가지 나눔은 누구나 약간의 노력만으로 실천할 수 있습니다. 그러나 작은 실천을 통해 주는 사람과 받는 사람을 모두 행복하게 만드는 귀중한 재산입니다.

나눔은 거창하고 어려운 것이 아닙니다. 약간의 배려로도 누구나 충분히 할 수 있는 섬김입니다. 본문에 나온 일곱 가지 작은 배려를 하루에 최소 한 가지라도 실천하고자 노력하십시오. 반드시 창대하게 될 것입니다.

♡ 주님! 먼저 다가가 섬기고 위로하는 성도가 되게 하소서!
📖 하루에 한 가지 정도는 물질 외의 것으로도 나누는 사람이 되십시오.

나의 영적 일지

**7월 11일**

## 사랑과 후회

읽을 말씀 : 고전 13:1-13

● 고전 13:4 사랑은 오래 참고 사랑은 온유하며 시기하지 아니하며 사랑은 자랑하지 아니하며 교만하지 아니하며

최근에 인터넷에서 이슈가 된 '대답 없는 문자'라는 글과 사진이 있었습니다.

한 학생이 엄마라고 저장되어 있는 번호로 '엄마', '사랑해'라는 글과 함께 하트 이모티콘을 보냈지만 오랜 시간 답이 오지 않는 사진이었습니다. 그리고 그 사진 밑에는 "오늘이 저희 어머니 돌아가신지 일 년이 된 날입니다. 아무리 불러 봐도 답이 없으시네요."라는 글이 있었습니다.

작성된 글에는 비슷한 사연을 가진 많은 사람들의 댓글이 달렸습니다. 대부분 부모님이 돌아가시고 난 뒤에야 사랑을 더 자주 고백하지 못하고 연락을 드리지 못했던 것에 대한 사람들의 후회였습니다.

영국의 역사가인 토마스 칼라일은 연구를 하는 데만 혈안이 되어 있어서 아내에겐 늘 신경질적으로 대했습니다. 칼라일의 아내는 남편이 자신을 사랑하지 않는다고 생각해 우울증에 걸려 일찍 죽고 말았는데, 아내가 죽고 난 뒤에 칼라일은 '나는 아내를 정말로 사랑했다. 그러나 이제 누가 나의 말을 믿어주겠는가? 아내를 딱 2분 만 만날 수 있다면 마음을 다해 사랑을 고백할 텐데...'라는 말을 했습니다.

삶에서 가장 후회하게 되는 것은 고백하지 못한 사랑입니다. 사람들이 아직 곁에 있는 시간에 사랑을 고백하십시오. 반드시 창대하게 될 것입니다.

♥ 주님! 하나님에게도, 사람에게도 미루지 않고 사랑을 고백하게 하소서!
📷 사랑을 고백해야겠다는 생각은 미루지 말고 행동하십시오.

나의 영적 일지

# 오늘의 감동

읽을 말씀 : 대하 30:1-12

●대하 30:12 하나님의 손이 또한 유다 사람들을 감동시키사 그들에게 왕과 방백들이 여호와의 말씀대로 전한 명령을 한 마음으로 준행하게 하셨더라

7월 12일

'삼중고의 천사' 헬렌 켈러는 본다는 것에 대한 소망을 글로 표현했습니다.
'내가 한 번만 아름다운 무지개를 볼 수 있다면...
저 떨어지는 낙엽을 볼 수가 있다면...
산 속에 흐르는 시냇물을 바라 볼 수 있다면...
아름답게 지는 저 석양을 단 한 번만 바라볼 수 있다면...'
그리고 또한 다음과 같은 고백을 했습니다.
'나를 자상하게 가르치고 친절이 무엇인지 알려주신 설리반 선생님을 볼 수 있다면...
설교로 감동을 주었던 필립 목사님의 얼굴을 한 번만 볼 수 있다면...
하나님의 말씀으로 내 삶을 바꿔주었던 성경을
이 눈으로 딱 한 번만 직접 볼 수 있게 된다면...'
헬렌 켈러는 본다는 것이 단언컨대 가장 큰 축복이라고 말했습니다. 우리가 이번 주에 봤던 성경, 말씀을 전해주시던 목사님, 함께 교제하던 믿음의 형제자매와 사랑하는 가족, 이 모든 것과 마주할 수 있는 것이 하나님이 주신 큰 축복이라고 생각하며 새롭게 가치를 알고 살아가십시오. 반드시 창대하게 될 것입니다.

♡ 주님! 일상을 통해 주님의 사랑을 깨닫고 또 감동하게 하소서!
❀ 본다는 것에 대한 감사함을 가지고 한 주를 살아보십시오.

나의 영적 일지

## 마지막 끈

**7월 13일**

읽을 말씀 : 시 43:1-5

● 시 43:5 내 영혼아 네가 어찌하여 낙심하며 어찌하여 내 속에서 불안해하는가 너는 하나님께 소망을 두라 그가 나타나 도우심으로 말미암아 내 하나님을 여전히 찬송하리로다

영국의 케이 미술관에는 프레드릭 왓츠가 그린 '소망'이라는 그림이 전시되어 있습니다.

동그란 지구 위에 눈을 다쳐 가리고 있는 한 여인이 손에는 작은 비파를 들고 있습니다. 그 비파는 한 줄만 남겨져 있고 다른 줄은 모두 끊어져 있는 상태며 배경은 어두워 제대로 분간을 할 수 없는 상태로 표현되어 있습니다. 그러나 그 상황에서도 여인의 표정에는 두려움이 서려있지 않으며, 오히려 한 줄만 남아있는 비파를 계속해서 켜는 포즈를 잡고 있습니다.

프레드릭은 이 그림에 대해서 다음과 같이 설명했습니다.

"인간에게 그 어떤 시련이 닥친다 해도 소망만 있다면 극복이 가능하다는 메시지를 전하고 싶었습니다. 어두운 세상이라 해도, 눈이 다쳤다 해도, 소망만 있다면 인간은 모든 시련을 극복할 수 있습니다. 비파의 마지막 남은 한 줄은 그 소망을 표현한 것입니다."

그리스도인의 소망은 단순히 어떠한 일에 대한 바람과 생각만을 가져서는 안 됩니다. 그리스도인의 소망의 줄은 분명히 하나님을 의지해야 하고 말씀으로 인해 연결되어 있어야 합니다.

허황된 긍정과 막연한 소망이 아니라 하나님께 연결된 소망의 줄을 잡으십시오. 반드시 창대하게 될 것입니다.

💚 주님! 어려운 순간일수록 고개를 들어 주님을 바라보게 하소서!
🖼 하나님은 나를 절대로 포기하지 않으심을 믿으십시오.

나의 영적 일지

# 인생의 자물쇠

7월 14일

읽을 말씀 : 마 18:15-20

● 마 18:18 진실로 너희에게 이르노니 무엇이든지 너희가 땅에서 매면 하늘에서도 매일 것이요 무엇이든지 땅에서 풀면 하늘에서도 풀리리라

중세 프랑스에서 가장 뛰어난 학식을 지녔던 여성으로 신학자, 철학자였던 엘로이즈는 '인간에게는 여섯 가지 감옥이 있다'고 말했습니다.
 1. 자신의 아름다움만을 보려고 하는 감옥
 2. 다른 사람의 단점만을 보려고 하는 감옥
 3. 내일을 절망적으로 생각하고 염려하는 감옥
 4. 과거만을 그리워하고 오늘을 찌꺼기로 여기는 감옥
 5. 남이 가진 것을 부러워하는 감옥
 6. 남의 성공을 질투하고 싫어하는 감옥
 그리고 이 여섯 가지 감옥에 대해서 다음과 같이 말했습니다.
 "이 감옥들은 잠긴 자물쇠와 같습니다. 그러나 이 자물쇠를 풀기 위해서는 딱 한 가지 열쇠만 있으면 되는데 그것은 바로 하나님을 향한 기도입니다."
 마음으로 죄를 짓고, 선을 행하지 못하는 모든 잘못된 일들에 대한 해결책은 바로 기도입니다.
 마음이 힘들고, 죄를 짓게 될수록 더더욱 기도하며 주님께 나아가십시오. 반드시 창대하게 될 것입니다.

💗 주님! 주님과의 교제를 통해 인생의 문제를 하나씩 열어가게 하소서!
📖 마음이 어려울 땐 기도하고, 문제가 생길 때도 기도하십시오.

나의 영적 일지

**7월 15일**

# 신앙의 연쇄작용

읽을 말씀 : 마 28:16-20

●마 28:19 그러므로 너희는 가서 모든 민족을 제자로 삼아 아버지와 아들과 성령의 이름으로 세례를 베풀고

    1858년, 보스턴의 작은 교회의 주일 학교 교사인 킴볼 씨는 신발 가게에서 구두 수선 일을 하는 소년 한 명에게 복음을 전했습니다.
    무디라는 이름의 이 소년은 훗날 설교자가 되어서 수많은 사람들에게 복음을 전했습니다.
    1879년 무디 선생님의 설교를 들은 프레드릭 마이어라는 목사님은 자신도 더욱 열정적으로 복음을 전해야겠다는 생각을 하게 됩니다.
    그리고 여러 대학을 찾아다니며 복음을 전하기 시작했는데, 마이어 목사님을 통해 복음을 믿게 된 채프먼은 YMCA라는 단체에서 일을 하며 복음을 전했고, 그는 빌리 선데이라는 야구 선수에게도 복음을 전했습니다. 빌리 선데이는 유명한 야구 선수였지만 그보다 더 유명한 전도자로써의 삶을 살았습니다. 선데이는 노스캐롤라이나주의 샬럿에서 큰 부흥회를 열었는데 이 부흥회에서 빌리 그래함이라는 청년이 예수님을 영접하고 또 다른 전도자의 길을 걷게 됩니다.
    그리고 그래함 목사님은 1973년도에 한국에 와서 여의도 광장에서 복음전도대회를 열었고 연인원 삼백삼십만 명이 넘는 사람들이 집회에 참석하며 한국 기독교의 부흥에 큰 초석을 놓게 되었습니다.
    예수님으로부터 시작된 복음의 기쁜 소식은 열 두 제자를 거쳐 초대 교회를 거쳐 지금까지 많은 사람들에게 전해 내려오고 있습니다.
    거두시는 분은 하나님이심을 잊지 말고 다만 씨를 뿌리는 노력을 멈추지 마십시오. 반드시 창대하게 될 것입니다.

♥ 주님! 어렵다는 이유로 전도를 포기하는 사람이 되지 않게 하소서!
📖 나를 통해 복음을 알게 된 사람들이 누구인지 생각해 보십시오.

**나의 영적 일지**

# 세상을 읽는 지혜

읽을 말씀 : 마 24:32-51

● 마 24:45 충성되고 지혜 있는 종이 되어 주인에게 그 집 사람들을 맡아 때를 따라 양식을 나눠 줄 자가 누구냐

7월 16일

    맥도날드를 창업한 레이 크록은 투자자를 모집하기 위해 100여명의 사업가를 만났지만 모두 거절을 당했습니다.
    크록에게는 분명히 성공시킬 자신감이 있었고 철저한 사업 계획서도 있었지만 선뜻 투자를 하겠다는 사람은 한 명도 없었습니다. 마음이 다급해진 크록은 탐 시라는 투자자를 찾아가 제안을 했습니다.
    "10만 달러만 투자를 해주신다면 창업한 회사의 지분을 30%를 드리겠습니다."
    그러나 며칠이 지난 뒤 다음과 같은 답변을 받았습니다.
    "당신이 준 사업 계획서를 면밀히 검토해봤습니다. 세 번이나요. 그리고 제 친구에게도 검토를 부탁했죠. 그러나 우린 햄버거를 팔아서 돈을 벌 수 없다는 결론을 내렸습니다."
    결국 약 1억 원으로 맥도날드의 지분을 30%나 가질 수 있었던 기회는 부족한 안목으로 다른 사업가에게 넘어가고 말았습니다.
    예수님은 세상의 경제의 흐름을 잘 알고 계실 정도로 세상에 관심이 많으셨습니다. 그러나 그것은 세상에 대한 관심이 아니라 하나님 나라를 위한 수단으로서의 관심이셨습니다.
    믿음의 눈으로 세상의 흐름을 살펴보고 넓은 안목으로 사회를 바라보십시오. 반드시 창대하게 될 것입니다.

♥ 주님! 세상의 흐름을 지혜롭게 활용하는 성도가 되게 하소서!
📖 시사와 정치, 국제 정세에도 관심을 가지고 기도하십시오.

나의 영적 일지

## 거북이 교인

**7월 17일**

읽을 말씀 : 고전 3:1-9

● 고전 3:3 너희는 아직도 육신에 속한 자로다 너희 가운데 시기와 분쟁이 있으니 어찌 육신에 속하여 사람을 따라 행함이 아니리요

미국 교인들 사이에서는 '거북이 교인'이라는 말이 있다고 합니다.

교회는 다니지만 신앙생활을 교양생활처럼 하는 성도들을 일컫는 농담인데, 이 말은 거북이의 두 가지 특징 때문에 생겼습니다.

첫째로 거북이는 오랜 기간을 먹지 않아도 생명을 유지할 수가 있습니다.

사람은 식음을 전폐할 경우에는 일주일 정도 살 수 있고, 몸집이 작은 새는 10일 정도, 강아지의 경우 20일을 살 수가 있습니다. 그러나 신진 대사율이 낮은 거북이는 500일을 넘게 살 수가 있습니다. '영의 양식'인 하나님의 말씀을 거북이처럼 거의 먹지 않고 살아가는 교인들을 빗댄 말입니다.

둘째는 거북이의 강력한 목 힘입니다.

거북이의 목 힘은 워낙 강해서 한 번 등껍질 사이로 집어넣으면 아무리 힘이 강한 사람이 와도 절대로 꺼낼 수 없다고 합니다. 그러나 주변에 불을 피워 조금만 따뜻하게 해주면 몇 분도 되지 않아 금세 목을 뺍니다.

거북이의 이런 습성은 입맛에 맞는 설교를 하는 교회를 찾아다니고 복음과 헌신에 대해서는 무관심한 일부 성도들의 특성에 대해서 꼬집은 것입니다.

진정한 신앙생활은 내 입맛대로 하는 것이 아니라 하나님 뜻대로 하는 것입니다. 하나님의 말씀에 귀 기울이고 복음을 온전히 받아들이는 진짜 신앙생활을 하십시오. 반드시 창대하게 될 것입니다.

♡ 주님! 더욱 더 주님을 위해 살아가게 하소서!
📖 잘못된 신앙생활의 모습이 나타나진 않는지 점검해 보십시오.

나의 영적 일지

# 거룩한 삶

읽을 말씀 : 딤후 1:3-18

●딤후 1:14 우리 안에 거하시는 성령으로 말미암아 네게 부탁한 아름다운 것을 지키라

7월 18일

　미국의 범죄율은 매우 높은 편이지만 대도시의 경우는 치안이 매우 안정되어 있습니다.
　그 중에서도 수도인 워싱턴의 범죄율은 매우 낮은 편인데, 이런 워싱턴에서 대낮에 강도사건이 벌어져서 사람들이 놀랐던 적이 있습니다. 총으로 무장을 한 강도 2명은 해도 지지 않은 환한 오후에 주류 판매점에 들어가 주인을 총으로 위협하고 현금을 훔쳐 달아났습니다.
　이 광경을 목격한 많은 시민들이 신고를 했고 바로 출동한 경찰에 의해서 손쉽게 체포되었습니다. 경찰은 범인을 심문하는 도중에 범행 시간을 대낮으로 정한 이유에 대해서 묻자 범인이 대답했습니다.
　"요즘 세상이 너무 험악합니다. 밤에 훔쳤다가는 도망가는 도중에 다른 도둑에게 돈을 빼앗길까봐 걱정이 돼서 대낮에 돈을 훔쳤습니다."
　다음 날 이 사건은 '도둑을 두려워한 도둑'이라는 제목으로 워싱턴의 지역신문에 실렸고 많은 사람들에게 큰 화제가 되었습니다.
　성도들은 다른 사람이나 세상을 비난하기 전에 먼저 스스로를 돌아봐야 합니다. 사람과 사회의 잘못은 바로 성도들이 제 역할 못하기 때문일 수가 있습니다.
　불평과 불만을 가지기 전에 먼저 세상과 구별된 거룩한 삶으로 예수님이 말씀하신 삶을 사십시오. 반드시 창대하게 될 것입니다.

♡ 주님! 먼저 스스로를 돌아보고 변화하는 삶을 살게 하소서!
📖 다른 사람의 잘못보다 먼저 스스로의 잘못을 돌아보십시오.

나의 영적 일지

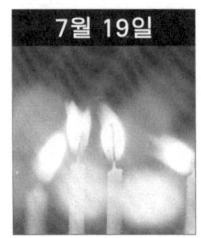

**7월 19일**

## 천국을 갈 수 있는 방법

읽을 말씀 : 롬 10:1-15

● 롬 10:9 네가 만일 네 입으로 예수를 주로 시인하며 또 하나님께서 그를 죽은 자 가운데서 살리신 것을 네 마음에 믿으면 구원을 받으리라

　미국의 신앙잡지 '크리스천투데이'에서 아직 미혼인 청년 그리스도인을 대상으로 '천국에 갈 수 있는 방법이 무엇입니까?'라고 질문을 한 적이 있습니다.
　그런데 조사 인원 중 85% 정도는 교회에서 가르치는 성경의 기본대로 응답을 하지 못했습니다. 그 중에는 '교회에 빠지지 않고 잘 다니면', '착하게만 살다보면', '믿음을 위해 노력하면' 같이 제멋대로인 답이 많았고 심지어는 '성경을 일독하면 된다' 같이 황당한 답변도 있었습니다. '예수님이 하나님의 아들임을 믿고 그분으로 인해 구원을 받고 천국을 갈 수 있다고 믿는 것'이라는 대답은 전체의 15%에 불과했습니다. 더욱 충격적인 것은 조사에 동원된 사람들 대부분이 교회를 어렸을 때부터 다녔던 사람들이라는 점이었습니다.
　이런 조사 결과에 대해서 크리스천투데이는 교회에 오래 다닌다는 것이 바른 구원관을 가지고 있다는 것을 의미하지 않으며 교회에서 가장 기본적인 구원관에 대해서 더욱 체계적으로 가르칠 필요가 있다고 언급했습니다.
　천국에 가기 위해서는 거듭남이 있어야 하고, 그 거듭남을 위해서는 예수님의 보혈의 능력을 믿어야 합니다. 의례적으로 지속되는 신앙생활에는 아무런 변화도 능력도, 진정한 구원도 없습니다.
　예수님으로 인해 구원받는다는 진리를 확실히 믿으십시오. 반드시 창대하게 될 것입니다.

♡ 주님! 교회에 출석하지만 구원의 확신이 없는 사람에게 복음을 전하게 하소서!
🎴 확실한 구원관을 가지고 또 확실한 구원관을 전파하십시오.

나의 영적 일지

# 바쁜 신앙생활

읽을 말씀 : 마 13:10-30

● 마 13:23 좋은 땅에 뿌려졌다는 것은 말씀을 듣고 깨닫는 자니 결실하여 어떤 것은 백 배, 어떤 것은 육십 배, 어떤 것은 삼십 배가 되느니라 하시더라

'백화점 왕' 워너메이커의 첫 직장은 14살 때 일했던 상점의 점원이었습니다.

어른들에 비해서 절반도 되지 않는 급여를 받았지만 10년 간 일을 하며 돈을 모아 옷가게를 차렸고, 옷가게를 차린 뒤 또 10년 만에 세계 최초의 백화점을 세웠습니다.

워너메이커를 아는 사람들은 그의 대단함이 사업보다도 신앙에 있다고 말합니다. 워너메이커는 60년 가까이 일선에서 경영을 했지만 이 와중에 한 번도 신앙생활을 게을리 하지 않았습니다. 아무리 돈을 많이 벌어도 십일조를 비롯한 헌금 생활을 소홀히 하지 않았고, 주일 성수도 어기지 않았을 뿐더러 교회학교 교사로까지 헌신을 했습니다.

워너메이커는 '자신의 성공비결을 일곱 가지'를 꼽았는데 그 중 세 가지는 신앙생활과 관련된 것입니다.

● 첫째, 아침에 일찍 일어나서 묵상하는 시간을 갖는다.

● 둘째, 책을 가까이 한다. 특히 성경책은 매일 읽는다.

● 셋째, 매일 아침저녁으로 하나님과 기도로 대화하는 시간을 갖는다.

워너메이커는 바쁜 생활 때문에 신앙을 소홀히 하지 않았습니다. 그것은 신앙이 성공의 방해가 아니라 비결이라고 생각했기 때문입니다. 회사생활을 이유로 신앙생활을 소홀히 하지 말고 매일 주님을 만나고 교제하는 시간을 만드십시오. 반드시 창대하게 될 것입니다.

♡ 주님! 교회 생활이 바쁘다고 불평하지 않게 하소서!
🖼 감당할 수 있는 한도 내에서 최선을 다해 신앙생활을 하십시오.

나의 영적 일지

## 7월 21일
## 당당히 선포하라

읽을 말씀 : 대상 16:21-28

● 대상 16:23 온 땅이여 여호와께 노래하며 그의 구원을 날마다 선포 할지어다

13세기 이탈리아의 유명한 탐험가인 마르코 폴로는 중국에서만 17년을 살았습니다.

그는 유럽에서 중국을 오가며 들렀던 나라들에서 경험한 것과 중국에서의 생활을 토대로 '동방견문록'이라는 책을 썼습니다. 그러나 당시 유럽인들에게 동방의 땅은 미지의 세계였기 때문에 그들은 이 책의 내용을 믿지 못했습니다. 심지어 마르코 폴로가 나이가 들어 죽기 직전에 그의 친구들은 마르코 폴로를 찾아와 말했습니다.

"이제 살날이 머지않았으니 그만 진실을 밝혀주면 안되겠나? 자네가 쓴 그 책들이 모두 소설이라고 속 시원히 말해주게나, 우리로서는 도저히 그 내용을 믿을 수가 없네."

"천만에, 그 책은 모두 진실이라네. 사실 나는 내가 보고 경험한 것의 반도 그 책에 담지 못했네. 머지않아 자네들, 어쩌면 자네의 후손들이라면 진실을 알게 되겠지."

주님을 향한 믿음을 고백하는 많은 성도들이 세상에 나가서는 확실히 자신의 믿는 것을 말하지 못하는 경우가 많습니다. 그러나 확실히 믿는 사실이라면 전함에 있어서 두려워함이 없어야 합니다.

구원의 사실에 대해서 누가 뭐래도 담대히 선포하고 증거하는 성도가 되십시오. 반드시 창대하게 될 것입니다.

♥ 주님! 아직 알지 못하는 사람들에게 알아야 할 것을 전하는 삶이 되게 하소서!
🧩 언제 어디서나 당당히 신앙에 대해서 고백할 수 있는 자세를 갖추십시오.

나의 영적 일지

# 분별과 순종

읽을 말씀 : 몬 1:8-22

● 몬 1:21 나는 네가 순종할 것을 확신하므로 네게 썼노니 네가 내게 말한 것보다 더 행할 줄을 아노라

브룩 포스라는 신학자는 성도의 특징에 대해 말했습니다.

"성도의 특징은 완전과 무결이 아니라 분별하는 능력에 있습니다. 성도는 잘못을 하지 않는 사람이 아니라 잘못을 하나님께 고백하고 맡기는 사람입니다."

파스칼은 성도가 얻을 수 있는 평안에 대해서 말했습니다.

"만일 당신이 십자가에 못 박히신 그리스도를 믿는다면 지구상의 가장 위대한 철학자도 얻지 못했던 평안을 얻을 것입니다."

철학자 키에르케고르는 불순종에 대해서 말했습니다.

"믿지 못하는 사람은 순종하기도 어렵습니다. 순종하지 못한다면 믿지 못하는 겁니다."

마틴 루터는 인생의 어려움이 생길 때마다 어떻게 극복하냐는 질문에 대답했습니다.

"빛을 쳐다봅니다. 고개를 들어 주님을 바라봅니다."

의심과 믿음, 분별과 순종은 신앙생활에서 바르게 균형을 잡아야 합니다. 이 땅에서 사람은 어떤 노력을 통해서도 완전해 질 수 없지만 모든 죄와 잘못을 하나님께서 책임져 주시고 천국의 평안을 주십니다.

믿는 그대로를 통해 순종하십시오. 반드시 창대하게 될 것입니다.

♡ 주님! 살아계신 하나님을 믿고 또 체험하게 하소서!
🖋 살아계신 하나님을 바라보며 사는 하루가 되십시오.

나의 영적 일지

**7월 23일**

# 그리스도인의 기대치

읽을 말씀 : 히 4;1-13

● 히 4:12 하나님의 말씀은 살아 있고 활력이 있어 좌우에 날선 어떤 검보다도 예리하여 혼과 영과 및 관절과 골수를 찔러 쪼개기까지 하며 또 마음의 생각과 뜻을 판단하나니

　미국 대통령이었던 지미 카터는 은퇴 뒤에 '사랑의 집짓기 운동'을 하며 세계의 분쟁지역을 돌아다니며 평화 운동을 하고 있습니다.
　독실한 크리스천 지미 카터는 그의 신앙고백이 담긴 '살아있는 신앙'이라는 책을 썼는데, 이 책에는 신앙인의 기준에 대한 글이 나와 있습니다.
　"신앙을 가진 사람들에게는 일반 사람들보다도 높은 삶의 표준과 기대치가 있어야 합니다. 그것이 성경을 통해 예수님이 보여주시고 가르쳐주신 삶의 원칙이기 때문입니다. 그리고 또한 이 원칙은 단순히 참고 사항이 아니라 인생에서 가장 중요하고 절대적인 유일한 원칙이 되어야 한다고 생각합니다. 성도들의 이 땅에서의 삶은 말씀에 순종하는 삶, 예수님이 보여주신 삶을 따라 살고자 하는 최선의 노력의 삶이어야 한다고 나는 믿습니다."
　카터의 이런 고백은 해군에서 장교생활을 하던 도중에 자신이 최선을 다하지 않아 따르던 장병들이 목숨을 잃을 뻔한 경험에서부터 나왔습니다. 그때의 교훈으로 '과연 최선을 다했는가?'라는 질문을 평생의 좌우명으로 삼았고 그 원칙이 그대로 신앙에도 적용되었습니다.
　그리스도인으로써 스스로의 삶에 갖는 기대치는 어느 정도입니까? 그리고 그것은 성경이 말하는 제자의 삶에 어느 정도 부합한 삶입니까? 성경이 제시하는 방법을 따라 최선을 다해 주님을 의지하는 삶을 사십시오. 반드시 창대하게 될 것입니다.

♥ 주님! 모든 일에 최선을 다해 주님을 섬기는 성도가 되게 하소서!
📖 자신의 신앙원칙을 내세울 수 있는 좌우명을 만드십시오.

나의 영적 일지

## 포기만 하지 않으면

읽을 말씀 : 시 37:22-26

●시 37:24 그는 넘어지나 아주 엎드러지지 아니함은 여호와께서 그의 손으로 붙드심이로다

　안도 다다오는 건축계의 노벨상이라 불리는 프리츠커상을 받은 세계적인 건축가입니다.
　그러나 그의 삶을 자세히 들여다보면 도저히 건축가가 될 수 없는 환경이었습니다.
　먼저 안도는 아무런 전문 교육을 받지 못했습니다. 최종학력은 고졸이며 그것도 공고를 졸업했습니다. 게다가 졸업을 하고 나서는 프로복서로 활동을 했고, 프로복서로 실패한 뒤에는 트럭 운전수로 살았습니다. 그러다 20대 초반에 갑자기 건축가가 되기로 결심을 하고 세계를 돌아다니며 혼자서 독학을 했습니다.
　다시 일본으로 돌아온 그는 상당한 건축 실력을 갖추고 있었지만 학력이 낮고 경험이 없다는 이유로 건축과 관련된 일을 시작할 수 없었습니다. 운 좋게 작은 일을 맡아도 다시 수 없는 실패를 경험해야 했습니다. 이처럼 길고 긴 어두운 터널을 뚫고 세계적인 건축가가 될 수 있는 비결에 대해서 안도 다다오는 말했습니다.
　"열 번을 시도하면 한 번은 성공할 수 있다고 생각했습니다. 그리고 한 번의 성공을 통해 다시 9번의 실패를 견뎠습니다. 포기만 하지 않으면 반드시 기회는 찾아온다고 믿었습니다."
　희망이 있는 사람은 어려움을 당해도 포기하지 않습니다. 성도의 희망은 하나님의 약속입니다. 힘들수록 하나님의 약속을 믿으며 포기하지 마십시오. 반드시 창대하게 될 것입니다.

　♥ 주님! 포기하지 않는 주님의 사랑을 통해 깨닫는 하루가 되게 하소서!
　📖 나에게 주신 하나님의 약속의 말씀을 깊이 묵상하십시오.

나의 영적 일지

# 영적인 사람의 특징

**7월 25일**

읽을 말씀 : 요 10:22-42

● 요 10:27 내 양은 내 음성을 들으며 나는 그들을 알며 그들은 나를 따르느니라

에이든 토저 목사님은 '복음주의의 양심'으로 불렸던 믿음의 거장입니다.

특히나 목사님의 저서인 '하나님을 추구함', '거듭난 자의 생활', '하나님을 바로 알자'와 같은 책들은 목회자를 비롯해 성도들에게까지 유익하다고 인정받는 훌륭한 신앙서적들인데 목사님의 많은 저서들이 본질적으로 추구하는 것은 사람들에게 하나님을 만날 것을 권하는 것과 또한 하나님과 평생 동행하기를 바라는 것으로 압축할 수 있습니다.

목사님은 이런 변화를 위해선 영적인 사람이 되어야 한다고 주장했는데, 다음의 다섯 가지 질문을 통해 '자신이 세상에 속한 사람인지 영에 속한 사람인지 알 수 있다'고 하셨습니다.

1. 행복보다는 거룩함을 추구한다.
2. 하나님께서 영광을 받는 것이 축복보다 중요하다.
3. 예수님의 십자가를 짊어질 준비가 되어 있다.
4. 잘못 살아가기보다는 바르게 죽기를 원한다.
5. 자신의 견해보다도 성경의 견해를 따른다.

세상을 살아가는 성도들이 영적인 사람이 되기 위해선 반드시 성령님의 인도하심이 필요합니다.

치열한 세상 속에서도 주님의 음성을 귀 기울여 듣기 위해 노력하고 또 기도하십시오. 반드시 창대하게 될 것입니다.

♡ 주님! 제 삶에 성령님의 역사하심이 온전히 일어나게 하소서!
📖 스스로가 얼마나 영적인 사람인지 큐티의 질문을 통해 숙고하십시오.

**나의 영적 일지**

# 오로지 집중

읽을 말씀 : 롬 5:1-11

●롬 5:4 인내는 연단을, 연단은 소망을 이루는 줄 앎이로다

7월 26일

　스테이시 루시는 불치병을 앓고 있음에도 미국여자프로골프(LPGA)의 대회에서 우승을 차지해 화제가 되었습니다.
　8살 때 골프를 시작한 스테이시는 희귀성 척추측만증에 걸려 정상적인 훈련을 소화할 수가 없었습니다. 단순히 척추에 이상이 생긴 것이 아니라 폐활량도 줄어들고 심한 경우 생명에까지 지장을 주는 병이었기 때문에 하루에 18시간 동안 척추지지대를 차고 있지 않으면 버틸 수가 없는 상태였음에도 스테이시는 골프를 포기하지 않았습니다.
　2004년도에는 척추 주변에 철심을 박고 고정하는 대수술을 받았고, 그 뒤 1년여를 병상 위에 누워서 휴식을 취한 뒤 2005년이 되어서야 훈련을 시작할 수 있었습니다. 사실상 선수생활은 끝났다고 봐야 되는 큰 부상과 오랜 휴식이었습니다. 그러나 그녀는 수술이 끝나고 기나긴 재활을 통해 다시 훈련을 할 수 있는 몸을 만들었고, 다시 골프 선수로 돌아왔습니다. 게다가 세계 최고의 골퍼들이 모이는 대회에서 당당하게 우승컵까지 들어 올림으로 많은 사람들에게 희망과 감동을 주었습니다
　스테이시는 시련에 굴하지 않고 오직 골프에만 집중을 했기 때문에 다시 설 수 있었습니다. 마찬가지로 주님만 바라보고 생각할 때에, 사탄이 주는 시험은 아무런 문제가 되지 않습니다.
　마음이 힘들고 어려울수록 다른 것들에 시선을 빼앗기지 마십시오. 반드시 창대하게 될 것입니다.

♥ 주님! 모든 것을 해결해주실 주님만을 믿고 더욱 의지하게 하소서!
🖼 어려운 순간이 찾아올수록 더욱 주님께만 집중하십시오.

나의 영적 일지

## 7월 27일 — 인간이 변하는 환경

읽을 말씀 : 롬 12:1-13

● 롬 12:2 너희는 이 세대를 본받지 말고 오직 마음을 새롭게 함으로 변화를 받아 하나님의 선하시고 기뻐하시고 온전하신 뜻이 무엇인지 분별하도록 하라

찰턴 헤스턴은 고전 성화인 '십계', '벤허'에 주연으로 출연했던 배우입니다.

그 중 십계는 종교영화치고는 매우 이례적으로 아카데미상 7개 부분에 수상후보작으로 올랐고 수상까지 하며 작품성을 인정받았습니다. 헤스턴이 십계의 촬영을 모두 마쳤을 때 한 기자가 심경의 변화에 대해서 물었습니다.

"모세는 위대한 성경의 인물입니다. 그 인물을 연기하면서 혹시 어떤 체험이나 변화 같은 것은 없었습니까?"

"저는 비록 연기지만 하나님을 만나기 위해 시내산을 올랐습니다. 시내산에 올라가 하나님을 만나고 온 사람에게 어떻게 아무런 변화가 없을 수 있겠습니까?"

하나님을 만났다는 가장 확실한 증거는 바로 변화된 삶입니다. 정신과의사인 톰 해리스 박사는 사람의 천성은 대부분 변하지 않지만 '현재 상황이 너무나 괴로울 때, 소망이 없다고 생각될 때, 엄청난 깨달음을 느꼈을 때'의 세 가지 경우에는 변화할 가능성이 있다고 말했습니다.

힘들고 괴로울 때, 소망이 없다고 생각할 때, 나를 지켜주시는 하나님을 떠올리고 돌아오십시오. 이전에는 깨닫지 못했던 놀라운 사랑과 평강의 기쁨이 마음에 찾아올 것입니다.

하나님을 만나고 또 변화되기를 소망하십시오. 반드시 창대하게 될 것입니다.

♥ 주님! 주님을 만나고 더욱 온전한 모습으로 변화되게 하소서!
구원의 확신 이후에 어떤 변화가 있었는지 생각해 보십시오.

나의 영적 일지

# 물건을 사게 만든 것

읽을 말씀 : 시 140:1-13

● 시 140:13 진실로 의인들이 주의 이름에 감사하며 정직한 자들이 주의 앞에서 살리이다

    폴란드의 제스 스미스란 제약회사 세일즈맨의 이야기입니다.
    불경기에 직장을 구할 능력이 없어 세일즈맨 일을 시작한 스미스는 마지막 기회라 생각을 하며 최선을 다했습니다. 판매왕들의 영업 기술을 찾아가 배우기도 하며 식사 시간과 자는 시간 외에는 고객을 찾아다니며 노력을 했습니다.
    그러나 몇 달 동안의 노력에도 단 한 건의 실적도 올리지 못했고 결국 세일즈맨을 그만 두기로 했습니다. 그리고 비록 물건을 팔지 못했지만 만나서 얘기라도 들어준 고객들에게 인사나 해야겠다 싶어 오로지 감사를 목적으로 약 한 달 동안 고객들을 찾아다녔습니다.
    그런데 고마움을 전하러 간 자리에서 고객들이 약을 사기 시작했습니다. 아무리 홍보를 해도 꿈쩍도 않던 고객들이 스스로 약을 주문하고 다른 사람에게 추천을 해주기까지 했습니다. 순전히 감사와 배려의 마음으로 고객들을 대했던 스미스 씨의 모습이 고객의 마음을 움직였기 때문입니다. 이 일을 통해 스미스 씨는 같은 배려와 친절이라도 진심이 담겨있지 않으면 소용이 없다는 것을 깨달았고 몇 년 뒤에는 폴란드에서 가장 성공한 세일즈맨이 될 수 있었습니다.
    하나님에게도 사람에게도 언제나 진심을 다한 최선이 필요합니다. 성도들의 이런 노력을 통해 하나님이 영광 받으시고 사람들이 복음을 믿게 됩니다. 모든 마음과 힘을 다해 하나님을 섬기고 사람을 섬기십시오. 반드시 창대하게 될 것입니다.

♥ 주님! 모든 선행과 친절에 진심을 담아 행하게 하소서!
🧩 내가 하는 말이 사람들에게 얼마나 영향력이 있는지 살펴 보십시오.

**나의 영적 일지**

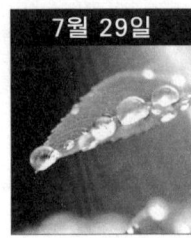

## 7월 29일 사랑을 알게 되면

읽을 말씀 : 요일 3:13-24

● 요일 3:16 그가 우리를 위하여 목숨을 버리셨으니 우리가 이로써 사랑을 알고 우리도 형제들을 위하여 목숨을 버리는 것이 마땅하니라

18세기 프랑스에 데넥커라는 조각가가 있었습니다.

르네상스 시대의 대표적인 천재들 못지않은 조각가로 인정을 받았던 그는 특히 그리스 신화에 나오는 여러 신상들을 정교하게 조각했습니다. 그는 세심한 특징까지 놓치지 않기 위해 여러 번 신화를 읽을 정도로 완벽을 추구하는 사람이었습니다.

점점 자신의 실력에 자신감이 생긴 그는 많은 사람들에게 상징적 의미를 가지는 '그리스도'를 조각하기로 결심했습니다. 그러나 작업을 시작한지 한 달도 되지 않아 실패하고 말았습니다. 잘 알고 있던 그리스 신화와는 달리 예수님에 대해서는 전혀 알지 못했기 때문에 그전처럼 조각으로 표현할 수가 없었던 것입니다. 그래서 그는 직접 복음서를 읽고 예수님을 알아가기 시작했고 신앙이 성장할수록 그의 그리스도 상도 조금씩 완성되었습니다.

마침내 거의 완벽에 가까운 그리스도 상을 조각해 낸 데넥커에게 경탄한 나폴레옹은 자신이 좋아하는 비너스 조각상을 만들어주지 않겠냐고 물었는데 데넥커는 다음과 같이 대답했습니다.

"황제의 명령이라 할지라도, 그리스도를 조각한 이 손으로 더 이상 다른 신은 조각할 수 없습니다."

예수님을 만나고, 그 사랑을 알게 되면 더 이상 세상을 이전처럼 사랑할 수 없습니다. 주님과 세상을 놓고 갈등하지 말고 결단하십시오. 반드시 창대하게 될 것입니다.

💚 주님! 거짓 없이 신실한 마음으로 주님을 따르게 하소서!
🧎 그 무엇보다 주님을 더욱 사랑한다는 고백 하십시오.

나의 영적 일지

# 인간의 한계

읽을 말씀 : 마 7:15-27

7월 30일

● 마 7:26 나의 이 말을 듣고 행하지 아니하는 자는 그 집을 모래 위에 지은 어리석은 사람 같으리니

19세기 영국에서 가장 유명한 시인 중에 윌리엄 헨리라는 인물이 있었습니다.

윌리엄 헨리는 문학 뿐 아니라 다양한 방면에도 뛰어난 재능이 있어서 사람들에게 '진정한 천재'라고 불렸습니다. 그러나 그는 말년에 심한 폐병을 앓았고 다리가 썩는 중병에 걸리는 크나 큰 고통을 겪었습니다. 당시 의학으로는 고칠 수 없는 병이었기에 고통을 참아낼 수밖에 없었는데, 결국 그는 그 고통을 견디지 못하고 자살로 생을 마감하고 말았습니다.

다양한 방면에 뛰어난 두각을 나타내며 천재였던 그가 마지막으로 남긴 유언은 '아, 인간의 의지는 한계가 있는 것이구나!'라는 말이었습니다.

갈멜산에서 850명의 이방 선지자들에게 하나님의 능력을 보이고 위대한 승리를 거두었던 엘리야에게도 이러한 고난이 있었습니다. 그는 하나님의 능력을 확인했고 놀라운 승리도 거둔 선지자였지만 나약한 심신에 인간적인 고뇌를 할 수밖에 없었습니다. 그러나 엘리야는 하나님의 도움과 위로로 다시 인간의 나약함을 극복할 힘을 얻었습니다.

제 아무리 위대한 성취를 이룬 사람이라 하더라도 인간의 한계를 극복할 순 없습니다. 절대로 채워지지 않는 마음의 공허함을 채우고 위로해주실 수 있는 분은 오직 하나님뿐입니다. 나의 한계를 인정하고 부족한 부분은 모두 하나님께 맡기십시오. 반드시 창대하게 될 것입니다.

♥ 주님! 자만하지 않는 자신감으로 겸손히 주님께 나아가게 하소서!
📖 하나님께 맡길 부분과 내가 노력할 부분을 잘 구분하십시오.

나의 영적 일지

## 성실의 대가

**7월 31일**

읽을 말씀 : 시 89:1-7

● 시 89:1 내가 여호와의 인자하심을 영원히 노래하며 주의 성실하심을 내 입으로 대대에 알게 하리이다

런던의 빈민가에서 태어나 자란 한 청년이 있었습니다.

가난한 환경 탓에 제대로 배우지 못했던 청년은 첫 직업으로 남의 글을 베껴 쓰는 일을 했습니다. 가진 건 없어도 매사에 성실하고 낙천적이었던 청년은 자신의 첫 번째 직업을 매우 소중하게 여기며 의미를 부여했습니다. 시간당 돈을 받는 일이었기에 다른 직원들은 최소한의 일감만 맡아가며 시간을 때웠지만 청년은 최선을 다해 글을 베끼며 글의 내용을 직접 읽고 익혔습니다.

그렇게 10년간 일을 하던 청년은 어느 덧 자신도 글을 쓸 수 있겠다는 생각을 하게 되었고 실제로 책을 내기 위해 집필을 시작했습니다. 35세가 되던 해에 '파리 대왕'이라는 소설을 처음으로 발표하게 되었는데 윌리엄 골딩이라는 청년이 쓴 이 책은 450만부나 팔리는 대성공을 거두었고 1983년 노벨문학상 수상자가 되는 영예까지 누렸습니다.

'탤런트 코드'의 저자 다니엘 코일에 따르면 위대한 작가들에겐 자신이나 남의 작품을 계속해서 쓰고 베끼는 습관이 있었다고 합니다. 윌리엄은 자신의 작업이 재능을 키워준다는 사실을 몰랐지만 성실함으로 인해 문학적 재능을 갈고닦고 또 꽃피울 수가 있었습니다.

평범한 일을 비범하게 하는 사람은 성실한 사람입니다. 작은 일에도 성실한 사람만이 하나님이 주시는 특별한 선물을 받을 수가 있습니다. 먼저 작은 일부터 최고의 성실로 처리하십시오. 반드시 창대하게 될 것입니다.

💛 주님! 주님께 당당히 보여드릴 수 있는 성실한 자세로 일을 하게 하소서!
📖 최근에 맡은 모든 일들을 성실한 자세로 처리하십시오.

`나의 영적 일지`

# 8월

"너희가 내 안에 거하고
내 말이 너희 안에 거하면
무엇이든지
원하는 대로 구하라
그리하면 이루리라"

-요 15:7-

## 8월 1일 하늘에 계신 분

읽을 말씀 : 벧후 3:8-13

● 벧후 3:9 주의 약속은 어떤 이들이 더디다고 생각하는 것 같이 더딘 것이 아니라 오직 주께서는 너희를 대하여 오래 참으사 아무도 멸망하지 아니하고 다 회개하기에 이르기를 원하시느니라

'안네의 일기'는 유태인 소녀 안네 프랑크가 독일 군인들의 감시를 피해 2년간 숨어 지내면서 기록한 일기입니다.

이 일기는 14살 소녀가 죽음의 공포에 시달리며 기록했던 슬픈 내용이지만 일기 중에는 다음과 같은 글도 나옵니다.

"상황이 이렇지만 하늘을 우러러보면 아마도 모든 것은 원래대로 돌아갈 수 있을 것이라는 믿음이 생겨요. 언젠간 이 잔인한 상황도 끝이 나고 세계는 다시 평화가 시작될 수 있을 거예요."

톨스토이의 최대 장편인 '전쟁과 평화'에는 안드레이 대령이라는 인물이 나옵니다. 대령은 치열한 전투 중에 부상을 당해 말에서 떨어지게 되는데 그 와중에 하늘을 바라보며 독백을 합니다.

"저토록 높고 맑은 하늘을 어째서 이제껏 바라보지 않았단 말인가? 이제 하늘을 보게 된 나는 참으로 행복한 사람이다!"

아브라함이 하나님의 약속의 성취를 기다리며 초조해 할 때 다시 한 번 믿음을 굳건히 할 수 있던 것도 밤하늘을 바라봄을 통해서였습니다. 나의 하늘의 아버지이신 주님께서는 항상 나를 바라보고 계시고 또 지켜주고 계십니다.

어떤 상황 속에서도 하늘에 계신 분이 누구인지, 또 얼마나 나를 사랑하시는지 잊지 마십시오. 반드시 창대하게 될 것입니다.

♥ 주님! 늘 하나님과 동행하는 기쁨을 느끼는 삶을 살게 하소서!
🖼 지치고 힘들 때일수록 고개를 들어 하늘을 바라보며 묵상하십시오.

나의 영적 일지

# 마음의 성형

8월 2일

읽을 말씀 : 엡 3:14-21

● 엡 3:16 그의 영광의 풍성함을 따라 그의 성령으로 말미암아 너희 속사람을 능력으로 강건하게 하시오며

　맥스웰 몰츠가 쓴 '성공의 법칙'은 50년간 3천 만부가 팔리며 자기계발서의 최고봉으로 꼽힙니다.
　저자인 맥스웰은 성형외과 전문의였는데 자신을 찾아오는 환자들을 상담하다가 외모에 콤플렉스를 가진 사람들에게 정말로 필요한 것은 성형 수술이 아닌 '왜곡된 내면의 자아 이미지'를 바꾸는 일이라는 것을 깨달았습니다.
　이후로 그는 심리학과 성공학, 자기계발서의 고전 등을 공부하며 집대성했고, 마음에 상처가 있는 사람들에게 정말로 필요한 메시지를 담아 책을 내었습니다.
　맥스웰의 책을 본 사람들은 외모에 문제가 있는 사람들에게 마음을 바로잡으라는 메시지가 아무런 효과도 없을 것이라고 생각했습니다. 그러나 그 중 몇몇은 책의 내용대로 실천해 놀라운 변화를 경험했고, 이런 변화를 목격한 사람들도 책에 나온 내용들을 실천해 동일한 변화를 체험했습니다. 그리고 이 책을 통해 변화되는 사람들이 점점 많아지면서 '성공의 법칙'은 '기적의 책'이라는 별명으로 불렸습니다.
　외모보다 중요한 것은 마음입니다. 그리고 마음보다도 더 중요한 것은 우리의 영혼입니다. 외모를 잘 가꾸는 것도 중요하고 마음의 안정을 찾는 것도 중요하지만 영혼의 참된 안식을 찾는 일은 더욱 중요합니다. 오늘도 주님의 말씀을 통해 영혼의 안식을 얻으십시오. 반드시 창대하게 될 것입니다.

💗 주님! 허황된 겉모습보다도 진실한 내면과 영혼에 더욱 신경쓰게 하소서!
🖼 내 삶의 어떤 영역에서 부족함을 느끼는지 체크해보고 기도하십시오.

나의 영적 일지

**8월 3일**

## 외가와 친가

읽을 말씀 : 창 2:4-25

●창 2:7 여호와 하나님이 땅의 흙으로 사람을 지으시고 생기를 그 코에 불어넣으시니 사람이 생령이 되니라

금슬 좋았지만 서로의 종교가 다른 어느 부부가 있었습니다. 아내는 독실한 기독교인이었지만 남편은 무신론자였습니다.
어느 날 딸아이가 엄마를 찾아와서 물었습니다.
"엄마, 맨 처음 사람들은 어떻게 해서 태어난 거예요?"
"하나님이 만드신 아담과 하와가 자녀를 낳으면서 생겨난 거란다."
딸은 퇴근 후 집에 돌아온 아빠에게도 똑같은 질문을 했습니다.
"아빠, 맨 처음 사람들은 어떻게 해서 태어난 거예요?"
"아주 옛날에 지구에 원숭이가 있었는데, 원숭이들이 점점 변하다가 사람으로 됐단다."
아빠와 엄마의 대답이 다른 것을 듣고 딸이 다시 엄마한테 물었습니다.
"엄마, 아빠는 원숭이가 변해서 사람이 됐다는데 그럼 누구 말이 맞죠?"
"응, 엄마는 엄마 쪽 집안 이야기를 한 거고, 아빠는 아빠 쪽 집안 이야기를 한 거란다."
우리의 존재에 대한 생각이 우리의 가치를 나타냅니다.
나란 존재가 하나님의 소중한 작품이란 사실을 늘 잊지 말고 또 그 사실을 다른 사람들에게 전하는 사람이 되십시오. 반드시 창대하게 될 것입니다.

♥ 주님! 주님의 존귀한 자녀라는 사실을 잊지 않고 살아가게 하소서!
그리스도의 존귀한 자녀로써의 정체성과 자존감을 잃지 마십시오.

나의 영적 일지

# 믿음의 근거

읽을 말씀 : 롬 1:8-17

● 롬 1:16 내가 복음을 부끄러워하지 아니하노니 이 복음은 모든 믿는 자에게 구원을 주시는 하나님의 능력이 됨이라 먼저는 유대인에게요 그리고 헬라인에게로다

  신앙이 좋고 실력까지 뛰어난 한 외과의사가 있었습니다.
  그는 의료혜택을 제대로 받지 못하는 시골에서 봉사를 하며 살았는데, 가난한 사람들에게는 돈을 받지 않았고, 찾아오는 모든 사람들에게는 짧게나마 예수님의 동정녀 탄생을 말하며 복음을 전했습니다. 그런데 치료를 받으러 온 한 노인이 물었습니다.
  "그렇게 말이 안 되는 소리를 어떻게 믿습니까? 어느 날, 한 여자가 찾아와서 선생님한테 자기가 처녀인데 임신을 했다고 말했다고 생각해보십시오. 뭐라고 말씀하시겠습니까?"
  "맞습니다. 아무리 저라도 그건 믿기 힘들 것 같습니다."
  의사의 대답을 들은 노인이 웃으며 말했습니다.
  "그럼 자기도 못 믿을 이야기를 나한테는 왜 한 겁니까?"
  "하지만 그 아이가 자라서 물을 포도주로 바꾸고, 죽은 사람을 살리고, 바다 위를 걷기 까지 할뿐만 아니라 심지어 죽은 뒤 부활까지 한다면, 그리고 그를 따르던 사람들이 모두 그 사실을 전하는데 평생을 바쳐 이천년 뒤에도 그 사실을 믿는 사람들이 있다면, 저는 일말의 거리낌도 없이 그 여자의 주장이 사실이라고 믿을 것입니다."
  종교가 헛된 망상이며 나약함의 도피처라고 주장하는 사람들도 있지만 시선을 조금만 돌려보면 믿지 않을 증거보다 믿을 증거가 훨씬 많습니다. 예수님의 존재가 가장 확실한 하나님의 증거라는 사실을 잊지 마십시오. 반드시 창대하게 될 것입니다.

♥ 주님! 체험하며 성장하는 믿음 생활이 되게 하소서!
🙏 살면서 직접 체험한 하나님의 손길을 돌아보며 믿음을 확신하십시오.

나의 영적 일지

## 8월 5일 위기는 기회다

읽을 말씀 : 창 12:1-9

● 창 12:1 여호와께서 아브람에게 이르시되 너는 너의 고향과 친척과 아버지의 집을 떠나 내가 네게 보여 줄 땅으로 가라

미국에 윌리스 존슨이라는 목수가 있었습니다.

작은 목공소에서 일을 하던 그는 마흔이 되던 때에 갑자기 해고를 당했습니다. 당시 미국의 목재업이 전체적인 불황이었기 때문에 다른 목공소에서도 윌리스를 받아주지 않았습니다. 마흔의 나이가 적은 것은 아니었기에 새로운 직장을 구하기도 매우 어려웠습니다. 그렇게 백수가 된 윌리스는 문득 예전부터 자신이 하고 싶어 했던 사업을 떠올렸습니다.

그간의 경험을 바탕으로 건축업을 하고자 하는 꿈이 있었는데 용기가 나지 않아 거의 포기했던 꿈이었습니다. 그러나 기왕 이렇게 된 거 밑져야 본전이니 시작하기로 한 윌리스는 유일한 재산인 집을 담보로 건축업을 시작했습니다.

벼랑 끝에서 시작한 윌리스의 사업은 계속해서 번창했으며 나중에는 건축업을 넘어 '홀리데이 인 호텔'이라는 숙박 사업까지 시작했습니다.

훗날 존슨은 "인생에서 가장 감사한 분이 누구인가?"라는 질문에 "과거에 나를 해고시켜 준 목공소 사장님에게 진심으로 감사를 드립니다"라고 말했습니다.

용기 있는 사람은 고난과 위기를 새로운 기회로 탈바꿈합니다. 하나님이 주신 용기가 있는 사람은 모세처럼, 여호수아처럼 놀라운 성취를 삶 속에서 이루어 갑니다. 모든 능력을 주실 하나님을 믿고 또 기대하십시오. 반드시 창대하게 될 것입니다.

♡ 주님! 새로운 시작에 대해 두려워 않게 하소서!
🧩 위기 속에서 가능성을 볼 수 있는 안목을 위해 기도하십시오.

나의 영적 일지

# 관계의 촉매자

읽을 말씀 : 눅 16:1-13

● 눅 16:9 내가 너희에게 말하노니 불의의 재물로 친구를 사귀라 그리하면 그 재물이 없어질 때에 그들이 너희를 영주할 처소로 영접하리라

철학자 마르틴 부버는 '현대인들의 인관 관계를 세 가지로 분류' 했습니다.
1. '그것과 그것의 관계' 입니다.
이 관계는 사람들이 서로를 인격으로 대하는 것이 아니라 물건처럼 이용하고 버리는 관계를 뜻합니다. 부버는 현대 사회의 특징 중 하나는 이런 피상적이고 이기적인 관계가 급격하게 증가하는 것이라고 말했습니다.
2. '나와 그것의 관계' 입니다.
이 관계는 상대방이 나를 이용하고 버리려 해도 나는 상대방을 물건으로 대하지 않고 사람으로 대하는 관계입니다. 그러나 이 관계는 유지하기가 매우 힘들며, 반드시 다음 셋째 단계의 관계로 발전해야만 의미가 있습니다.
3. '나와 너의 관계' 입니다.
사람들이 대부분 생각하는 가장 이상적인 관계로 서로가 서로를 존중하며 믿음이 형성되는 단계입니다. 그러나 부버는 사람들에겐 이런 관계를 유지할 신뢰가 형성되는 것이 거의 불가능 하다고 생각했고, 이 한계를 극복하기 위해서 하나님인 '영원한 분' 이라는 촉매가 필요하다고 말했습니다.
인간은 언제나 불완전한 존재입니다. 하나님을 알지 못하는 사람은 사람을 제대로 믿을 수도 사람에게 제대로 신뢰를 받을 수도 없습니다. 나와 사람들과의 관계까지도 주관하시는 주님을 믿고 그 믿음을 바탕으로 사람들을 만나십시오. 반드시 창대하게 될 것입니다.

♥ 주님! 주님의 눈을 통해 사람들을 바라보게 하소서!
🌀 인간관계를 잘 하고 있는지 살펴 보십시오.

나의 영적 일지

### 8월 7일
# 주님께 드리는 방법

읽을 말씀 : 고후 8:1-15

● 고후 8:5 우리가 바라던 것뿐 아니라 그들이 먼저 자신을 주께 드리고 또 하나님 뜻을 따라 우리에게 주었도다

찰스 고든 장군은 영국의 존망이 달린 전투에서 거듭 승리하며 나라를 구한 명장입니다.

독실한 크리스천인 찰스 장군에게는 아침마다 한 시간 씩 기도를 하는 습관이 있었는데, 그는 이것을 알리기 위해서 막사 밖에 흰 손수건을 걸어 놓았습니다. 병사들은 막사에 흰 손수건이 걸려 있으면 장군이 기도하는 시간이라는 것을 알았고, 이때는 아무리 중요하거나 급한 소식이라 하더라도 들어가지 않았습니다.

찰스 장군이 퇴역을 한 뒤에 영국 정부는 그간의 노고를 치하하기 위해서 많은 돈과 귀족의 작위를 주려고 했습니다. 그러나 장군은 자신의 임무를 했을 뿐이라며 이 모든 것을 거절하고 단지 자신이 장군 시절 거둔 33회의 승리를 기념하는 순금 메달 하나만을 받았습니다.

그러나 이마저도 나라에 흉년이 심하게 들자 가장 힘들었던 맨체스터 지역의 농민들을 구하기 위해서 팔았다고 합니다. 장군이 이 메달을 팔던 날 그는 다음과 같은 일기를 썼습니다.

'내가 가장 귀하게 여기는 한 가지 보물, 그것을 나는 오늘 예수님께 바쳤다'

주님께 드리는 예물은 주님을 가장 귀한 분으로 여기는 마음의 표시입니다. 귀한 시간을 주님께 드리고 귀한 물건을 주님께 드리십시오. 반드시 창대하게 될 것입니다.

♥ 주님! 하나님을 높여드리는 온전한 헌신의 의미를 깨닫게 하소서!
📖 주님이 주신 모든 것으로 주님을 높여드리는 삶을 사십시오.

나의 영적 일지

# 두 가지 경청

읽을 말씀 : 잠 13:1-12

●잠언 13:10 교만에서는 다툼만 일어날 뿐이라 권면을 듣는 자는 지혜가 있느니라

무관심한 남편 때문에 결혼생활에 큰 위기를 맞은 중년의 부부가 있었습니다.

자신에게 문제가 있다는 것을 몰랐던 남편은 아내가 이혼을 통보하자 깜짝 놀라 유명한 부부문제상담가를 찾아가 상담을 받았습니다. 남편의 이야기를 들은 전문가가 말을 했습니다.

"오늘 집으로 돌아가 앞으로 부인이 하는 말을 귀 기울여 들어보십시오. 절대로 먼저 말을 끊어서는 안 됩니다."

집에 가서 그대로 실천을 한 남편은 아내가 무엇에 불만을 가졌는지 제대로 알게 되었습니다. 그리고 신기하게도 아내의 말을 들어주기만 하는 것으로 대부분의 문제는 해결되었습니다. 그러나 여전히 몇 가지 문제가 남아있어 다시 전문가를 찾아갔습니다.

"이번엔 부인의 표정과 행동을 눈여겨 보십시오. 때로는 말보다도 더 많은 것을 담고 있는 것이 표정과 행동입니다."

남편은 다시 돌아와 아내의 말뿐 아니라 표정과 행동을 눈여겨 보았습니다. 그리고 어떤 말이 진심인지, 무엇 때문에 화가 나고 바라는 게 무엇인지 알 수 있게 되었습니다. 곧 부부의 문제는 사라졌고, 아내의 마음은 다시 돌아오게 되었습니다.

말을 듣는 것도 경청이지만 말이 없을 때 듣는 것도 경청입니다.

눈과 귀로 다른 사람의 말을 들어주고 이해하는 성도가 되십시오. 반드시 창대하게 될 것입니다.

♥ 주님! 많이 듣고 가끔 말하는 지혜로운 사람이 되게 하소서!
🌀 오늘 하루 동안 만나는 사람들의 말을 끊지 말고 들어보십시오.

나의 영적 일지

### 8월 9일

## 어머니의 사랑

읽을 말씀 : 요 3:16-21

● 요 3:16 하나님이 세상을 이처럼 사랑하사 독생자를 주셨으니 이는 그를 믿는 자마다 멸망하지 않고 영생을 얻게 하려 하심이라

아르헨티나의 평범한 주부인 트리마코 씨는 2002년도에 딸을 잃었습니다.

병원에 갔다 온다던 딸이 돌아오지 않아 경찰에 신고했지만 아무런 도움이 되지 않았습니다. 결국 스스로 목격자를 찾아다니며 딸을 찾게 된 트리마코 씨는 이 과정에서 딸이 납치되어 윤락가로 팔려갔다는 소식만 알게 되었습니다.

다시 딸을 찾기 위해 아르헨티나의 윤락가를 뒤지던 트리마코 씨는 이런 만행에 범죄조직 뿐 아니라 경찰과 정치인까지 연루되었다는 것을 알게 되었고, 이 일에 연루된 13명을 사람들을 법정에 세워 심판을 받게 했습니다. 결코 쉬운 일은 아니었지만 자신과 같이 딸을 잃는 아픔을 겪는 사람들이 있어선 안 된다는 생각 때문이었습니다.

같은 이유로 딸과 비슷한 처지의 여자들을 한두 명씩 구하기 시작했는데 어느새 천 명이 넘는 사람들을 윤락가에서 구해냈습니다. 이로 인해 국제적인 인권단체에서 많은 상을 받고, 또 노벨평화상 후보에까지 오르게 되었습니다.

잃어버린 딸을 향한 한 어머니의 사랑이 비참한 처지에 처한 수많은 여성들을 구했습니다. 하나님은 이보다 더한 심정으로 오늘도 많은 영혼들을 부르고 계십니다.

하나님 아버지의 마음을 갖고 많은 잃어버린 영혼들을 바라보십시오. 반드시 창대하게 될 것입니다.

♥ 주님! 사랑의 마음으로 영혼구원을 위해 힘쓰게 하소서!
🌸 도움과 사랑이 필요한 사람들에게 관심을 갖고 하루를 사십시오.

나의 영적 일지

# 기적 같은 삶의 비결

8월 10일

읽을 말씀 : 시 118:21-29

● 시 118:26 여호와의 이름으로 오는 자가 복이 있음이여 우리가 여호와의 집에서 너희를 축복하였도다

　스탠리 탬은 크리스천 사업가 중 유명한 사람 중 한 명입니다.
　스탠리 씨는 사업이 크게 성공을 거둔 후에 스태니타 재단을 설립하고 자신의 수익의 대부분을 이 재단에 헌금하며 큰 선교의 역할을 감당하고 있습니다. 그동안 90여개의 선교단체에 300억 가량을 헌금했으며, 400개에 가까운 교회를 세웠습니다.
　1976년도에는 척추암 3기로 시한부 인생을 선고받았으나, 만나는 모든 사람들에게 기도를 부탁하는 노력으로 암으로부터 건강을 되찾으며 '기적 속에 사는 사람'이라는 별명을 얻기도 했습니다.
　스탠리는 1991년도에 한국에도 찾아와 전도와 선교를 위한 기금을 전달했습니다. 그는 이런 체험과 헌신을 가능하게 한 자신의 다섯 가지 좌우명을 다음과 같이 밝혔습니다.
　❶고난과 역경이 와도 감사할 것. ❷남의 험담을 하지 않을 것. ❸성령의 감동이 있다면 손해를 보는 일도 회피하지 말 것. ❹화를 낼 일을 사랑으로 덮을 것, ❺하루에 하나님이 기뻐하실만한 일을 최소 세 가지 이상 할 것.
　사람의 머리로 아무리 계산하고 굴려봤자, 사람이 만든 답밖에 나오지 않습니다. 그러나 모든 것을 하나님께 맡기면 사람은 생각할 수 없는 놀라운 답을 주십니다.
　말씀을 믿고 말씀대로 행하십시오. 반드시 창대하게 될 것입니다.

　♡ 주님! 말씀을 따르며 행동하는 성도의 삶을 살아가게 하소서!
　🙏 매일 주님이 기뻐하시는 일을 한 가지 이상 하십시오

나의 영적 일지

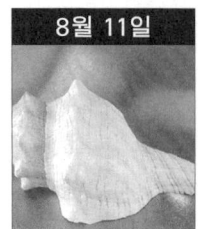

**8월 11일**

## 요란한 빈 수레

읽을 말씀 : 마 23:15-28

● 마 23:27 화 있을진저 외식하는 서기관들과 바리새인들이여 회칠한 무덤 같으니 겉으로는 아름답게 보이나 그 안에는 죽은 사람의 뼈와 모든 더러운 것이 가득하도다

요즘 사회를 일컬어 '과대포장 시대'라고 합니다.

사람들은 자신의 능력을 포장하기 위해서 스펙에 목숨을 겁니다. 대학생, 구직자, 직장인, 너나 할 것 없이 더 좋은 스펙을 쌓기 위해서 학원을 다니고 시간을 투자하며 때로는 위조 같은 편법을 쓰기도 합니다. 자신을 더 돋보이게 만들기 위한 성형도 마다 않습니다.

그런데 이런 풍조는 상품을 파는 산업에도 존재합니다. 미국의 포장 산업은 350억 달러 규모로 알려져 있는데 우리 돈으로 약 40조원이나 하는 이 엄청난 액수가 단지 포장을 더 고급스럽게 하고, 진열을 효율적으로 하는 산업에 사용되고 있습니다. 기업들이 이렇게 포장에 목숨을 거는 이유는 단순합니다. 사람들이 더 멋진 포장에 훨씬 많은 돈을 지불하기 때문입니다.

한 실험에서는 사람들이 같은 성능의 커피 메이커라는 사실을 알고도 더 고급스럽게 포장된 상품에 2배의 가격까지 지불하며 구입을 했습니다. 미국 정부는 이같이 필요 이상의 포장으로 과대 이득을 취하는 것은 소비자에게 좋지 않은 영향을 미친다고 판단해 '정당한 포장에 관한 법'까지 제정했지만, 소비자들은 여전히 훨씬 고급스러운 포장을 원하기 때문에 이 법은 거의 사장된 상태라고 합니다.

겉모습에 현혹될 때 알맹이를 제대로 보지 못합니다. 하나님이 주시는 축복에만 관심을 가지지 말고 십자가의 복음에 대해서 먼저 깨달으십시오. 반드시 창대하게 될 것입니다.

♥ 주님! 중요한 것은 껍데기가 아니라 안에 있는 본질임을 알게 하소서!
🖼 복음의 본질을 언제나 잊지 않는 성도가 되십시오.

**나의 영적 일지**

# 습관의 신앙

8월 12일

읽을 말씀 : 고전 1:1-9

● 고전 1:9 너희를 불러 그의 아들 예수 그리스도 우리 주와 더불어 교제하게 하시는 하나님은 미쁘시도다

  국민일보의 종교부는 한국교회가 복음의 근본으로 돌아가야 한다며 '신앙생활의 좋은 습관을 들이기 위한 7가지 약속'을 발표했습니다.
 1. 일정한 시간을 정해놓고 10분 이상 기도하기.
 2. 하루에 최소 한 장이라도 성경을 읽고 묵상하기.
 3. 일주일에 주일날 한 번이라도 가정예배 드리기.
 4. 하루에 5명 이상에게 감사를 표현하며 사랑을 표현하기.
 5. 관계를 맺고 있는 분들 중 구원받지 못한 분들에 대한 전도계획 세우기.
 6. 크리스천으로써 기본적인 법과 윤리를 지키기.
 7. 한 달에 한 번 이상 봉사를 하거나 불우이웃을 돕기.
  하나님을 믿는 사람들은 하나님의 음성을 들어야 하고, 그 명령에 따라야 합니다. 그리고 하나님의 음성을 듣기 위해 가장 중요한 것은 성경 말씀입니다. 때때로 임하는 계시도 분명히 존재하지만 모든 사람이 분명히 알 수 있는 확고한 방법으로 성경을 주신 것은 분명한 사실이기 때문입니다.
  말씀을 통해 주님의 음성을 듣고 또 따르십시오. 반드시 창대하게 될 것입니다.

♥ 주님! 매일 더 기쁜 마음으로 주님과 교제하게 하소서!
📖 좋은 신앙습관으로 더욱 성숙한 신앙인이 되십시오.

`나의 영적 일지`

### 8월 13일
## 마지막 순간까지

읽을 말씀 : 마 25:1-13

● 마 25:13 그런즉 깨어 있으라 너희는 그 날과 그 때를 알지 못하느니라

  미국의 항구 도시인 포틀랜드에는 트럼비라는 암초가 있습니다.
  트럼비는 원래 이 지역에서 유명한 선장의 이름이었는데, 그는 어려서부터 배를 타고 항해술을 배우며 오대양을 건너다녔습니다. 성인이 된 트럼비는 배의 선장이 되었고 포틀랜드에서 가장 뛰어난 항해술을 가진 선장으로 인정받았습니다.
  한 번은 트럼비가 출항에서 돌아오는 길에 거센 폭풍우가 몰아친 적이 있습니다. 사람들은 아무리 트럼비라 하더라도 이런 폭우를 뚫고 오지는 못할 것이라고 생각했습니다. 그러나 엘리자베스만의 해안선과 바위, 숨어있는 암초들에 대해서 이미 꿰고 있던 트럼비는 묘기에 가까운 솜씨로 배를 조종하며 항구 근처까지 무사히 도착했습니다.
  사람들은 폭풍을 뚫고 오는 트럼비의 배를 보며 환호를 보냈습니다. 그러나 그 순간 항구 근처에 있던 작은 암초에 배가 부딪혔고 이 사고로 항구 바로 앞에서 파선이 되고 말았습니다. 이때부터 사람들은 이 암초를 '트럼비의 암초'라고 부르기 시작했습니다.
  이 땅에서 순례를 하고 있는 성도들은 마지막까지 조심해야합니다. 구원 받은 성도들에게도 세상의 유혹과 시험은 동일하게 임합니다.
  단지 모든 문제의 답이 예수님께 있다는 사실을 잊지 말고 기억하십시오. 반드시 창대하게 될 것입니다.

♡ 주님! 세상을 떠나는 그날까지 구원의 발자취를 잘 따라가게 하소서!
🖋 무슨 일이든 마지막 순간까지 주님을 의지 하십시오.

나의 영적 일지

# 역사와 확률

읽을 말씀 : 롬 1:18-32

● 롬 1:20 창세로부터 그의 보이지 아니하는 것들 곧 그의 영원하신 능력과 신성이 그가 만드신 만물에 분명히 보여 알려졌나니 그러므로 그들이 핑계하지 못할지니라

   캐나다 대표지역잡지인 '캘거리 헤럴드'의 제이미 포트먼에 따르면 1960년도에 미국은 전쟁의 위험성을 예측하는 프로젝트를 진행하고 있었다고 합니다.
   미국의 군사문제연구소는 슈퍼컴퓨터와 전문가들의 도움을 받아 전쟁확률을 예측하는 프로그램을 만들었습니다. 과거에 일어났던 몇몇 전쟁을 토대로 시뮬레이션을 해보자 잘 들어맞는 경우가 많았고, 대부분의 상황에서는 신뢰할 수 있었지만 결국 이 프로그램은 폐기되고 말았습니다. 그 이유는 세계 1차 대전 당시의 자료를 대입하자 '일어날 확률이 거의 희박한 전쟁'으로 이 프로그램이 판단했기 때문입니다.
   컴퓨터는 논리적으로 그런 일이 일어날리 없다고 말했지만 우리는 역사를 통해 그 전쟁이 실제로 일어났음을 알고 있습니다. 미국이 1차 대전을 통해 사용한 돈은 천오십억 달러에 해당하며, 전 세계적으로는 천만 명에 가까운 인명피해가 있었습니다. 연구소는 예측을 통해 얻는 이득보다 실패할 때의 손해가 훨씬 크다고 판단해 결국 이 프로젝트를 포기했습니다.
   '우리를 구원하기 위해서 예수님이 이 땅에 오셨다'는 사실은 이해하기 어렵고, 일어나기도 힘든 일이지만 분명히 일어난 사실입니다. 이미 일어난 역사는 더 이상 의심할 필요가 없습니다.
   예수님을 인정하고 또 그 말씀을 인정하십시오. 반드시 창대하게 될 것입니다.

♥ 주님! 아직 주님을 믿지 못하는 사람들을 위해 계속해서 기도하게 하소서!
❀ 이 땅에 오신 예수님을 내 마음에도 모시고 있는지 확인 하십시오.

나의 영적 일지

**8월 15일**

# 두 가지 광복

읽을 말씀 : 히 12:14-29

● 히 12:28 그러므로 우리가 흔들리지 않는 나라를 받았은즉 은혜를 받자 이로 말미암아 경건함과 두려움으로 하나님을 기쁘시게 섬길지니

한 지역에서 부흥에 관련된 목회자 세미나가 있었습니다.

오전 일정이 끝나고 식사시간에 여러 목회자들이 모여서 얘기를 나누고 있었는데, 목사님들은 현대인들의 영성에 대한 불만을 토로 했습니다.

"요새 성도들은 교회 다닌다고 해도 도덕적으로 살지는 않습니다. 주일날은 아멘으로 말씀을 받고 나가서 하는 일을 보면 세상 사람들과 다를 바가 없어요."

"맞아요. 게다가 물질과 축복에 대한 욕구가 너무 높아요. 교회를 말씀을 들으러 오는 건지 복을 빌러 오는 건지 헷갈릴 때가 많습니다."

이런 저런 이야기들이 나왔지만, 대부분은 이런 이유들로 인해서 성도수가 줄고 있다는 것이 불만의 원인이었습니다. 그런데 조용히 듣고 있던 한 목사님이 다른 의견을 말했습니다.

"저런, 다들 성도수가 줄어서 고생이 많으시겠습니다. 그런데 저는 오히려 성도수가 점점 줄었으면 합니다."

다른 목사님들은 대화를 멈추고 그 이유를 물었습니다.

"아, 참고로 저는 교도소에서 사역하고 있는 목사입니다."

하나님은 진실로 모든 인류가 구원을 받아 영혼의 해방을 누리기를 바라십니다. 나라를 위해 헌신한 많은 위인과 열사들로 조국이 광복을 맞았던 것처럼 하나님 나라의 광복을 위해 더욱 열심히 헌신하십시오. 반드시 창대하게 될 것입니다.

♡ 주님! 복을 받기 위해 애쓰기에 앞서 주님의 뜻을 이루게 하소서!
🧩 사람의 영혼을 해방시킬 유일한 방법이 복음임을 기억하십시오.

**나의 영적 일지**

# 도전의 가치

읽을 말씀 : 고후 10:12-18

● 고후 10:14 우리가 너희에게 미치지 못할 자로서 스스로 지나쳐 나아간 것이 아니요 그리스도의 복음으로 너희에게까지 이른 것이라

국제 휠체어 마라톤 대회에서 수차례 우승한 김수민 씨는 바이올린을 전공자였습니다.

예술고를 다니며 바이올리니스트의 꿈을 키우던 수민 씨는 아파트 4층에서 떨어지는 큰 사고를 당해 하반신을 못 쓰게 되었습니다. 이 사고로 다리에 힘이 들어가지 않자 바이올린 연주의 박자가 계속해서 어긋나게 되었고 꿈을 포기할 수밖에 없었습니다. 의사가 다시는 걸을 수 없다고 말했을 때 수민 씨는 부모님에게 다음과 같이 말했습니다.

"엄마는 아빠랑 딱 일주일만 우세요. 저는 딱 사흘만 울게요."

그러나 입원을 하던 도중에 휠체어 마라톤 국가대표팀 코치를 만나게 되면서 선수 생활을 하게 되었고 절망 속에서 한 줄기 희망을 찾게 되었습니다. 국내 최초이자 유일한 여성 휠체어 마라토너가 된 수민 씨는 2011,2012년도 서울대회를 2연패 했고, 두바이국제대회 하프코스 3위, 호주대회 우승과 같이 세계 여러 대회에서 수상을 하며 새로운 인생을 살고 있습니다.

자신의 꿈과는 전혀 다른 길이었음에도 고된 훈련으로 새로운 도전을 하는 이유에 대해서 수민 씨는 말했습니다.

"도전하지 않으면 아무것도 얻을 수가 없어요. 도전은 저에게 살아갈 힘을 줍니다."

도전은 실패한다 할지라도 그 여정 가운데에 이미 충분한 보상이 있습니다. 하나님이 주시는 비전에 계속해서 도전하고 또 도전하십시오. 반드시 창대하게 될 것입니다.

♡ 주님! 거룩한 목표를 위해 계속해서 도전하게 하소서!
🙏 비전을 성취할 수 있는 열정의 말씀으로 가슴을 가득 채우십시오.

나의 영적 일지

**8월 17일**

## 나를 성장시키는 과거

읽을 말씀 : 시 71:15-19

● 시 71:17 하나님이여 나를 어려서부터 교훈하셨으므로 내가 지금까지 주의 기이한 일들을 전하였나이다

　미국에 가장 큰 백화점이었던 마셜 필드는 19세기 초 '고객의 요구를 완벽히 만족시키는 곳'으로 불렸습니다.
　마셜 필드는 완벽한 고객서비스를 경영지침으로 삼았기에, 저렴한 물건을 구입하길 원하는 사람들과 특이한 고급 제품을 원하는 사람들을 모두 만족시킬 수 있는 다양한 서비스와 상품을 갖춘 유일한 백화점이었습니다.
　마셜 필드 백화점의 이런 특징은 창업자인 마셜 필드가 구멍가게 직원으로부터 일하며 차근차근 성공해가며 느꼈던 고객들의 요구와 사업을 시작했던 취지를 잊지 않고 사업의 밑바탕에 두었기 때문입니다.
　대부분의 사람들은 큰 성공을 거두고 나면 과거의 힘들고 어려웠던 시절의 기억을 잊고 현재의 상황만 생각하지만 마셜 필드는 항상 자신이 어려웠던 순간을 잊지 않고 그때의 경험을 소중한 자산으로 삼았습니다. 또 마셜 필드는 나중에 자신의 경험을 담은 '마셜 필드의 10가지 성공 법칙'이라는 글을 써서 사람들에게 큰 도움을 주었는데, 그 법칙에는 정직에 관련된 항목이 5가지나 되었습니다.
　실패한 과거를 가진 사람이 부끄러운 것이 아니라 과거로부터 아무것도 배우지 못하는 사람이 부끄러운 사람입니다.
　지난 경험을 통해 소중한 깨달음을 얻는 지혜를 달라고 주님께 구하십시오. 반드시 창대하게 될 것입니다.

💛 주님! 어제보다 오늘 한 걸음 더 주님께 다가가게 하소서!
📖 경험을 통한 배움이 내 삶에 있는지 돌아보십시오.

나의 영적 일지

# 배움의 기본 자세

읽을 말씀 : 벧전 5:1-11

● 벧전 5:6 그러므로 하나님의 능하신 손 아래에서 겸손하라 때가 되면 너희를 높이시리라

그림을 배우고 싶었지만 나이가 많아서 걱정인 중년의 한 남자가 있었습니다.

남자는 고민 끝에 집 근처에 있는 미술학원을 찾아가 상담을 받았습니다.

"어려서부터 미술을 배우고 싶었습니다. 미술을 제대로 배우려면 3년 정도 걸린다는 얘기를 들었는데, 지금 시작하면 3년 뒤에는 제 나이가 마흔이 넘습니다. 너무 늦은 게 아닐까요?"

"하지만 미술을 배우나 안 배우나 3년 뒤에는 마흔이 넘지 않습니까?"

많은 제자를 거느린 유대교의 어떤 랍비에게 한 제자가 찾아와 물었습니다.

"다른 제자들에게는 가르침을 주시면서 저에게는 왜 아무 말씀이 없으십니까?"

랍비는 구멍이 뚫린 접시를 가져와 물을 담아오면 가르침을 주겠다고 했습니다. 제자는 화를 내며 말했습니다.

"구멍이 뚫렸는데 물을 어떻게 담으란 말씀이십니까?"

"머리에 구멍이 뚫린 너도 나에게 가르침을 달라고 하지 않느냐?"

진정한 배움은 잘못된 편견이 없어야 합니다. 언제나 하나님의 말씀을 있는 그대로 느끼고 받아들이기 위해 노력을 하십시오. 반드시 창대하게 될 것입니다.

♡ 주님! 배움을 두려워 않는 열정과 끈기를 갖게 하소서!
📖 인생도 신앙도 배움의 연속이라는 사실을 기억하십시오.

나의 영적 일지

## 8월 19일 신앙과 행복

읽을 말씀 : 빌 1:12-30

●빌 1:27 오직 너희는 그리스도의 복음에 합당하게 생활하라 이는 내가 너희에게 가 보나 떠나 있으나 너희가 한마음으로 서서 한 뜻으로 복음의 신앙을 위하여 협력하는 것과

한국기독교언론포럼 심포지엄에서의 발표에 따르면 우리 국민들의 행복지수가 낮은 것은 교회가 제 역할을 하지 못하기 때문이라는 연구 결과가 있었습니다.

우리 국민의 행복점수는 61점 밖에 되지 않았는데 행복하게 살기 어려운 이유는 다음과 같았습니다.

  1.사회적으로 만연한 물질만능주의(32.7%)
  2.극단적인 이기주의(19.8%)
  3.빈부격차로 인한 사회 양극화 현상(16.4%)
  4.소유욕의 욕망을 부추기는 사회(11.3%)
  5.무한경쟁을 요구하는 사회 체제(8.6%)

그런데 이런 요인들이 어째서 교회와 연관이 되어있을까요?

그것은 설문 응답자들의 78%가 '종교의 가르침이 내 생활에 영향을 미친다'라고 응답을 했고, 60%가 '종교로부터 마음의 행복과 정신적 건강에 도움을 받았다'라고 응답을 했기 때문입니다.

사람들에게 큰 영향을 미치고 사회적으로 가장 많이 믿는 것이 기독교이기 때문에 교회가 순작용의 역할을 한다면 행복점수도 높아질 것이라는 예측이었습니다.

사회의 풍조가 아무리 잘못되었다 하더라도 영성과 도덕성을 잃지 말아야 합니다. 세상에 끌려가지 말고 기준을 세우는 교회와 성도들이 되십시오. 반드시 창대하게 될 것입니다.

💚 주님! 교회의 선한 영향력이 다시 회복되게 하소서!
🙏 세상과 사회에 좋은 영향력을 끼치는 교회와 성도들을 위해 기도하십시오.

나의 영적 일지

# 공감대의 중요성

읽을 말씀 : 고전 1:10-17

● 고전 1:10 형제들아 내가 우리 주 예수 그리스도의 이름으로 너희를 권하노니 모두가 같은 말을 하고 너희 가운데 분쟁이 없이 같은 마음과 같은 뜻으로 온전히 합하라

　심리학자 프롬은 공감대에 관한 실험을 했습니다.
　같은 물건을 파는 비슷한 조건의 두 가게를 먼저 선정한 뒤에 한 곳은 기존의 방법대로 물건을 팔게 하고 다른 한 곳은 점원이 "맞아요, 저도 그런 적이 있습니다"라는 말을 손님에게 많이 사용하게 했습니다.
　몇 주가 지난 뒤에 비교해보자 손님에게 공감대를 형성하는 직원이 있는 곳이 매출이 훨씬 높았습니다. 두 곳의 조건을 바꾸어 실험을 해도 같은 결과가 나왔습니다. 이 실험을 토대로 프롬은 사람의 마음을 움직이는 데에는 논리와 설득보다도 공감대 형성이 더욱 중요하다고 생각을 했습니다.
　최근에 발표된 또 다른 연구에 의하면 가벼운 신체 접촉도 공감대 형성에 큰 영향을 준다고 합니다. 자원봉사자들이 기부를 부탁할 때 손을 잡고 눈을 마주치며 이야기하면 훨씬 많은 기부금이 들어왔고, 식당에서는 더 많은 주문이 들어왔다고 합니다. 물론 초면에 다가가 신체 접촉을 하는 것은 많은 용기가 필요한 일이지만 실험의 결과에 따르면 사람들은 의외로 별 다른 거부반응을 보이진 않았고 공감대 형성의 효과는 그대로였다고 합니다.
　공감의 말 한 마디와 약간의 신체접촉이 사람의 마음을 바꾸고 위로합니다. 다른 사람에게 복음을 전하기 위해선 먼저 그들을 알아야 하고 이해해야 합니다. 순수한 위로와 사랑으로 다가가 하나님의 복음을 전하십시오. 반드시 창대하게 될 것입니다.

　💗 주님! 지혜로운 전도로 사람들의 마음을 움직이게 하소서!
　🧩 상대방을 먼저 이해하려고 노력하고 공감대를 쌓으십시오.

나의 영적 일지

**8월 21일**

## 지금 주님이 보신다면

읽을 말씀 : 골 3:18-4:1

●골 3:23 무슨 일을 하든지 마음을 다하여 주께 하듯 하고 사람에게 하듯 하지 말라

문을 닫을 위기에 처해 있는 한 수도원이 있었습니다.

수도원에 들어오려는 사람도 없었고 예배하러 오는 주민들도 점점 줄었기 때문에 수도원에는 큰 위기감이 감돌고 있었는데, 수도사들은 문제의 원인을 서로에게 돌렸습니다. 이 문제를 놓고 기도하던 수도원장은 마침내 깨달음을 얻어 모든 수도사들을 불러놓고 말했습니다.

"기도 중에 응답을 받았습니다. 예수님이 우리 중에 한 분으로 와계시다고 합니다. 저도 쉽게 믿을 수 있는 일은 아니지만 몇 번이나 같은 응답을 주셨습니다."

대부분의 수도사들은 말이 안 되는 이야기라고 생각했지만 "그래도 혹시…"라고 생각하는 수도사들이 대부분이었습니다.

아무튼 그 날부터 수도원의 분위기는 180도 바뀌었습니다. 예수님이 자신을 보고 계실지도 모른다는 생각에 사람들은 말과 행동을 신중하게 했고, 누구를 만나든 간에 예의로 존중을 표했습니다. 이러는 동안에 수도원의 문제는 모두 해결이 되었으며 다시 전과 같이 예배하러 오는 주민들로 붐비게 되었습니다.

우리가 느끼지 못할 뿐 예수님은 언제나 우리와 함께 계시며 우리를 지켜보고 계십니다. 무슨 일을 하든지, 무슨 문제를 만나든지 주님이 함께 하신다는 사실을 잊지 마십시오. 반드시 창대하게 될 것입니다.

♥ 주님! 언제나 나와 함께 계시는 주님으로 인해 기뻐하게 하소서!
📖 주님이 모든 것을 보고 있다는 생각으로 하루를 살아 보십시오.

나의 영적 일지

# 정신건강과 오해

읽을 말씀 : 막 9:14-29

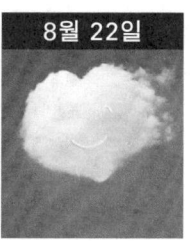

● 막 9:29 이르시되 기도 외에 다른 것으로는 이런 종류가 나갈 수 없느니라 하시니라

　정부의 조사에 따르면 우리 국민 중 정신질환을 경험한 사람들은 16%나 된다고 합니다.
　성인으로 대상을 국한 시키면 확률은 더욱 늘어나 4명 중 한 명 꼴로 약 25%가 되는데 이처럼 누구나 걸릴 수 있는 병임에도 '정신질환'이 심각한 병력이라 생각해 당사자들은 병에 걸린 사실을 숨기며 치료를 받으려고도 하지 않습니다.
　한국청소년상담복지개발원의 김도연 실장은 「사람들의 정신건강에 대한 네 가지 오해」에 대해서 말했습니다.
　1. 정신질환자는 대부분 사회와 격리되어 있을 필요가 없다.
　2. 정신장애는 개인의 나약함을 나타내는 지표가 아니다.
　3. 정신장애가 폭력성을 띄는 경우는 극히 드물다.
　4. 트라우마같은 정신질환은 거의 모든 사람들이 겪고 있는 고통이다.
　상처를 치료하려면 소독을 하고 약을 발라줘야지 사랑하는 마음으로 만져준다고 꼭 되는 것이 아닙니다. 몸의 병처럼 마음의 병도 원인과 방법의 차이를 혼동하지 말고, 문제가 있다면 적절히 치료를 받아야 합니다.
　그러나 모든 병에서의 회복과 어려움을 겪는 과정에 더욱 주님을 의지해야 한다는 사실은 잊지 마십시오. 반드시 창대하게 될 것입니다.

♥ 주님! 정신질환자에 대한 편견을 갖지 말고 적극적으로 돕게 하소서!
✿ 정신건강에 대한 오해를 풀고 적절한 치유가 필요한 사람들에겐 권유하십시오.

나의 영적 일지

### 8월 23일
## 성장을 위한 선택

읽을 말씀 : 약 1:19-27

●약 1:25 자유롭게 하는 온전한 율법을 들여다보고 있는 자는 듣고 잊어버리는 자가 아니요 실천하는 자니 이 사람은 그 행하는 일에 복을 받으리라

교육의 아버지 페스탈로치가 길을 가다가 한 아이를 만났습니다.
아이는 길을 막고 있는 물이 고인 웅덩이 앞에서 뛰어넘을지 다른 먼 길로 돌아갈지 고민하는 중이었습니다. 페스탈로치는 아이가 웅덩이를 충분히 뛰어넘을 수 있다고 생각해 물었습니다.
"내가 보기엔 충분히 건널 수 있을 것 같구나, 한 번 뛰어 보겠니?"
"사실 저도 뛸 수 있다고 생각해요. 하지만 만약에 실패하면 옷에 물이 튀어 엄마에게 혼날 거예요."
페스탈로치는 먼저 물웅덩이를 뛰어 넘은 뒤 말했습니다.
"거기 계속 있으면 그대로 아이로 있지만, 뛰어넘으면 어른이 될 수도 있단다."
페스탈로치의 말을 듣고 아이는 곧장 웅덩이를 뛰어 넘었습니다.
"우와, 제가 해냈어요! 그런데 웅덩이를 뛰어넘으면 왜 어른이 된다고 하셨죠?"
"생각을 행동으로 옮기는 용기는 아무나 할 수 있는 것이 아니란다. 어른들도 해내기 어려운 일을 너는 방금 해낸 거란다."
머리로 아는 것을 행동으로 옮기기 위해선 용기가 필요합니다. 때로는 두렵고 위험하지만 그것을 극복할 용기가 있을 때 성장하게 됩니다. 신앙에 있어서도 삶에 있어서도 용기 있는 선택과 행동을 위해 노력하십시오. 반드시 창대하게 될 것입니다.

♡ 주님! 바른 선택을 위한 결단력과 실행할 용기를 주소서!
🧩 지금 내 삶에 있어서 필요한 선택과 행동이 무엇인지 생각해 보십시오.

나의 영적 일지

# 나의 가치를 정해주는 것

읽을 말씀 : 사 43:14-21

● 사 43:21 이 백성은 내가 나를 위하여 지었나니 나를 찬송하게 하려 함이니라

8월 24일

    한 대인관계 컨설턴트가 어떤 회사의 직원들을 대상으로 강의를 했습니다.
    강사는 먼저 낡은 바이올린을 보여주며 사람들에게 돈을 걸어보라고 말했습니다.
    "이 바이올린을 원하시는 분은 손을 들고 가격을 외쳐 주십시오."
    너무나 낡은 바이올린이었기에 여기저기서 장난으로 백 원, 이백 원 하며 돈을 걸 뿐 진지하게 경매에 참여하는 사람은 없었습니다.
    "정말로 바이올린을 가지고 싶은 분은 없는 것 같군요. 여기 바이올린 안에 작은 글자가 적혀 있는데 제가 읽어드리겠습니다. 1723년도, 안토니오 스트라디바리우스."
    낡은 바이올린이 세계 최고의 명기라는 말에 사람들은 깜짝 놀랐습니다. 강사가 말을 이었습니다.
    "안타깝게도 이것은 진짜가 아닌 모형입니다. 그러나 제가 말씀 드리고 싶은 것은 이것입니다. 대인 관계는 나의 숨겨진 가치를 상대방에게 제대로 알리는 것이 시작이며 상대방의 숨겨진 가치를 보는 눈을 가지는 것이 끝입니다. 모습은 그렇게 중요한 것이 아닙니다."
    하나님이 나를 어떻게 만들고 평가하는지가 중요한 것이지 세상 사람들의 평가는 중요한 것이 아닙니다.
    성경을 통해 하나님이 나를 얼마나 귀하고 가치 있게 창조하셨는지 읽고 묵상하십시오. 반드시 창대하게 될 것입니다.

    ♥ 주님! 사람들은 하나님의 귀한 계획 속에 창조되었음을 믿게 하소서!
    📖 이사야 43장을 읽고 묵상하십시오.

나의 영적 일지

**8월 25일**

## 윗물과 아랫물

읽을 말씀 : 눅 10:25-37

● 눅 10:37 이르되 자비를 베푼 자니이다 예수께서 이르시되 너도 이와 같이 하라 하시니라

투명사회운동본부에서 우리나라의 초·중·고교생들 2,000명을 대상으로 윤리의식에 관련된 설문조사를 진행했습니다.

첫 번째 질문은 "10억 원이 생긴다면 1년 동안 감옥에 갈만한 범죄를 저지를 수 있나?"라는 질문이었습니다. 초등학생의 12%가 하겠다고 했고, 중학생은 28%, 고등학생은 무려 44%나 하겠다고 응답했습니다.

두 번째 질문은 "학교 숙제를 인터넷에서 그대로 베끼는가?"였습니다. 이 질문에는 초등학생 47%, 중학생 68%, 고등학생 73%가 그렇다고 응답했습니다.

이와 조사를 총 정리해 '정직지수'로 환산한 결과 초등학생은 85점, 중학생은 75점, 고등학생은 67점이 나왔습니다. 조사를 진행한 안종배 교수는 결과를 다음과 같이 해석했습니다.

"교육을 받을수록 윤리의식이 떨어지는 것은 사회 시스템이 심각하게 잘못되었다는 걸 알려줍니다. 올바른 인성을 기를 수 있는 시스템과 아이들이 더욱 많이 보고 배울 수 있는 롤모델의 어른들이 더욱 필요할 것 같습니다."

윗물이 맑아야 아랫물이 맑습니다. "정직하면서도 성공할 수 있다", "돈이 전부가 아니다"라는 것을 보여줄 수 있는 성도가 되고 또 그런 성도가 많아지게 해달라고 기도하십시오. 반드시 창대하게 될 것입니다.

♡ 주님! 다음 세대들에게 본을 보일 수 있는 성도들이 더욱 많아지게 하소서!
📖 다음세대를 위해 기도하고, 다음 세대를 위한 윗세대를 위해서도 기도하십시오.

나의 영적 일지

# 단 하나의 그림

읽을 말씀 : 막 8:27-38

● 막 8:35 누구든지 자기 목숨을 구원하고자 하면 잃을 것이요 누구든지 나와 복음을 위하여 자기 목숨을 잃으면 구원하리라

    프랑스의 한 신문사에서 다음과 같은 문제를 낸 적이 있습니다.
    "당신이 루브르 박물관에서 관람을 하고 있는 도중에 큰 화재가 났다. 사람들이 모두 대피에 여념이 없고 경비도 바빠서 신경을 쓰지 못하는 상황이다. 당신은 딱 한 점의 그림을 가지고 올 수 있는 여유가 있다고 판단했다. 그렇다면 어떤 그림을 가져와야 할까?"
    상금까지 걸려있는 문제였기에 많은 답이 도착했습니다. 38만 점이 넘는 작품들의 대표작인 '모나리자'부터 '밀로의 비너스', '승리의 여신' 등등 많은 작품들이 언급이 되었습니다.
    그러나 신문사가 뽑은 정답은 다음과 같았습니다.
    '출구에서 가장 가까운 곳에 있는 그림'
    원래 신문사에서는 사람들이 가장 아끼는 작품을 알아보기 위해서 이 문제를 내었습니다. 그러나 위의 답이 가장 타당하다고 결론을 내렸습니다. 아무리 값비싼 작품을 가진다 하더라도 목숨을 잃으면 아무런 소용이 없기 때문입니다.
    부와 권력이 아무리 많다 하더라도 생명을 잃으면 의미가 없습니다. 진리를 깨닫지 못하고는 그 어떤 성공도 의미가 없습니다.
    참 진리이신 예수님을 통해 인생의 참된 의미를 찾으십시오. 반드시 창대하게 될 것입니다.

♥ 주님! 주님으로 인해 삶의 참된 의미를 찾게 됨을 알게 하소서!
🖼 가장 귀하게 여기는 것이 무엇인지 생각해 보십시오.

**나의 영적 일지**

### 8월 27일
## 하나님 앞에서

읽을 말씀 : 요일 1:7-17

● 요일 1:9 만일 우리가 우리 죄를 자백하면 그는 미쁘시고 의로우사 우리 죄를 사하시며 우리를 모든 불의에서 깨끗하게 하실 것이요

'지킬 앤 하이드', '보물섬'과 같은 고전을 남긴 작가 로버트 스티븐슨은 작품의 영감을 얻기 위해서 세계를 돌아다니며 살았습니다.

그러나 그는 어딜가나 가족과 함께 했고, 매일 가정예배를 드리던 경건한 사람이었습니다. 그런데 어느 날 저녁은 함께 저녁 예배를 드리던 도중 울음을 터트리며 밖으로 나갔습니다. 놀란 부인이 재빨리 뒤 따라 나가 물었습니다.

"여보, 갑자기 왜 그래요? 무슨 일이 생겼어요?"

"아까 마을에서 어떤 행인과 사소한 시비로 말다툼을 벌이고 헤어졌소. 그런데 이제 와서 내 죄를 용서해달라고 주님께 기도하니 양심에 가책이 느껴져서 견딜 수가 없었소."

마틴 루터는 양심의 가책에 대해서 다음과 같은 말을 한 적이 있습니다.

"같은 죄를 반복해서 회개하는 것이 바람직한 일은 아니지만 기도를 하며 양심의 가책조차 느끼지 못하는 사람은 기도로 죄를 짓고 있는 사람입니다."

예배는 기쁨과 찬양의 마음으로 드려지는 것이 맞습니다. 그러나 마음의 거리낌이 있을 때에는 눈물과 회개의 마음 또한 있어야 합니다.

하나님 앞에서 진실한 마음을 고백하는 예배자가 되십시오. 반드시 창대하게 될 것입니다.

♡ 주님! 진실한 마음의 고백으로 주님께 기도하게 하소서!
🙏 누군가와 거리끼는 마음이 있는지 생각해 보십시오.

나의 영적 일지

# 만병통치약

읽을 말씀 : 고전 16:13-24

●고전 16:14 너희 모든 일을 사랑으로 행하라

8월 28일

    한 때 미국 캔자스 시에는 마라스무스 병으로 입원하는 아기들의 수가 매우 많았습니다.

    마라스무스 병은 단백질 및 에너지의 결핍에 의해서 일어나는 영양실조증인데 단순히 영양의 결핍으로 생기는 병과는 미묘한 차이가 있어서 발견도 어렵고 치료도 매우 힘든 병입니다. 게다가 그 때는 의학기술도 많이 발전하지 않았기 때문에 마라스무스 병에 걸려 병원에 입원한 아기들 중에는 목숨을 잃는 경우도 많았습니다.

    당시 캔자스 주립 병원의 의사였던 칼과 밀링거는 사랑과 관심이 도움을 줄 것이라고 판단하고 영양소를 공급하는 한 편 아기들을 만져주고 쓰다듬어 주었습니다. 그리고 그 결과 주립 병원의 마라스무스 병에 걸린 아기들은 다른 병원에 비해서 치유되는 확률이 매우 높았습니다. 칼과 밀링거는 관심과 사랑을 가져주는 자신들의 처방을 '어루만짐(TENDER), 사랑(LOVE), 보살핌(CARE)'이라는 뜻의 약자인 'T.L.C.'라고 이름 붙였습니다.

    칼과 밀링거 박사는 자신들의 치료법을 성경에 나오는 예수님의 모습을 통해 생각해 냈다고 말했습니다. 병을 낫게 하는 데에는 의사와 약, 좋은 영양이 필요합니다. 그러나 그에 못지않게 사랑과 관심도 필요합니다.

    몸과 더불어 마음까지 치료하는 사랑과 관심을 이웃에게 베푸십시오. 반드시 창대하게 될 것입니다.

💗 주님! 성경에 나오는 주님의 모습을 통해 사랑을 배우게 하소서!
📖 공관복음에 나오는 예수님의 말씀과 행적을 묵상하십시오.

나의 영적 일지

**8월 29일**

## 행복을 막는 욕심

읽을 말씀 : 고전 6:1-11

●고전 6:10  도적이나 탐욕을 부리는 자나 술취하는 자나 모욕하는 자나 속여 빼앗는 자들은 하나님의 나라를 유업으로 받지 못하리라

   토마스 모어가 쓴 책 '유토피아'는 현실에 존재하지 않는 이상향을 뜻합니다.
   그러나 영국의 경제학자 케인스는 100년 전에 지구상에 유토피아가 찾아올 것이라고 말했습니다.
   "100년이 지나면 선진국의 생활 표준은 지금보다 최소 4배, 많게는 8배까지 상승할 것입니다. 그렇다면 하루에 3시간만 일을 해도 충분한 삶의 질을 유지할 수 있습니다. '모두가 충분히 가진 세상'이 찾아오기 때문에 그때 인류는 물질이 아닌 다른 가치를 위한 삶을 살아가게 될 것입니다."
   그리고 케인스의 예측대로 그때로부터 100년이 지난 지금 선진국의 소득은 4배 이상이 늘었습니다. 그러나 유토피아는 찾아오지 않았습니다. 일하는 시간은 여전히 줄지 않았고 사람들은 더더욱 물질적인 가치를 추구하고 있습니다. 그 이유는 무엇일까요?
   심리학자들은 그 이유를 탐욕에서 찾습니다. 사람들은 상대적으로 더 많이 가진 상태를 행복하다고 느끼기 때문에 여전히 많이 가졌지만 더 많이 가지기 위해서 노력을 하기 때문에 끝없는 경쟁 사회가 반복되고 있기 때문입니다.
   욕심이 있는 사람이 행복을 맛볼 수 있는 순간은 없습니다.
   필요한 것을 채워주실 주님을 믿고 가진 것에 만족하고 기대보다는 감사하십시오. 반드시 창대하게 될 것입니다.

♡ 주님! 욕심을 버리고 가진 것에 만족하는 자족의 삶을 살게 하소서!
📖 주님께 받은 것들을 생각하며 감사하십시오.

나의 영적 일지

# 노력과 기적

읽을 말씀 : 골 1:24-29

● 골 1:25 내가 교회의 일꾼 된 것은 하나님이 너희를 위하여 내게 주신 직분을 따라 하나님의 말씀을 이루려 함이니라

리빙스턴 선교사가 아프리카에 선교를 갔던 지역 중에 '쵸누비'라는 곳이 있었습니다.
이곳은 리빙스턴 선교사가 두 번째로 선교를 떠났던 지역인데 다른 일반적인 아프리카의 환경보다도 훨씬 더 열악한 지역이었습니다. 그러나 쵸누비 원주민들은 복음을 받아들이며 모두 주님을 영접했습니다. 그런데 모든 주민들이 복음을 받아들인 뒤에 극심한 가뭄이 찾아왔습니다. 비가 잘 오지 않는 지역이긴 했지만 어느 새 식수까지 모두 말라버리는 최악의 상황이 찾아왔습니다. 추장이 리빙스턴을 찾아와 말했습니다.
"식수가 떨어져 가고 있습니다. 이대로라면 사람이 죽을 지도 모르는데, 하나님에게 비가 오게 해달라고 기도를 해주십시오."
그러나 리빙스턴은 비가 오지 않는 것은 이 지역의 기후가 원인이라고 생각을 해 추장과 원주민들에게 마을을 옮길 것을 설득했습니다.
며칠 뒤 리빙스턴과 원주민들은 65Km 떨어진 콜로뱅그강 유역으로 이주를 했습니다. 그리고는 강에 둑을 만들고 수로를 만들어 이 후로는 물이 없어 농사를 망치거나 어려움을 겪는 일이 거의 없게 되었습니다.
내가 노력할 수 있는 몸과 마음, 생각까지도 모두 하나님이 주신 것입니다. 초자연적인 기적만을 구하는 신비주의자가 되지 말고 최선을 다하며 주님의 도우심을 구하는 충성된 일꾼이 되십시오. 반드시 창대하게 될 것입니다.

♥ 주님! 믿음이라는 이름으로 노력을 게을리 하지 않게 하소서!
🙏 내가 할 수 있는 일과 주님께 맡겨야 할 일을 명확히 구분하십시오.

나의 영적 일지

**8월 31일**

## 지금 있는 장소에서

읽을 말씀 : 마 25:14-30

●마 25:21 그 주인이 이르되 잘 하였도다 착하고 충성된 종아 네가 적은 일에 충성하였으매 내가 많은 것을 네게 맡기리니 네 주인의 즐거움에 참여할지어다 하고

부모님을 여의고 할아버지 손에서 자라던 한 소년이 있었습니다.

그러나 얼마 안 되어 할아버지도 돌아가시게 되었는데, 할아버지는 다음과 같은 유언을 담겼습니다.

"에드워드야, 네가 있는 곳이 너로 인해 항상 더 좋은 곳이 되게 최선을 다하려무나."

소년은 이후 평생 동안 할아버지의 유언을 실천하며 살았습니다.

처음에 시작한 일은 보스턴의 거리에서 신문을 파는 일이었습니다. 소년은 거리의 꽁초나 쓰레기를 주워 깨끗하게 만들었으며 신문을 정기적으로 사는 손님들에게는 직접 사무실로 찾아가 배달하기도 했습니다. 소년에게 신문을 사던 사람 중엔 커티스 출판사의 사장은 소년의 성실성을 인정해 출판사의 청소부로 취직을 시켰습니다.

소년은 청소 뿐 아니라 직원들의 잡무까지 공부를 하며 도움을 주었습니다. 곧 소년은 정식 일자리를 얻게 되었고, 다시 부장으로, 다시 국장으로, 다시 사장으로 승진을 하게 되었습니다. 에드워드 윌리엄 보크라는 소년이 가장 먼저 했던 일은 신문을 팔며 쓰레기를 줍는 일이었지만 어디서나 최선을 다하는 그의 모습은 큰 성공을 가져다주었습니다.

성도들이 있는 곳은 어디든지 더욱 아름다워지고 향기로워져야 합니다. 능력을 다해 헌신하는 모습은 나에게도 이득이 되며 복음의 전파에도 도움이 됩니다. 먼저 맡은 일을 충실히 하고 할 수 있는 일을 더해서 하십시오. 반드시 창대하게 될 것입니다.

♡ 주님! 기꺼이 순종함으로 속한 곳을 섬기는 성도가 되게 하소서!
✍ 오늘 하루 머무는 모든 곳에서 감사한 마음으로 최선을 다해 섬기십시오.

나의 영적 일지

# 9월

"여호와의 율법은 완전하여
영혼을 소생시키며
여호와의 증거는 확실하여
우둔한 자를 지혜롭게 하며
여호와의 교훈은 정직하여
마음을 기쁘게 하고
여호와의 계명은 순결하여 눈을 밝게 하시도다"

-시편 19:7-8-

## 9월 1일 성공하는 여성의 법칙

읽을 말씀 : 막 14:3-9

● 막 14:9 내가 진실로 너희에게 이르노니 온 천하에 어디서든지 복음이 전파되는 곳에는 이 여자가 행한 일도 말하여 그를 기억하리라 하시니라

　LG경제연구원에서 세계적으로 성공한 여성들을 연구한 뒤에 발표한 '성공하는 여성들의 7가지 법칙'입니다.
　1. 개척자 정신을 가져라.
　2. 여자도 전문가가 될 수 있다라는 생각을 하라.
　3. 여자가 아닌 나를 어필하라
　4. 남자들과의 우정을 만들어라
　5. 상황에 맞는 적절한 멘토를 찾아라
　6. 남편에게 가사분담을 부탁하라
　7. 여성을 차별하는 직장에선 과감히 떠나라
　전 세계적으로 일하는 여성들이 늘고 있지만 여전히 여성들에 대한 차별은 곳곳에 남아있고 사회적 지위도 매우 낮은 편이라고 합니다. 은연중에라도 여성들에 대한 차별 대우는 사회에서도, 교회에서도 절대로 있어서는 안 됩니다.
　성경은 남성과 여성은 동등하지만 역할의 차이가 있음을 말씀하고 있습니다. 이것이 존중될 때 질서가 지켜집니다.
　주변의 이성들을 차별 없이 인정하고 존중해주십시오. 반드시 창대하게 될 것입니다.

♥ 주님! 잘못된 이유로 주님이 창조하신 귀한 영혼을 홀대하지 않게 하소서!
✿ 이성의 능력에 대한 편견이나 오만이 있지 않은지 점검해 보십시오.

나의 영적 일지

# 나를 위한 전도

읽을 말씀 : 시 40:8-17

●시 40:9 내가 많은 회중 가운데에서 의의 기쁜 소식을 전하였나이다 여호와여 내가 내 입술을 닫지 아니할 줄을 주께서 아시나이다

최근 들어 '노방전도의 효용성'에 대한 말이 많이 나오고 있습니다. 노방전도로 활동하는 이단들이 많고 신뢰관계가 형성된 상태에서 복음을 전하는 것이 훨씬 효과가 좋기 때문에 다른 전도 방법에 비해서 비효율적으로 보이기 때문입니다.

그러나 한광교회의 김재진 장로님은 6년째 탑골공원 등을 돌아다니며 어르신들을 대상으로 노방전도를 하고 계십니다. 은행지점장 출신으로 편안한 노후를 보낼 여건이 준비되었음에도 이런 수고를 하시는 이유는 전도가 신앙생활의 한 축이기 때문입니다.

"말씀, 기도, 전도, 봉사가 신앙생활의 4가지 축이라고 저는 생각합니다. 그런데 사람들이 다른 세 가지에 비해서 전도는 너무 어려워합니다. 그러나 전도만큼 신앙을 성장시켜주는 것이 없다고 저는 확신합니다."

장로님은 길가다 만나는 모든 어르신들에게 관심을 갖고 다가갑니다. 절대로 논쟁은 하지 않고 전도를 싫어하거나 화를 내면 바로 사과를 하고 물러납니다. 단순한 전도법 같지만 이 방법을 통해 장로님은 지금까지 3천 명의 연락처를 받아냈고, 그 중 400여명을 교회에 등록시켰습니다.

전도는 확실한 하나님의 명령이자 성도들의 의무입니다. 전도는 다른 사람보다도 나를 더욱 기쁘게 하는 일이라는 것을 체험으로 깨달으십시오. 반드시 창대하게 될 것입니다.

♥ 주님! 저도 열심히 전도하는 열정을 갖게 하소서!
📖 관심과 겸손으로 전도대상자들에게 다가가십시오.

나의 영적 일지

## 9월 3일 생각의 크기

읽을 말씀 : 시 81:1-16

● 시 81:10 나는 너를 애굽 땅에서 인도하여낸 여호와 네 하나님이니 네 입을 크게 열라 내가 채우리라 하였으나

19세기 최고의 오페라 작곡가였던 베르디를 추모하는 공연이 밀라노에서 열린 적이 있습니다.

베르디의 명곡들을 연주하기 위해서 모든 분야에서 최고의 연주자들을 모았고 마침내 지휘자만 선정을 하면 되었습니다. 최종후보로 마스카그니와 토스카니니 두 명이 선발되었는데, 이 두 사람은 우열을 가릴 수가 없어 결국 곡을 나누어 절반씩 지휘를 하도록 결정했습니다.

그런데 제안을 받은 마스카그니는 말했습니다.

"토스카니니보다는 많은 금액을 주지 않으면 하지 않겠습니다."

반면에 토스카니니는 이렇게 말했습니다.

"저를 불러주신 것만 해도 영광입니다. 사례는 주지 않으셔도 괜찮습니다."

이 일화는 널리 퍼져서 추모 공연이 끝난 뒤에 사람들은 토스카니니를 훨씬 좋은 조건에 섭외하기 시작했고 반대로 마스카그니는 이전의 명성보다 훨씬 못한 대우를 받게 되었습니다.

작은 것을 추구하는 사람은 작은 것을 얻기보다 크게 잃을 확률이 더욱 큽니다.

눈앞의 작은 이익만을 보고 사안을 결정하지 말고 좀 더 멀리 보는 혜안을 가지십시오. 반드시 창대하게 될 것입니다.

♡ 주님! 세상적인 이익에 목숨 걸지 않게 하소서!
✺ 당장의 손해가 더 큰 이익이 될 수 있음을 잊지 마십시오.

나의 영적 일지

# 체험의 신앙

읽을 말씀 : 막 11:20-25

9월 4일

● 막 11:24 그러므로 내가 너희에게 말하노니 무엇이든지 기도하고 구하는 것은 받은 줄로 믿으라 그리하면 너희에게 그대로 되리라

J. R. 모트라는 유명한 무신론자가 있었습니다.

그는 기독교를 공격하기 위해서 성경을 많이 읽었는데, 그러다가 하나님을 믿고 크리스천이 되었습니다. 순전히 성경말씀을 통해서 크리스천이 된 그는 신앙생활을 하며 기도의 필요성에 대해서 느꼈는데, 먼저 자신이 성경을 읽었던 것처럼 기도에 대한 책들을 읽기 시작했습니다.

그는 몇 달 동안 기도에 관한 책을 50여 권이나 읽었고, 기도의 방법에 대해서 어느 정도 알고 있다고 자부하게 되었습니다. 그리고 그날 밤, 조용한 골방에 들어가서 기도를 하기 위해 무릎을 꿇었습니다. 그러나 어쩐 일인지 한 마디도 입에서 나오지 않았습니다. 오랜 시도 끝에 그는 조금씩 입을 열어 기도를 하기 시작했는데, 이 경험을 통해 기도에 대해 아는 것과 직접 하는 것은 매우 큰 차이가 있다는 사실을 알게 되었습니다.

나중에 유명한 선교사로 여러 지역에서 큰일을 했던 모트는 기도에 대해서 말했습니다.

"기도를 배울 수 있는 방법은 오로지 기도를 통해서입니다."

살아계신 하나님은 지금도 살아서 역사하십니다. 그렇기에 성경을 통해 하나님의 음성을 들을 수 있고, 기도를 통해 하나님의 손길을 느낄 수가 있습니다. 머리로 아는 신앙이 아닌 체험하는 신앙을 위해 기도하십시오. 반드시 창대하게 될 것입니다.

♥ 주님! 기도생활을 통해 주님을 더욱 가까이 느끼게 하소서!
🙏 신앙생활에 대해 알고 있는 것들을 하나씩 실천해 나가십시오.

나의 영적 일지

## 9월 5일 진정한 선행

읽을 말씀 : 마 6:1-4

● 마 6:3 너는 구제할 때에 오른손이 하는 것을 왼손이 모르게 하여

전남 보성군에는 기부천사라고 불리는 익명의 기부자가 있습니다.

지난 2011년도에 "제 이름을 알려고 하지 말고 그냥 장학기금으로 사용해주세요"라는 편지와 함께 3억 원을 보낸 분을 위해 지은 이름인데 최근에 또 2억 원이라는 거금을 익명으로 기부했습니다. 지난번과 입금 정보가 모두 같기 때문에 같은 사람으로 추정이 되고 있는데 이번에는 편지가 아닌 직접 전화가 걸려왔습니다.

"기부금을 입금한 사람인데 학업에 어려움을 겪는 학생들을 위해 사용해주시면 좋겠습니다. 기부금의 조건은 없습니다. 다만 제 정보에 대해서는 말씀드리지 않겠습니다."

전남의 교육환경을 개성하고 인재를 양성하기 위해서 운영되는 장학재단에는 지금까지 90억이 넘는 기부금이 들어왔을 정도로 많은 분들이 기부를 하고 있습니다. 그러나 이번처럼 아무런 정보도 밝히지 않고 조건도 걸지 않는 기부는 매우 흔치 않은 일이라고 직원들은 말했습니다.

선행에서 조심해야 할 것은 계산적인 모습입니다. 좋은 이미지나 칭찬을 위해 하는 선행은 참된 선행의 모습이 아닙니다.

드러나고자 하는 마음을 조심하고 오른 손이 하는 일을 왼손이 모르게 하라는 주님의 말씀을 기억하십시오. 반드시 창대하게 될 것입니다.

♡ 주님! 주님의 말씀대로 선행을 실천하며 살게 하소서!
🖼 매일 선행을 통해 순수한 마음으로 돕는 연습을 조금씩 하십시오.

나의 영적 일지

# 자유와 의무

읽을 말씀 : 딤전 6:3-10

● 딤전 6:8 우리가 먹을 것과 입을 것이 있은즉 족한 줄로 알 것이니라

9월 6일

    회사생활에 큰 불만을 가진 사람이 있었습니다.
    상사가 자신의 능력을 알아주지 않는다고 생각했고, 근무 환경과 직책에 대해서도 큰 불만을 가지고 있었습니다. 매일 일하는 직장에서 이런 불만을 가지고 있었기 때문에 당연히 동료들과의 사이도 좋지 않았고 직장에서 받은 스트레스 때문에 가정환경도 원만하지 않았습니다. 그러다 한 번은 출근길에 차 뒤에 붙어있는 어떤 글을 보게 되었습니다.
    "퇴직을 하세요 – 서두를 필요도 없고, 불만을 가질 필요도 없고, 급하게 찾는 전화도 없고, 괴롭히는 상사도 없게 됩니다."
    짧은 글이었지만 이 글을 통해 남자는 아무리 열악한 환경이라 하더라도 충분히 감사할 만한 이유가 있다는 사실을 깨달았습니다.
    신앙생활을 하지 않으면 딱히 시간을 내서 기도를 할 필요도 없고, 매주 예배를 드릴 필요도 없고, 용서와 봉사를 위해 딱히 노력하지 않는 편안한 삶을 살 수 있습니다. 그러나 그 삶에는 구원이 없고 죄 사함이 없으며 천국의 소망도 없고 진정한 행복도 없습니다. 불만을 할 수 있고 걱정을 할 수 있다는 것은 살아있다는 뜻입니다.
    주님을 위한 예배를 드릴 수 있다는 사실에 감사하고 또 감사하십시오. 반드시 창대하게 될 것입니다.

♡ 주님! 감사한 마음으로 최선을 다하며 살게 하소서!
   신앙생활의 의무들을 기쁜 마음으로 받아들이십시오.

나의 영적 일지

### 9월 7일
## 유일한 이름

읽을 말씀 : 마 1:18-25

● 마 1:21 아들을 낳으리니 이름을 예수라 하라 이는 그가 자기 백성을 그들의 죄에서 구원할 자이심이라 하니라

우리 속담에는 "호랑이는 죽어서 가죽을 남기고 사람은 죽어서 이름을 남긴다"는 말이 있습니다.

서양에도 "세상에서 가장 아름다운 것은 자기 이름이다"라는 말이 있고, 중동지역에도 "자기 이름보다 더 소중한 것은 없다"라는 말이 있습니다. 이처럼 세계의 모든 사람들은 이름을 매우 소중히 여기며 어떻게든 이름을 남기기 위해서 많은 노력을 합니다.

미국 역사상 가장 유명한 구두쇠 중 한 사람이었던 바이넘은 자식이 없어서 이름을 물려줄 수 없게 되자 손자(성이 아닌 이름)에게 거액의 돈을 주며 자신의 이름을 물려받게 했습니다.

3백 년 전 유럽에서는 부자들이 학자와 작가들에게 "이 책을 누구누구에게 올립니다"라는 헌사를 넣어달라고 당당하게 돈으로 요구했습니다.

또 역사적인 박물관에 있는 기증품들의 대다수는 "기증자의 이름을 유물 소개에 써줄 것"이라는 조건이 붙어 있다고 합니다.

사람들이 자기 이름을 소중히 여기고 또 세상에 남기려고 하는 것은 자기중심적인 사고와 지금 시대가 전부라는 시각을 가지고 있기 때문입니다. 그러나 예수 그리스도라는 유일한 구원의 이름을 알게 될 때에 이런 모든 시각은 사라지고 정말로 중요한 것이 무엇인지 깨닫게 됩니다. 구원받을 수 있는 유일한 능력이 예수님의 이름임을 고백하며 그 분의 이름을 높이십시오. 반드시 창대하게 될 것입니다.

♡ 주님! 오직 주님의 이름만을 높이 올려드리게 하소서!
🖼 내가 아닌 주님이 영광 받아야 한다는 사실을 늘 잊지 마십시오.

**나의 영적 일지**

# 격려의 교육

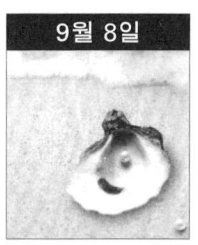

9월 8일

읽을 말씀 : 히 10:19-39

● 히 10:24 서로 돌아보아 사랑과 선행을 격려하며

오디션 방송인 'K팝스타2'에서 우승한 팀 악동뮤지션에게는 부모님이 선교사라는 독특한 이력이 있습니다.

몽골 선교사로 두 자녀 모두 홈스쿨링을 시킨 것으로만 알려진 부모님의 교육법은 심사위원 박진영 씨도 "부모님이 어떻게 키우셨기에 아이들이 이렇게 훌륭하게 자랐는지 궁금하다"라는 말을 했을 정도로 많은 사람들이 궁금해 했습니다.

그런데 몽골 울란바토르에서 선교를 하고 계시는 이성근, 주세희 선교사 부부가 직접 밝힌 비결은 매우 간단했습니다.

"가정예배와 성경읽기를 통해서 바른 기독교 세계관을 갖게 해주고 간섭하고 평가하기 보다는 아이들이 꿈을 찾게 격려를 해주었습니다. 아이들은 알아서 하나님이 주신 재능을 갈고 닦아 키워나갔습니다."

선교사 부부는 또한 아이들이 노래를 통해 행복해 하는 것 같아서 좋다고 말하며 아이들의 행복 에너지가 많은 사람들에게 전달되었으면 좋겠다고 말했습니다.

하나님께 맡기면 하나님이 키워주십니다. 신앙만 바로 선다면 나머지는 하나님이 가장 합당한 방법을 찾아 역사하십니다.

간섭과 평가보다는 신앙과 격려로 자녀와 다른 지체들을 키워주십시오. 반드시 창대하게 될 것입니다.

♥ 주님! 주님이 주신 모든 가능성이 모든 사람에게 있음을 알게 하소서!
🕯 신앙이 바로 잡히면 가능성은 열린다는 사실을 깨달으십시오.

나의 영적 일지

**9월 9일**

# 진짜 사명이라면

읽을 말씀 : 딤후 4:1-8

● 딤후 4:2 너는 말씀을 전파하라 때를 얻든지 못 얻든지 항상 힘쓰라 범사에 오래 참음과 가르침으로 경책하며 경계하며 권하라

존 엘리엇 목사님은 한 교회에서 오래 담임을 하셨습니다.

그런데 어느 날부터 선교에 대한 비전이 생기기 시작했습니다. 처음에는 단순히 감정의 문제가 아닌가 생각했지만 시간이 지날수록 확신은 커져만 갔습니다. 결국 목사님은 성도들에게 최근에 있었던 일을 솔직히 말하고 선교사로 떠나겠다고 말했습니다. 성도들은 목사님에게 제발 남아달라고 간청을 했지만 목사님의 마음은 바뀌지 않았습니다.

"이제 제 사명은 주님을 모르는 사람들에게 복음을 전하는 것입니다."

목사님은 자신을 필요로 하는 곳을 찾아다니며 80살이 될 때까지 안식년도 없이 계속해서 선교를 다녔습니다. 그러다 건강이 안 좋아져 은퇴를 해 시골에 머물고 계셨는데 그럼에도 계속해서 거리를 돌아다니며 동네 사람들과 아이들에게 복음에 대해서 말씀하셨습니다. 목사님은 조금의 휴식도 없이 복음을 전하는 일을 하는 이유에 대해서 누군가 물을 때면 미소를 지으며 말씀하셨습니다.

"말 할 힘이 남아있는 한 복음을 전하는 데는 아무런 문제가 없으니까요."

진짜 사명이라면 사사로운 것에 연연하지 않게 됩니다. 하나님께 받은 사명인지 조금의 의심조차 생기지 않는 것이 진짜 사명입니다.

하나님이 주시는 사명을 찾기를 바라며 감당하길 기도하십시오. 반드시 창대하게 될 것입니다.

♡ 주님! 주님이 주시는 사명을 잘 이해하고 찾아가게 하소서!
📖 주님이 주시는 사명을 잘 감당할 수 있는 사람으로 성장하십시오.

나의 영적 일지

# 기회를 포착하는 방법

읽을 말씀 : 잠 10:1-7

●잠 10:5 여름에 거두는 자는 지혜로운 아들이나 추수 때에 자는 자는 부끄러움을 끼치는 아들이니라

9월 10일

　인터넷을 통해 널리 알려지면서 사람들에게 큰 도움과 희망을 준 '기회를 놓치지 않는 6가지 방법'이라는 글입니다.
　1. 과거를 보지 말자.
　2. 모든 사람들이 '그게 된다면 정말 좋을 텐데'라고 말하는 것을 찾자.
　3. 모든 장애물이 곧 기회라는 것을 명심하고 장애물을 찾자.
　4. 내 삶에 있는 진짜 문제를 찾자.
　5. 삶의 버려진 곳에서 기회를 찾자.
　6. 일단 기회라고 생각되면 먼저 실천하자.
　세상 사람들에게 '기회를 놓치지 않는 6가지 방법'으로 알려진 위의 법칙은 R. 슐러 목사님이 설교를 통해 말씀하신 것입니다.
　세상 사람들은 기회를 이처럼 소중하게 생각합니다. 그러나 그리스도인보다 기회가 더 중요한 사람들은 없습니다.
　이미 받은 구원의 소중한 기회를 이제는 다른 사람의 영혼 구원하는 기회로 삼으십시오. 반드시 창대하게 될 것입니다.

♡ 주님! 오늘도 제게 주신 기회를 놓치지 않게 하소서!
🖤 오늘 기회라고 느껴지는 일들이 있다면 놓치지 말고 실행하십시오.

나의 영적 일지

# 다섯 가지 행복

**9월 11일**

읽을 말씀 : 살전 5:12-22

● 살전 5:18 범사에 감사하라 이것이 그리스도 예수 안에서 너희를 향하신 하나님의 뜻이니라

'세계행복지수'는 'World Happiness Report'라는 기관에서 매년 조사를 해 발표합니다.

매년 새롭게 조사를 하고 책정방식도 조금씩 달라지기 때문에 1위에서 10위권 사이의 나라들은 매년 새롭게 바뀌는 편입니다. 이런 방식 때문에 이 조사에 대해 의문점을 제기하는 학자들도 많이 있지만 그대로 대부분의 연구기관에서 조사를 신뢰하는 편입니다.

그런데 이곳에서 발표한 조사에서 한 때 발리가 행복지수 상위권에 오른 적이 있었습니다. 작은 섬에 국민소득도 낮은 발리가 선정이 되자 노만 빈센트 필 박사는 결과의 신빙성을 체크하기 위해서 직접 발리로 찾아갔습니다. 박사는 일주일 동안 섬의 사람들을 만나며 정말로 행복한지, 그리고 무엇 때문에 행복하다고 느끼는지에 대해 묻고는 '발리 사람들이 행복한 다섯 가지 이유'를 다음과 같이 정리했습니다.

"❶가진 것이 없어 걱정이 없다. ❷생활이 단순하다. ❸서로를 좋아한다. ❹식량이 충분하다. ❺아름다운 지역에서 산다는 자부심이 있다."

같은 조건과 환경이 누구에게는 행복한 이유가 되고, 누구에게는 불행한 이유가 됩니다. 하나님이 주신 행복을 느끼지 못하는 것은 욕심과 시기심이 마음에 가득하기 때문입니다.

가진 것에 만족할 줄 아는 마음으로 모든 걸 주신 하나님의 은혜에 감사하십시오. 반드시 창대하게 될 것입니다.

♡ 주님! 받은 은혜를 통해 만족하며 감사하게 하소서!
🧩 갖지 못한 것에 대한 불만보다 받은 것에 대한 감사를 하십시오.

나의 영적 일지

# 진정한 설득

9월 12일

읽을 말씀 : 고전 2:1-5

● 고전 2:4 내 말과 내 전도함이 설득력 있는 지혜의 말로 하지 아니하고 다만 성령의 나타남과 능력으로 하여

사람들은 대부분 설득이 상대방을 자신에게 끌어당기는 일이라고 생각합니다.

그러나 협상전문가들은 설득은 상대방에게 먼저 한걸음 다가가 상대방이 두 걸음을 오게 만드는 일로 표현합니다.

다음은 협상전문가들이 말하는 '설득의 달인이 되는 7가지 법칙'입니다.

1. 상대방보다 먼저 스스로를 설득한다.
2. 전달한 내용은 아무리 많아도 세 가지를 넘지 않는다.
3. 하체는 굳건히 유지하고 상체는 활발히 움직인다.
4. '그렇지만' 대신에 '그렇기 때문에'를 사용한다.
5. 약점이 있는 주장은 준비한 해결책과 같이 전달한다.
6. 숫자나 명칭은 정확히 외워둔다.
7. 'Yes or No'로 묻지 말고 'A or B'로 선택하게 한다.

복음은 단순한 메시지가 아니라 사랑의 동기를 통한 말과 감정의 효과적인 관심이 전달되는 방법입니다. 예수님은 복음을 위해 먹이시고, 비유를 들고, 기적을 행하셨습니다.

복음을 전하기 위해 필요한 일들을 실행하십시오. 반드시 창대하게 될 것입니다.

♥ 주님! 먼저 다가가는 마음으로 모든 사람을 대하게 하소서!
🌾 딱딱한 논리가 아닌 사랑의 관심과 쉬운 말로 설득하십시오.

나의 영적 일지

## 서로 다른 가능성

9월 13일

읽을 말씀 : 벧전 5:1-14

● 벧전 5:10 모든 은혜의 하나님 곧 그리스도 안에서 너희를 부르사 자기의 영원한 영광에 들어가게 하신 이가 잠깐 고난을 당한 너희를 친히 온전하게 하시며 굳건하게 하시며 강하게 하시며 터를 견고하게 하시리라

드와이트 티모시 목사님은 정규 대학교육의 기틀을 마련한 뛰어난 학자로 예일대 총장까지 역임을 한 적이 있는 분입니다.

목사님은 총장직에서 물러나기 얼마 전에 대학의 교수들에게 다음과 같은 연설을 한 적이 있습니다.

"우수한 성적을 보이는 학생들에게는 잘 대해주십시오.

그들은 이다음에 훌륭한 교수가 되어 학교로 돌아올 것입니다.

그러나 C학점 이하를 받는 학생들에게는 더더욱 잘해주십시오.

이들에게 용기와 격려가 잘 주입된다면

언젠가 학교에 와서 거액의 기부금을 내고

새로운 건물을 지어주겠다고 찾아올 것입니다."

영국에서 자수성가한 백만장자 5천명을 대상으로 조사한 바에 따르면 책을 못 읽는 난독증에 걸린 사람의 비율이 매우 높았다고 합니다.

하나님은 모든 사람에게 충분한 가능성을 주셨습니다. 귀하게 쓰임 받을 수 있는 분명한 가능성이 나에게도 있음을 굳건히 믿으십시오. 반드시 창대하게 될 것입니다.

♡ 주님! 부족한 점이 많지만 주님 안에서 성장해 나가게 하소서.
📷 나의 연약하고 부족한 점을 기록한 후 주님께 기도하십시오.

나의 영적 일지

# 한국 초대교회의 헌신

읽을 말씀 : 롬 6:1-14

● 롬 6:13 또한 너희 지체를 불의의 무기로 죄에게 내주지 말고 오직 너희 자신을 죽은 자 가운데서 다시 살아난 자 같이 하나님께 드리며 너희 지체를 의의 무기로 하나님께 드리라

우리나라에 기독교가 전파된 초기 시절에는 '날 연보'라는 것이 있었습니다.

연보는 '예수님의 가르침을 따라 남을 구제하기 위해서 내는 기금'이라는 뜻인데 '날 연보'는 돈이 아닌 하루를 드리는 봉사입니다. 성도들은 한 달을 기준으로 며칠을 주님을 위해 쓰겠다는 날짜를 적어 헌금함에 넣습니다. 그러면 목사님은 그 날을 세어 "우리 교인들이 이번달은 총 15일을 주님께 드렸습니다"라고 공표합니다. 그러면 날 연보를 드린 교인들은 자체적으로 모여서 함께 모일 시간을 약속하고 그날에는 전도를 하거나 교회 일을 돕거나 믿지 않는 주민들을 도우면서 하나님의 성품을 알리는 일에 모든 것을 헌신합니다.

하나님께 드릴 것이 없는 사람들이 주로 날 연보를 드렸기 때문에 주로 가난한 농촌에서 이루어졌지만 도시에서도 흔히 볼 수 있는 일이었고 헌금을 드리면서도 날 연보를 드리는 사람들도 많았습니다. 그리고 많은 신학자들은 한국의 기독교가 전파 초기에 엄청난 부흥을 이룰 수 있었던 것은 몸과 시간을 바치는 성도들의 커다란 헌신이 있었기에 가능했다고 생각하고 있습니다.

헌신은 그냥 하는 것이 아니라 정성껏 드리는 것입니다. 복음을 위해 감사한 마음을 드리는 나의 모든 것을 주님께서는 기쁘게 받으십니다. 하나님을 위해 할 수 있는 헌신을 정성껏 시작하십시오. 반드시 창대하게 될 것입니다.

♥ 주님! 세상에 치여 하나님의 일을 소홀히 하지 않게 하소서!
🖐 날 연보도 하는 성도가 되십시오.

나의 영적 일지

## 9월 15일 불편한 이유

읽을 말씀 : 요 8:1-11

● 요 8:9 그들이 이 말씀을 듣고 양심의 가책을 느껴 어른으로 시작하여 젊은이까지 하나씩 하나씩 나가고 오직 예수와 그 가운데 섰는 여자만 남았더라

    레슬리 시그너 박사는 쥐들을 가지고 거리와 친밀도에 대한 실험을 했습니다.

    먼저 1m 폭의 상자에 쥐를 한 마리씩 넣기 시작했는데, 쥐들은 3, 4마리가 될 때까지는 사이좋게 놀다가 10마리 가까이 되는 순간부터 서로 물어뜯고 싸우기 시작했습니다. 다시 역순으로 한 마리씩 빼내도 쥐들은 계속 신경질적인 반응을 보였는데, 다시 3마리가 되자 안정을 찾고 사이좋게 지내기 시작했습니다.

    나중에 밝혀진 바에 의하면 사람이든 동물이든 처음 보는 사이라면 1m의 거리를 둬야 안정감을 느끼게 되며 간단히 얼굴만 아는 정도라면 70cm의 거리가 필요했습니다. 다만 어려서부터 함께 지내는 가족이나 연인의 경우에는 아무리 가까운 사이라 하더라도 부담을 느끼지 않았습니다.

    쥐 실험에서도 마찬가지로 어려서부터 함께 기른 쥐들이라면 모르는 쥐들보다 훨씬 좁은 공간에 있을 때에도 신경질적인 반응을 보이지 않았습니다.

    더 나은 신앙생활이 불안하게 느껴지는 이유는 아직 하나님과 더 친밀하지 않기 때문입니다. 하나님을 더 사모하고 간절히 구할수록 불안감은 환희로 바뀌게 됩니다. 주님께 더 가까이 나아가길 바라십시오. 반드시 창대하게 될 것입니다.

♥ 주님! 주님과 교제함으로 주님의 사랑을 더욱 알아가게 하소서!
📖 나와 하나님과의 거리는 얼마쯤 되는지 생각해 보십시오.

나의 영적 일지

# 예수님보다 귀한 것

읽을 말씀 : 행 20:17-24

● 행 20:24 내가 달려갈 길과 주 예수께 받은 사명 곧 하나님의 은혜의 복음을 증언하는 일을 마치려 함에는 나의 생명조차 조금도 귀한 것으로 여기지 아니하노라

가수의 꿈을 가진 조지 쉐아라는 남자가 있었습니다.
제대로 된 교육도 받지 못하고 형편도 어려워 보험회사에서 판매원을 하며 살아야 했지만 그래도 희망을 가지고 연습을 게을리 하지 않았습니다. 그러다 우연한 기회에 NBC 라디오의 공개방송에서 노래를 부를 수 있는 기회를 갖게 되었는데 조지의 멋진 목소리는 방송을 듣는 청취자들의 마음을 사로잡았습니다.
방송이 끝난 후 유명한 기획사에서도 찾아와 계약을 제안했습니다. 그러나 기도를 하면 할수록 가수로 성공하는 것이 자신의 사명이 아니라는 확신이 들었고, 찬양을 통해 전도를 하는 것이 자신에게는 더 기쁨이 된다는 것을 알게 되었습니다. 이후 조지는 가수 데뷔를 포기하고 대신 자신의 고백이 된 찬양 "주 예수 보다도 귀한 것은 없네"를 녹음했는데 그는 빌리 그래함 목사님의 전도단에 들어가 평생 동안 세계를 돌아다니며 전도 사역에 힘썼고 한국에도 다녀갔습니다.
극동방송에서도 이 분의 찬양이 자주 방송 됩니다.(nabook-1@hanmail.net 으로 이메일 주소를 보내주는 분에게는 이 분의 찬양 5곡을 이메일로 보내드리겠습니다.) 전도대회에서 그가 찬양을 할 때면 언제나 사람들의 박수갈채가 쏟아졌는데, 그럴 때마다 조지는 말했습니다.
"정말 감사합니다. 그러나 여러분의 커다란 박수와도 예수님을 바꾸지는 않겠습니다."
세상의 어떤 것이라도 예수님보다 귀할 수는 없습니다. 세상의 유혹이 찾아올 때마다 이 단순한 진리를 잊지 마십시오. 반드시 창대하게 됩니다.

♥ 주님! 교회 은혜를 귀하게 여길 줄 아는 심령을 주소서!
🖼 세상의 가치와 하나님의 가치 사이에 분명한 기준을 세우십시오.

나의 영적 일지

## 9월 17일 겸손과 은혜

읽을 말씀 : 벧전 5:1-11

● 벧전 5:6 그러므로 하나님의 능하신 손아래에서 겸손 하라 때가 되면 너희를 높이시리라

  백과사전에는 벤자민 플랭클린의 직업이 다음과 같이 여러가지로 나와 있습니다.
  '정치가, 외교관, 과학자, 저술가, 경영자, 언론인, 교육문화활동가'
  그러나 벤자민이 남긴 유서의 첫 부분에는 이렇게 적혀 있습니다.
  '가난한 인쇄공이었던 나 프랭클린은…'
  많은 분야에서 뛰어난 업적을 남겼지만 벤자민 자신은 언제나 가장 처음에 시작했던 자신의 모습을 잃지 않고 있었고 이를 통해 겸손함을 유지했습니다.
  유명한 작가이자 성경학자이며 목회자인 F. B. 마이어 목사님은 겸손과 은혜에 대해서 다음과 같이 말했습니다.
  "저는 하나님의 은혜의 선물이 높은 선반에 있는 줄 알았습니다. 그래서 성공을 하려고 했습니다. 그러나 이제는 하나님의 은혜의 선물이 담겨있는 선반은 위쪽이 아닌 아래쪽을 향해 내려 있다는 것을 알았습니다. 하나님의 은혜의 선물을 받고 싶은 사람이 있다면 나를 굽히고 내려가고 또 내려가야 합니다."
  예수님이 겸손함으로 우리를 섬기시지 않았다면 영원히 구원받을 수 없었을 것입니다. 겸손에는 기쁨이 있고 은혜가 있고 하나님의 축복이 있습니다.
  나를 낮추고 남을 높이고 주님께 영광을 돌리는 삶을 사십시오. 반드시 창대하게 될 것입니다.

  ♡ 주님! 겸손함으로 주님의 은혜를 찾고 누리게 하소서!
  📖 그리스도의 죽으심을 통해 죄 사함을 받았다는 사실을 믿으십시오.

나의 영적 일지

# 창조주 하나님

읽을 말씀 : 요 1:1-13

●요 1:1 태초에 말씀이 계시니라 이 말씀이 하나님과 함께 계셨으니 이 말씀은 곧 하나님이시니라

　종교와 과학은 오랜 역사를 통해 서로 대립하는 관계입니다.
　종교는 과학을 이해하려 하지 않았고, 믿음에 위배된다고 생각되는 과학적 사실들은 권력으로 탄압하기도 했습니다. 반면에 과학은 한계를 인정하지 않았고, 과학으로는 설명될 수 없는 부분이 분명히 있음에도 종교를 부정했습니다.
　오클라호마대학의 물리학과 교수인 마이클 스트라우스는 신앙과 과학을 별개로 놓고 생각을 하던 사람이었지만 뉴턴이나 파스칼과 같이 신앙을 가졌던 유명한 과학자들을 통해 '하나님의 존재에 대해서 과학적인 증거가 있는가?'라는 질문이 생겼고 최신의 과학적 사실들과 성경을 연구했습니다. 그리고 그 결과 과학자들이 발견하고자 했던 것을 때로는 신학자들이 먼저 알고 있었으며, 과학자들의 계속되는 발견은 성경 말씀의 증거가 되는 경우가 많은 것을 알게 되었습니다.
　이 같은 깨달음을 얻은 스트라우스 교수는 '신 존재의 과학적 증거'라는 강의를 전 세계를 돌며 하고 있습니다. 성경이 유일하게 세계의 근원을 설명하고 있는 책이며 과학 역시 이 사실을 뒷받침하고 있다는 것을 사람들에게 알리기 위해서입니다.
　하나님이 세상을 창조하셨고, 성경은 그 하나님이 주신 말씀입니다. 과학 뿐 아니라 세상의 모든 것이 하나님을 알게 하는 증거가 된다는 사실을 분명히 믿으십시오. 반드시 창대하게 될 것입니다.

♡ 주님! 말씀을 통해 모든 것이 생겨났음을 사람들이 깨닫게 하소서!
📖 성경은 확실히 믿을 수 있는 하나님의 말씀임을 기억하십시오.

나의 영적 일지

## 9월 19일 불의한 세상

읽을 말씀 : 눅 16:1-13

● 눅 16:10 지극히 작은 것에 충성된 자는 큰 것에도 충성되고 지극히 작은 것에 불의한 자는 큰 것에도 불의하니라

모차르트의 오페라 '피가로의 결혼'은 귀족층을 비판한 작품입니다. 그러나 아이러니하게도 피가로의 결혼은 당시 귀족들에게 열렬한 지지를 받으면 인기를 끌었습니다.

당시 모차르트의 음악을 받아 극으로 구성한 작가 보마르셰는 "귀족을 비판하기 위해 오페라를 만든 나도 제정신은 아니지만 그걸 또 좋다고 좋아하는 귀족들을 보니 그 사람들도 정상은 아닌 것 같다."라고 말을 했습니다.

미국의 21대 대통령인 체이스 아서는 뉴욕 관세청장이었습니다.

그러나 공금을 속이다 적발되어 헤이스 대통령으로부터 직접 해고당했습니다. 그는 해고당한 뒤에도 다른 부패한 정치인들을 이용해 계속 정당에서 일을 했고, 운 좋게 부통령에까지 당선되었습니다.

그는 부통령선거에서 표를 매수한 일을 당당하게 말했습니다. 그러나 대통령이었던 가필드가 암살되어 대통령직을 승계 받게 되자 갑자기 부정부패를 척결하는 정책을 시행했습니다.

죄로 인해 타락한 인간의 본성 때문에 세상은 악할 수밖에 없습니다. 사람들은 자기가 무슨 일을 하고 있는지 모르며 무엇을 해야 하는지도 모르고 있습니다.

나의 약함을 인정하고 주님께 나아감으로 기쁨의 삶으로 변화시키십시오. 반드시 창대하게 될 것입니다.

♡ 주님! 이율배반적인 모습의 성도가 되지 않게 하소서!
🕮 불의한 세상에서의 참된 가치는 주님의 말씀이라는 것을 잊지 마십시오.

나의 영적 일지

# 유리천장을 깨는 생각

읽을 말씀 : 시 119:161-168

●시 119:165 주의 법을 사랑하는 자에게는 큰 평안이 있으니 그들에게 장애물이 없으리이다

　'유리천장'은 눈에 보이지 않지만 깨트릴 수 없다는 의미의 경제학 용어입니다.
　사회에서 여성들이 능력이 있음에도 고위직으로 승진을 하지 못하는 현상을 비판하기 위해 만들어진 용어인데 미국의 힐러리 후보가 대통령 선거 후보에 나올 당시에 연설을 통해 국내에 소개되면서 지금까지도 큰 이슈가 되고 있는 단어입니다.
　그런데 '유리천장'이라는 말은 1979년도에 월스트리트저널을 통해서 생긴 말입니다. 다시 생각해보면 누구나 잘못된 현상이라는 것을 알고 있고 해결방안에 대해서도 알고 있지만 30년이 넘게 아직도 방치되고 있는 것이 바로 유리천장입니다. 이런 현상에 대해서 평화운동가 캐리 채프면 여사는 말했습니다.
　"로마 사람들은 카르타고를 이길 수 없다고 생각했습니다. 하지만 카토라는 사람은 카르타고를 무찌를 수 있다고 모든 사람에게 말하고 다녔습니다. 시간이 흐르자 그 주변 사람들이 동조하기 시작했고, 결국 모든 로마 시민들이 카토와 같은 생각을 하게 되었습니다. 그리고 역사가 알려주는 것처럼 로마는 카르타고를 무너트렸습니다. 그런데 왜 사회적 문제에 대해서는 이런 생각을 하지 않으십니까?"
　악을 인정하지 않고 극복하려는 끊임없는 성실이 모두에게 더 나은 세상을 만듭니다. 당연히 유지되는 사회적 관습을 극복하기 위해 노력하십시오. 반드시 창대하게 될 것입니다.

♡ 주님! 세상의 잘못된 방법에 끌려가지 않게 하소서!
※ 잘못된 관습들을 인정하지 마십시오.

나의 영적 일지

**9월 21일**

## 높은 목표를 설정하라

읽을 말씀 : 빌 3:10-16

● 빌 3:14 푯대를 향하여 그리스도 예수 안에서 하나님이 위에서 부르신 부름의 상을 위하여 달려가노라

"노력하면 누구나 원하는 걸 이룰 수 있습니다."

루즈벨트 대통령이 남긴 이 말을 통해 꿈을 키우던 낸시라는 여자 아이가 있었습니다. 10살 때 소아마비에 걸려 한쪽 다리를 절어야 했던 소녀는 무거운 보조기구가 없으면 제대로 걷지 못했고, 성인이 되서도 지팡이를 반드시 짚고 걸어야 할 정도로 상태가 좋지 않았습니다.

그러나 루즈벨트 대통령의 말을 통해 힘을 얻어 수영국가대표가 되겠다는 목표를 정했습니다. 한 레인을 왕복할 수 있게 되는데 1년이란 시간이 지났지만 포기하지 않았습니다. 4년이 지난 뒤에는 캘리포니아 산타바바라의 작은 지역 대회에 출전해서 3위를 했습니다. 그리고 5년이 지난 뒤에는 마침내 그렇게 꿈에 그리던 국가대표가 될 수 있었습니다. 9년이란 시간동안 그녀를 포기하지 않고 지도했던 수영감독 잭 코디는 이런 말을 했습니다.

"처음 봤을 때 낸시가 '저는 그냥 수영을 배우러 온 게 아니에요. 저는 국가대표가 되고 싶어요'라고 말하더군요. 진심이 느껴지는 눈이었습니다. 그래서 저는 그 아이를 국가대표처럼 훈련을 시켰고, 마침내 그 꿈을 이루게 되었습니다."

하나님은 많은 계기로 나의 삶에서 이루고자 바라시는 비전을 주십니다. 그 목표가 아무리 높고 어렵더라도 분명한 확신이 생긴다면 순종하십시오. 반드시 창대하게 될 것입니다.

♡ 주님! 비전의 말씀을 지혜롭게 깨닫고 순종하게 하소서!
※ 분명한 확신이 있는 일에는 높은 목표를 설정하십시오.

나의 영적 일지

# 사랑의 모습

9월 22일

읽을 말씀 : 롬 5:1-11

● 롬 5:8 우리가 아직 죄인 되었을 때에 그리스도께서 우리를 위하여 죽으심으로 하나님께서 우리에 대한 자기의 사랑을 확증 하셨느니라

　19세기 성경을 범신론적으로 받아들이는 자유주의신학이 유럽을 휩쓸면서 많은 성도들이 교회를 떠났습니다.
　이때에 새로운 정통주의 신학을 세우기 위해 노력하던 신학자 두 명이 있었는데 스위스의 칼 바르트와 독일의 본회퍼였습니다. 이들은 성경의 온전성과 유일성을 역설하며 정통신학을 변증했으며, 아울러 히틀러에 지배를 받는 시대적 상황에서 성도의 본분을 지키기 위해 노력했습니다.
　그러나 이들이 취하던 노선은 조금 달랐습니다. 본 회퍼는 "미치광이 운전자가 더 많은 사고를 내기 전에 운전석에서 끌어내야 한다"는 말로 히틀러에 맞서며 암살하는 계획을 세우고 가담했지만 칼 바르트는 다음과 같은 말로 자신의 입장을 대변했습니다.
　"저 역시 히틀러가 싫습니다. 그러나 누군가 히틀러를 만날 기회를 준다면 총을 쏜다기 보다는 이런 말을 할 것입니다. '예수 그리스도께서 당신의 죄를 위해 죽으셨습니다' 저에게는 이 말 밖에 할 말이 없습니다."
　잘못된 탄압에 맞설 수 있는 것도 사랑입니다. 그러나 탄압의 대상에 복음을 전하고자 하는 것은 더 큰 사랑입니다.
　모든 사람에게 필요한 것은 사랑의 복음임을 잊지 마십시오. 반드시 창대하게 될 것입니다.

　♡ 주님! 사랑과 복음 전파가 제일의 목적이 되게 하소서!
　※ '원수를 사랑하라' 는 말씀의 실천을 위해 노력하십시오.

나의 영적 일지

## 9월 23일 놓치지 않으시는 주님

읽을 말씀 : 막 1:40-45

● 막 1:40 한 나병환자가 예수께 와서 꿇어 엎드려 간구하여 이르되 원하시면 저를 깨끗하게 하실 수 있나이다

    보스턴의 해안인 뉴포트지역으로 피서를 떠난 목사님이 있었습니다.
    해변은 피서를 온 사람들로 매우 북적거려서 바로 앞의 일행을 찾기가 힘들 정도였습니다. 그러나 이런 상황 속에서도 사고가 일어나면 안전요원들이 재빠르게 바다로 들어가 인명을 구출했습니다.
    목사님은 어떻게 안전요원들이 재빨리 대처를 하는지 궁금해 물었습니다.
    "사람들이 이렇게 많은데 어떻게 어디서 사고가 났는지 그렇게 빨리 알 수가 있습니까?"
    "소리를 들으면 됩니다. 사람이 아무리 많고 웅성거리는 소리가 커도 위험에 처한 사람이 간절히 외치는 소리는 반드시 들리기 마련입니다."
    안전요원의 대답을 들은 목사님은 깊은 깨달음을 얻었고, 휴가가 끝난 뒤 교회로 돌아가 성도들에게 다음과 같은 설교를 했습니다.
    "저는 안전요원의 대답을 듣고 분명히 알았습니다. 간절하게 드리는 모든 기도를 하나님은 절대 놓치지 않을 것이라는 사실을 말입니다. 응답이 더디 된다 해도 주님께서 우리를 외면하고 있는 것이 아니라는 사실을 우리는 분명히 알아야 합니다."
    믿음이 있는 성도들은 감사함과 찬양함으로 응답을 기다립니다.
    주님은 나의 기도를 놓치지 않으십니다. 감사와 찬양으로 기다림의 공백을 채우십시오. 반드시 창대하게 될 것입니다.

💛 주님! 응답하시는 주님께 믿음으로 간구하게 하소서!
📖 들으시는 주님이 응답해 주신다는 확신을 가지고 기도하십시오.

[나의 영적 일지]

# 게으른 핑계

읽을 말씀 : 잠 6:6-19

● 잠 6:6 게으른 자여 개미에게 가서 그가 하는 것을 보고 지혜를 얻으라

'걸리버 여행기'를 쓴 조나단 스위프트가 하인과 함께 여행을 하고 있었습니다.

하루는 여행 중에 비가 내려서 조나단의 구두가 진흙투성이가 되었습니다. 그날 밤 여관에서 잠이 들기 전에 조나단은 하인에게 구두를 닦아놓으라고 시켰습니다. 그런데 아침이 되어 일어나보니 진흙투성이 구두가 그대로 놓여 있었습니다. 화가 난 조나단은 하인을 불러 말했습니다.

"내가 어제 분명히 구두를 닦아 놓으라고 말했을 텐데?"

"어차피 오늘 신으면 또 더러워질 구두를 닦아서 뭐합니까?"

하인의 볼멘소리를 들은 조나단은 잠잠히 짐을 챙겨 다시 여행을 떠났습니다. 점심때가 되자 하인과 함께 식당에 들어갔는데 조나단은 조용히 자신의 음식만 시킨 뒤에 식사를 했습니다. 배가 고픈 하인이 자기 음식도 시켜달라고 하자 조나단이 말했습니다.

"식사는 해서 뭐하겠나? 어차피 저녁 때 또 배가 고플텐데?"

게으른 사람은 모든 일에 핑계를 댑니다. 성실한 사람만이 하나님이 주시는 직분과 축복을 받을 자격이 있습니다.

하나님이 맡겨주신 모든 일들을 항상 성실히 감당하는 사람이 되십시오. 반드시 창대하게 될 것입니다.

♡ 주님! 반복되는 헌신도 즐거이 감당하는 성도가 되게 하소서!
시편 92편을 읽고 주님의 성실하심을 묵상하십시오.

나의 영적 일지

## 실제적인 전도

**9월 25일**

읽을 말씀 : 막 12:28-34

● 막 12:31 둘째는 이것이니 네 이웃을 네 자신과 같이 사랑하라 하신 것이라 이보다 더 큰 계명이 없느니라

캐나다 동부 뉴펀들랜드 주에는 래브라도라는 해안이 있습니다. 이 지역에 백인들이 거주한 것은 19세기가 되어서였고, 그 전에는 척박한 환경 때문에 소수의 에스키모들만이 어업을 하며 살았습니다. 이곳의 에스키모들은 오랜 세월을 별 다른 교류 없이 살았기 때문에 외부인들에게 매우 배타적이었고 선교에 대해서도 마찬가지였습니다.

그러나 그렌펠 목사님은 이런 어려움 속에서도 이 지역의 많은 에스키모들을 개종시켰고, 또 여러 곳에 교회를 세웠습니다. 그렌펠 목사님이 나중에 퇴임을 하고 난 뒤에 여러 교회와 선교단체에서 목사님을 초청했는데, 목사님은 선교의 사명을 훌륭히 감당할 수 있던 노하우에 대해서 말씀하셨습니다.

"래브라도 지역에는 파도가 매우 심해서 어부들의 고생이 심했습니다. 그들의 배는 쉽게 망가졌고, 그물은 금방 상했습니다. 저는 먼저 튼튼한 그물을 만들 수 있는 방법과 배를 수리하는 법을 배워서 그들에게 알려주었습니다. 그리고 복음을 전하자 그들은 말씀에 귀를 기울였고, 마음을 열고 받아들였습니다. 예수님의 희생이 무엇인지 조금이라도 행동으로 보여주는 것이 선교의 비법이라고 생각합니다."

실제적인 전도는 실제적인 행동을 통해 이루어집니다. 21세기 전도는 지역사회에 좋은 영향을 줄 때 더욱 효과적입니다.

쓸데없는 변론, 비난과 비방을 멈추고 사랑의 행실로 아직 주님을 알지 못하는 영혼들에게 다가가십시오. 반드시 창대하게 될 것입니다.

♥ 주님! 말뿐 아니라 행동으로 사랑하고 전도하게 하소서!
📖 내가 살고 있는 곳에서 내가 할 수 있는 선한 일은 무엇인지 생각하십시오.

나의 영적 일지

# 씨앗을 통한 깨달음

읽을 말씀 : 막 4:26-29

● 막 4:26 또 이르시되 하나님의 나라는 사람이 씨를 땅에 뿌림과 같으니

인터넷에 자신을 농부라고 밝힌 어떤 사람이 올린 '농사를 하며 씨앗에게 배운 7가지'라는 글입니다.
 1. 먼저 뿌려야 나중에 거둘 수 있다.
 2. 밭을 가는 준비를 하고 씨를 뿌려야 한다.
 3. 씨앗을 뿌린 뒤에는 기다림이 필요하다.
 4. 뿌린 씨들이 모두 열매가 되진 않는다.
 5. 씨앗 하나에서 많은 곡물을 거둔다.
 6. 콩 심은 데서 콩 나고 팥 심은 데서 팥이 난다.
 7. 종자는 배고프다고 먹어서는 안 된다.
농부가 농사를 지으며 얻은 깨달음이지만 우리의 인생에도 적용이 되고 전도 생활에도 적용이 됩니다.
복음의 씨앗을 뿌리지 않으면 거둘 수 없고, 어떤 상황에서도 하나님을 위한 시간과 예물은 남겨두어야 합니다.
위의 법칙을 복음에 대입해 다시 묵상해보십시오. 반드시 창대하게 될 것입니다.

♥ 주님! 복음의 씨를 뿌리는 하나님 나라의 농부가 되게 하소서!
🧎 나는 누구에게 어떤 씨를 뿌리는 사람인지 생각해 보십시오.

나의 영적 일지

### 9월 27일
## 마음의 자세

읽을 말씀 : 신 4:25-31

● 신 4:29 그러나 네가 거기서 네 하나님 여호와를 찾게 되리니 만일 마음을 다하여 그를 찾으면 만나리라

'가시철망병'은 전쟁에 참여한 병사들만 걸리는 희귀한 병입니다. 이 병이 발견된 것은 세계 1,2차 대전 때인데 전쟁터에 있다가 돌아온 병사들을 진료하던 세계 각국의 군의관들을 통해서였습니다.

병의 증상은 매우 단순했습니다. 병에 걸린 병사들은 기분이 매우 침체되어 있고 극도의 식욕부진 현상이 일어납니다. 또 어떤 재활이나 운동도 거부하며 그저 침대에 누워 있으려고만 합니다. 우울증과 매우 비슷한 증세를 보이지만 약으로 치료가 어렵고 딱히 치료방법이 없는 것이 특징입니다.

나중에 밝혀진 바로는 전쟁 중에 상대방이 쳐놓은 가시 철망을 지나던 병사들에게만 이 병이 생기는 것으로 알려졌습니다.

한 가지 신기한 것은 가시 철망을 완전히 지나 다시 전투에 참여했던 병사들에게는 이 병이 생기지 않았고 중간에 철망에 갇혀 구조가 되거나 전투를 포기한 병사들에게만 이 병의 증상이 나타났다는 사실입니다.

이 병을 연구하던 칼 메닝거 박사는 '태도는 실제 환경보다 더 중요하다'는 말을 했습니다. 내 삶에 찾아온 역경보다 중요한 것은 그 역경을 극복하고자 하는 마음입니다.

어려움이 내 삶에 찾아올 때면 주님의 말씀을 통해 충분한 소망의 에너지를 충전하십시오. 반드시 창대하게 될 것입니다.

♥ 주님! 말씀을 통해 역경 속에서 희망을 바라보게 하소서!
🙏 어렵고 힘들수록 더더욱 주님의 말씀을 붙들고 기도하십시오.

나의 영적 일지

# 평안을 찾아서

읽을 말씀 : 요 14:25-31

● 요 14:27 평안을 너희에게 끼치노니 곧 나의 평안을 너희에게 주노라 내가 너희에게 주는 것은 세상이 주는 것 같지 아니하니라 너희는 마음에 근심하지도 말고 두려워하지도 말라

20세기 최고의 기타리스트 지미 헨드릭스는 20대에 이미 큰 성공을 거두었습니다.

그러나 이른 나이부터 자신의 분야에서 사람들의 인정을 받으며 부와 성공을 얻은 그였지만 마음의 평안은 얻지 못했습니다. 그는 자신의 팬을 포함한 모든 사람에게 항상 욕설을 퍼붓고 거칠게 대했습니다. 돈으로 여자들을 사서 매일 문란한 밤을 보냈고, 마약에서 빠져나오지 못했습니다. 결국 약물 과다복용으로 인해 28살의 나이에 요절을 했지만 그는 참된 평안을 갈구하고 있었습니다.

작가 로버트 맥기에 따르면 그가 한 번은 자신의 공연 중에 갑자기 무대에서 무릎을 꿇고 참된 평안을 아는 사람을 찾았다고 합니다.

"여기 계신 분들 중에 참된 평안에 대해 알고 계신 분이 계십니까? 있으시다면 공연이 끝나고 대기실로 저를 찾아와 주시길 바랍니다."

그러나 공연이 끝나고 아무도 찾아오지 않았고, 공연을 마친 뒤 며칠 뒤에 그는 자살을 했습니다.

싸구려 기타로 독학을 해 성공할 만큼 귀한 재능이 있더라도 마음의 평안이 없다면 행복한 인생을 살 수 없습니다.

하나님으로부터 창조된 나는 하나님을 떠나서는 결코 평안할 수 없습니다. 마음이 힘들고 어려울 땐 다시 주님께로 돌아가십시오. 반드시 창대하게 될 것입니다.

♥ 주님! 좋은 환경보다 마음의 안식이 더욱 중요함을 깨닫게 하소서!
🕮 주님의 평안을 누리는 하루가 되게 해달라고 기도하십시오.

나의 영적 일지

**9월 29일**

## 비난처리법

읽을 말씀 : 약 4:1-12

● 약 4:12 입법자와 재판관은 오직 한 분이시니 능히 구원하기도 하시며 멸하기도 하시느니라 너는 누구이기에 이웃을 판단하느냐

    링컨 대통령이 취임을 한 지 얼마 되지 않아 장관들을 임명하던 때였습니다.
    링컨은 지명도는 떨어지지만 실력은 출중했던 베이커라는 의원을 행정부 장관으로 임명하려고 했는데, 이 임명안을 놓고 여당과 야당의 반대가 매우 심했습니다. 조금 더 인지도가 높은 의원이 장관이 되어야 한다는 것이었습니다.
    그래도 링컨이 임명을 강행하려고 하자 여당과 야당의 대표로 뽑힌 의원이 '베이커가 장관이 되면 안 되는 이유'라는 보고서를 가지고 링컨 대통령을 찾았습니다. 그러나 말이 보고서였지 베이커라는 사람에 대한 일방적인 비난이었습니다. 그 중에는 베이커의 성격에 대한 이야기와 악의적인 루머들도 많았습니다.
    링컨은 보고서를 훑어본 뒤 대표에게 물었습니다.
    "이 보고서는 내가 받은 것이니 이제 내 맘대로 해도 되겠습니까?"
    대표는 그렇다고 대답했습니다. 대답을 들은 링컨은 보고서를 찢은 뒤에 벽난로에 불을 지펴 종이를 태워버렸습니다. 그리고 이후에 단 한 번도 그 보고서에 있던 내용을 다른 사람들 앞에서 말하지 않았습니다.
    나에게 들리는 다른 사람의 비난은 어쩔 수 없지만 그 비난을 잘 처리하는 것은 나의 몫입니다.
    다른 사람을 비난하는 자리는 되도록 오래 있지 말고, 또 확인되지 않은 내용을 함부로 입에 담지 마십시오. 반드시 창대하게 될 것입니다.

♥ 주님! 비난과 비판을 그치는 지혜로운 입이 되게 하소서!
🖼 다른 사람의 험담을 즐거워하지 말고 전달하지도 마십시오.

나의 영적 일지

# 주변을 돌아보라

9월 30일

읽을 말씀 : 행 1:6-11

● 행 1:8 오직 성령이 너희에게 임하시면 너희가 권능을 받고 예루살렘과 온 유대와 사마리아와 땅 끝까지 이르러 내 증인이 되리라 하시니라

평생 동안 백만 명에게 복음을 전한 빌리 선데이에게 한 청년이 찾아왔습니다.

"전 1년 전에 선생님의 집회를 통해 예수님을 영접했습니다. 그리고 저에게는 아프리카의 선교라는 사명이 생겼습니다. 아프리카 사람들에게 복음을 전할 생각에 지금 제 가슴은 뜨겁습니다. 그리고 오늘은 선생님께 사람들을 전도하는 비결에 대한 가르침을 구하려 이곳을 찾아왔습니다."

청년의 정열적인 모습을 보고 빌리는 한 가지 질문을 했습니다.

"좋습니다. 그런데 아프리카로 떠나기 전 지금까지 복음을 전한 사람은 몇 명입니까?"

청년은 아무 대답도 하지 못했습니다. 아프리카로 떠나 많은 사람들에게 복음을 전할 생각은 있었지만 주변사람에게 복음을 전했던 적은 한 번도 없었기 때문입니다.

큰 일이 작은 일에서부터 시작되듯이 전도의 사명은 내 주위 사람으로부터 시작됩니다.

영생의 기쁨을 누리는 복음을 먼저 가족과 주위 사람들에게 전하길 시작하십시오. 반드시 창대하게 될 것입니다.

💙 주님! 내 주변 사람들에게 확신을 가지고 복음을 전하게 하소서!
📖 가까운 지인 중에 복음을 전해야할 사람들의 명단을 써 보십시오.

나의 영적 일지

# 10월

"주께서 내 원수의 목전에서
내게 상을 차려 주시고
기름을 내 머리에 부으셨으니
내 잔이 넘치나이다"

-시편 23:5-

**10월 1일**

## 한 영혼의 가능성

읽을 말씀 : 골 1:3-8

● 골 1:6 이 복음이 이미 너희에게 이르매 너희가 듣고 참으로 하나님의 은혜를 깨달은 날부터 너희 중에서와 같이 또한 온 천하에서도 열매를 맺어 자라는도다

스코틀랜드의 지방에서 목회를 하는 두 목사님이 계셨습니다.
목사님들은 각자 속한 지역에서 복음을 전하기 위해서 최선을 다했지만 자신들의 생각처럼 교회에 부흥이 찾아오지 않았습니다. 비슷한 지역에서 목회를 했기 때문에 친분이 있던 두 분의 목사님은 종종 서로 만났는데, 한 번은 사역의 어려움에 대해 이야기를 나눴습니다.
"저는 목회가 때로는 매우 힘든 일임을 느끼고 있습니다. 지난 3년 동안 진심을 다해 복음을 전했지만 새로 주님을 영접한 성도는 청년 한 명 밖에 없었습니다."
다른 목사님도 의견에 동의했습니다.
"저 역시 동감합니다. 최근에 1주일 동안 교회에서 부흥회를 했는데, 그 기간 동안 딱 한 명만이 주님을 믿겠다고 서원했습니다."
그러나 이 두 목사님의 헌신은 결코 헛된 것이 아니었습니다.
첫 번째 목사님이 말한 청년은 '아프리카 선교의 터'를 닦았다고 평가받는 로버트 모펫 선교사가 되었고, 두 번째 목사님이 말한 청년은 '아프리카에 복음의 불씨'를 지폈다고 평가받는 데이비드 리빙스턴이었기 때문입니다.
한 영혼이 주님께로 돌아올 때 무한한 가능성이 생깁니다.
한 영혼을 전도하기 위해 노력하고 한 영혼을 양육하기 위해서 노력하십시오. 반드시 창대하게 될 것입니다.

♥ 주님! 한 영혼도 하나님이 맡겨주신 것임을 잊지 않게 하소서!
🙏 한 영혼이라도 최선을 다해 전도하고 양육하십시오.

나의 영적 일지

# 영혼에 대한 긍정

읽을 말씀 : 마 10:2-15

● 마 10:13 그 집이 이에 합당하면 너희 빈 평안이 거기 임할 것이요 만일 합당치 아니하면 그 평안이 너희에게 돌아올 것이니라

'의학의 아버지' 히포크라테스는 의학은 자연치유력에 기초해야 된다고 주장했습니다.

히포크라테스는 현대 의학에서 사용되는 기초적인 외과시술부터 응급요법, 식이요법까지 사용해 환자를 치료했지만 이런 시술은 근본적인 치료방법이 아니라 모두 '자연치유력'을 돕는 보조적인 방법이라고 생각했습니다.

그리고 현대의학에서도 이와 비슷한 주장을 하는 사람들이 많아지고 있습니다. 노벨의학상을 받은 버나드 로운 박사는 수상 뒤에 열리는 노벨상 수상자들의 강의에서 다음과 같이 말했습니다.

"의사의 임무는 생명에 대해 긍정적이어야 합니다. 최악의 상황에서도 환자가 희망을 가지는 경우에는 기적적으로 치유가 되는 경우를 저는 많이 봤습니다. 의사는 그 희망을 돕는 사람이 되어야 합니다. 희망을 버리지 않고 환자를 이해하는 노력이 의사의 자질에 있어서 가장 중요하다고 저는 생각합니다."

생명을 살리기 위해 의사가 생명을 긍정해야 하는 것처럼 성도들은 믿지 않는 영혼들에 대한 긍정적인 희망을 갖고 있어야 합니다.

생명이 있는 한 그곳에는 희망이 있음을 잊지 말고 성도의 본분대로 실천하십시오. 반드시 창대하게 될 것입니다.

♥ 주님! 모든 영혼을 소중히 여기는 간절한 마음을 주소서!
🖋 아직 하나님을 알지 못하는 주위 사람들을 생각하며 기도하십시오.

나의 영적 일지

## 10월 3일 — 희생의 의미

읽을 말씀 : 엡 5:1-14

● 엡 5:2 그리스도께서 너희를 사랑하신 것 같이 너희도 사랑 가운데서 행하라 그는 우리를 위하여 자신을 버리사 향기로운 제물과 희생제물로 하나님께 드리셨느니라

프랑스의 독립을 위해 싸우던 레지스탕스의 한 병사가 크게 다쳐 병원으로 실려 갔습니다.

총알이 팔을 관통하는 큰 부상이었기에 의사는 재빨리 소독을 하고 응급처치를 했지만 팔의 조직이 괴사되면서 점점 썩어가고 있었습니다. 의사는 괴사범위가 어깨까지 더 넓어지기 전에 팔을 절단해야겠다는 판단을 내려 병사에게 말했습니다.

"좋지 않은 소식입니다. 팔이 썩는 범위가 더 넓어지기 전에 절단을 해야 할 것 같습니다. 나라를 위해 싸우다 팔을 잃게 되어 매우 유감입니다."

그러나 의사의 말을 들은 병사는 자랑스럽게 말했습니다.

"위로는 감사합니다. 그러나 저는 팔을 잃은 것이 아닙니다. 조국을 위해 바친 것입니다."

수술을 받은 병사는 다시 전장에 나갈 순 없었지만 조국을 위해 희생을 했다는 자부심을 갖고 새로운 인생을 당당히 살았습니다.

계란을 깨지 않고 오믈렛을 만들 순 없다는 말이 있습니다. 무언가를 이루기 위해선 반드시 무언가를 희생해야 합니다.

성도들은 주님을 예배하고 만나는 시간을 잃어버렸다고 생각해선 안 됩니다. 주님을 위해 귀한 시간을 바치십시오. 반드시 창대하게 될 것입니다.

♡ 주님! 기꺼이 기쁘게 주님께 삶을 드리는 성도가 되게 하소서!
📖 지난 한 주간 어떤 마음으로 예배하고 주님을 만났는지 돌아보십시오.

나의 영적 일지

# 내면을 보는 눈

읽을 말씀 : 요 7:10-24

●요 7:24 외모로 판단하지 말고 공의롭게 판단하라 하시니라

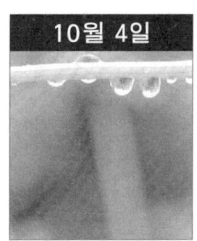
10월 4일

한국에선 결혼을 할 때 가장 중요한 것이 혼수라고 합니다.

이런 상황을 빗대어 한국에서 결혼 하려면 '3K'가 있어야 한다는 말도 나왔는데, 이 K는 '아파트, 자동차, 별장'의 열쇠를 뜻하는 단어로 상류층 사람들의 결혼 예식에서는 매우 중요한 조건이라고 합니다.

한 편 유럽에서 가장 선진국인 독일에서도 결혼 할 때는 3K가 필요하다고 합니다. 그런데 이 3K는 한국의 조건과는 조금 다릅니다.

●첫째 조건은 '요리(Kochen)'입니다. 집에서 즐겨먹던 요리법을 익혀 와야 한다는 조건입니다.

●둘째는 '교육(Kind)'입니다. 할머니와 어머니를 통해 내려오는 자녀 교육의 노하우를 결혼 전에 미리 익혀와야 하는 조건입니다.

●셋째는 '봉사(Kirche)'입니다. Kirche는 교회라는 뜻의 독일어인데 교회를 다니는 사람들처럼 봉사를 많이 하는 이타심이 있어야 한다는 의미입니다.

리브가가 이삭의 아내로 선택된 것은 남의 낙타에 물을 먹이는 배려의 마음 때문이었습니다. 외면을 가꾸는 사람은 사람들의 부러움을 받을지 모르지만 내면에 신경을 쓰는 사람은 하나님의 인정을 받습니다.

외면보다 내면을 더 소중히 여기고 또 내면의 성숙을 위해 더욱 노력하십시오. 반드시 창대하게 될 것입니다.

💛 주님! 내면의 아름다움을 더 소중히 여기게 하소서!
🙏 사람들의 인정보다 하나님의 인정을 더욱 갈구하십시오.

나의 영적 일지

## 10월 5일 - 성도의 사명

읽을 말씀 : 요 13:1-11

● 요 13:1 유월절 전에 예수께서 자기가 세상을 떠나 아버지께로 돌아가실 때가 이른 줄 아시고 세상에 있는 자기 사람들을 사랑하시되 끝까지 사랑하시니라

'각설이 전도왕' 이병래 장로님은 지금까지 3천 명이 넘는 영혼을 주님께로 인도했습니다.

그러나 장로님은 1984년도에 다니던 교회에서 전도대회를 하기 전까지는 전도에 대한 관심이 전혀 없었습니다. 전도대회를 기점으로 영혼들을 하나님께 인도해야 한다는 열정이 생겼고, 그 열정이 믿지 않는 영혼에 대한 사랑으로 이어졌습니다.

전도에 대한 어떤 노하우와 경험도 없었지만 장로님은 무작정 사람들을 만나 전도를 하기 시작했습니다. 그렇게 전도를 하다 보니 전도에 대해서 자연스레 공부를 하게 되었고, 또 작은 사랑과 관심으로 서서히 다가가는 방법이 가장 효과적인 방법이라는 것을 깨닫게 되었습니다. 그리고 지금은 이 노하우를 살려 본래 직업인 법무사를 부업으로 생각할 정도로 전도의 사명을 위해 최선을 다하고 계십니다.

스위스의 카를 힐티는 행복을 찾아 고민하는 현대인들을 위한 자신의 저서 '잠 못 이루는 밤을 위하여'라는 책에서 '인생에서 가장 행복한 날은 사명을 발견하는 날이다'라고 말했습니다.

예수님을 믿고 따르는 성도의 사명은 이미 정해져 있습니다.

목숨을 다해 하나님을 섬기는 것, 이웃을 내 몸과 같이 사랑하는 것, 땅 끝까지 복음을 전파하는 것이 사명입니다. 사명을 위한 인생을 살아가십시오. 반드시 창대하게 될 것입니다.

♥ 주님! 성도의 본분과 사명을 위해 오늘도 달려가게 하소서!
📖 성경이 말하는 성도의 사명이 곧 내 사명이라는 것을 잊지 마십시오.

나의 영적 일지

# 시간의 활용

읽을 말씀 : 잠 10:1-5

● 잠 10:4 손을 게으르게 놀리는 자는 가난하게 되고 손이 부지런한 자는 부하게 되느니라

역사 속의 유명한 위인들은 저마다의 독특한 시간관리 방법이 있었습니다.

요한 웨슬레 목사님은 '첫째, 아무것도 하지 않고 있는 시간이 없을 것. 둘째, 쓸데없는 일에 시간을 쓰지 말 것'이라는 원칙을 가지고 시간을 사용했습니다.

미국의 초대 대통령 조지 워싱턴은 '남들보다 2시간 더 일을 할 것'이라는 원칙을 세웠습니다. 그러나 일상에서 짬을 내기가 어려워 수면 시간을 4시간으로 줄여서 원칙을 실천했고, 죽을 때까지 그것을 지켰습니다.

윈스턴 처칠은 집중이 잘 되는 새벽 늦게까지 일을 했습니다. 다만 늦잠을 자주 자서 침대에서 업무를 처리할 때도 있었고, 낮잠도 틈틈이 자며 기력을 보충했습니다.

빌 게이츠는 자신의 사업을 구상하는 시간을 위해 고요한 새벽을 활용했으며 아이디어가 부족할 때는 2주에서 한 달간 정보가 완전히 차단된 휴양지에서 혼자서 시간을 보냈습니다.

시간의 활용에 정답은 없습니다. 그러나 시간의 소중함을 알고 그 시간을 제대로 사용하려는 사람이 더 가치 있는 삶을 사는 것은 분명한 사실입니다.

시간을 핑계로 주님을 멀리하지 말고 시간을 활용해 주님을 만나는 삶을 꾸리십시오. 반드시 창대하게 될 것입니다.

♡ 주님! 주님이 허락하신 소중한 시간을 낭비하지 않게 하소서!
🖼 내 생활 패턴에 맞는 시간 활용 원칙을 세워보십시오.

나의 영적 일지

### 10월 7일

## 평안의 고백

읽을 말씀 : 사 33:1-6

● 사 33:6 네 시대에 평안함이 있으며 구원과 지혜와 지식이 풍성할 것이니 여호와를 경외함이 네 보배니라

스패포드라는 변호사가 가족과 함께 배를 타고 유럽으로 여행을 가고 있었습니다.

첫 번째 여행지인 영국에 거의 도착 했을 즈음 자욱한 안개 때문에 배가 서로 충돌하는 사고가 일어났습니다. 스패포드 부부는 무사히 구조되었지만 이 큰 사고로 인해서 배의 승객 중 266명이 목숨을 잃었고, 그 중에는 그의 네 아들들도 포함되어 있었습니다.

구조되어 영국에 도착한 스패포드 부부는 곧바로 뉴욕으로 돌아가 아들들의 장례를 치렀습니다. 그리고 이 소식을 들은 많은 사람들이 스패포드 부부를 찾아 힘을 내라며 위로의 말을 전했습니다.

스패포드는 마음이 매우 힘들었지만 그는 하나님을 신뢰했기 때문에 애써 힘을 내어 "괜찮습니다. 주님으로 인해 제 마음은 평안합니다"라고 대답했습니다. 그런데 장례가 끝난 뒤에 정말로 마음속에서 평안이 샘솟는 것을 느꼈습니다. 말로 형용할 수 없는 참혹한 고통이었지만 그 안에서 평안을 주시는 놀라운 주님을 스패포드는 글로 고백했습니다.

그리고 그 고백은 '내 평생의 가는 길'이라는 찬송가가 되어 오늘도 세계의 많은 성도들에게 큰 위로와 감동을 전해주고 있습니다.

하나님이 주시는 평안은 고난 중에 더욱 강하게 임합니다.

하나님을 향한 믿음의 고백을 어떤 상황에서도 멈추지 마십시오. 반드시 창대하게 될 것입니다.

♡ 주님! 환경과 상황과 감정을 넘어서 임하는 주님의 평안을 누리게 하소서!
📖 하나님이 주시는 평안은 세상이 뺏어갈 수 없음을 고백하십시오.

나의 영적 일지

# 내가 아는 기쁨

읽을 말씀 : 시 128:1-6

● 시 128:5,6 여호와께서 시온에서 네게 복을 주실지어다 너는 평생에 예루살렘의 번영을 보며 네 자식의 자식을 볼지어다 이스라엘에게 평강이 있을지로다

지미 카터 대통령의 손자인 잭의 결혼식에서 있던 일입니다.

독실한 기독교 집안이었기 때문에 결혼식은 예배 형식으로 진행됐고, 스티브 로헤드 목사님이 주례를 맡으셨습니다. 카터 대통령은 이 결혼식에서 대표 기도를 맡았는데, 경험에서 우러나온 진실한 기도로 하객들에게 많은 감동을 주었습니다.

이에 감동을 받은 로헤드 목사님은 자신의 저서에 카터 대통령의 기도를 실을 정도였습니다.

"주님, 저는 사랑하는 아내와 결혼을 하고 축복된 시간을 보내왔습니다. 특별히 매일 함께 식사를 하는 시간은 저희에게 더 없는 기쁨이었습니다. 사랑의 주님께서 오늘 결혼하는 제 손자인 잭과 그의 아내 주디가 함께 식사를 할 때마다 이와 동일한 기쁨을 주시기를 간절히 기도드립니다."

내가 체험하지 못하고서 남에게 축복을 해줄 수는 없습니다. 기도를 할 때도 그럴싸한 말보다는 진실한 체험의 고백이 중요합니다.

먼저는 주님이 주시는 은혜의 기쁨을 체험하기를 구하십시오. 그리고 그 체험한 기쁨으로 이웃에게 나누고 또 축복하십시오. 반드시 창대하게 될 것입니다.

💗 주님! 예수님을 더욱 알기 원하고 아는 만큼 진실하게 전하게 하소서!
🎀 주님의 기쁨을 체험한 순간을 노트에 기록해 보십시오.

나의 영적 일지

# 치유의 하나님

읽을 말씀 : 시 23:1-6

● 시 23:3 내 영혼을 소생시키시고 자기 이름을 위하여 의의 길로 인도 하시는도다

세계 3대 성악가인 호세 카레라스는 41세가 되던 해에 백혈병에 걸렸습니다.

사람들은 세계에서 가장 뛰어난 성악가를 잃게 될 것이라며 모두 슬퍼했습니다. 그러나 카레라스는 성경의 히스기야 왕을 떠올리며 하나님께 기도했습니다.

"하나님, 병을 낫게 하시어 저의 생명을 조금만 더 허락해 주옵소서. 남은 삶을 통해 해야 할 일이 무엇인지 알았습니다. 이 일을 통해 주님의 영광이 되고 싶습니다."

카레라스는 기도에 응답하실 하나님을 믿고 치료를 받기로 결정했습니다. 의사는 병이 나을 확률에 비해 치료가 고통스러우니 받지 않는 것이 좋겠다고 했지만 카레라스는 결심을 꺾지 않았습니다. 다행히 적당한 골수를 찾아 이식을 받았고, 화학치료의 부작용도 생기지 않았습니다.

사람들은 병원에서 치료를 잘 받아 카레라스가 나았다고 생각했지만 카레라스는 그것이 하나님의 응답이라는 것을 알고 있었습니다. 그리고 전 재산을 팔아 백혈병 재단을 세우고 모든 공연 수익의 절반도 자신이 아닌 다른 사람들을 위해 사용하고 있습니다.

병이 생길 때도 또 병이 나을 때도 그 모든 과정에는 하나님의 계획과 사랑이 들어있습니다.

기도를 통해 치유해주실 하나님을 믿으며 나의 병과 또 다른 성도들의 병의 나음을 위해 기도하십시오. 반드시 창대하게 될 것입니다.

♡ 주님! 기도의 능력을 믿음으로 체험하게 하소서!
🧩 병의 치유를 위해 다른 성도와 연합하여 기도하십시오.

나의 영적 일지

# 하나님 말씀의 확실성

읽을 말씀 : 히 11:32-40

● 히 11:33 그들은 믿음으로 나라들을 이기기도 하며 의를 행하기도 하며 약속을 받기도 하며 사자들의 입을 막기도 하며

'고아들의 아버지' 조지 뮬러가 기부금을 받기 위해 퀘벡으로 가고 있었습니다.

토요일 오후에 정확히 도착해야만 하는 약속이었기 때문에 배를 타야 했는데, 항구에 도착하자 안개가 자욱하게 깔려 있었습니다. 조지 뮬러는 예약한 배를 타기 위해 선장을 찾아갔는데 선장은 날씨가 좋지 않아 출항할 수 없다고 말했습니다.

"이 안개가 보이지 않으십니까? 최소한 이틀은 기다려야 배가 뜰 수 있을 겁니다."

그러나 조지 뮬러는 확신에 찬 표정으로 담대히 말했습니다.

"저는 선장으로써의 당신의 경험을 존중합니다. 그러나 지난 57년간 한 번도 어긴 적이 없으신 하나님의 약속을 더욱 신뢰합니다. 배는 오늘 출항할 수 있으니 준비 해주시길 바랍니다."

뮬러는 말을 마치고 선실에 들어가 기도를 하기 시작했고 선장은 출항 준비를 해두었습니다. 그리고 그날 오후에 기적적으로 안개가 걷히기 시작해 배가 출항할 수 있었습니다. 뮬러는 퀘벡에 정확히 토요일 오후에 도착해서 고아원 운영에 필요한 기부금을 받았습니다.

욕망에서 비롯된 잘못된 바람이 아닌 주님의 말씀을 통한 약속은 모든 것을 초월하여 이루어지는 확실한 사실입니다.

기도 중에 주님의 음성을 더욱 듣기를 간구하십시오. 반드시 창대하게 될 것입니다.

♥ 주님! 주님의 약속에 의거한 기도를 하게 하소서!
🙏 하나님의 약속은 말씀을 통해 이루어지는 것임을 기억하십시오.

나의 영적 일지

## 10월 11일 — 말씀의 권위

읽을 말씀 : 히 4:1-13

●히 4:12 하나님의 말씀은 살아 있고 활력이 있어 좌우에 날 선 어떤 검보다도 예리하여 혼과 영과 및 관절과 골수를 찔러 쪼개기까지 하며 또 마음의 생각과 뜻을 판단하나니

나폴레옹이 매우 아끼던 말을 관리 소홀로 잃어버리게 된 적이 있었습니다.

마침 말을 타고 순찰을 하던 한 병사가 그 말이 달아나는 것을 목격했는데 나폴레옹이 아끼던 말이라는 사실을 알고는 곧 쫓아가 잡아왔습니다. 말을 잃어버린 줄만 알았던 나폴레옹은 한 병사가 말을 찾아왔다는 소식을 듣고는 매우 기뻤습니다. 그리고 직접 찾아가 인사를 건넸습니다.

"자네 때문에 겨우 아끼던 말을 잃지 않았네, 대위!"

나폴레옹은 병사와 악수를 하고 곧 돌아갔지만 병사는 깜짝 놀라 그 자리에 서 있었습니다. 일반 사병인 자신을 나폴레옹이 대위라고 불렀기 때문입니다. 병사는 잠시 뒤 인사담당 장교의 막사로 가서 말했습니다.

"방금 나폴레옹 장군께서 저를 대위로 임명하셨습니다."

인사담당 장교는 병사의 행적을 확인한 뒤에 계급장을 주고 장교 막사까지 배정해 주었습니다. 나폴레옹이 그냥 말을 실수한 것일 수도 있지만 병사는 나폴레옹의 말이 가진 권위를 믿었고 그 믿음이 있었기에 대위로 진급을 할 수가 있었습니다.

그리스도인들에게도 이 병사와 같은 믿음이 필요합니다. 성경이 하나님의 말씀이라고 믿는다면 그 말씀이 실제로 내 삶에 이루어질 것이라고도 믿으십시오. 반드시 창대하게 될 것입니다.

♡ 주님! 확고불변한 진리의 말씀을 100% 믿게 하소서!
📖 오늘도 살아서 역사하는 말씀의 능력을 믿으십시오.

나의 영적 일지

# 하나님과의 비밀

읽을 말씀 : 막 9:38-50

●막 9:41 누구든지 너희가 그리스도에게 속한 자라 하여 물 한 그릇이라도 주면 내가 진실로 너희에게 이르노니 그가 결코 상을 잃지 않으리라

10월 12일

역사상 가장 위대한 탐험가 중 한 명으로 인정받는 어니스트 섀클턴은 인류 최초로 남극의 최남단을 탐험한 사람입니다.

남극탐험을 하면서 수차례 조난을 당하고 목숨을 잃을 위기에 처했지만 그때마다 뛰어난 리더십으로 대원들과 함께 구조될 때까지 버틸 수 있었습니다. 그러나 전문가들은 탐험대가 위기를 극복할 수 있었던 것은 섀클턴의 리더십 못지않게 대원들 간의 탄탄한 동료애도 중요한 역할을 했다고 말합니다. 섀클턴 경은 탐험 중 가장 인상 깊었던 일에 대해서 다음과 같이 말했습니다.

"구조가 되기 며칠 전 우리 일행의 식량은 비스킷 조금 뿐이었습니다. 밤이 깊어 모두가 잠들 무렵에 저는 한 사람이 몰래 자리에서 일어나는 것을 목격했습니다. 그 사람은 옆 대원의 가방을 몰래 열었습니다. 저는 처음엔 비스킷을 훔치려고 하는 줄 알았습니다. 하지만 잠시 뒤에 자신의 비스킷을 동료의 가방에 몰래 넣어준 것임을 알게 되었습니다."

섀클턴은 그 동료가 누군지는 "하나님과 나와의 비밀"이라며 말하지 않았습니다.

하나님을 섬기는 사람에게는 모든 상황에서 선을 행할 능력이 있습니다. 오직 하나님을 사랑하는 마음으로 은밀히 선을 행하십시오. 반드시 창대하게 될 것입니다.

♥ 주님! 남의 시선을 의식하지 않고 선을 행하는 마음을 주소서!
✤ 대가를 바라지 않는 선행의 기쁨을 체험해 보십시오.

나의 영적 일지

## 소금의 또 다른 역할

**10월 13일**

읽을 말씀 : 막 9:38-50

● 막 9:50 소금은 좋은 것이로되 만일 소금이 그 맛을 잃으면 무엇으로 이를 짜게 하리요 너희 속에 소금을 두고 서로 화목하라 하시니라

한 교회의 청년부에서 소그룹 성경공부 시간에 '너희는 세상의 소금이니…' 라는 마태복음 5장의 말씀을 묵상하고 있었습니다.

예수님이 말씀하신 소금의 유익에 대해서 토의를 하자 다양한 의견들이 나왔습니다.

"소금은 음식의 맛을 내는 역할을 해요. 그러니까 그리스도인들은 세상에서 정말로 필요한 인재가 되어야 한다는 뜻 아닐까요?"

"소금은 음식이 썩는 것을 막아줘요. 성도들은 악한 세상 속에서 항상 선을 추구하는 자세를 가져야 해요."

그런데 한 자매가 조금은 독특한 의견을 말했습니다.

"그런데 제 생각엔 소금이 항상 좋은 건 아닌 것 같아요. 목이 마를 때 소금을 먹으면 갈증이 더 심해지잖아요?"

자매의 질문을 통해 열띤 토의가 이루어졌고 마침내 소금이 내는 갈증을 다음과 같이 해석하기로 했습니다.

'믿지 않는 사람들이 하나님을 더욱 갈망하게 만드는 역할'

하나님을 믿는 사람들은 실력으로 성품으로 겸손으로 세상 사람들에게 하나님의 모습을 보여주는 역할을 해야 합니다.

세상 사람들이 하나님을 만나고 또 갈망하게 하는 소금과 같은 성도의 역할을 감당하십시오. 반드시 창대하게 될 것입니다.

♥ 주님! 세상에서 주님을 드러낼 수 있는 주님의 도구로 쓰임 받게 하소서!
성도의 모든 것은 궁극적으로 복음 전파로 이어짐을 잊지마십시오.

나의 영적 일지

# 하나님의 부르심

읽을 말씀 : 벧후 1:1-11

● 벧후 1:10 그러므로 형제들아 더욱 힘써 너희 부르심과 택하심을 굳게 하라 너희가 이것을 행한즉 언제든지 실족하지 아니하리라

세상을 위해 헌신하기를 바라는 한 소년이 있었습니다.

대그 함마슐트라는 소년은 어려서부터 아버지에겐 '조국과 인생을 위해 헌신하는 삶의 아름다움'에 대해서, 어머니에겐 '하나님의 말씀과 섬기는 삶'에 대해서 말을 들으며 자랐습니다.

소년은 정확히 어떤 직업을 가져야 할지는 몰랐지만 이 두 가지 조건에 맞는 삶을 살기 위해 최선을 다했습니다.

그는 사람들에게 도움을 주기 위해 경제학자가 되었고, 또 외교관이 되었습니다. 자신의 이익보다는 다른 사람들의 이익을 위해 항상 최선을 다했기 때문에 그는 조국인 스웨덴을 넘어 전 유럽의 존경을 받았습니다. 그리고 그런 평판을 바탕으로 마침내 UN사무총장의 자리까지 올라가 자신의 어렸을 때의 바람을 실천할 수 있는 사람이 되었습니다. 그는 비운의 사고로 목숨을 잃게 되기 전까지 세계의 평화를 위해 어떤 위험도 마다하지 않았고, 그 공로를 인정받아 노벨 평화상까지 받았습니다.

또 그의 일기는 '흔적'이라는 제목으로 출간되어 '금세기 가장 위대한 개인의 헌신이 기록된 책'이라는 뉴욕타임즈의 극찬을 받으며 많은 사람들에게 헌신의 아름다움을 알려주었습니다.

하나님의 부르심을 따라 사는 사람들은 사람들을 위해, 세상을 위해서도 이로운 일을 하며 섬겨야 합니다. 하나님의 부르심은 곧 섬김이며 사랑이라는 것을 기억하십시오. 반드시 창대하게 될 것입니다.

♡ 주님! 나에게만 초점이 맞추며 살지 않게 하소서!
🖼 다른 사람을 위한 나의 비전을 세워보십시오.

나의 영적 일지

## 10월 15일 이성과 믿음

읽을 말씀 : 요일 5:1-12

● 요일 5:4 무릇 하나님께로부터 난 자마다 세상을 이기느니라 세상을 이기는 승리는 이것이니 우리의 믿음이니라

성경학자 토레이는 성경을 보며 큰 고민에 빠진 적이 있었습니다.

어려서부터 신앙생활을 하며 구원에 확신은 있었지만 학자로써 지식을 점점 쌓아갈수록 성경말씀이 다르게 보였습니다. 인생에서 어떤 문제에 처할 때 성경이 말하는 답과 자신의 이성이 내리는 답은 언제나 달랐고, 또 자신이 내린 답이 더욱 맞는 것 같았습니다.

그래서 그런 갈림길에 설 때마다 언제나 자신의 이성에 따라 결정을 내렸습니다. 그러나 오랜 세월이 지나고 그는 이런 결정들을 후회하며 말했습니다.

"제가 옳다고 생각하며 내린 결정들은 당장은 그래 보였지만 결국엔 아니었습니다. 세월이 흐를수록 제가 느꼈던 것은 하나님이 나보다 더 많이 알고 계신다는 것이 확실하다는 것뿐이었습니다."

성경의 답이 결국엔 정답이었다는 토레이의 고백을 통해서 우리는 많은 것을 느낄 수 있습니다.

인간의 노력으로 아무리 많이 지식을 쌓아도 하나님의 지혜에는 티끌만큼도 미치지 못합니다.

성경을 따르는 것이 가장 지혜로운 인생의 방법임을 믿으십시오. 반드시 창대하게 될 것입니다.

♡ 주님! 이성을 통해 말씀을 의심하지 않고 이해하게 하소서!
🌹 하나님의 지혜가 사람보다 비교할 수 없이 월등함을 인정하십시오.

나의 영적 일지

# 일단 시작하라

읽을 말씀 : 약 1:19-27

● 약 1:25 자유롭게 하는 온전한 율법을 들여다보고 있는 자는 듣고 잊어버리는 자가 아니요 실천하는 자니 이 사람은 그 행하는 일에 복을 받으리라

대중이 직접 사업이나 아이템에 자금 조달을 하는 '소셜 펀딩'은 '킥스타터'라는 사이트를 통해 시작되었습니다.

뛰어난 발명 아이디어부터 사업 계획, 영화와 음악 같은 예술 분야까지 아이디어는 있지만 자금이 모자란 사람들이 프로젝트 계획을 올리면 다른 사람들이 그 프로젝트를 보고 때로는 후원을 하고 때로는 지분을 사들입니다.

지금까지 470만 명이 이 킥스타터의 다양한 프로젝트에 참여를 했고, 5천 개가 넘는 프로젝트에 8억 달러에 가까운 돈이 투자되었습니다.

그러나 이렇게 성공한 아이디어를 가진 페리 첸이 사업 초기에 가장 많이 들었던 소리는 '그게 될까?'였습니다. 사람들은 그 아이디어가 될 거라고 믿지 않았고 결국 첸은 자신의 두 번째 동업자를 찾는데 4년이란 시간이 걸렸습니다. 그러나 첸은 되든 안 되든 사업을 시작해 보기 전까진 일단 모른다는 생각을 했고, 그래서 동업자를 만나 사업을 시작하게 되기 전까진 포기를 하지 않았습니다. 그리고 '킥스타터' 프로그램으로 인해서 많은 사람들이 다른 사람의 꿈에 투자를 하고, 자신의 꿈을 이루고 있습니다.

'그 때 그걸 할 걸'이라는 생각만큼 나쁜 후회는 없습니다. 실패를 두려워 말고 지금 당장 실행하십시오. 반드시 창대하게 될 것입니다.

♡ 주님! 성령이 주시는 깨달음에 실천으로 순종하게 하소서!
🧩 주님이 주시는 담대함으로 실패에 대한 두려움을 이겨내십시오.

나의 영적 일지

### 10월 17일
## 마음가짐의 전염

읽을 말씀 : 마 6:14-18

●마 6:17,18 너는 금식할 때에 머리에 기름을 바르고 얼굴을 씻으라 이는 금식하는 자로 사람에게 보이지 않고 오직 은밀한 중에 계신 네 아버지께 보이게 하려 함이라

마크 트웨인의 '톰 소여의 모험'에 나오는 장면입니다.

장난꾸러기인 톰에게 몹시 화가 난 이모는 넓은 농장의 울타리를 새로 칠하라는 벌을 내립니다. 톰은 아침 일찍 나와서 울타리를 칠하기 시작했는데, 어깨가 축 처진 톰을 본 동네 아이들은 장난을 치다 벌을 받는다며 톰을 놀려댔습니다.

잠시 뒤 놀리던 아이들이 사라지고 톰은 이왕 벌을 받는 거 즐겁고 재밌게 하기로 마음을 먹고 휘파람을 불며 신나게 칠을 하기 시작했습니다. 다시 톰을 놀리러 온 아이들은 그 모습을 보고는 뭐가 그리 재미있냐고 묻자 톰이 말했습니다.

"페인트칠이지 뭐, 나도 처음엔 벌이라 힘든 줄 알았는데, 하다보니까 이렇게 재미있는 일이 없지 뭐야."

때마침 심심하던 아이들은 페인트칠을 하겠다며 서로 싸우기 시작했습니다. 결국 순번을 정해 돌아가며 페인트칠을 하기 시작했고, 톰은 나무 그늘에서 간식을 먹으며 이모가 내린 벌을 모두 완수했습니다.

같은 일을 하더라도 '벌'로 생각하면 힘이 들고 어렵습니다. 그러나 '놀이'로 생각하면 기쁘고 즐겁습니다. 하나님에 대한 우리의 모습도 어떻게 보이느냐에 따라서 주위 사람들의 생각도 크게 영향을 받습니다.

신앙을 의무와 책임으로 생각하기보다는 봉사와 헌신과 감사로 생각하십시오. 반드시 창대하게 될 것입니다.

♡ 주님! 바른 신앙생활로 믿지 않는 사람에게도 영향력을 끼치게 하소서!
🕮 정직하고 기쁜 모습으로 좋은 영향력을 믿지 않는 사람들에게 끼치십시오.

나의 영적 일지

# 바라는 대로

읽을 말씀 : 엡 5:1-14

● 엡 5:4 누추함과 어리석은 말이나 희롱의 말이 마땅치 아니하니 오히려 감사하는 말을 하라

유명한 영화감독인 빈센트는 아침마다 다음과 같은 다짐 기도를 한다고 합니다.

"나는 오늘도 순수하고 진실한 마음을 가지고 살아갈 것입니다. 오늘 하루 주어진 모든 것에 만족하며 불순한 생각과 이기적인 마음은 모두 물리치기 위해 노력할 것입니다. 하나님과 사람에게 기쁨이 되는 일을 하고자 노력할 것이며, 정열과 환희가 가득한 삶, 거룩하고 몰래 선을 행하는 삶을 살 것입니다. 모든 사람을 되도록 믿으며, 도움이 필요한 곳에서 눈을 돌리지 않으며 하나님의 안에서 어린아이와 깨끗한 믿음을 갖고 살 것입니다."

하루에 5분도 되지 않는 짧은 시간이지만 이 기도를 통해서 그의 삶은 놀라울 정도로 달라졌다고 합니다.

'토크쇼의 여왕' 오프라 윈프리도 아무리 바쁜 일정 중에도 하루에 5가지 감사 제목을 찾는 일기를 적는 일은 빼먹지 않는다고 합니다. 이 역시 하루를 놓고 보면 매우 작은 일이지만 오프라는 감사 일기가 자신의 인생을 바꾼 전환점이 되었다고 말하고 있습니다.

작은 시간이라도 감사할 줄 알며 자신이 바라는 삶을 생각하는 사람은 인생에서 좋은 변화를 맞게 됩니다.

내가 바라는 삶과 하나님이 바라는 삶에 대해서 깊이 생각해보고 매일 그 삶을 이루기 위해 기도하고 또 감사하십시오. 반드시 창대하게 될 것입니다.

♥ 주님! 매일 주님을 향해 발걸음을 내딛어 가게 하소서!
📖 감사 제목을 기록할 노트를 만드십시오.

나의 영적 일지

## 10월 19일 유일한 방법

읽을 말씀 : 사 55:8-13

● 사 55:8 이는 내 생각이 너희 생각과 다르며 내 길은 너희의 길과 다름이니라 여호와의 말씀이니라

아프리카 선교사를 꿈꾸던 조지 스미스라는 청년이 있었습니다.

스미스는 자신의 가장 귀한 시절인 청년의 때를 오직 선교를 준비하는 일에 바쳤습니다. 그 결과 선교를 위한 모든 준비를 마치고 하나님의 은혜로 좋은 후원자까지 만나게 되어서 아프리카로 별 탈 없이 떠나게 되었습니다.

하지만 도착한 나라에서 정부의 미움을 받아 몇 달 만에 강제로 추방을 당했습니다. 추방당하기 전까지 조지가 전도한 사람은 딱 한명 뿐이었습니다. 그리고 영국으로 돌아와 다시 선교를 준비하던 도중에 조지는 그만 숨을 거두었습니다. 믿지 않는 사람뿐 아니라 믿는 사람까지도 조지의 죽음에 어떤 하나님의 뜻이 있는지 이해하기 힘들었습니다.

그러나 조지가 전도한 그 딱 한 사람이 그 지역의 영적인 지도자가 되어 일생동안 만 삼천 명이나 되는 사람들을 전도했습니다. 이 놀라운 결실은 사람들이 아무 의미가 없다고 생각한 조지의 희생이 없었더라면 결코 일어날 수 없는 일이었습니다.

하나님의 일과 방법은 쉽게 판단할 일이 아닙니다. 노력에 비해 결실이 없다 해도 결코 그것이 전부가 아니니 멈춰서는 안 됩니다.

최소 일 년에 한 명의 영혼은 전도하기 위한 계획을 세우고 노력하십시오. 반드시 창대하게 될 것입니다.

♡ 주님! 사람의 생각으로 하나님의 일을 생각하지 않게 하소서!
📖 "태신자를 위한 무릎 기도문"(나침반발행)을 보고 전도 대상자를 찾으십시오.

나의 영적 일지

# 신앙으로의 징검다리

읽을 말씀 : 시 145:1-10

● 시 145:6 사람들은 주의 두려운 일의 권능을 말할 것이요 나도 주의 위대하심을 선포하리이다

   대한민국의 대표적인 지성이자 무신론자인 이어령 씨가 복음을 믿고 크리스천이 되어 세간의 화제가 되었던 적이 있었습니다.
   그러나 기독교를 배척하던 지성인들이 회심으로 다시 돌아온 것은 복음이 전파된 이래로 매우 빈번하게 일어나던 일이었습니다.
   '생활의 발견'을 쓴 임어당 씨도 목사님의 아들로 태어났지만 철학을 공부하며 무신론자가 되었습니다. '세상에 존재하는 것만이 전부다'라는 생각으로 유물론을 주장하며 인본주의에 빠졌던 그는 기독교를 비롯한 모든 종교는 어리석은 사람들만 믿는 것이라고 주장했습니다. 그러나 크리스천이었던 아내를 따라 억지로 들렀던 뉴욕의 메디슨 교회에서 하나님을 만나고 크리스천이 되었습니다.
   처음 일 년 동안은 지금까지 살았던 자신의 삶과 체면 때문에 세상에 드러내지 못하고 조용히 신앙생활을 하며 삶을 정리했습니다. 그리고 1년이 지난 뒤에는 자신의 개종 사실을 세상에 알리고 크리스천으로 살아감을 당당히 밝혀 많은 사람들을 놀라게 했습니다.
   조금 알면 무신론자가 되지만, 깊이 알면 크리스천이 됩니다. 세상의 모든 지식의 끝에서는 결국 하나님을 인정할 수밖에 없습니다.
   지름길을 통해 하나님을 만나고 복음을 믿게 된 것이 하나님의 큰 은혜임을 고백하십시오. 반드시 창대하게 될 것입니다.

♥ 주님! 주님을 받아들이지 않는 사람들의 마음이 계속해서 변화되게 하소서!
🌀 주변의 믿지 않는 사람들이 복음을 받아들일 마음을 갖게 해달라고 기도하십시오.

나의 영적 일지

## 10월 21일 신앙의 명인

읽을 말씀 : 계 2:1-7

● 계 2:4,5 그러나 너를 책망할 것이 있나니 너의 처음 사랑을 버렸느니라 그러므로 어디서 떨어진 것을 생각하고 회개하여 처음 행위를 가지라 만일 그리하지 아니하고 회개하지 아니하면 내가 네게 가서 네 촛대를 그 자리에서 옮기리라

대한민국의 조리명인 1호인 김용중 명인은 금탑산업훈장까지 받은 조리계의 스타입니다.

요리사로써 대한민국 명인이자 훈장까지 받게 된 비결에 대해서 사람들이 물을 때마다 김용중 명인은 자신의 이력을 보라고 말합니다.

- 초등학교 졸업
- 13세 때까지 남의 집에서 머슴살이
- 닥치는 대로 허드렛일을 하며 생활
- 우연한 기회에 라이온스 협회 식당에 취직
- 이후 40년 간 요리에 전념

"40년간 요리만 했는데 못할 수가 있겠습니까?"라는 것이 김용중 명인의 대답이었습니다.

하루 3시간씩 10년을 하면 그 분야의 전문가가 된다는 것이 1만 시간의 법칙입니다. 그보다 훨씬 많은 40년간이나 매일 투자했던 것이 김용중 명인을 대한민국 최고의 요리사로 만든 비결이었습니다.

한 가지 일을 오래하면 전문가가 되고 명인이 되는 것처럼 오래된 신앙생활도 계속해서 성장해야 합니다. 그러나 대부분 성도들의 신앙은 처음이 뜨겁고 뒤로 갈수록 미지근해집니다.

구원의 첫 감격을 잊지 말고 계속해서 신앙이 성장하는 신앙의 명인이 되기 위해 노력하십시오. 반드시 창대하게 될 것입니다.

♥ 주님! 날이 갈수록 주님을 향한 사랑이 더욱 깊어지게 하소서!
📖 신앙생활의 기간에 따른 삶의 만족도를 그래프로 그려보십시오.

나의 영적 일지

# 한 영혼에 최선을

읽을 말씀 : 약 5:7-20

●약 5:20 너희가 알 것은 죄인을 미혹된 길에서 돌아서게 하는 자가 그의 영혼을 사망에서 구원할 것이며 허다한 죄를 덮을 것임이라

10월 22일

부흥사 빌리 선데이의 집회에서 찬양 사역을 담당했던 로드히버는 다음과 같은 간증을 한 적이 있습니다.

"제가 성가대장으로 섬기던 교회에는 약간 지능이 모자란 조이라는 아이가 있었습니다. 아이들뿐만 아니라 어른들까지도 그 아이를 기피했습니다. 저는 교회에 온 사람에게 그렇게 대해서는 안 된다고 생각했습니다. 그래서 일부러 대화를 걸고 신경을 써주었습니다.

언젠가부터 그 아이는 예배가 끝나도 바로 집으로 돌아가지 않고 반드시 저를 만나 악수를 나누고 짧게나마 대화를 한 뒤에 집으로 돌아갔습니다. 사실 이 시간이 항상 유쾌했던 것은 아니었습니다. 제가 바쁠 때도 그 아이는 저를 늘 찾아왔으니까요. 그런데 몇 달이 지난 뒤에 조이의 아버지가 찾아와 저에게 감사를 표했습니다. '저희 아이에게 잘 대해주셔서 감사합니다. 자기와 놀아주는 사람이 생겼다고 즐거워하는 조이의 모습을 저희는 처음 봤습니다.'

몇 주가 지난 뒤에 조이의 부모님이 교회에 나오기 시작했습니다. 또 몇 주가 지난 뒤에는 조이의 할머니와 할아버지도 나오기 시작했습니다. 게다가 조이의 할아버지는 75세 였는데, 지금까지 교회를 한 번도 나가지 않았던 무신론자였습니다."

예수님을 진정으로 사랑하는 사람은 사람을 사랑할 수밖에 없고 한 영혼을 소중히 여길 수밖에 없습니다.

어떤 영혼이라도 귀하고 소중하게 여기며 주님을 향한 사랑을 표현하십시오. 반드시 창대하게 될 것입니다.

💟 주님! 지치고 힘든 영혼들에게 먼저 다가가게 하소서!
🧩 교회에 적응이 필요한 사람들이 있다면 먼저 적극적으로 다가가십시오.

나의 영적 일지

### 10월 23일

## 사탄의 유혹

읽을 말씀 : 마 16:21-28

● 마 16:23 예수께서 돌이키시며 베드로에게 이르시되 사탄아 내 뒤로 물러 가라 너는 나를 넘어지게 하는 자로다 네가 하나님의 일을 생각하지 아니하고 도리어 사람의 일을 생각하는도다 하시고

마틴 루터 목사님이 부흥회 중에 자주 사용하던 예화가 있습니다. 어느 날 사탄이 부하들을 불러서 성과를 보고하라고 말했습니다. 그러자 첫 번째가 말했습니다.
"저는 그리스도인들이 콜로세움의 사자 밥이 되게 했습니다."
그러자 사탄이 크게 화를 내었습니다.
"그게 어쨌단 말이지? 죽은 사람들은 모두 천국에 가있지 않느냐?"
두 번째가 말했습니다.
"저는 선교사들이 탄 배를 침몰시켜 모두 죽게 만들었습니다."
역시 사탄이 화를 내며 말했습니다.
"그건 조금 효과가 있구나. 그러나 그들이 구원 받았다는 건 변함이 없지 않느냐!"
세 번째가 말했습니다.
"저는 오래 동안 신앙생활을 한 한 성도를 골라 사업이 잘 풀리게 하고 많은 돈을 벌게 했습니다. 그랬더니 점점 여가생활에만 관심이 쏠려 이제는 교회도 잘 나가지 않습니다."
사탄은 세 번째의 보고를 듣고는 크게 기뻐하며 미소를 지었다고 합니다.
사탄의 유혹은 내가 하나님을 삶의 우선 자리에 놓지 않을 때 찾아옵니다. 그 무엇보다도 먼저 주님을 최고로 섬기십시오. 반드시 창대하게 될 것입니다.

♥ 주님! 영적인 문제에 관심을 가지고 늘 깨어있게 하소서!
물질적인 문제보다도 믿음의 문제를 더욱 중요하게 여기십시오.

나의 영적 일지

# 세상 속의 그리스도인

읽을 말씀 : 마 5:13-16

● 마 5:14 너희는 세상의 빛이라 산 위에 있는 동네가 숨겨지지 못할 것이요

    링컨 대통령이 선거에서 승리 후 취임식을 위해 스프링필드에서 워싱턴까지 먼 길을 가야 했습니다.
    그러나 노예해방선언을 했다는 이유로 링컨 대통령을 미워하는 사람들이 워낙 많아서 미국 남부의 몇몇 주들은 독립을 선포했고, 링컨을 미워하는 사람들 역시 많았습니다. 워싱턴을 가는 도중에만 '너는 살아서 백악관에 들어갈 수 없을 것이다'라는 협박 편지를 셀 수 없을 정도로 많이 받았습니다.
    특히나 필라델피아에 머물렀을 때에는 진짜 암살자가 있다는 첩보까지 입수하게 되었습니다. 정보를 받은 참모들은 이제부터는 이동을 비밀리에 하고 낮보다는 밤을 이용하는 것이 좋겠다고 건의했습니다. 그러나 링컨은 참모들의 제안을 단칼에 거절했습니다.
    "대통령이 도둑놈처럼 밤중에 몰래 수도에 들어간다고 하면 시민들이 도대체 어떻게 생각을 하겠습니까? 차라리 당당하게 들어가다 목숨을 잃겠습니다."
    사회적으로 욕을 먹는다고 해서 그리스도인임을 숨긴다면 사람들은, 그리고 하나님은 어떻게 생각하실까요?
    어떤 상황에서도 하나님의 자녀임을 당당하게 밝히는 떳떳한 그리스도인이 되십시오. 반드시 창대하게 될 것입니다.

♡ 주님! 세상보다 하나님을 더 따르고 신뢰하게 하소서!
📖 세상을 두려워하지 않을 용기를 위해 주님께 간구하십시오.

나의 영적 일지

**10월 25일**

## 사랑받을 자격

읽을 말씀 : 행 15:1-10

● 행 15:9 믿음으로 그들의 마음을 깨끗이 하사 그들이나 우리나 차별하지 아니하셨느니라

　미국 시애틀에는 '사랑의 집'이라는 가정이 있습니다.
　이곳은 보육원이나 고아원 같은 시설이 아닌 일반 가정집임에도 평균 15명 정도의 어린이가 머무르고 있는데 모두 하나 같이 신체적, 정신적으로 장애를 가진 아이들입니다. 이 집의 주인인 공무원 부부는 입양을 결심했다가 장애가 있는 아이들은 아무도 데려가지 않는 것을 보고는 그때부터 이런 아이들만 입양을 해서 돌보고 있습니다. 심지어 어떠한 후원이나 보조금을 받지 않고 자신들의 봉급으로만 이런 일을 감당하고 있습니다.
　맞벌이를 하지만 공무원 월급이 많은 편이 아니기 때문에 집안 사정이 넉넉할 리 없고, 옷도 헌옷을 매번 돌려 입어야 하지만 집안에서는 하루 종일 웃음소리가 사라지지 않습니다. 입양도 쉬운 일이 아닌데 어떻게 장애를 가진 아이들만 입양을 할 생각을 했냐는 물음에 부부는 항상 이렇게 대답합니다.
　"입양도 예쁘고 잘난 아이들만 데려가는 것이 현실입니다. 그러나 우리 아이들도 사랑을 받을 자격이 충분히 있었고, 하나님은 저희 부부에게 그 일을 감당하라고 말씀하셨습니다."
　진정한 사랑은 상황과 조건을 따지지 않습니다. 하나님의 작품이라는 사실만으로도 사랑받기 위한 충분한 이유가 됩니다.
　조건 없는 하나님의 사랑을 깨닫고, 또 그 사랑으로 이웃을 사랑하십시오. 반드시 창대하게 될 것입니다.

♡ 주님! 어떤 차이와 조건도 극복할 수 있는 사랑의 위대함을 알게 하소서!
📖 조건과 상황을 따지지 않는 사랑의 실천을 위해 노력하십시오.

나의 영적 일지

# 구원의 증표

읽을 말씀 : 고후 13:1-13

● 고후 13:5 너희가 믿음 안에 있는가 너희 자신을 시험하고 너희 자신을 확증하라 예수 그리스도께서 너희 안에 계신 줄을 너희가 스스로 알지 못하느냐 그렇지 않으면 너희는 버림받은 자니라

요한 웨슬레 목사님은 구원의 확신에 대한 흔들림으로 고민을 한 적이 있었습니다.

목사님이 되어서 열정적으로 사역을 하고 있었지만 어느 날 생각해 보니 구원의 확신이 있는 것은 아니었습니다. 어려서부터 남들보다 성경을 많이 읽고 교회에 잘 나가고, 기도도 많이 했기 때문에 당연히 구원의 확신이 있는 줄로 알았지만 구원을 얻었다고 생각한 것이지 얻은 것은 아니었습니다.

당시 목사님은 매우 혼란스러운 마음에 자신이 맡고 있는 사역과 직분을 어떻게 해야 할지 큰 고민을 했습니다. 그러나 다행이도 그런 고민을 한지 얼마 안 되어 말씀을 묵상 중에 진정한 확신을 얻게 되었습니다. 목사님은 그날 일기에 이 날의 기쁨을 다음과 같이 적었습니다.

"지금껏 나는 구원의 확신을 어떻게 생기는 것인지에 대해서 고민을 했다. 그러나 내 가슴이 뜨거워지는 순간 모든 고민은 끝이 났다. 구원을 위해 필요한 것은 예수님만을 신뢰하는 것, 예수님이 나의 모든 죄를 용서하시고 사망의 법에서 구원하셨다는 것을 믿는 것이다. 머리로만 알고 있던 사실이 이제는 가슴으로 믿어진다. 나는 앞으로 이 확신을 사람들에게 전하며 살 것이다. -1738년 5월 25일"

구원의 증표를 얻은 사람은 의심하지 않으며 망설이지 않습니다.

구원의 증표가 마음속에 있는지 돌아보고 오직 주님만을 의지하십시오. 반드시 창대하게 될 것입니다.

♥ 주님! 구원이 확신이 머리가 아닌 가슴에 생기게 하소서!
🕮 전하지 않고는 견딜 수 없는 구원의 확신을 품으십시오.

나의 영적 일지

**10월 27일**

# 네 가지 믿음

읽을 말씀 : 롬 1:8-17

● 롬 1:17 복음에는 하나님의 의가 나타나서 믿음으로 믿음에 이르게 하나니 기록된 바 오직 의인은 믿음으로 말미암아 살리라 함과 같으니라

유명한 부흥사인 무디 선생님은 '사람에게는 네 가지 믿음'이 있다고 말했습니다.

● 첫째, 자기 자신에 대한 믿음입니다.

목사님은 첫 번째 믿음을 가진 사람은 분명히 머지않아 자신에게 실망하게 될 것이라고 말했습니다.

● 둘째, 친구에 대한 믿음입니다.

목사님은 아무리 절친한 관계라도 오래 유지하기란 쉽지 않으며 유지한다 하더라도 결국은 죽음으로 이별할 수밖에 없다고 말했습니다.

● 셋째, 권력과 물질에 대한 믿음입니다.

사람들이 가장 확실하게 믿는 것이 이 믿음이지만 이것을 믿고 또 얻는다 해도 결국 다른 사람들의 질투와 시기에 의해서 무너지고 말 것이라고 말했습니다.

● 넷째, 그리스도에 대한 믿음입니다.

무디 선생님은 사람의 모든 믿음 중에 가장 가치 있고 귀중한 것은 이 믿음이라고 말했습니다. 현재의 삶을 넘어 영원의 삶을 보장하는 유일한 믿음이기 때문입니다.

"무엇을 믿을지 모르겠다면 그리스도를 믿으십시오. 절대로 후회는 없을 것입니다."라고 무디 선생님은 자신 있게 믿음의 필요성을 사람들에게 전했습니다. 동일한 확신을 가지고 사람들에게 믿음을 권하는 충실한 주님의 일꾼이 되십시오. 반드시 창대하게 될 것입니다.

♡ 주님! 참으로 가치 있는 믿음이 무엇인지 깨닫게 하소서!
🕎 사람들에게 자신 있게 권할 만큼 믿음에 확신이 있는지 생각하십시오.

나의 영적 일지

# 한국의 헬렌켈러

읽을 말씀 : 눅 1:26-38

● 눅 1:37 대저 하나님의 모든 말씀은 능하지 못하심이 없느니라

   실로암시각장애인복지회의 상임이사인 김선태 목사님은 '한국의 헬렌켈러'로 불립니다.
   40여 년간 목사님은 3만 7천 명이 넘는 시각장애인들에게 개안수술을 통해 새로운 세상을 보게 해주셨습니다. 또한 형편이 어려운 시각장애인들 40만 명에게 무료로 병을 진료 받게 해주고, 천 명이 넘는 대학생과 신학생들에게 장학금을 지원해주었습니다. 그러나 목사님은 사람들에게 새로운 삶을 선물해준 것이 자신의 능력이 아니라 하나님의 사랑 때문이라고 말했습니다.
   "세상의 눈으로 볼 때 저는 그저 앞 못 보는 시각장애인이었습니다. 그러나 하나님의 사랑을 깨달은 뒤부터 많은 것을 얻었고, 남을 도울 수 있게 되었습니다."
   6.25전쟁 때 폭격으로 부모님을 여의고, 수류탄 잔해에 맞아 실명까지 하게 된 목사님은 구걸을 하며 전국을 떠돌았습니다. 그러다 한 선교사를 만나 점자를 배우며 공부를 하게 되었고, 신앙을 통해 비전을 품게 되었습니다.
   하나님을 향한 믿음이 있다면 누구든 무한한 가능성을 품은 사람입니다.
   하나님이 주신 사랑을 통해 이웃에게 빛이 되는 삶을 꿈꾸십시오. 반드시 창대하게 될 것입니다.

♡ 주님! 사람들에게 주님의 역사하심을 드러내는 삶을 살게 하소서!
🎗 하나님의 사랑이 곧 능력임을 깨달으십시오.

**나의 영적 일지**

## 10월 29일 낭비한 죄

읽을 말씀 : 고전 4:1-5

● 고전 4:1 사람이 마땅히 우리를 그리스도의 일꾼이요 하나님의 비밀을 맡은 자로 여길지어다

　영화 '빠삐용'은 앙리 살리에르라는 사람의 경험으로 만들어진 실화 바탕의 영화입니다.
　오스카 시상식에서 수상을 하기도한 이 작품은 '평론가들이 뽑은 죽기 전에 꼭 봐야 할 1001편'에도 선정될 정도로 작품성을 인정받았습니다. 이 영화의 하이라이트 부분에는 다음과 같은 명장면이 나옵니다.
　탈출이 불가능한 가이아나의 섬에 갇힌 빠삐용이 잠을 자다가 꿈을 꾸었는데, 그는 꿈에서 하나님과 같은 존재를 만나 심판을 받습니다. 빠삐용은 먼저 그에게 자신이 억울하게 잡혀 왔다고 말합니다.
　"저는 여기 올만한 죄를 저지르지 않았습니다. 살인, 강도, 절도, 어떤 불법도 저지르지 않았습니다. 그런데 어째서 저를 이곳으로 보내셨습니까?"
　"너는 불법은 저지르지 않았다. 그러나 죄를 저지르지 않은 것은 아니다. 인생을 낭비한 죄, 그것이 바로 너의 죄목이다."
　하나님을 믿지 않는 것도 큰 죄이지만 하나님께 받은 것을 제대로 사용하지 못하는 것도 죄입니다. 충성된 일꾼은 주인이 준 것을 지혜롭게 사용하며 주인의 뜻을 이해하는 사람입니다.
　맡은 것을 지혜롭게 관리하는 청지기가 되십시오. 반드시 창대하게 될 것입니다.

♡ 주님! 주님께 받은 것들을 충성되고 지혜롭게 잘 사용하게 하소서!
　하나님의 마음과 뜻을 알게 해달라고 기도 하십시오.

나의 영적 일지

# 헌신의 즐거움

읽을 말씀 : 시 110:1-7

● 시 110:3 주의 권능의 날에 주의 백성이 거룩한 옷을 입고 즐거이 헌신하니 새벽 이슬 같은 주의 청년들이 주께 나오는도다

　호주와 영국에서 매우 큰 인기스포츠인 크리켓에는 C. T. 스터트라는 전설적인 선수가 있었습니다.
　19세 때부터 실력을 인정받아 프로팀에서 활동을 하며 크리켓 역사상 열 손가락 안에 드는 뛰어난 선수로 성장을 했습니다. 그렇게 유명한 스포츠스타였지만 무신론자였던 스터트는 우연히 한 부흥회에 참석했다가 회심을 하게 됩니다. 단 한 번의 예배에서 놀라운 은혜를 체험한 스터트는 자신의 모든 것을 주님께 드리기로 결심했습니다.
　그는 먼저 자신이 알고 있는 모든 사람을 찾아가 자신의 체험을 얘기하며 함께 신앙생활을 할 것을 권유했습니다. 그리고는 중국 최초의 선교사인 허드슨 테일러를 찾아가 함께 중국에서 선교를 했습니다. 자신의 재산은 모두 팔아서 하나님께 드렸고, 상속 받은 유산마저 선교를 위해 썼습니다.
　50세가 된 뒤에는 중국이 아닌 아프리카로 선교를 떠나 3년간 선교를 하다가 하늘나라로 떠났습니다. 그 누구도 스터트에게 가진 것을 버리고 헌신을 하거나 선교를 떠나라고 요구하지 않았지만 스터트는 모든 것을 생의 마지막까지 주님께 바쳤습니다.
　이처럼 하나님의 사랑에 감화된 사람은 어떤 장애물과 어려움 속에서도 헌신을 멈추지 않습니다. 어려움 속에서도 기쁘게 헌신하는 성도가 되십시오. 반드시 창대하게 될 것입니다.

♥ 주님! 사역을 감당하는 것이 곧 기쁨이며 즐거움임을 알게 하소서!
📖 헌신의 기회가 있다면 온 마음을 다해 기쁘게 감당하십시오.

나의 영적 일지

### 10월 31일

## 빛과 소금의 사명

읽을 말씀 : 마 5:13-16

● 마 5:13 너희는 세상의 소금이니 소금이 만일 그 맛을 잃으면 무엇으로 짜게 하리요 후에는 아무 쓸 데 없어 다만 밖에 버려져 사람에게 밟힐 뿐이니라

    기원 후 313년도에 로마의 콘스탄티누스 대제는 기독교를 국교로 공인하고 자신도 개종을 했습니다.
    그러나 기독교인들을 처형하기 위해서 만들었던 콜로세움에서는 여전히 경기가 벌어졌습니다. 단지 기독교인과 사자의 대결이 검투사 포로들과의 목숨을 건 대결로 바뀌었습니다. 로마 황제는 콜로세움을 폐쇄하려고 했지만 시민들이 검투사 경기를 너무 좋아 했기 때문에 섣불리 나서지를 못했습니다. 그런데 델레마쿠스라는 남자가 경기가 시작되기 전에 등장해 외쳤습니다.
    "이 미련한 싸움을 멈추십시오! 즐거움을 위해 사람을 죽이는 일은 옳지 않습니다!"
    그러나 격분한 관중들은 오히려 델레마쿠스에게 돌을 던져 그를 죽였습니다. 그러나 델레마쿠스의 죽음으로 인해 죄책감을 느낀 관중들은 검투사 경기를 보지 않고 하나 둘 씩 자리를 뜨기 시작했고, 이 일을 계기로 콜로세움에서 검투사 경기는 열리지 않게 되었다고 합니다.
    빛과 소금의 사명을 감당하기 위해선 이런 용기가 필요합니다. 한 두 성도의 용기가 사람들의 잘못된 행위를 깨우치게 하고 사람들 마음에 진리를 선포합니다. 항상 성령의 인도하심을 따라 바른 편에 서십시오. 반드시 창대하게 될 것입니다.

♡ 주님! 옳은 행동에는 때로는 목숨을 건 용기가 필요함을 알게 하소서!
🖼 손해를 두려워 말고 진리의 편에 서는 하루를 사십시오.

나의 영적 일지

# 11월

"아무 것도 염려하지 말고
다만 모든 일에 기도와 간구로,
너희 구할 것을 감사함으로 하나님께 아뢰라
그리하면 모든 지각에 뛰어난
하나님의 평강이 그리스도 예수 안에서
너희 마음과 생각을 지키시리라"

- 빌립보서 4:6~7-

## 두 가지 종교

**11월 1일**

읽을 말씀 : 사 7:10-25

●사 7:14 그러므로 주께서 친히 징조를 너희에게 주실 것이라 보라 처녀가 잉태하여 아들을 낳을 것이요 그 이름을 임마누엘이라 하리라

달리 미국에서는 공개토론이 매우 활성화되어 있습니다.

기독교인과 무신론자의 공개토론도 매우 자주 있는 일인데, 서로 상대방을 존중하며 자신들의 주장을 논리적으로 펼쳐나가는 방식으로 토론이 진행되며 토론이 끝나면 전문가 패널과 관객들이 투표로 한 쪽의 우세를 점치는 쪽으로 진행됩니다.

최근에는 윌리엄 레인 크레이그 목사님이 기독교의 편에 서서 히친스나 로젠버그 같은 대표적인 무신론자들과의 공개토론을 진행했는데, 전문가 패널 뿐 아니라 일반 관객 등을 대상으로도 70% 이상의 득표를 얻으며 압도적인 승리를 얻었습니다. 하나님을 믿는 것이 단순한 '억지 믿음'이 아닌 '이성적이고 합리적인 사고'에서 출발할 수 있음을 이 토론을 통해 많은 사람들이 알게 되었습니다.

이와 비슷한 일을 약 한 세기 전에 감당했던 아이언사이드 박사는 '유독 기독교만 옳은 이유'에 대해서 가장 많은 질문을 받았고 그때마다 이렇게 말했습니다.

"세상에는 수많은 종교가 있다고 사람들은 말하지만 제가 보기엔 딱 두 가지 뿐입니다. 하나는 자신의 노력으로 구원에 이르는 것이고, 다른 하나는 완성된 구원을 믿음으로 받는 것입니다."

하나님의 존재의 유무는 세상의 모든 것의 의미를 바꾸는 중대한 사실입니다. 이룰 수 없는 구원을 위한 종교를 믿지 말고 이미 완성된 구원을 믿음으로 받으십시오. 반드시 창대하게 될 것입니다.

💟 주님! 확고 불변한 하나님의 존재를 의심하지 않게 하소서!
🧩 신앙은 충분한 증거와 이성의 결과물임을 인정하십시오.

나의 영적 일지

## 실체가 없는 피해

읽을 말씀 : 잠 1:20-33

●잠 1:33 오직 내 말을 듣는 자는 평안히 살며 재앙의 두려움이 없이 안전하리라

    판제와 슈테그만 박사는 '비용 요소의 두려움'이라는 논문을 썼습니다.
    이 논문은 독일 사람들이 두려움 때문에 매년 지출하는 비용을 경제학적으로 계산한 것인데 그 내용에 따르면 1년에 80조원 정도가 다음과 같은 이유 때문에 소비된다고 합니다.
    - 두려움을 잊기 위해서 마신 술, 30조원
    - 수면제와 진통제와 같은 약, 15조원
    - 불안 때문에 떨어진 능률로 인한 손해, 20조원
    - 두려움으로 생긴 병으로 인한 치료 금액, 8조원
1933년 샌프란시스코의 명물 금문교가 건설될 때도 숙련된 노동자들이 발을 헛디뎌 떨어져 죽는 사고가 많았습니다. 낙상 사고를 막기 위해 정부는 엄청난 돈을 들여 밑에 그물을 설치했는데, 이후로는 떨어지는 사람이 단 한 명도 없었습니다. 사람들이 떨어진 원인은 오직 떨어질지도 모른다는 두려움 때문이었습니다.
    고난에 대한 두려움은 고난 그 자체보다 더 나쁜 영향을 미칩니다. 하나님의 굳건한 약속을 믿는 그리스도인들은 영원한 하늘나라에 대한 믿음으로 모든 두려움을 이겨내야 합니다.
    걱정과 두려움을 하나님의 약속을 믿음으로 이겨내십시오. 반드시 창대하게 될 것입니다.

💗 주님! 두려울수록 더욱 주님이 주신 약속을 바라보게 하소서!
📖 모든 두려움을 극복할 만큼 하나님을 더욱 신뢰하십시오.

나의 영적 일지

**11월 3일**

# 활력이 있는 교회

읽을 말씀 : 행 16:1-5

● 행 16:5 이에 여러 교회가 믿음이 더 굳건해지고 수가 날마다 늘어가니라

　미국감리교회연합에서는 최근에 활력 있는 교회를 연구하는 프로젝트를 진행했습니다.

　한국처럼 미국도 기독교의 성장이 정체되면서 침체되어 있는 교회들이 많이 있는데, 이런 가운데에서도 여전히 사회에 영향력을 주며 성장하는 교회들이 분명히 존재했습니다. 이 교회의 노하우들을 연구해 다른 교회들에게 도움을 주기 위해 진행된 프로젝트였는데 연구 결과 네 가지 특징이 있었습니다.

　첫째, 다양한 소그룹 활동이 있었다.
　둘째, 전통적인 방식과 현대적인 방식이 조화된 예배가 있었다.
　셋째, 성도(평신도)들의 리더십을 중요하게 여겼다.
　넷째, 사회적 이슈에 민감하게 반응하는 설교가 있었다.

　어려운 시대에도 분명히 성장하는 교회들의 특징은 극단적인 영성을 추구하는 교회도 아니었고 지나치게 현대적인 시스템을 갖춘 교회도 아니었습니다. 천국의 소망을 갖고 이 땅을 살고 있는 성도들의 모습처럼 서로가 잘 조화된 교회들이 성장하며 활력을 유지하는 교회였습니다.

　한 쪽의 극단에 치우치는 모습이 아니라 본질을 지키며 조화롭게 수용하는 지혜로운 성도가 되십시오. 반드시 창대하게 될 것입니다.

♡ 주님! 말씀대로 실천하며 부흥하는 저희 교회가 되게 하소서!
🖼 말씀의 본질을 이해하고 실천하는 교회를 위해 매일 기도하십시오.

나의 영적 일지

# 참된 믿음

읽을 말씀 : 약 2:14-26

● 약 2:18 어떤 사람은 말하기를 너는 믿음이 있고 나는 행함이 있으니 행함이 없는 네 믿음을 내게 보이라 나는 행함으로 내 믿음을 네게 보이리라 하리라

그리스가 마케도니아의 지배를 받고 있을 때 수도인 아테네로부터 독립의 움직임이 일어난 적이 있습니다.

그리스의 독립에 대해서 중요한 이야기가 있다는 말을 들은 시민들은 모두 중앙에 있는 광장으로 모였습니다.

먼저 달변가로 소문난 에스키네스라는 사람이 연단에 올라가 그리스 독립의 필요성에 대해서 말하며 마케도니아의 폭정에 대해 분노하는 연설을 했습니다. 사람들은 함께 분노하며 공감했고 에스키네스의 연설이 끝나고 우레와 같은 박수가 쏟아졌습니다.

다음으로는 데모스테네스라는 사람이 연단에 올랐습니다. 그는 말도 더듬거렸고, 차림도 볼품이 없었으나 온 마음을 다해 독립이 불가능한 것이 아니며 지금이 행동할 때라는 연설을 통해 진정성을 보였습니다. 그리고 데모스테네스의 연설이 끝나자 광장에 모여 있던 시민들은 모두 함성을 지르기 시작했습니다.

"마케도니아의 필립 왕을 몰아내자! 그리스를 되찾자!"

데모스테네스의 연설에 마음을 움직인 시민들은 큰 함성과 함께 무기를 들고 마케도니아를 상대로 전쟁을 벌여 독립을 쟁취했습니다.

말씀을 듣는 사람들은 감탄합니다. 그러나 말씀을 믿는 사람들은 행동합니다. 하나님의 말씀을 들음으로 믿고, 믿음으로 행동하십시오. 반드시 창대하게 될 것입니다.

💚 주님! 사도 바울처럼 주님으로 인해 변화되고 행동하는 삶을 살게 하소서!
🌀 말씀을 가슴으로 믿고 행동함으로 하나님의 능력을 체험하십시오.

나의 영적 일지

### 11월 5일
## 믿음이 없는 기도

읽을 말씀 : 시 38:12-22

● 시 38:15 여호와여 내가 주를 바랐사오니 내 주 하나님이 내게 응답하시리이다

   H. G. 웰즈의 단편 '성직자의 죽음'에 나오는 이야기입니다.
   매일 저녁 예배당에서 열성적으로 기도를 드리는 성직자가 있었습니다. 그는 항상 '전능하신 하나님 아버지시여, 제 기도를 응답해 주소서'라는 말로 시작하는 기도를 드렸습니다. 그렇게 몇 년간 빠지지 않고 기도를 드리는 성직자를 보고 사람들은 정말로 믿음이 좋다며 칭찬했습니다.
   그러던 어느 날, 성직자가 똑같은 시간에 똑같은 기도를 드리던 순간 갑자기 하늘로부터 음성이 들렸습니다.
   "전능하신 하나님 아버지시여, 제 기도를 응답해 주소서."
   "아들아, 내가 듣고 있다."
   그토록 바라던 하나님의 음성이었지만 성직자는 그 소리를 듣자마자 너무 놀라 죽고 말았습니다. 항상 응답을 바란다고 말로는 고백하지만 진심이 담기지 않는 기도를 하는 사람들을 풍자하는 내용입니다.
   하나님은 살아계시고, 나의 기도를 하나도 놓치지 않고 다 들어주시는 분입니다.
   바른 믿음으로 드리는 기도는 어떤 방식으로든 응답하시는 주님을 믿으십시오. 반드시 창대하게 될 것입니다.

♥ 주님! 듣고 응답하시는 주님을 믿음으로 기도하게 하소서!
📖 기도가 이루어지리라는 믿음을 위해 먼저 기도하십시오.

# 확신의 기대감

읽을 말씀 : 마 7:7-12

● 마 7:7 구하라 그리하면 너희에게 주실 것이요 찾으라 그리하면 찾아낼 것이요 문을 두드리라 그리하면 너희에게 열릴 것이니

일본에서 가장 큰 세탁업체인 '일본 드라이클리닝협회'의 회장 이가라시 겐지씨는 젊은 시절 친구에게 사기를 당해 전 재산을 날렸습니다.

빈털터리가 된 겐지씨는 이대로 고향으로 돌아갈 수는 없다고 생각해 일단 허드레 일이라도 하며 돈을 벌어야겠다고 생각했습니다. 당장에 돈도, 묵을 곳도 없던 그는 간절히 하나님께 기도했습니다.

"하나님, 저에게는 지금 많은 문제가 있습니다. 그러나 주님께서 모두 해결해 주실 것임을 믿어 의심치 않습니다."

기도를 마치자 마음에서 기쁨과 호기심이 샘솟기 시작했습니다. 하나님이 기도를 응답해주실 것이라는 확신으로 기쁠 수 있었고, 하나님이 어떻게 문제를 해결해 주실지 궁금한 마음에 호기심도 생겼습니다.

그런데 그 날 하루가 지나기 전 한 남자가 겐지씨에게 다가와 일자리를 제안했습니다. 세탁소 주인이었던 남자는 겐지씨에게 숙소와 음식, 그리고 월급을 주었고, 자신의 기술을 전수해 주었습니다. 그리고 이때의 경험과 밑천을 바탕으로 훗날 겐지씨는 세탁업을 시작해 커다란 성공을 하게 되었습니다.

기도 응답의 확신이 있는 사람은 마음 자세가 다르고 걸음걸이가 다릅니다.

오늘도 응답하실 주님을 기다리며 기대하는 마음을 가지십시오. 반드시 창대하게 될 것입니다.

♥ 주님! 오늘 삶 속에서 역사하실 주님을 체험하게 하소서!
📖 문제가 있더라도 하나님께 맡김으로 걱정 없이 오늘을 보내십시오.

나의 영적 일지

# 하나님의 약속

**11월 7일**

읽을 말씀 : 렘 29:1-14

● 렘 29:11 여호와의 말씀이니라 너희를 향한 나의 생각을 내가 아나니 평안이요 재앙이 아니니라 너희에게 미래와 희망을 주는 것이니라

시인 엘라 윌콕스의 '하나님의 약속' 이라는 시입니다.

「내가 탄 배, 항해 중에 돛대가 부러질지라도
돛이 찢어져 난파하여 돌아올지라도
나는 주님을 의심치 않으리라

그러나 내 이 모든 희망이 산산 조각 나더라도
여전히 나는 주님을 의심치 않으리
어려움과 고통을 통해서
주님은 결국은 내가 원하는 곳으로 보내주신다네

상처입고 실족할지라도 더 큰 것을 얻게 되리라
실패함이 없는 주님의 계획을 나는 믿으리」

이 시를 통해 우리는 하나님의 약속이 얼마나 굳건한지, 세파의 어려움 속에서 어떤 믿음을 가져야 하는지 잘 알 수 있습니다.
성경에 나온 하나님의 약속은 오늘 날, 지금 이 순간, 나의 삶 속에서도 동일하게 이루어짐을 믿으십시오. 반드시 창대하게 될 것입니다.

♡ 주님! 영원토록 변치 않는 주님의 약속을 가슴에 담아두게 하소서!
🗒 하나님의 약속의 말씀들을 나에게 주시는 말씀으로 받으십시오.

나의 영적 일지

# 영광 받으실 분

읽을 말씀 : 골 1:9-23

● 골 1:16 만물이 그에게서 창조되되 하늘과 땅에서 보이는 것들과 보이지 않는 것들과 혹은 왕권들이나 주권들이나 통치자들이나 권세들이나 만물이 다 그로 말미암고 그를 위하여 창조되었고

미국 메릴랜드 주의 존스 홉킨스 의대는 세계최고의 의료시설을 바탕으로 명의를 많이 배출하는 명문입니다.

그 중에서도 1980년대 신경외과 전문의였던 벤 카슨은 최고의 명의로 꼽히는데, 1987년도에 몸이 붙은 샴쌍둥이를 분리하는 수술을 세계 최초로 성공하기도 했습니다. 20시간이 넘는 집도 끝에 수술에 성공한 카슨을 당시 언론에서는 '기적의 손'이라고 부르며 칭송을 했고, 이때부터 카슨은 '기적의 손'을 가진 의사로 불리기 시작했습니다.

그래서 카슨이 나중에 자서전을 낼 때도 사람들은 책의 제목이 '기적의 손'일 것이라고 생각했습니다. 그러나 자서전의 제목은 '선물 받은 손'이었습니다. 그 책의 제목에 대해서 카슨은 다음과 같이 말했습니다.

"내가 사람들이 기적의 손이라고 부르는 의사가 될 수 있었던 것은 내 안에 계신 하나님이 역사하셨기 때문입니다. 나의 손은 하나님이 주신 선물이니 기적의 손이라 할지라도 하나님의 것입니다."

세상에서 아무리 큰 성공과 명예를 거두더라도 그 모든 것을 주신 분은 하나님이십니다.

나의 삶을 통해 영광 받으셔야 될 분이 누구인지를 오늘도 잊지 마십시오. 반드시 창대하게 될 것입니다.

💛 주님! 주님께 영광 드리기 위해 노력하는 삶이 되게 하소서!
📖 나에게 모든 좋은 것을 주신 분이 하나님이심을 항상 기억하십시오.

나의 영적 일지

**11월 9일**

## 위대한 일의 원동력

읽을 말씀 : 마 13:10-30

●마 13:23 좋은 땅에 뿌려졌다는 것은 말씀을 듣고 깨닫는 자니 결실하여 어떤 것은 백 배, 어떤 것은 육십 배, 어떤 것은 삼십 배가 되느니라 하시더라

집안이 가난해 학교를 그만두고 구두 수선일을 하던 소년이 있었습니다.

소년은 18살이 되던 해에 '자신이 죄인'이라는 사실을 깨닫고 예수님을 믿었습니다. 그리고 몇 달이 지난 뒤에 '전지전능한 하나님'을 깨닫게 되었습니다. 그리고 그 사실을 믿는 사람은 무엇이든 할 수 있다는 사실까지도 믿게 되었습니다.

소년은 구두수선일을 하기 때문에 자신이 하고 싶은 일을 하지 못할 것이라는 생각을 버렸습니다. 그리고 자신의 꿈을 위해 구두수선일을 하며 언어공부를 하기 시작했습니다. 라틴어, 헬라어 같은 고대 언어부터 독일어와 프랑스어 같은 현재 사용되는 다양한 언어들까지 모두 공부를 했습니다. 그렇게 꿈을 위해 공부를 게을리 않았던 소년은 침례교의 목사님이 되었고 자신이 하나님을 믿는 순간부터 가졌던 꿈을 따라 선교사가 되었습니다. 인도로 건너가 현지 언어로 성경을 번역하고 복음을 전했으며 '현대선교의 아버지'라고 불렸습니다. 그 소년이었던 윌리엄 캐리는 훗날 이런 말을 남겼습니다.

"하나님께 위대한 것을 기대하라! 그리고 하나님을 위해 위대한 일을 시도하라!"

사람의 능력은 연약하지만 하나님의 능력은 광대합니다.

하나님께서 주시는 능력을 통해 일을 하고자 하는 노력을 하십시오. 반드시 창대하게 될 것입니다.

♡ 주님! 주님의 생각을 제한하지 않는 커다란 시야를 주소서!
📖 내 삶에 위대하게 임하실 하나님을 생각하며 기도하십시오.

나의 영적 일지

# 죄의 무게

읽을 말씀 : 요 8:31-36

● 요 8:34 예수께서 대답하시되 진실로 진실로 너희에게 이르노니 죄를 범하는 자마다 죄의 종이라

한 성도가 목사님의 죄에 대한 설교를 듣고는 큰 불만을 가졌습니다.
"목사님, 죄에 대한 설교는 제발 그만하셨으면 합니다. 죄와 지옥 같은 부정적인 말씀만 하지 말고 힘이 되는 말씀을 주로 해주시면 좋겠습니다. 저는 신앙생활을 하면서도 지금까지 죄 때문에 마음에 가책을 느껴본 적이 없습니다."
"성도님, 정말로 죄에 대해서 아무런 마음이 없으십니까? 본인은 정말 죄가 없다고 생각하십니까?"
성도는 혹시 있을지도 모르지만 무게가 느껴지지 않을 정도로 아주 가볍다고 대답했습니다. 목사님이 다시 입을 열었습니다.
"시체에는 아무리 무거운 물건을 올려놔도 무거운 것을 모릅니다. 이미 죽었기 때문입니다. 주님은 우리 죄 때문에 십자가에서 돌아가셨습니다. 그 죄는 결코 가벼운 것이 아닙니다."
나에게 죄가 없다면 예수님이 나를 위해 돌아가실 이유도 없었습니다. 나의 죄가 너무 중했기 때문에 하나님이 아들 예수님을 이 세상에 보내셔야 했고, 십자가에 달려 돌아가셔야만 했습니다. 구원받은 성도에겐 모든 죄가 용서 됐지만 죄를 잊으면 은혜도 잊게 됩니다.
나의 죄를 용서하시고 풍성한 은혜를 주신 주님을 찬양하십시오. 반드시 창대하게 될 것입니다.

♥ 주님! 죄인을 살리신 주님의 은혜를 늘 잊지 않게 하소서!
주님의 십자가 공로를 깊이 묵상 하십시오.

나의 영적 일지

**11월 11일**

## 하나님이 계시는 곳

읽을 말씀 : 눅 17:5-23

● 눅 17:21 또 여기 있다 저기 있다고도 못하리니 하나님의 나라는 너희 안에 있느니라

　심리학자들의 실험에 따르면 쥐의 생각이 사람보다 더 유연하다고 합니다.
　출구가 네 개 있는 미로의 마지막 출구에만 치즈를 넣어둔 뒤에 쥐를 넣으면 쥐는 시행착오를 거치다가 마지막 출구에 있는 치즈를 찾습니다. 동일한 실험을 몇 번 반복하면 쥐는 미로가 시작되자마자 마지막 출구로 가서 치즈를 먹습니다. 그러다 치즈를 다른 출구로 바꿔놓아도 쥐는 당황하지 않습니다. 마지막 출구에 가서 치즈가 없는 것을 확인한 쥐는 곧바로 다른 출구로 가서 치즈를 찾습니다. 쥐가 이해하고 있는 것은 '미로의 어딘가에 치즈가 있다', '지금 여기엔 치즈가 없다'라는 사실이기 때문입니다.
　반면에 사람들은 자신의 경험과 신뢰를 절대적으로 생각하는 경향이 강합니다. 그래서 수많은 성공신화를 쓴 인물들이 하루 아침에 망하기도 하고, 어린아이도 하지 않을 것 같은 결정을 내리기도 합니다. 작가 마르코 알딩거는 이 실험을 통해 치즈가 영원히 네 번째 출구에 있다고 확신하고 머무려는 순간 치즈를 영영 놓치게 된다는 사실을 깨달았습니다.
　미로는 우리의 인생이 될 수도 있고, 치즈는 행복도 될 수 있고 평안도 될 수 있습니다. 이처럼 각 사람의 여정을 하나님께서는 다양하게 인도하시고 또 역사하십니다. 나의 경험을 100% 신뢰하지 말고 오직 인도하실 하나님을 기대하십시오. 반드시 창대하게 될 것입니다.

♥ 주님! 내 생각이 아닌 주님의 생각을 따라가는 삶이 되게 하소서!
📖 하나님의 방법을 나의 방법으로 바꾸지 마십시오.

나의 영적 일지

# 고난의 쓰임

읽을 말씀 : 시 119:49-56

●시 119:50 이 말씀은 나의 고난 중의 위로라 주의 말씀이 나를 살리셨기 때문이니이다

걸프전이 거의 끝나갈 무렵에 쿠웨이트의 한 정유소에서 큰 불이 난 적이 있습니다.

정유소에서 난 불이다보니 불길은 매우 거셌고, 송유관을 따라서 점점 빠른 속도로 번져갔습니다. 전문가들은 시급히 머리를 맞대 불을 끌 수 있는 방법을 강구했습니다. 그 중 가장 설득력 있게 느껴지는 방법은 송유관을 따라 소화액을 뿌리기에는 시간과 인력이 부족하니 사막에 넘치는 모래를 뿌리자는 아이디어였습니다. 그러나 모래를 사용한 방법으로 진화를 결정하기 직전에 다음과 같은 의견이 나왔습니다.

"송유관을 이용해 석유가 아닌 물과 소화액을 보내면 어떨까?"

검토 결과 모래보다 더 효율적인 방법인 것으로 생각되어 곧바로 실행에 옮겼습니다. 그리고 그 결과 불이 더 이상 번지지 않아 추가 작업 없이 진화를 할 수 있었습니다.

불의 번짐도 불의 진화도 같은 송유관을 통해서 이루어졌습니다. 내가 하나님을 떠나지만 않는다면 이와 같이 고난과 시련을 통해서도 기쁨과 영광의 순간이 찾아오게 됩니다. 바울의 체포와 수감의 고통은 로마로의 안전한 호송으로 이어졌습니다.

어려운 순간에 하나님의 은혜가 더욱 크게 임한다는 사실을 기억하십시오. 반드시 창대하게 될 것입니다.

♥ 주님! 고난도 아름답게 쓰실 주님을 항상 의지하게 하소서!
🙏 어려운 순간일수록 하나님을 바라보고 힘든 순간일수록 더욱 기도하십시오.

나의 영적 일지

## 11월 13일 — 성도의 롤모델

읽을 말씀 : 살후 3:6-15

● 살후 3:9 우리에게 권리가 없는 것이 아니요 오직 스스로 너희에게 본을 보여 우리를 본받게 하려 함이니라

어느 날 존 케네디 대통령은 미국 전역을 대표하는 고등학생들을 백악관으로 초청했습니다.

특히 그 중에 한 학생에게는 케네디 대통령과 악수를 하고 몇 마디 대화를 나눌 수 있는 영광이 주어졌습니다. 이 영광스런 순간을 경험한 학생은 케네디 대통령을 자신의 롤모델로 삼아야겠다고 생각했습니다. 이때의 경험으로 언젠가 케네디 같은 대통령이 되어야겠다는 꿈을 갖게 된 학생은 그날부터 더욱 열심히 공부를 했습니다. 그리고 명문대에 진학을 한 뒤 교수가 되고, 교수가 된 뒤에 주지사가 되었습니다.

자신의 꿈을 위해 한 단계씩 계속해서 밟아나간 학생은 마침내 미국의 42대 대통령 빌 클린턴이 되었습니다.

클린턴은 케네디와의 만남을 통해 대통령이 되고자 하는 꿈을 갖게 되었고 평생 동안 그 꿈을 위해 노력할 동기를 부여받았다고 여러 매체를 통해 종종 고백했습니다.

한 사람이 성장하는 일에는 롤모델이 반드시 필요합니다. 성공을 위한 롤모델도 중요하며 성품을 위한 롤모델도 중요합니다. 그러나 신앙을 위한 롤모델은 더더욱 중요합니다.

평생 닮고 따라가야 할 신앙의 롤모델을 정하고 닮아가기 위해 노력하십시오. 반드시 창대하게 될 것입니다.

♥ 주님! 믿음의 선조들을 따라가며 믿음의 후배들에게 본이 되게 하소서!
📖 성경이나 신앙의 위인들 중 롤모델을 정해보십시오.

나의 영적 일지

# 꿈이 만든 변화

읽을 말씀 : 마 12:9-21

● 마 12:20 상한 갈대를 꺾지 아니하며 꺼져가는 심지를 끄지 아니하기를 심판하여 이길 때까지 하리니

아무런 꿈이 없는 청년이 있었습니다.

조금의 의욕과 열정도 없던 청년은 그저 남들과 비슷하게 흉내나 내며 삶을 살았습니다. 주위 사람들이 대학을 가는 것을 보고 입시를 준비했지만 실력이 되지 않아 2년제 대학을 나왔습니다. 전공을 제대로 공부하지 않아 취직도 하지 못했고, 유일하게 가진 기술인 면허를 활용해 트럭을 운전하고 스쿨버스 기사 일을 하며 하루하루를 보냈습니다.

그러다 이 청년의 삶 속에 영화감독이 되겠다는 꿈이 들어왔습니다. 그는 생계를 위한 모든 일을 그만두고 영화를 공부하고 단편을 찍으며 모든 시간을 사용했습니다. 집에서도 쫓겨나 싸구려 모텔에서 숙식을 해결해야 했고, 돈이 한 푼도 없어 다른 손님이 남기고 간 음식을 주워 먹어 끼니를 때우기도 했으나 영화를 향한 열정만은 사그라지지 않았습니다.

그렇게 20대 후반에 뒤늦게 꿈을 발견한 제임스 카메론이라는 청년은 훗날 '아바타', '타이타닉', '터미네이터' 등을 만들며 세계에서 가장 많은 수익을 벌어들인 최고의 감독이 되었습니다.

같은 환경과 같은 생각, 같은 재능을 가진 사람이라도 꿈이 있는 사람과 없는 사람의 삶은 커다란 차이가 납니다. 또한 같은 꿈을 가진 사람이라도 자신의 위한 꿈과 하나님을 위한 꿈을 가진 사람은 더욱 큰 차이가 납니다. 하나님을 향한 큰 꿈을 이루기 위해 노력하는 오늘을 사십시오. 반드시 창대하게 될 것입니다.

♡ 주님! 하나님의 계획을 이루는 도구로 저를 사용하여 주소서!
📷 꿈이 있는 사람처럼 열정적으로 하루를 사십시오.

나의 영적 일지

**11월 15일**

## 흔들림 없는 시야

읽을 말씀 : 엡 6:21-24

● 엡 6:24 우리 주 예수 그리스도를 변함없이 사랑하는 모든 자에게 은혜가 있을지어다

영국 역사상 가장 존경받는 군인인 호레이쇼 넬슨 제독은 19세기 영국 해군을 세계 최강으로 만든 인물입니다.

넬슨 제독은 나폴레옹의 대륙봉쇄정책으로 망국의 위기에 처해있던 시기에 강적들을 연파하며 영국군의 위상을 세계에 드높였습니다. 그러나 그 과정이 항상 영광스럽지만은 않았습니다.

1770년도에 벌인 르코시마 전쟁 때는 한쪽 눈을 잃었고, 1789년도 빈센트 전투에서는 한쪽 팔을 잃는 부상을 당했습니다. 그리고 당대 최강의 함대였던 프랑스-에스파냐 함대를 대파하며 영국 해군을 세계 최강으로 만들었던 영광의 트라팔가르 해전에서는 목숨을 잃었습니다. 당시 격렬한 전투 속에서 넬슨 제독은 끝까지 자신의 안위를 걱정하지 않고 오로지 전쟁에만 집중했습니다. 적의 저격을 당해 쓰러졌을 때 부축하던 부관에게 가장 먼저 물었던 말은 아군의 전황이 어떤지에 대한 것이었습니다.

"우리 편이 이기고 있습니다"라는 대답을 들은 제독은 마지막 유언을 남겼습니다.

"하나님, 마지막까지 의무를 다하게 하시니 감사합니다."

자신에게 주어진 임무를 마지막까지 다하는 사람은 삶의 마지막에 후회가 아닌 감사를 하게 됩니다.

사탄의 방해에 흔들리지 말고 주님이 주신 사명에 오늘도 정진하십시오. 반드시 창대하게 될 것입니다.

♥ 주님! 인생의 여정동안 언제나 주님을 바라보며 살아가게 하소서!
🖼 주님이 주신 인생의 목표를 매일 아침 확인하며 하루를 시작하십시오.

나의 영적 일지

# 인생의 가짜

읽을 말씀 : 롬 1:18-32

● 롬 1:23 썩어지지 아니하는 하나님의 영광을 썩어질 사람과 새와 짐승과 기어다니는 동물 모양의 우상으로 바꾸었느니라

11월 16일

뉴욕의 한 백만장자가 유럽 여행을 6개월 간 떠나기로 했습니다.

골동품과 고미술품 수집이 취미였던 백만장자는 여행을 떠나던 도중 자신의 집에 있던 많은 귀중품들을 도난당하지 않을까 걱정했습니다. 그래서 도난방지 시스템을 설치하고, 경비를 고용하고, 개까지 들여 놓았지만 불안이 가시질 않았습니다. 그렇게 며칠을 고심하던 중에 좋은 생각이 떠올랐습니다.

백만장자는 저렴한 모조품 그림을 사서 집에다 들여 놓았습니다. 그리고 그림들 사이에 '백만원', '천만원', '일억' 이런 식으로 가격표를 붙여 놓았습니다. 대신 자신이 가지고 있는 원래의 비싼 물건들에는 저렴한 가격표를 붙여 놓았습니다.

6개월 뒤에 여행을 마치고 집으로 돌아온 백만장자는 비싼 가격표가 붙은 모조품이 모조리 사라지고 본래의 진품은 그대로 남아있는 것을 확인할 수 있었습니다. 예술품에 조예가 없는 도둑들은 긴박한 상황 속에서 본능적으로 비싼 가격이 매겨진 그림만을 훔쳤던 것입니다.

사탄은 우리가 삶에서 정말로 중요한 것이 무엇인지 깨닫지 못하게 만들려고 세상이 만들어낸 허무한 가치에 비싼 가격표를 붙여놓았습니다.

인생의 허무한 가치들에 시선을 빼앗기지 말고 복음의 참된 진리를 좇으십시오. 반드시 창대하게 될 것입니다.

♥ 주님! 허망한 가치를 좇다 인생을 허비하지 않게 하소서!
🖼 주님보다 더 사랑하고 있는 세상의 것이 있지 않은지 점검해 보십시오.

나의 영적 일지

## 11월 17일 한 사람의 태도

읽을 말씀 : 눅 6:39-45

● 눅 6:41 어찌하여 형제의 눈 속에 있는 티는 보고 네 눈 속에 있는 들보는 깨닫지 못하느냐

중국 고서인 논어에는 정치에 대해 다음과 같은 내용이 나와 있습니다,

「위에 있는 사람이 바른 도리로 아랫사람을 거느리면 아랫사람은 자연히 바른 일을 하게 된다. 이것이 정치의 근본이다 - 논어, 안연 편 -」

계강자라는 귀족이 공자를 찾아와 바른 정치에 대해서 물었을 때에 공자가 말했습니다.

"바르게 하는 것이 바로 정치이다. 그대가 사람들을 바르게 거느린다면 누가 감히 바르지 않을 수 있겠는가?"

공자는 왕정시대의 정치의 문제가 정치하는 사람의 태도에 달려있다고 봤습니다. 그리고 알렉시스 토크빌을 비롯한 사회학자들은 민주주의 시대에서는 정치가 국민들의 수준에 달려있다고 봤습니다.

선진국의 국민들은 '다른 사람이 어쨌든지 나라도 잘 하자'는 생각을 가진 사람들이 아닌 사람보다 더 많고, 선진국이 아닌 나라 사람들은 '남들도 다 하는데 뭐'라는 생각을 가진 사람들이 더 많기 때문입니다.

한 사람의 태도가 모여서 나라의 수준을 결정하듯이 한 성도의 태도가 모여서 교회와 교계의 수준을 나타냅니다. 사람을 보지 말고 하나님을 보며 살아야 합니다.

언제나 어디서나 책임감 있는 태도를 가지십시오. 반드시 창대하게 될 것입니다.

♡ 주님! 세상에서 빛과 소금의 역할을 감당하는 성도가 되게 하소서!
※ 세상 사람과는 다른 태도와 책임감을 가지고 하루를 사십시오.

나의 영적 일지

# 겸손의 은혜

읽을 말씀 : 잠 18:8-16

●잠 18:12 사람의 마음의 교만은 멸망의 선봉이요 겸손은 존귀의 앞잡이니라

천로역정의 저자 존 번연은 종종 런던에 들러서 복음을 전하는 설교를 하곤 했습니다.

그러나 존 번연은 초등학교밖에 졸업하지 못했고, 가난하고 천대받는 대장장이 일을 하다 목사님이 되었기 때문에 사회의 지식인들은 그의 설교에 아무도 귀를 기울이지 않았습니다.

그러나 당시 영국의 석학이었던 오웬 박사는 존 번연이 런던에 올 때마다 찾아가 그의 설교를 들었습니다. 이런 박사를 탐탁지 않게 여긴 그의 친구들이 하루는 그를 찾아와 책망했습니다.

"도대체 그런 무식한 작자의 설교를 들으러 매번 찾아가는 이유가 뭔가?"

그러자 오웬 박사가 말했습니다.

"자네는 하나만 알고 둘은 모르는 군. 누군가 나에게 그 무식한 작자의 은사와 영성을 준다고 한다면 나는 지금껏 쌓아온 모든 학식을 포기할 의향이 있다네."

내가 남보다 낫다고 생각하는 것이 가장 큰 교만입니다.

좋은 학력과 경제 수준, 직위는 더 큰 책임을 위해 주어진 것이지 남의 위에 서기 위해 주어진 것이 아님을 잊지 마십시오. 반드시 창대하게 될 것입니다.

♡ 주님! 겸손한 마음으로 주님이 주시는 영광을 얻게 하소서!
※ 더 나은 능력보다 더 나은 겸손을 위해 기도하십시오.

나의 영적 일지

### 11월 19일
## 좋은 말과 좋은 때

읽을 말씀 : 잠 16:18-33

● 잠 16:20 삼가 말씀에 주의하는 자는 좋은 것을 얻나니 여호와를 의지하는 자는 복이 있느니라

노랫소리가 정말 아름다운 카나리아가 있었습니다.
아름다운 소리를 내는 새를 찾던 한 부자가 이 카나리아의 소문을 듣고 원래 주인에게 높은 값을 쳐주고 사갔습니다. 부자는 카나리아가 너무 자랑스러워서 집에 오는 모든 손님들에게 새의 노랫소리를 들려주며 자랑을 했습니다.
때때로 마을 광장에까지 새장을 들고나가 사람들에게 노랫소리를 들려주었습니다. 부자의 극진한 사랑에 우쭐해진 카나리아는 더욱 더 큰 소리로 멈추지 않고 노래를 계속했습니다.
시간이 지날수록 카나리아는 노래를 더 크게 하는 데만 열중했고, 잠을 자는 시간 외에는 노래를 멈추지 않았습니다. 사람들은 밤낮 없는 카나리아의 노랫소리에 더 이상 즐거워하지 않았고, 카나리아를 예뻐하던 부자도 더 이상 카나리아를 곁에 놓지 않았습니다.
그리고 마침내 더 이상 카나리아의 시끄러운 노래를 견디지 못한 부자는 새를 팔아버렸습니다. 부자가 자신을 파는 이유가 노래가 작아서라고 생각한 카나리아는 팔려가는 순간까지 시끄럽게 노래를 불렀고, 결국 부자는 자신이 산값의 10분의 1도 되지 않는 헐값에 새를 넘기게 되었습니다.
아무리 좋은 말도 때를 가려 해야 합니다. 아름다운 노래도 초상집에서는 무례가 되듯이 좋은 말을 지혜롭게 하는 지혜를 하나님께 구하십시오. 반드시 창대하게 될 것입니다.

♡ 주님! 필요한 말을 필요한 때에 하는 지혜를 주소서!
📖 지난 일주일 동안 사람들에게 어떤 말을 주로 했는지 돌아보십시오.

나의 영적 일지

# 사역의 중보자

11월 20일

읽을 말씀 : 행 2:37-42

● 행 2:42 그들이 사도의 가르침을 받아 서로 교제하고 떡을 떼며 오로지 기도하기를 힘쓰니라

뉴욕의 로체스터에서 목회를 하던 찰스 피니 목사님은 몇 달 간의 전도만으로 천 명이 넘는 영혼에게 복음을 전했습니다.

목사님은 이런 역사가 일어난 것은 자신을 위해 기도해주던 아벨 클레리라는 성도의 기도 때문이라고 말했습니다.

"그분은 저의 모든 집회를 위해 기도를 해주셨습니다. 집회를 시작하기 전에도 그분은 기도를 하고 있었고, 집회가 끝난 후에도 복음을 들은 영혼들을 위해 기도를 하고 있었습니다. 내가 복음을 전한 사람들은 클레리 씨가 누구인지도 모릅니다. 그러나 그는 자신의 많은 시간을 바쳐 저와 이 지역의 영혼들을 위해 기도를 한 위대한 신앙인입니다."

그 유명한 무디 선생님에게도 아벨 클레리 씨 같은 중보자가 있었습니다. 하반신 마비로 거동이 불편했던 마리안 아드라르드 씨는 무디 선생님이 영국에 와서 집회를 하는 10일 동안 거의 대부분의 시간을 중보 기도했습니다. 그리고 그 짧은 기간 동안 500명에 가까운 사람들이 회심을 하는 놀라운 일이 일어났습니다. 비단 이 뿐만 아니라 역사상 유명한 신앙의 위인들에게는 모두 그들을 위해 기도를 해주던 놀라운 중보자들이 항상 있었습니다.

하나님의 일을 돕는 가장 효과적인 방법은 바로 기도입니다. 세상적인 방법으론 불가능한 것들도 기도를 통해서는 해결이 가능합니다. 기도는 하나님이 일하시게 만드는 유일한 방법입니다. 우리 교회의 사역을 위해, 목사님의 사역을 위해, 주변의 사역자들의 문제를 위해 꾸준히 중보하는 성도가 되십시오. 반드시 창대하게 될 것입니다.

💟 주님! 기도의 힘을 믿고 또 체험하는 성도가 되게 하소서!
🙏 담임 목사님과 사역으로 헌신하시는 분들을 위해 매일 기도하십시오.

나의 영적 일지

## 11월 21일 책임지시는 하나님

읽을 말씀 : 렘 17:1-11

● 렘 17:8 그는 물가에 심어진 나무가 그 뿌리를 강변에 뻗치고 더위가 올지라도 두려워하지 아니하며 그 잎이 청청하며 가무는 해에도 걱정이 없고 결실이 그치지 아니함 같으리라

    노예로 살다가 해방되어 버지니아 주에서 농사를 짓던 존 영이라는 흑인이 있었습니다. 농부는 결혼해서 자녀를 14명이나 낳았는데, 소작농인 탓에 농사를 짓기는 하였으나 입에 풀칠하기도 힘든 수준이었습니다. 조금만 농사가 잘못되어도 온 가족이 끼니를 걱정해야 했으며, 14명의 자녀 모두가 전염병에 걸려 아팠으나 돈이 없어 치료를 받지 못했던 적도 있었습니다. 그러나 그럴 때마다 존은 '하나님 지켜주십시오'라는 기도를 드렸습니다.

    마을 사람들은 그런 존을 비웃었습니다. 그렇게 신앙을 가질 바에는 차라리 책을 읽고 공부를 하라고 말했고, 자녀가 너무 많아서 분명히 그들 중 몇은 죽게 될 것이라고 말했습니다. 그러나 하나님께 온전히 구하는 부부의 기도에 하나님은 응답하셨고, 14명의 자녀가 모두 무탈하게 성장해 각자의 꿈을 펼쳤습니다. 부부의 자녀들은 코넬대학의 교수가 되었으며, 유명한 음악가와 의사, 교육자가 되기도 하며 한 명도 실패한 인생을 살지 않았습니다.

    하나님이 책임져 주시는 방법은 모든 위험의 가장 확실한 해결책입니다.

    좋은 토양에 뿌리를 내리는 나무가 좋은 열매를 맺듯이 나와 우리 가정의 신앙이 온전히 하나님께 믿음으로 뿌리를 내리기를 바라십시오. 반드시 창대하게 될 것입니다.

♥ 주님! 자신의 자녀를 절대로 포기하지 않는 주님이심을 믿게 하소서!
🌸 온전히 하나님을 바라보고 의지하는 가정을 위해 기도하십시오.

나의 영적 일지

# 네 가지 교만

읽을 말씀 : 잠 21:1-6

●잠 21:4 눈이 높은 것과 마음이 교만한 것과 악인이 형통한 것은 다 죄니라

19세기에 많은 사람들은 과학 만능의 시대를 꿈꿨습니다.

그러나 부버나 하이데거같은 철학자들은 오히려 과학에 의지하는 인간은 더욱 피폐해질 것이라고 주장했습니다. 또 이 시기에는 절대적인 도덕이 있는가에 대한 문제로 철학자들 사이에도 첨예하게 대립했습니다. 버트난드 러셀같은 사람은 이 주제를 놓고 '나는 왜 기독교인이 아닌가'라는 책을 쓰기도 했습니다.

서울대 생활과학 연구소의 조사에 따르면 한국사회의 현재 주요 트렌드는 일종의 자아도취 현상인 '셀프 홀릭'이라고 합니다.

신학자 나인홀드 리부어는 일찍이 이런 현상들을 하나님을 부인하게 만드는 '네 가지 교만'이라고 정의했습니다.

- ●첫째 교만인 지적교만은 과학이 모든 것의 해결자라는 잘못된 생각을 가져다 줍니다.
- ●둘째 교만인 권력의 교만은 물질만능주의에 빠지게 만듭니다.
- ●셋째 도덕적 교만은 판단을 상황에 따라 정당화하는 실수를 저지르게 만듭니다.
- ●넷째 교만인 종교적 교만은 이런 교만들을 통해 하나님을 부인하게 만듭니다.

창조주인 하나님을 부인하는 인생은 결코 잘되거나 행복할 수 없습니다. 교만이 큰 죄인 이유는 나를 하나님으로부터 멀어지게 하고, 참된 인간성을 잃게 만들기 때문입니다. 하나님을 인정하며 믿는 것이 가장 큰 겸손임을 믿으십시오. 반드시 창대하게 될 것입니다.

♥ 주님! 교만은 패망의 선봉임을 깊이 깨닫게 하소서!
📖 네 가지 교만의 덫에 걸려있지 않은지 양심을 비추어 보십시오.

`나의 영적 일지`

## 11월 23일 들어주는 사람, 들어주시는 하나님

읽을 말씀 : 시 3:1-8

● 시 3:4 내가 나의 목소리로 여호와께 부르짖으니 그의 성산에서 응답하시는도다

일본의 한 대기업에서는 '화풀이 전화'라는 제도를 시행했습니다.

철저하게 익명이 보장되는 사내 전화를 개설해서 무슨 말이든 다 들어주며 맞장구를 쳐주는 방식이었는데, 개통되기 무섭게 쉴 새 없이 전화벨이 울렸다고 합니다.

아주 간단한 제도였지만 이 화풀이 전화의 효과로 직원들의 정신적인 스트레스는 크게 줄었고 작업능률까지 높아졌습니다.

지금까지 이 회사에서는 직원들의 업무 효율 높이기 위해 많은 투자를 했지만 그 중 화풀이 전화가 가장 효율이 높았다고 합니다.

미국 뉴욕의 한 지역 신문에서는 '말을 들어드립니다'라는 광고가 실린 적이 있습니다. 5분이란 시간 동안 어떤 말도 다 들어주고 동조를 해준다는 이 전화는 유료였음에도 많은 사람들이 이용해서 큰돈을 벌었습니다.

사람들은 언제나 자신의 속마음을 털어놓을 사람을 찾습니다. 그러나 사람에게 마음을 털어놓는 것도 좋지만 무엇보다 우리가 마음을 고백하고 드려야 할 분은 하늘에 계신 하나님 아버지이십니다.

하나님께 드리는 고백인 기도로 성도의 특권이자 축복을 누리십시오. 반드시 창대하게 될 것입니다.

♥ 주님! 주님의 말씀을 듣고 주님께 기도하는 사람이 되게 하소서!
📖 기도를 들으시는 주님이심을 믿는 마음으로 더욱 기도하십시오.

나의 영적 일지

# 선한의도의 기적

읽을 말씀 : 히 11:32-40

●히 11:40 이는 하나님이 우리를 위하여 더 좋은 것을 예비 하셨은즉 우리가 아니면 그들로 온전함을 이루지 못하게 하려 하심이라

　세계최고의 명문대학인 미국의 하버드 대학은 1636년도에 설립되었습니다.
　영국에서 이민을 온 가난한 노동자인 존 하버드가 세운 이 학교는 약 천만 원의 돈과 300여권의 장서라는 초라한 재원으로 시작했습니다.
　하버드는 자신이 세운 학교가 단지 지성과 신앙을 겸비한 목사님들을 양성했으면 하는 마음을 가졌지만 주님은 하버드를 세계 최고의 대학으로 만들어주셨고, 미국에서 가장 기금이 많이 모금되는 학교가 되게 복을 내려주셨습니다.
　성경에 나오는 오병이어의 기적도 마찬가지입니다.
　아이가 가진 다섯 개의 떡과 두 마리의 물고기는 너무도 작고 초라한 것이었지만, 그것이 주님께 드려질 때 오천 명이 넘는 사람들이 배불리 먹고도 열두 광주리가 남는 놀라운 기적으로 변화되었습니다.
　사람이 일을 계획하고 행할지라도 이루시는 분은 오직 하나님이십니다. 우리가 해야 할 일은 일을 계획하고 성취하기 위해 노력하는 것이 아니라 하나님의 뜻에 귀를 기울이고 그 음성에 순종하는 것입니다.
　하나님이 주신 사랑의 마음으로 언제나 선한 마음에 뜻을 두고 행동하십시오. 반드시 창대하게 될 것입니다.

♥ 주님! 부르심에 언제나 응답하는 순종의 마음을 갖게 하소서!
🎯 일의 과정이나 규모보다는 오직 선한 뜻에 집중하십시오.

나의 영적 일지

# 인생을 가치 있게 만드는 목적

**11월 25일**

읽을 말씀 : 엡 5:15-21

● 엡 5:17 그러므로 어리석은 자가 되지 말고 오직 주의 뜻이 무엇인가 이해하라

　어떤 대학교의 졸업식 축사를 맡은 한 교수가 다음과 같은 연설을 했습니다.
　"먼저 여러분의 졸업을 진심으로 축하드립니다. 그러나 졸업에 앞서 여러분은 이제 나는 어떤 일을 하며 살 것인가라는 질문을 스스로에게 해야 합니다. 그리고 조금 더 시간이 흐르면 직장을 얻은 뒤에 무엇을 할 것인가, 누구와 결혼을 할 것인가라는 질문에 대답해야 합니다.
　결혼을 한 다음에는 자녀를 어떻게 가질 것인가, 어떻게 교육시킬 것인가라는 질문이 생길 것입니다. 이 모든 질문에 답을 내렸다면 이제 여러분은 남은 노후의 시간을 어떻게 보낼 것인가에 대해 생각을 하다가 죽음을 맞을 것입니다. 여러분은, 그리고 우리 모두는 결국 죽기 위해 평생을 보낸다고 해도 과언이 아닙니다. 그래서 저는 여러분이 이런 질문들에서 벗어난 고귀한 목적을 가진 사람이 되기를 바랍니다."
　러시아의 대문호 톨스토이가 방황을 했던 이유, 그리고 신앙을 가졌던 이유는 '인생의 목적이 무엇일까?'라는 물음 때문이었습니다. 톨스토이가 만나던 어떤 지식인들도 그 목적에 대해서 시원하게 대답을 해주지 못했지만 우연히 길에서 만난 농부는 '그야 하나님을 섬기는 일이지요!'라고 말해주었습니다.
　인생을 가치 있게 만드는 삶은 하나님을 위한 삶을 사는 것입니다.
　어려운 고난에 처할지라도 이 사실은 반드시 기억하십시오. 반드시 창대하게 될 것입니다.

♥ 주님! 인생의 참된 가치를 주님을 통해 찾게 하소서!
📖 내가 삶에서 가장 귀하게 여기는 가치는 무엇인지 생각해 보십시오.

나의 영적 일지

# 한 번의 인정

읽을 말씀 : 사 40:1-11

●사 40:1 너희 하나님이 이르시되 너희는 위로하라 내 백성을 위로하라

11월 26일

　증기선을 최초로 강에 띄웠던 로버트 풀톤은 발명 초기에 사람들의 조롱에 시달렸습니다.
　당시 사람들은 증기선이 금세 고장 나서 가라앉을 것이라 생각했습니다. 그래서 증기선을 '풀턴의 실수'라고 불렀고 아무도 이용을 하지 않았습니다. 결국 운행을 접으려고 마음을 먹었던 때에 한 신사가 찾아와 물었습니다.
　"풀턴 씨, 강을 따라 뉴욕 항까지 나를 태워 줄 수 있겠습니까?"
　풀턴은 가능하다고 했고, 신사는 뱃삯이 얼마인지 물었습니다. 손님을 태워본 적이 없었던 풀턴은 뱃삯도 정해놓고 있지 않았습니다. 당황한 풀턴은 단돈 5달러를 받고 신사를 뉴욕까지 데려다주었습니다. 풀턴의 첫 번째 운행은 단 한 명의 손님을 태우고 이루어졌습니다. 그러나 이후에 증기선의 뛰어난 속도와 안정성이 점점 인정을 받아 풀턴은 크게 성공을 하게 되었습니다.
　어느 날 풀턴은 증기선을 처음으로 이용해준 신사를 찾아가 말했습니다.
　"선생님이 저의 삶을 180도 바꾸어 주었습니다. 그것은 제가 증기선을 통해 받은 첫 번째 인정이었습니다."
　비난과 비판은 아무것도 이루지 못합니다. 그러나 진심어린 인정과 격려는 도전하는 사람에게 귀한 힘이 됩니다.
　언제나 인정을 아끼지 마십시오. 반드시 창대하게 될 것입니다.

♡ 주님! 질투와 시기의 마음을 모두 내려놓게 하소서!
🖼 다른 사람의 도전을 아낌없이 칭찬하고 격려하는 사람이 되십시오.

나의 영적 일지

### 11월 27일 | 희망을 품은 감사

읽을 말씀 : 골 3:12-17

● 골 3:15 그리스도의 평강이 너희 마음을 주장하게 하라 너희는 평강을 위하여 한 몸으로 부르심을 받았나니 너희는 또한 감사하는 자가 되라

    1946년 7월에 개교한 괴산중고등학교는 해방 초기에 나라의 중요한 역할을 감당한 일꾼들을 많이 배출한 명문입니다.
    이 학교가 개교한지 얼마 되지 않아 밤사이 불이 나 잿더미가 된 적이 있었습니다. 다음 날 학교에 등교한 학생들과 선생님들은 모두 망연자실했는데, 초대 교장이신 송재형 선생님이 모든 학생들과 교사들을 허허벌판인 운동장에 모아놓고 말했습니다.
    "우리 모두 앞으로 일 년 동안 노력해서 지금 비어있는 이 자리에 벽돌로 된 학교를 세웁시다. 낙심할 시간에 희망을 품고 감사하면 반드시 전화위복의 기적이 찾아올 것입니다."
    송 선생님은 또 백방으로 뛰며 학교를 도와줄 곳이 있는지 알아보았습니다. 그리고 그 결과 학교 근처에 터널공사용으로 준비된 벽돌이 있다는 사실을 알게 되었습니다.
    공사가 중지되어 관련 시설로부터 학교를 짓는데 사용할 수 있다는 허락을 받게 되었고 그날로 전교생이 벽돌을 날라 공사를 시작했습니다. 그리고 약속한 1년이 지나지 않아 불이 났던 학교 터에 벽돌로 지어진 새 교실이 생겨났습니다.
    당시 송재형 교장선생님으로부터 배웠던 학생들은 어떤 난관이라도 감사와 희망으로 극복할 수 있다는 사실을 체험으로 배웠다고 고백했습니다. 감사를 통해 역경을 극복할 수 있다는 희망을 절대 잃지 마십시오. 반드시 창대하게 될 것입니다.

♥ 주님! 어떤 상황 속에서도 절망보다는 희망을 품게 하소서!
📖 오늘 일어나는 모든 일을 통해 주님께 감사하십시오.

나의 영적 일지

# 헌신위임장

11월 28일

읽을 말씀 : 롬 12:1-13

● 롬 12:1 그러므로 형제들아 내가 하나님의 모든 자비하심으로 너희를 권하노니 너희 몸을 하나님이 기뻐하시는 거룩한 산 제물로 드리라 이는 너희가 드릴 영적 예배니라

한 신학생이 목사님을 찾아와 물었습니다.

"목사님, 사람에게 분명히 해야 할 일이 존재합니까? 하나님께서 사람에게 분명한 사명을 주신다면, 그 사명을 따르지 않고 그냥 일반적으로 사는 사람들은 모두 잘못된 것입니까?"

"그건 아니라네, 하나님은 우리에게 자유 의지를 주셨고, 사명이란 '무엇'에 대한 문제라기보다는 '어떻게'의 문제가 더욱 크다네. 성경에도 나와 있듯이 무슨 일을 하든지 하나님의 영광을 위해 하는 것이 중요한 것이지."

신학생은 한 가지 질문을 더 했습니다.

"그렇다면 헌신이 무엇인지 알고 싶습니다. 헌신과 단순한 열심의 차이에 대해서 저는 잘 모르겠습니다."

목사님은 백지를 한 장 가져와 다음과 같은 내용의 글을 적기 시작했습니다.

'내 인생 백지위임장, 상기 모든 것을 예수님께 위임함'

"쉽게 말해 여기에 싸인을 하는 것이 헌신이네, 열심은 내 입맛에 맞추는 것이지만 헌신에는 내가 들어갈 틈이 없네."

헌신은 나의 뜻대로 하는 것이 아니라 하나님의 뜻대로 하는 것입니다. 하나님이 주신 귀한 헌신을 하나님의 뜻을 따라 기쁘게 순종하십시오. 반드시 창대하게 될 것입니다.

♡ 주님! 나의 뜻이 아닌 하나님의 뜻을 따라 헌신하게 하소서!
🖼 교회에서 맡은 모든 헌신을 기쁜 마음으로 감당하십시오.

나의 영적 일지

## 11월 29일 — 찬양이라는 신호

읽을 말씀 : 렘 20:7-18

● 렘 20:13 여호와께 노래하라 너희는 여호와를 찬양하라 가난한 자의 생명을 행악자의 손에서 구원하셨음이니라

미국에서 9.11 테러가 일어났을 때의 일입니다.

빌딩이 완전히 파괴되는 끔찍한 사고의 현장에서 생존자를 찾는 구조 작업이 한창이었는데, 구조대원들이 가장 먼저 한 일은 소리를 찾는 일이었습니다. 아무리 심한 부상을 당했다 하더라도 목숨이 붙어 있다면 기척이 느껴질 때 어떤 식으로든 소리를 내는 것이 생존자들의 특성이기 때문입니다. 그래서 구조대원들은 어딘가에서 들리는 소리를 곧 사람이 아직 살아있다는 생존의 신호로 받아들입니다.

우리가 하나님께 드리는 찬양은 본래 히브리어로 '바라크'라는 단어입니다. '무릎을 꿇다', '하나님께 빌다'라는 뜻의 이 단어는 우리가 하나님께 드리는 찬양의 본질이 무엇인지 깨닫게 해줍니다.

또 그리스어로 찬양은 '헌금, 연보'라는 뜻이 있습니다. 한 마디로 찬양은 구조대원이 듣는 생존신호처럼 우리가 하나님께 말씀대로 살았다는 표시와 함께 드리는 감사의 예배입니다.

하나님은 우리의 찬양을 원하십니다. 나의 찬양은 하나님을 향한 사랑의 고백이며 동시에 하나님이 우리를 지으신 목적이기도 합니다.

예배 장소, 현란한 사운드의 유무에 관계없이 언제나 하나님 앞에 무릎을 꿇고 간절히 드리는 예배의 마음으로 찬양을 드리십시오. 반드시 창대하게 될 것입니다.

♡ 주님! 마음에서 우러나오는 간절한 찬양을 매일 주님께 올리게 하소서!
※ 지금껏 전심을 다한 마음으로 주님을 찬양하고 있었는지 생각해보십시오.

나의 영적 일지

# 말보다 실천

읽을 말씀 : 벧전 3:8-22

11월 30일

● 벧전 3:17 선을 행함으로 고난 받는 것이 하나님의 뜻일진대 악을 행함으로 고난 받는 것보다 나으니라

우리나라 최초의 민간신문인 독립신문이 창간되었을 때였습니다.

발행인인 서재필 박사는 집까지 투자해 나라를 위한 신문사 설립에 공을 들였습니다. 정부가 하는 일을 국민에게 제대로 알리고, 부정한 일들을 고발하는 역할을 했던 독립신문은 우리 국민 뿐 아니라 외국인들에게도 한국의 실상을 알리는 역할을 했습니다.

또한 서재필 박사는 신문을 직접 싸들고 거리에 나가 팔기도 했습니다. 종종 서재필 박사를 아는 사람들은 박사님 같은 분이 어째서 신문을 팔고 계시냐고 물었습니다.

"아니, 박사님! 신문을 만들기도 바쁘실 텐데 어째서 직접 돌리기까지 하십니까?"

"허허, 조국을 위한 일인데 할 수 있는 일은 뭐든지 해야지요. 뭐 어려운 일이라고…"

훗날 박사는 자신이 신문을 판 일을 두고 다음과 같이 회고했습니다.

"아마 내가 그때 신문을 직접 들고 뛰지 않았다면, 어쩌면 조국의 독립이 조금 더 늦춰졌을 수도 있었을 겁니다."

진정한 열정은 최선을 다하고도 모자라지 않나 걱정하는 마음입니다. 나라의 독립을 갈구했던 서재필 박사의 마음을 지금 이 시대의 모든 성도들이 가져야 합니다.

한국의 복음화와 세계의 복음화를 위해서 간절한 마음을 가지고 할 수 있는 일을 실천하십시오. 반드시 창대하게 될 것입니다.

♥ 주님! 말보다 행동으로 본을 보이는 신앙인이 되게 하소서!
📖 내가 자주하는 말들을 실천하고 있는지 점검해보십시오.

나의 영적 일지

# 12월

"수고하고 무거운 짐진 자들아
다 내게로 오라
내가 너희를 쉬게하리라
나는 마음이 온유하고 겸손하니
나의 멍에를 메고 내게 배우라
그리하면
너희 마음이 쉼을 얻으리니

- 마 11:28~29-

## 12월 1일 사랑이 만드는 성과

읽을 말씀 : 요일 4:16-21

● 요일 4:18 사랑 안에 두려움이 없고 온전한 사랑이 두려움을 내쫓나니 두려움에는 형벌이 있음이라 두려워하는 자는 사랑 안에서 온전히 이루지 못하였느니라

빈스 롬바디는 미국 프로미식 축구 사상 가장 위대한 감독으로 꼽힙니다.

그는 승률이 10%도 되지 않던 그린 베이 팩커스에 부임한 첫해에 60%가 넘는 승률로 끌어올렸습니다. 그리고 2년 뒤에는 꼴찌 팀을 리그 우승팀으로 만들었고 이후 5년간 3번이나 추가로 우승을 하며 최악의 꼴찌 팀을 역사상 최고의 강팀으로 만들었습니다. 많은 사람들이 빈스 감독을 찾아와 승리의 비결에 대해 물었고 그때마다 빈스 감독은 세 가지 요소가 필요하다고 말했습니다.

"첫째는 뛰어난 선수들, 둘째는 뛰어난 감독, 셋째는 서로 간의 사랑입니다. 프로에 올 정도의 수준이라면 선수간의 실력 격차는 그다지 크지 않습니다. 감독 역시 마찬가지입니다. 따라서 승률이 높은 팀에 있어서 가장 중요한 것은 세 번째 요소인 사랑입니다."

사람들은 사랑이 가장 중요하다는 빈스의 말을 농담으로 받아들였습니다. 그러나 그것은 사실이었고, 또 성과로 그것을 증명했습니다. 그래서 사람들은 빈스를 '승부의 마술사'라는 별명과 함께 '사랑의 코치'라고도 불렀습니다.

사람의 능력을 계발하고 일깨우는 데 가장 중요한 역할을 하는 것은 사랑입니다.

성경을 통해 하나님의 사랑을 깨닫고 그 사랑을 경험하십시오. 그리고 그 사랑을 세상에 전해주는 메신저가 되십시오. 반드시 창대하게 될 것입니다.

♡ 주님! 사랑이 가장 중요하고 귀한 것임을 깨닫게 하소서!
📖 고린도전서 13장의 말씀을 묵상하십시오.

나의 영적 일지

# 성경의 기적

읽을 말씀 : 요 14:21-26

● 요 14:17 그는 진리의 영이라 세상은 능히 그를 받지 못하나니 이는 그를 보지도 못하고 알지도 못함이라 그러나 너희는 그를 아나니 그는 너희와 함께 거하심이요 또 너희 속에 계시겠음이라

몇 명의 과학자들이 어떤 학회에 모여서 성경을 주제로 토론을 하고 있었습니다.

그 모임의 어떤 과학자들은 무신론자였고, 어떤 과학자들은 독실한 신앙인이었습니다. 무신론자인 과학자들은 성경의 내용들이 일반적인 상식을 벗어날 뿐 아니라 때때로 분명히 불가능한 일에 대해서 설명하고 있다며 불만을 표시했습니다.

"나도 성경을 진지하게 읽어본 적이 있습니다. 그러나 그 안에는 실제로 이루어질 수 없는 일들이 너무나 많습니다. 예를 들어 발람의 나귀가 사람의 말을 했다는 내용이 성경에는 분명히 나오지만 나귀는 구강 구조상 절대로 사람이 말하는 것처럼 소리를 낼 수가 없습니다."

그 얘기를 들은 기독교인 과학자가 말했습니다.

"나귀를 사람처럼 말을 할 수 없게 만든 분이라면 말을 할 수 있게 만들 능력도 있지 않겠습니까?"

하나님이 창조주라는 단 한 가지의 사실만을 인정하면 성경의 모든 내용이 믿어지고 또한 이해가 됩니다. 무디 선생님은 "성경에 나오는 모든 이적이 사람의 생각으로는 불가능하지만 하나님의 능력으로는 불가능한 것이 없다"라고 고백했습니다.

성경의 하나님이 오늘도 살아계시며 역사하시는 분이라는 믿음의 고백을 드리십시오. 반드시 창대하게 될 것입니다.

♡ 주님! 이미 체험한 하나님을 더욱 신뢰하게 하소서!
🙏 하나님이 일하시면 불가능은 없다는 고백을 드리십시오.

나의 영적 일지

### 12월 3일
## 믿는 사람의 삶

읽을 말씀 : 요 13:31-35

● 요 13:35 너희가 서로 사랑하면 이로써 모든 사람이 너희가 내 제자인 줄 알리라

미국의 테네시 주에서 일어났던 일입니다.
교도소에서 탈옥을 한 죄수가 메이슨이라는 마을에 숨어들어갔습니다. 범인은 은신에 적당한 집을 골라 들어가 총을 겨누며 위협을 했습니다. 탈옥수가 침입한 집의 핀리스 부부는 저녁을 준비하고 있었는데, 남편은 총을 보고 놀라 어쩔 줄 몰라 하고 있었습니다. 그러나 저녁을 준비하던 아내는 조금도 떨지 않고 따스하게 말했습니다.
"굳이 총으로 위협을 하지 않아도 됩니다. 당신이 원하는 것은 뭐든지 드릴 테니까요. 그러나 일단 테이블에 앉아서 저녁을 함께 하는 건 어떨까요? 요리가 거의 완성되고 있거든요."
탈옥수는 부인에게 여전히 총구를 겨누며 말했습니다.
"허튼 짓 마시오. 나는 당신을 당장에 죽일 수도 있는 사람이오."
"그래도 괜찮아요. 나는 예수님을 믿는데 죽은 뒤에 천국에 간다고 믿거든요."
부인은 탈옥수에게 요리를 가져다주며 복음을 전했습니다. 부인을 통해 복음을 들은 탈옥수는 예수님을 영접했고, 다음 날 아침 밝은 표정으로 교도소로 돌아가 자수를 했습니다.
주님은 믿음을 반석 위에 지은 집으로 비유하셨습니다. 하나님을 참으로 믿고 의지하는 성도들은 세상에서의 삶에 흔들림이 없어야 합니다. 예수님을 믿고 따름으로 세상의 모든 문제가 이미 해결되었음을 믿으십시오. 반드시 창대하게 될 것입니다.

♡ 주님! 어떤 상황에서도 주님을 의지하는 담대함을 주소서!
📖 모든 문제가 예수님을 통해 해결됨을 믿으십시오.

나의 영적 일지

# 겸손한 은사

읽을 말씀 : 고후 10:12-18

●고후 10:13 그러나 우리는 분수 이상의 자랑을 하지 않고 오직 하나님이 우리에게 나누어 주신 그 범위의 한계를 따라 하노니 곧 너희에게까지 이른 것이라

12월 4일

오스트리아의 전설적인 바이올리니스트 프리츠 크라이슬러는 자신의 재능을 하나님이 맡겨주신 것이라고 생각했습니다.

그는 자신의 재능을 누군가 칭찬할 때면 절대적인 겸손의 모습을 보였으며 오로지 하나님만을 드러내었습니다.

그는 한 기자와의 인터뷰에서 자신의 재능에 대한 칭찬에 대해서 말한 적이 있었습니다.

"제가 가장 행복을 느낄 때는 제 음악으로 누군가 행복을 느끼고 위로를 받았다고 말해줄 때입니다. 의사였던 저의 아버지는 돈을 벌기 위해서나 인정을 받기 위해서 무슨 일을 하지 말고 항상 이타심에 의해서 모든 일을 해야 한다고 가르치셨습니다. 그리고 저는 아버지에게는 그 일이 의사인 것처럼 저에게는 음악이라는 사실을 깨닫게 되었습니다. 저는 글자를 배우기 전에도 본능적으로 악보를 읽고 연주할 줄을 알았습니다. 이것은 저의 노력이 아니라 오로지 하나님께서 주셨기에 가능한 일입니다. 따라서 사람들을 기쁘게 하는 나의 노력은 나의 재능이 아니라 하나님이 주신 은혜로 가능한 일이 되는 것입니다. 그렇기 때문에 저는 자랑을 할 수 없고 또 그렇게 할 이유도 없습니다."

보이는 것이나 보이지 않는 것이나 하나님이 창조하지 않으신 것은 어느 것도 없습니다.

날 위해 이 모든 것을 허락하신 주님께 영광을 돌리는 삶을 사십시오. 반드시 창대하게 될 것입니다.

♥ 주님! 주님께 받은 모든 것으로 주님께 영광을 돌리는 삶을 살게 하소서!
🕯 은사가 무엇인지 분별하고 그 은사로 하나님을 섬기며 찬양 하십시오.

나의 영적 일지

**12월 5일**

## 복음이 변화시킨다

읽을 말씀 : 골 3:5-11

● 골 3:10 새 사람을 입었으니 이는 자기를 창조하신 이의 형상을 따라 지식에까지 새롭게 하심을 입은 자니라

시카고에 멜 트라더라는 심각한 알코올의존증 환자가 있었습니다.

그는 술을 마시느라 키우던 어린 딸에게도 신경을 쓰지 않았습니다. 결국 어린 나이에 혼자 방치되어 있던 딸은 세 살이 되던 해에 안타깝게 목숨을 잃고 말았습니다. 멜은 뭔가가 잘못되었다는 것을 알았지만 아무리 노력해도 삶을 원래대로 되돌릴 수는 없었습니다.

딸의 장례식이 치러지는 동안에도 그는 술에 취해 있었습니다. 사람들은 짐승만도 못한 사람이라고 욕을 했고, 그 어떤 사람도 그의 비참한 상황에 도움을 주려 하지 않았습니다.

그렇게 매일 술에 취해 있던 그에게 어떤 사람이 다가와 복음을 전했습니다. 그리고 그 복음을 통해 그는 새로운 사람이 되었습니다. 그리고 더 이상 자신과 같은 아픔을 가진 사람들이 생기지 않게 하는 일에 평생을 바치겠다고 결심했습니다. 그는 알코올의존증 치료 전문가이자 복음 전도자로써의 새로운 삶을 시작했고, 병원도 포기한 천여 명의 환자들을 모두 치료하기까지 했습니다. 그리고 이제는 시카고에서 가장 유명한 전도자이자 갱생 치료자가 되었습니다.

누가 봐도 회복이 불가능해 보이던 멜을 새로 태어나게 만든 것은 하나님의 은혜인 십자가의 복음이였습니다. 세상이 포기한 사람에게도 복음이 들어가면 하나님의 가능성이 펼쳐집니다.

모든 사람에게 반드시 필요한 것이 십자가의 복음임을 잊지 말고 전하기를 힘쓰십시오. 반드시 창대하게 될 것입니다.

♡ 주님! 저의 짧은 생각으로 만나는 사람들을 판단하지 않게 하소서!
📖 기회가 있을 때마다 복음을 전하는 일을 소홀히 마십시오.

나의 영적 일지

# 목표를 향한 집중

읽을 말씀 : 잠 15:13-21

● 잠 15:19 게으른 자의 길은 가시 울타리 같으나 정직한 자의 길은 대로니라

아프리카에서 맹수들이 가장 사냥하기 힘든 것 중 하나가 가젤이라고 합니다.

가젤의 기본적인 달리기 속도는 맹수들의 속도와 비슷해서 일단 추격이 쉽지 않고, 가젤들은 무작정 도망치기보다는 집단으로 맹수들의 추격을 방해합니다.

먼저 맹수가 쫓아오면 가젤들 중에서 속도가 가장 빠른 녀석들은 맹수 근처로 다가가 시선을 유도합니다. 맹수가 자신을 쫓아오면 갈지자를 그리며 지그재그로 도망을 가 달리기가 느린 무리가 먼저 도망갈 수 있게 시간을 벌어줍니다.

때로는 맹수가 눈앞에 있어도 도망을 가지 않고 제자리에서 껑충거리기도 하는데, 이때 맹수에게 잡힐 것 같으면 또 다른 가젤이 나타나 제자리에서 껑충거리며 도발을 합니다. 따라서 아무리 달리기가 빠르거나 힘이 좋은 맹수라 하더라도 가젤을 사냥하는 것은 쉽지 않습니다.

야생 전문가들에 따르면 가젤을 사냥하는 맹수는 더 크고 사나운 맹수가 아니라 처음 정한 표적을 놓치지 않고 끝까지 쫓아가는 맹수라고 합니다.

한 달란트 받은 종이 주인에게 책망을 받은 것은 능력의 문제가 아니라 게으름 때문이었습니다. 삶을 살아가면서 놓치지 말아야할 가장 중요한 것이 무엇인지, 또 시선을 빼앗기지 말아야 할 것이 무엇인지 늘 주의하십시오. 반드시 창대하게 될 것입니다.

🖤 주님! 우리 삶의 목표가 무엇인지 늘 잊지 않게 하소서!
인생의 목표와 그 실현 방법에 대해서 다시 점검하십시오.

나의 영적 일지

## 12월 7일 — 부드러운 대화의 방법

읽을 말씀 : 잠 25:11-20

● 잠 25:11 경우에 합당한 말은 아로새긴 은 쟁반에 금 사과니라

놀란 라이트 박사는 부부문제를 전문으로 다루는 상담가 입니다.

박사는 수많은 부부들을 상담해 주면서 문제가 생기는 대부분의 원인은 대화에 있다는 것을 알게 되었습니다. 그는 이 분야를 연구해 모든 사람들에게 적용할 수 있는 '부드러운 대화를 만들어주는 일곱 가지 법칙'을 찾아냈는데, 그 법칙들은 다음과 같습니다.

1. 따스한 미소로 맞을 것.
2. 피곤하거나 화가 날 때는 어려운 문제를 다루지 않을 것.
3. 상대방의 말을 끝까지 다 듣고 내 의견을 이야기 할 것.
4. 제스처를 사용해서 적절한 동의를 나타낼 것.
5. 반론이 있어도 상대방의 주장을 먼저 수용할 것.
6. 도움의 요청은 구체적이고 확실하게 할 것.
7. 상대방의 말이 이해가 되지 않을 때는 다시 한 번 부탁할 것.

인간의 사랑은 불완전해서 비록 부부관계일지라도 지속적인 노력과 관심이 필요합니다. 좋은 대화는 좋은 관계의 시작입니다.

대화를 통해 하나님이 기뻐하실만한 관계를 만들고 유지하십시오. 반드시 창대하게 될 것입니다.

♥ 주님! 오늘 나누는 모든 대화가 사랑의 통로가 되게 하소서!
📖 일곱 가지 법칙 중에 나의 습관은 몇 개가 있는지 체크해 보십시오.

나의 영적 일지

# 응답의 방법

읽을 말씀 : 잠 16:1-7

● 잠 16:1 마음의 경영은 사람에게 있어도 말의 응답은 여호와 께로부터 나오느니라

12월 8일

세브란스 병원을 창설한 세브란스 선교사의 일화입니다.

그는 한국에 머물면서 한국에는 복음과 구호활동이 필요하지만 일시적인 방편보다는 지속적인 활동을 할 수 있는 시설이 필요하다고 느꼈습니다. 그러나 어느 곳에 어떤 방식으로 병원을 세워야 할지는 전혀 감이 오지 않았습니다. 그러나 에비슨이라는 사람과 카네기 홀의 한 기부행사에서 만난 뒤 한국에 병원이 세워져야 하는 이유와 어느 지역이 적당한지, 어떤 방식으로 운영 되어야 하는지에 대한 확신을 얻게 되었습니다. 세브란스는 에비슨을 찾아가 병원 건설에 필요한 기금을 모두 대겠다고 말했습니다.

"1년 간 한국에 병원을 지어야겠다는 생각으로 기도 중에 있었습니다. 다만 그 방법을 몰랐는데 오늘 당신의 연설을 통해서 기도의 응답을 받았습니다."

"사실 저도 한국의 병원을 위해 1년 반 정도 기도를 하고 있었습니다. 좋은 후원자를 만나게 해달라고 기도를 드렸는데, 오늘 우리 모두의 기도가 함께 응답된 것 같습니다."

그렇게 세브란스가 전해준 돈을 가지고 에비슨은 우리나라를 찾았고, 1902년 9월에 한국 최초의 병원이 세워지게 되었습니다.

하나님은 사람을 통해 일하시고, 합력하여 선을 이루게 응답하십니다. 관계의 씨를 뿌리며 열심히 기도하십시오. 반드시 창대하게 될 것입니다.

♥ 주님! 좋은 사람들을 만나 함께 선을 이루게 하소서!
함께 협력하는 일은 경쟁이 아닌 사랑으로 연합하십시오.

나의 영적 일지

## 12월 9일 순종의 기회

읽을 말씀 : 사 1:2-19

● 사 1:19 너희가 즐겨 순종하면 땅의 아름다운 소산을 먹을 것이요

　일리노이 대학의 심리학 교수 닐 로즈는 '후회'를 전문으로 연구했습니다. 그의 연구에 따르면 후회는 크게 두 가지로 종류로 나눌 수가 있다고 합니다.
　첫째는 과거의 아쉬웠던 점을 후회하며 부족한 부분을 보완하는 방향으로 가정하며 노력하는 후회인데, 이것을 상향적 후회라고 합니다. 이런 후회는 긍정적인 효과가 크고 개선, 향상, 발전으로 가는 지름길이기도 합니다.
　둘째는 과거에 비춰 현재가 더 낫다고 안심을 하는 후회인데, 이것은 하향적 후회입니다. 하향적 후회는 심리적으로는 안정을 주나 현상적으로는 그 어떤 도움도 주지 않습니다.
　우리는 바로 지나간 어제에 대해서도 수많은 후회를 합니다. 그러나 그 후회를 통해 배우는 사람은 많지 않습니다. 그래서 스티브 그렉 목사님은 다음과 같이 말했습니다.
　"인생은 한 번뿐입니다. 오늘 내가 할 수 있는 선행, 친절, 혹은 그 어떤 일이라도 미루지 않고 반드시 실천해야 하는 이유는 그것이 바로 지금이 아니면 할 수 없는 일이기 때문입니다. 순종의 기회는 바로 지금뿐입니다."
　오늘 나의 삶에서 만나는 모든 것이 한 번뿐인 기회입니다. 하나님께 예배하는 마음으로 최선을 다해 오늘 하루를 사십시오. 반드시 창대하게 될 것입니다.

💗 주님! 오늘 하루도 주님의 음성을 따라 후회 없이 살아가게 하소서!
📖 어제 후회했던 일을 오늘 반복하지 않기 위해 노력하십시오.

나의 영적 일지

# 가장 높은 곳에서 깨달은 것

읽을 말씀 : 시 149:4-9

● 시 149:4  여호와께서는 자기 백성을 기뻐하시며 겸손한 자를 구원으로 아름답게 하심이로다

　척 예거라는 비행기조종사가 X-1이라는 비행기를 타고 최초로 음속을 돌파한 날은 1947년도 10월 14일 입니다.
　그로부터 65년이 지난 뒤에 바움가르트너라는 오스트리아인은 비행기가 아닌 자신의 맨몸으로 음속을 돌파하는 기록을 세웠습니다. 대형 헬륨기구를 타고 지상 40km의 성층권까지 올라간 바움가르트너는 특수 제작된 슈트를 입고 스카이다이빙을 했습니다. 자유낙하 속도는 1342km까지 올라 음속을 가볍게 뛰어넘었고 헬멧에 달린 소형카메라로 이 장면이 전세계에 중계되었습니다.
　바움가르트는 이날의 비행으로 '풍선을 타고 가장 높이 올라간 인간', '가장 빠른 속도로 스카이다이빙을 한 인간', '맨몸으로 음속을 돌파한 인간', '가장 높은 곳에서 낙하산을 편 인간'이라는 4가지 신기록을 세웠습니다. 그러나 이런 큰 성과를 거두고 난 뒤의 도전 동기를 묻는 인터뷰에서 그는 다음과 같이 말했습니다.
　"내가 얼마나 작은 존재인지 깨닫기 위해서는 때로는 아주 높은 곳까지 올라가야 합니다. 그 사실을 깨닫기 위해서 저는 도전했습니다."
　인간이 아무리 뛰어난 업적을 세운다 하더라도 하나님의 놀라우신 지혜에는 조금도 미치지 못합니다. 인간의 모든 노력을 통해 하나님의 광대하심과 사랑을 깨닫는 것이 가장 큰 축복이며 은혜입니다.
　나의 모든 것으로 영광 받으실 하나님을 찬양하십시오. 반드시 창대하게 될 것입니다.

❤ 주님! 가장 낮은 모습으로 오신 주님을 생각하며 늘 겸손하게 하소서!
🌀 주님의 본을 따라 모든 교만한 마음을 버리십시오.

나의 영적 일지

## 12월 11일 — 돈과 생각

읽을 말씀 : 딤전 6:3-10

● 딤전 6:10 돈을 사랑함이 일만 악의 뿌리가 되나니 이것을 탐내는 자들은 미혹을 받아 믿음에서 떠나 많은 근심으로써 자기를 찔렀도다

'아는 것이 힘이다'라는 유명한 금언은 영국의 지성인 프란시스 베이컨이 한 말입니다.

철학자이자 존경받는 정치인이었던 프란시스 베이컨은 돈을 별로 중요하게 여기지 않았습니다. 그래서 한 번은 많은 사람이 모인 자리에서 돈에 대한 질문을 받은 적이 있었습니다.

"많은 사람들이 돈이 우리 인생에서 매우 중요하다고 여깁니다. 당신은 이것에 대해 어떻게 생각하십니까?"

"돈은 최선의 종이요, 최악의 주인입니다. 돈의 가치는 사용하는 사람에 따라서 달라집니다. 그래서 돈보다 중요한 것은 지식입니다. 아는 것이 바로 힘입니다."

미국의 경제잡지 '머니'의 통계조사에 따르면 미국인의 82%가 자신이 하루 종일 가장 많이 생각하는 것이 돈이라고 응답했습니다. 그리고 53%가 가장 걱정을 많이 하는 이유도 돈이라고 응답했습니다.

나의 생각이 있는 곳에 나의 마음이 있습니다. 주님이 아닌 것에 마음을 빼앗길 때 많은 걱정이 시작됩니다. 그러나 주님께 모든 것을 맡길 때 모든 걱정 근심이 사라집니다.

물질에 마음을 빼앗기지 말고 가장 좋은 곳에 주님을 모십시오. 반드시 창대하게 될 것입니다.

♡ 주님! 돈의 노예가 되지 않고 주인이 되게 하소서!
📖 돈에 대한 생각과 걱정을 얼마나 하고 있는지 돌아보십시오.

나의 영적 일지

# 결혼 계약서

읽을 말씀 : 딤후 3:10-17

● 딤후 3:13 악한 사람들과 속이는 자들은 더욱 악하여져서 속이기도 하고 속기도 하나니

케네디 일가의 재클린과 그리스의 억만장자 오나시스의 결혼은 당대 최고의 엘리트 집안과 부자의 결혼이었기에 사람들은 이들의 결혼식을 '세기의 결혼'이라고 부르며 관심을 가졌습니다. 그러나 나중에 밝혀진 바에 따르면 이들은 결혼 전에 다음과 같은 계약서를 만들었다고 합니다.

- 부부의 침실은 따로 사용할 것, 상대의 허락 없이는 들어올 수 없다.
- 1년을 함께 생활 했다면 9개월은 자유롭게 별거할 수 있다.
- 남편이 이혼을 요구할 경우 지난 결혼 기간 1년을 기준으로 위자료를 책정할 것.
- 아내가 이혼을 요구할 경우에도 위자료와 연금은 지급할 것.

이 계약서에는 한 달 용돈과 의상비, 미용비까지 모든 것이 상세하게 기록되어 있었습니다. 사람들은 이들의 결혼이 '세기의 결혼'이 아니라 '세기의 사업'이라며 혹평했습니다.

하나님을 사랑한다고 말하며 이와 같은 계약서를 하나님께 요구하고 있지는 않으십니까? 나의 기준에 맞추어 하나님께 드릴 헌신과 예배를 제한하거나 규정하고 있지는 않습니까?

하나님이 나에게 보여주신 사랑을 생각하십시오. 그리고 그 사랑에 감격한 모습을 예배로, 생활로 표현하십시오. 반드시 창대하게 될 것입니다.

💗 주님! 순수한 사랑의 모습으로 주님을 섬기게 하소서!
🌸 혹시라도 하나님과 거래하고 있지 않은지 생각해 보십시오.

나의 영적 일지

## 12월 13일 하나님께 맞추라

읽을 말씀 : 삼하 22:26-31

● 삼하 22:29 여호와여 주는 나의 등불이시니 여호와께서 나의 어둠을 밝히시리이다

　세계적 성경학자인 F. B. 마이어가 배를 타고 여행을 갔을 때의 일입니다.
　아일랜드의 홀리헤드 항구에 도착하기로 되어있던 날이었는데, 운항이 늦어져 매우 늦은 밤이 되었습니다. 마이어는 이렇게 깜깜한 밤에 무사히 도착할 수 있을지 걱정이 되어 갑판으로 나와 있었습니다. 그런데 배를 조종하고 있는 선장의 모습은 매우 여유가 넘쳤습니다.
　"선장님, 조금도 걱정되지 않으십니까? 바로 앞에 항구가 있다고 해도 전혀 구분을 못할 것 같은 어두운 날씨인데요?"
　"그건 걱정 마십시오. 홀리헤드 항구에서는 언제나 세 개의 불빛을 켜놓습니다. 그 불빛이 정확히 일자가 되도록 보인다면 우리는 아무런 위협 없이 항구에 정박할 수 있게 됩니다. 저는 불빛이 일자로 보이도록 배를 조종하기만 하면 됩니다."
　마이어는 선장과의 대화를 통해 우리와 하나님과의 관계를 깨달았습니다. 그리고 이때의 경험을 다음과 같은 말로 표현했습니다.
　'하나님이 멀리 계시는 것 같다면, 내가 움직이진 않았는지 확인해 보라!'
　불빛이 정확히 일렬로 보이면 항구에 무사히 도착할 수 있는 것처럼 나의 삶을 온전히 말씀에 맞추면 온전한 인생을 살아갈 수 있습니다. 하나님께 맞추는 삶이 가장 행복한 삶이며 지혜로운 삶이라는 사실을 깨달으십시오. 반드시 창대하게 될 것입니다.

　♥ 주님! 인생의 모든 기준이 말씀으로 설정되게 하소서!
　📖 하나님을 나에게 맞추지 말고 나를 하나님께 맞추십시오.

나의 영적 일지

# 죽음의 의미

읽을 말씀 : 히 9:23-28

●히 9:27 한 번 죽는 것은 사람에게 정해진 것이요 그 후에는 심판이 있으리니

12월 14일

　노벨문학상을 받은 알베르 카뮈는 죽은 뒤의 삶이 있다고 생각하지 않았습니다.
　그는 죽음에 대해 다음과 같이 말했습니다.
　"나는 죽음이 또 다른 삶으로 인도한다고 믿지 않는다. 죽음은 닫히면 그만인 문이 아닌가?"
　죽음은 누구나 경험하는 것이지만 우리는 죽음에 대해서 죽는다는 사실 외에는 아무것도 알지 못합니다. 그래서 프로이트는 "인간은 심리적으로 평생 동안 죽음을 두려워하며 살아간다"고 말했습니다.
　심지어는 중세철학의 시작이라고 불리는 신학자 어거스틴에게도 죽음은 두려움의 대상이었습니다. 그는 친한 친구의 죽음을 경험한 뒤에 '착잡한 생각이 멈추지 않는다. 죽음에 대한 생각이 나를 짓누르고 있다'라고 솔직히 자신의 감정을 표현했습니다.
　그러나 그는 성경을 통해 이런 두려움을 극복할 수 있었습니다. 죽음은 하나님의 영광을 위한 것이며(요11:4), 끝이 아닌 잠시 멈추는 것이며(요11:11), 부활의 시작이라는 것이 하나님의 분명한 말씀이며 또한 예수님이 보여주신 삶이기 때문입니다.
　죽음의 두려움을 극복할 수 있는 유일한 방법은 복음입니다. 죽음 이후의 삶을 준비할 수 있는 유일한 방법도 구원입니다.
　성경을 통해 죽음의 참된 의미와 해결방법을 찾으십시오. 반드시 창대하게 될 것입니다.

♡ 주님! 복음과 구원의 진리를 더욱 확고히 믿게 하소서!
🕮 죽음 이후 천국에 갈 확신이 분명히 있는지 생각해 보십시오.

나의 영적 일지

**12월 15일**

## 진리의 파편

읽을 말씀 : 요 1:10-18

● 요 1:14 말씀이 육신이 되어 우리 가운데 거하시매 우리가 그의 영광을 보니 아버지의 독생자의 영광이요 은혜와 진리가 충만하더라

　미국 캘리포니아의 폴 게티 박물관에서 완벽한 쿠로스 상을 구입했다고 떠들썩하게 발표한 적이 있었습니다.
　쿠로스 상은 고대 유물로 지금까지 심하게 훼손된 것만 발견되었는데, 폴 게티 박물관은 자신들이 구입한 쿠로스 상은 역사상 최초로 온전하게 보존된 상이라고 말했습니다.
　그런데 그 발표로부터 14개월 뒤 박물관이 그렇게 자랑하던 쿠로스 상이 사실은 모조품이라는 것이 드러났습니다. 박물관이 쿠로스 상을 구입하기 전에 이미 많은 조각가들과 전문가들이 박물관에서 구입하려는 쿠로스 상은 모조품일 것이라고 말했다고 합니다.
　그런데 그들은 전문가의 말을 믿지 않고 과학자들의 조사 결과만을 믿고 그것을 진품이라고 확신했습니다. 그러나 석상은 과학적 조사를 피할 수 있게 정교하게 복제된 것이었습니다.
　결국 과학적 결과만을 맹신하던 박물관은 수십억에 달하는 큰 피해를 입었습니다.
　과학은 하나님이 창조주라는 많은 증거들을 알려줍니다. 그러나 과학은 하나님을 드러내는데 아주 일부분만 도움을 줄 뿐입니다. 모든 만물과 법칙을 창조하신 분이 하나님이기 때문입니다.
　성경 말씀만이 확실하다는 사실만을 믿으십시오. 반드시 창대하게 될 것입니다.

♡ 주님! 매일의 삶을 통해 주님의 살아계심을 더욱 깊이 체험하게 하소서!
🦋 성경을 대할 때 '어떻게?' 가 아니라 '왜?' 라고 물으십시오.

나의 영적 일지

## 사용하는 사람의 손

읽을 말씀 : 시 143:1-12

● 시 143:10 주는 나의 하나님이시니 나를 가르쳐 주의 뜻을 행하게 하소서 주의 영은 선하시니 나를 공평한 땅에 인도 하소서

이탈리아의 바이올리니스트인 파가니니가 한 번은 연주회에서 줄이 끊어지는 사고를 당한 적이 있었습니다.

파가니니가 활을 키며 음악을 시작하려는 순간 줄이 하나 끊어졌습니다. 관객들은 긴장을 하며 파가니니의 대응을 지켜봤습니다. 파가니니는 줄이 끊어진 바이올린을 다시 키려고 했지만 다시 한 줄이 끊어졌고 이어 또 한 줄이 끊어졌습니다. 숙련된 연주자라도 당황할 수 있는 사고였습니다.

그러나 파가니니는 말없이 다시 바이올린을 들고 연주를 시작했고, 한 줄만 남아 있는 상태에서 완벽하게 연주를 마쳤습니다. 사람들은 한 줄만으로 완벽하게 연주하는 파가니니를 보며 경탄을 금치 못했습니다. 그러나 사실 파가니니는 이미 바이올린 한 줄이나 두 줄로 연주하는 기법을 완벽하게 익힌 뒤에 이 기법에 따른 노래까지 작곡을 마친 상태였습니다. 이날 파가니니가 보여준 퍼포먼스는 '연주자의 능력에 따라 악기는 얼마든지 달라질 수 있다'는 것을 보여주기 위한 것이었습니다.

유명한 바이올리니스트 중에도 파가니니처럼 연주할 수 있는 사람은 없었기에 그는 19세기 최고의 바이올리니스트라고 불렸습니다.

연주자에 따라 달라지는 악기의 가치처럼 만물을 창조하신 최고의 실력자인 주님에게 나의 삶을 맡기십시오. 반드시 창대하게 될 것입니다.

♥ 주님! 온전히 주님께 인생을 맡길 수 있는 믿음을 주소서!
🖼 나는 할 수 없어도 하나님을 할 수 있으시다는 사실을 늘 기억하십시오.

나의 영적 일지

### 12월 17일
# 종교개혁의 원리

읽을 말씀 : 딤후 3:1-7

● 딤후 3:5 경건의 모양은 있으나 경건의 능력은 부인하니 이같은 자들에게서 네가 돌아서라

   루터의 종교개혁은 가톨릭의 부패에 대한 95개조의 반박문으로 시작되었습니다.
   그러나 후세 신학자들에 따르면 루터의 종교개혁은 개신교의 탄생과 함께 다음의 일곱 가지 긍정적인 효과를 가져왔다고 합니다.
  1. 성경을 누구나 쉽게 볼 수 있게 함.
  2. 믿음을 통한 구원을 확증함.
  3. 사람의 말이 아닌 성경이 참된 진리임을 명시함.
  4. 만인제사장설을 통해 성도의 능동성을 강조함.
  5. 그리스도인의 자유에 대한 새로운 관점.
  6. 대중교육의 필요성을 알리고 시도함.
  7. 결혼과 가정에 대한 성경적 개념을 확립함.
   루터의 개혁은 단순히 교리적인 개혁이 아니라 믿음으로 사는 그리스도인에게서 나타나야 할 삶의 모습으로의 개혁도 포함되어 있었습니다.
   성경을 바르게 앎으로써 날마다 더욱 성장하는 신앙생활을 하십시오. 반드시 창대하게 될 것입니다.

♡ 주님! 성경을 통해 하나님을 알고, 사랑을 깨닫게 하소서!
🎴 신앙인의 바른 모습들이 지금 내 삶에 있는지 돌아보십시오.

나의 영적 일지

# 복음의 캠퍼스

읽을 말씀 : 딤전 4:6-16

●딤전 4:6 네가 이것으로 형제를 깨우치면 그리스도 예수의 좋은 일꾼이 되어 믿음의 말씀과 네가 따르는 좋은 교훈으로 양육을 받으리라

12월 18일

교회에 다니는 20대의 청년들을 부르는 속칭 '머슴'이라는 말이 있습니다.

청년들에게만 일을 시킨다는 안 좋은 의미도 있지만 그보다는 교회의 튼튼한 허리가 되어 많은 사역을 감당한다는 좋은 뜻으로 더욱 쓰입니다. 교회가 다음 세대를 걱정하지 않고 건강해지려면 당연히 청년과 학생들이 많이 교회를 찾고 또한 사역에 헌신해야 합니다.

그러나 통계청의 조사 자료에 따르면 대학교에 입학하는 크리스천의 비율은 점점 줄고 있다고 합니다. 1995년도에는 21.3%였던 크리스천 신입생의 비율이 10년 뒤인 2005년도에는 18.7%감소를 했고, 지금까지도 매년 소폭씩 감소하고 있는 추세입니다. 게다가 이들을 대상으로 '구원의 확신을 가지고 크리스천다운 삶을 사는가?'라는 질문을 해봤더니 그렇다고 대답한 비율은 7% 정도로 훨씬 급격하게 감소했습니다. 청년들이 교회를 떠나는 이유에 대해서는 '개인적 신앙생활의 회의, 강압적인 어른들의 모습, 비도덕적인 크리스천의 모습에 실망해서' 등등의 이유가 있었습니다.

교회의 10년 뒤, 20년 뒤의 모습을 생각하면 지금의 청년세대와 학생의 세대가 정말로 중요합니다. 신앙의 선배들인 성도들이 이제는 위기의식을 갖고 교회 내의 젊은 세대들을 위해 기도를 해야 합니다.

교회의 젊은 세대들에게 관심을 갖고 멘토가 되어주십시오. 반드시 창대하게 될 것입니다.

♥ 주님! 다음 세대, 다다음 세대를 위해 기도하는 성도가 되게 하소서!
📖 교회 내의 청년 사역, 학생 사역에 관심을 갖고 기도하십시오.

나의 영적 일지

**12월 19일**

## 사람의 생각, 하나님의 생각

읽을 말씀 : 롬 8:1-9

● 롬 8:5 육신을 따르는 자는 육신의 일을, 영을 따르는 자는 영의 일을 생각하나니

데이비드 리빙스턴은 원래 중국 선교를 준비했었습니다.

그러나 애초의 계획과는 전혀 다르게 중국에 선교를 갈 수 있는 길이 막혔고, 대신 아프리카로 가는 길이 열렸습니다.

자신이 원했던 지역의 선교가 좌절되자 리빙스턴은 '주님, 왜 저를 생각지도 못한 곳으로 보내십니까?'라며 하나님을 원망했습니다. 그러나 하나님은 아프리카에서 리빙스턴의 의술을 통해 많은 사람의 영과 육의 생명을 살리는 일을 감당케 하셨고, 또한 선교의 영역을 크게 확장시키셨습니다.

알렉산더 매케이 역시 마찬가지였습니다.

그는 아프리카의 마다가스카르로 선교를 가기 원했으나 하나님은 우간다로 보내셨고, 그곳에서 이전의 어떤 선교사도 하지 못했을 정도로 큰 열매를 맺게 하셨습니다.

윌리엄 캐리는 남태평양의 군도로 선교를 가려고 준비했습니다.

그러나 하나님은 캐리를 인도로 부르셨습니다. 캐리는 처음에 '하나님, 왜 길을 막으십니까?'라며 따졌지만 인도에 도착한 뒤에는 '이 길이 주님의 뜻이었군요!'라는 깨달음과 감사의 기도를 드리게 되었습니다.

인도하시고 예비하시는 분은 모두 하나님이십니다. 하나님의 부름을 따를 때 하나님의 능력을 체험하게 됩니다.

나의 생각으로 이해가 되지 않더라도 주님이 인도하시는 대로 한 걸음씩 옮겨나가십시오. 반드시 창대하게 될 것입니다.

♡ 주님! 무슨 일이든지 먼저 하나님의 뜻을 묻고 실행하게 하소서!
📖 내 뜻대로 일이 이루어지지 않더라도 낙심하지 말고 더욱 기도하십시오.

나의 영적 일지

# 공동체 정신

읽을 말씀 : 엡 4:1-6

- 엡 4:3 평안의 매는 줄로 성령이 하나되게 하신 것을 힘써 지키라

몸은 하나에 머리가 둘 달린 새가 있었습니다.

새의 몸을 조종하는 머리는 둘이었지만 움직일 수 있는 몸은 하나였기에 한 쪽 머리가 양보를 해야만 먹이를 먹고 하늘을 날 수 있었습니다. 그러나 왼쪽의 머리가 욕심이 더 많아 대부분 자기가 하고 싶은 대로 했고, 먹이를 먹을 때도 자기가 맛있고 풍성한 쪽을 다 먹고 나서야 오른쪽 머리에게 몸을 사용하게 했습니다.

오른쪽 머리가 한 번만 자기가 먼저 밥을 먹게 해달라고 부탁했지만 왼쪽 머리는 들어주지 않았습니다. 결국 다음 날 이 새는 죽고 말았습니다. 자기 식사시간이 되었던 오른쪽 머리가 열매 대신 독초를 먹었기 때문입니다.

아프리카에는 우분투 라는 인사말이 있습니다. "당신이 있으니까 내가 있습니다"라는 뜻인데 이런 방식으로 인사를 하는 아프리카의 부족은 여행자가 찾아와도 아무런 대가 없어 식사와 숙소를 제공합니다. 아이들은 놀이를 해도 일등과 꼴등을 정하지 않고 모두가 함께 하는 놀이만 합니다. '우분투 정신'은 이제 많은 기업가와 사회학자들이 연구하는 존중과 상생의 좋은 예가 되고 있습니다.

하나님은 우리가 서로 돕고 보살피며 하나님의 사랑을 깨달아가기를 원하십니다.

주변의 이웃을 먼저 사랑하며 점점 이웃의 울타리를 넓혀 가십시오. 반드시 창대하게 될 것입니다.

♥ 주님! 모든 지체가 주님이 창조하신 하나의 공동체임을 잊지 마십시오.
🖼 남을 미워하는 것은 곧 형제자매를 미워하는 것임을 깨달으십시오.

나의 영적 일지

## 12월 21일

## 불신자의 인정

읽을 말씀 : 요일 2:18-29

● 요일 2:29 너희가 그가 의로우신 줄을 알면 의를 행하는 자마다 그에게서 난 줄을 알리라

    루 왈래스에게 '벤허'를 쓰게 동기를 부여한 미국의 국무장관이었던 로버트 잉거솔 대령은 유명한 무신론자였습니다.
    잉거솔 대령은 국가에서 기독교를 믿지 못하도록 조치를 취해야 한다고 공공연히 말하고 다녔습니다.
    그러나 최근 들어 진행된 학자들의 연구에 따르면 잉거솔이 정말로 싫어했던 것은 아마도 기독교 자체보다는 기독교를 믿는 사람들의 잘못된 삶일 가능성이 더 크다고 합니다. 잉거솔은 친척 중 사라라는 여인과 매우 친밀한 관계를 가졌었는데, 그녀는 성경을 믿고 전도를 열심히 하는 신실한 기독교인이었습니다. 잉거솔은 기독교를 공격하는 무신론자임에도 사라와는 매우 친분이 두터웠고 다음과 같은 편지를 보낸 적도 있다고 합니다.
    '저는 최근에 기독교를 비판하는 책을 한 권 낼 예정입니다. 사라 아주머니에겐 가슴 아픈 일이지만 저에게는 어쩔 수 없는 일이라는 것을 알아주셨으면 좋겠습니다. 만약 모든 기독교인들이 아주머니 같은 삶을 살았다면 저는 이런 책을 쓰지 않았을지도 모르겠습니다'
    기독교인들의 삶이 바르지 않다고 해서 하나님의 사랑과 십자가의 보혈이 퇴색되지는 않습니다. 그러나 믿는 사람들의 바른 삶이 믿지 않는 사람들에게 선한 영향력을 미칠 수 있는 가장 큰 방법임은 틀림없는 사실입니다. 하나님 앞에 바로 서는 삶을 위해 오늘도 노력하십시오. 반드시 창대하게 될 것입니다.

  ♥ 주님! 믿지 않는 사람도 감동시킬 수 있는 삶을 살게 하소서!
  📖 양심을 지키고 작은 법도 어기지 않으려고 노력하는 삶을 사십시오.

나의 영적 일지

# 그리스도인의 자격

읽을 말씀 : 마 25:40-46

● 마 25:40 임금이 대답하여 이르시되 내가 진실로 너희에게 이르노니 너희가 여기 내 형제 중에 지극히 작은 자 하나에게 한 것이 곧 내게 한 것이니라 하시고

　미국의 윌리 라일 목사님은 부임하게 될 교회의 성도들의 신앙을 체크하기 위해 교회 근처에서 노숙자 행세를 했습니다.
　성도에겐 반드시 예수님을 따라 살고자 하는 마음과 실천이 있어야 한다고 생각한 목사님은 며칠간 교회 근처를 서성이며 얼마나 많은 교인들이 관심을 갖나 살펴보았습니다.
　10명 남짓한 교인들은 목사님에게 다가와 말을 걸고 음식을 사주며 도움을 주었습니다. 그러나 나머지 200명에 가까운 교인들은 그냥 외면한 채로 지나가거나 불쾌한 눈빛과 신호를 주었습니다. 목사님은 새로 부임한 첫날의 설교에서 이 같은 사실을 성도들에게 말했습니다.
　"여러분은 하나님을 섬기기 위해 교회에 오십니다. 그러나 그 한 시간만으로는 부족합니다. 하나님은 그것만을 원하시지 않습니다. 하나님을 사랑하고 이웃을 사랑하라는 것이 예수님의 명령입니다. 여러분은 지금 그리스도인처럼 살고 계십니까?"
　윌리 라일 목사님이 부임한 샌디에이고감리교회는 이 일이 있은 후에 지역 사회를 위해 더욱 헌신하고 열심히 복음을 전하는 교회가 되었습니다.
　'예수님이라면 어떻게 하실까?'
　'나는 지금 그리스도인으로 살고 있는가?'
　이 두 가지 질문을 매일 스스로에게 던져보십시오. 반드시 창대하게 될 것입니다.

　♡ 주님! 주님을 사랑하는 마음을 이웃에게 베풀게 하소서!
　🖼 예수님이라면 어떻게 하실까?' 라는 질문을 통해 하루를 살아 보십시오.

나의 영적 일지

## 신문배달 십계명

**12월 23일**

읽을 말씀 : 딤전 4:6-16

● 딤전 4:8 육체의 연단은 약간의 유익이 있으나 경건은 범사에 유익하니 금생과 내생에 약속이 있느니라

　세계적인 마케팅 컨설턴트 제프리 폭스는 우연한 기회에 유명한 기업들의 CEO들이 대부분 신문배달을 했다는 사실을 알게 되었습니다.
　그는 인터뷰를 통해 이들이 신문배달을 통해 배운 것을 다음과 같이 '신문배달 8계명'으로 만들었습니다.
　1. 절대로 빼먹어선 안 된다.
　2. 시간이 생명이다.
　3. 아프지 않게 몸을 관리해라.
　4. 비에 젖어 찢어진 신문은 있을 수 없다.
　5. 자전거를 관리해야 신문을 잘 돌릴 수 있다.
　6. 길을 절대로 잃어버려선 안 된다.
　7. 피곤한 생활 습관을 버려라.
　8. 변명은 통하지 않는다.
　제프리 폭스는 이 가르침이 모든 경영의 기본이자 자기 관리의 기본이 된다고 말했습니다.
　신문 돌리는 일은 작은 일이지만 이처럼 많은 노력과 헌신이 필요한 일입니다. 이와 같은 모습으로 주님을 예배하고 섬기십시오. 반드시 창대하게 될 것입니다.

💗 주님! 자기 관리를 잘하며 살게 하소서!
📖 하나님께 남는 시간이 아닌 준비된 시간을 드리십시오.

나의 영적 일지

# 성탄을 축하할 자유

읽을 말씀 : 눅 2:8-14

●눅 2:12 너희가 가서 강보에 싸여 구유에 뉘어 있는 아기를 보리니 이것이 너희에게 표적이니라 하더니

12월 24일

  캐나다의 잡지 '오타와 시티즌'에서 '목숨을 걸고 성탄을 축하해야 하는 나라'라는 제목의 특집 기사가 실린 적이 있습니다.
  먼저 사우디아라비아에서는 성탄절을 축하하는 모든 행위가 금지된다고 합니다. 또한 성탄절을 나타내는 기호나 어떤 구호도 사용할 수 없습니다. 1996년도에는 성탄절에 기도를 하다가 적발된 사람 두 명이 사형을 당하기도 했습니다.
  아프리카 동부에 있는 수단은 경찰이 성탄절 예배를 드리러 가지 못하게 막으며, 성탄선물까지도 단속합니다.
  또 나이지리아와 스리랑카에서는 성탄절을 기념하는 일이 불법은 아니지만 그로 인해 무슬림들에게 공격을 받고 죽임까지 당할 수 있습니다. 그리고 이처럼 성탄을 아직도 마음 놓고 축하할 수 없는 나라는 소개된 나라 외에도 15개국이나 더 존재한다고 합니다.
  인류의 가장 귀한 사건인 성탄을 기념하는 날이 다가왔습니다. 성탄은 모든 사람들이 함께 기념하고 감사해야 할 즐거운 날입니다. 그러나 여전히 성탄의 복음을 알지 못하는 사람들이 많고, 또 그것을 전할 수 없는 나라들이 많습니다.
  예수님을 믿고 섬길 수 있는 자유가 모든 나라에 속히 퍼질 수 있게 되기를 기도하십시오. 반드시 창대하게 될 것입니다.

♥ 주님! 주님을 보내신 하나님의 방법이 최고의 사랑임을 깨닫게 하소서!
🙏 종교의 자유가 없는 나라를 위해 기도하십시오.

나의 영적 일지

# 성탄의 진정한 의미

**12월 25일**

읽을 말씀 : 사 9:1-7

●사 9:6 이는 한 아기가 우리에게 났고 한 아들을 우리에게 주신 바 되었는데 그의 어깨에는 정사를 메었고 그의 이름은 기묘자라, 모사라, 전능하신 하나님이라, 영존하시는 아버지라, 평강의 왕이라 할 것임이라

성탄절은 예수님이 우리를 구원하기 위해 이 땅에 오심을 기념하는 날 입니다.
아이들에게 성탄절에 가장 먼저 생각나는 것이 뭐냐고 물으면 어떤 대답이 나올까요?
연령과 지역별로 조금씩 편차는 있지만 대부분 '산타, 루돌프, 선물' 이 세 가지가 나온다고 합니다.
한 목회자는 성탄절에 세상 사람들이 일기를 쓴다면 딱 한 줄이 나올 것이라고 말했습니다.
'먹고 마시고, 즐겁게 놀았다'
그러나 믿음의 선배들을 성탄절을 다음과 같이 표현했습니다.
퀴스트는 "성탄절은 인간 역사의 주인공이 교체됨을 기념하는 날이다"라고 말했습니다. 파스칼은 "성탄절은 인간을 설득하기 위한 하나님의 마지막 카드가 도착한 날이다"라고 말했으며, 토저는 "하나님의 겸손과 인간의 존귀함이 만나는 날이 성탄절이다"라고 말했습니다.
저마다 조금씩 다른 생각으로 성탄절을 표현했지만 예수님이 이 땅에 오신 날은 모든 인류에게 가장 중요한 날이며 그 날을 기념할 필요가 있다는 것은 부인할 수 없는 분명한 사실입니다.
예수님이 나를 위해 이 땅에 오셨으니, 이제 예수님이 마음에 오시게 하십시오. 반드시 창대하게 될 것입니다.

♥ 주님! 성탄의 소식으로 인해 영원한 기쁨을 누리게 하소서!
📖 참된 성탄절의 의미를 기리는 날로 거룩하고 경건하게 하루를 보내십시오.

나의 영적 일지

# 화살의 목표

12월 26일

읽을 말씀 : 히 12:1-10

● 히 12:2 믿음의 주요 또 온전하게 하시는 이인 예수를 바라보자 그는 그 앞에 있는 기쁨을 위하여 십자가를 참으사 부끄러움을 개의치 아니하시더니 하나님 보좌 우편에 앉으셨느니라

    알렉산더 대왕의 아버지인 필립 2세는 마케도니아의 용맹한 왕이었습니다.
    로마의 견제를 받던 어려운 국제 정세 속에서 순식간에 그리스의 여러 소도시들을 점령해 통일을 한 것은 필립 왕의 뛰어난 능력 때문이었습니다. 또한 그는 지략도 뛰어나고 말을 잘하는 왕이었습니다. 필립은 상대방의 군대가 전의를 상실한 것 같으면 웅변을 통해 적의 항복을 받아냈습니다. 알렉산더가 대왕의 칭호를 받을 업적을 남길 수 있었던 것은 아버지인 필립 왕이 쌓은 기반 덕분이었습니다.
    그러나 이렇게 용맹한 필립 왕도 전쟁 중에 눈에 화살을 맞아 죽을 뻔 한 위기를 경험한 적이 있습니다. 그것도 아주 쉽게 이길 수 있었던 작은 전투에서 당한 부상이었는데, 그 비결은 집중에 있었습니다. 병력이 적었던 적군은 왕을 쓰러트리는 것만이 유일한 승리의 방법이라 생각하고 모든 궁수들에게 왕만을 노리라고 명령을 내렸습니다. 그리고 결의를 더욱 다지기 위해서 화살에 다음과 같은 글씨를 새기도록 했습니다.
    '필립 2세의 머리를 향해!'
    도착지를 알지 못하면 제대로 출발을 할 수 없습니다. 그리스도인의 삶에 맞는 분명한 목표를 세울 때 우리는 방황하지 않고 곧장 주님께로 나아갈 수 있습니다. 오늘을 위한, 미래를 위한, 신앙을 위한 분명한 목표를 세우십시오. 반드시 창대하게 될 것입니다.

♥ 주님! 짧은 인생을 잘못된 목표로 낭비하지 않게 하소서!
🗾 인생의 여러 분야에서 세운 목표를 다시 한 번 재점검하십시오.

나의 영적 일지

### 12월 27일
# 칭찬이 필요한 사람

읽을 말씀 : 눅 6:27-38

● 눅 6:33 너희가 만일 선대하는 자만을 선대하면 칭찬 받을 것이 무엇이냐 죄인들도 이렇게 하느니라

    미국의 한 초등학교에 피터 메이슨이라는 불량 학생이 있었습니다. 친구들을 매일같이 때리고 괴롭힐 뿐 아니라 선생님의 말도 전혀 듣지 않았습니다. 선생님들은 피터를 빨리 퇴학시켜야 한다고 말했습니다. 그러나 틸리 선생님은 피터를 자신의 반으로 옮겨달라고 요청했습니다. 그리고 피터를 찾아가 부탁을 했습니다.
    "선생님이 몸이 아프고 어머니를 부양하느라 아이들에게 신경을 쓰기 힘들 것 같구나. 그래서 말인데 혹시 네가 우리 반 아이들을 책임져 줄 수 있겠니? 피터가 힘이 세고 용감하다고 해서 부탁하는 거란다. 약한 아이들을 보호하기 위해서라면 싸워도 내가 책임을 질게, 대신 너도 선생님과의 약속을 지켜 줄 수 있겠니?"
    피터는 선생님의 부탁을 들어주겠다고 약속했습니다. 그리고 피터는 다음 날부터 완전히 다른 학생이 되었습니다. 약한 아이들을 지켜줄 뿐 아니라 수업시간에도 집중을 했습니다.
    모든 선생님에게 미움을 받던 피터는 신뢰를 주는 모범생이 되었고, 훗날 유명한 목사님이 되었습니다. 그리고 많은 사람에게 복음을 전하며 빈민들을 위한 병원까지 설립하는 귀한 일을 감당하는 사람이 되었습니다.
    칭찬이 정말로 필요한 사람은 칭찬을 받지 못할 일을 하는 사람입니다. 어떤 상황에서도 비난보다는 칭찬이 더욱 효과가 있다는 사실을 기억하십시오. 반드시 창대하게 될 것입니다.

♥ 주님! 부정적인 상황에서 더욱 긍정적인 말을 사용하게 하소서!
📷 도저히 칭찬할 수 없는 사람일지라도 칭찬을 하기 위해 노력해 보십시오.

나의 영적 일지

# 잘못된 강요

읽을 말씀 : 잠 9:1-18

● 잠 9:12 네가 만일 지혜로우면 그 지혜가 네게 유익할 것이나 네가 만일 거만하면 너 홀로 해를 당하리라

    1970년대 독일에는 '마르크스 그룹'이라는 학생 운동 단체가 있었습니다.
    마르크스의 사상을 신봉하는 대학생으로 구성된 이 그룹은 자기들 나름의 기준을 갖고 교수들을 평가하고, 학생들이 들어야 할 강의인지 아닌지를 결정했습니다. 이들이 한 번은 독일 내의 매우 유명한 교수의 강의가 잘못되고 위험한 것이라고 결론을 내린 적이 있습니다. 그래서 단체의 몇몇 사람들이 강의실과 학교 게시판을 찾아다니면서 경고를 써 붙였습니다.
    "본 강의의 교수는 제국주의적인 잘못된 생각을 가지고 학생들의 생각을 오염시킴. 모든 학생들은 출석을 하지 말 것. - M.G -"
    그러나 그들의 경고를 보고 강의를 듣지 않는 학생들은 한 명도 없었습니다. 이들은 경고를 해도 사람들이 무시를 하자 결국은 몽둥이를 들고 강의실 입구를 지키기 시작했습니다. 그러나 그들이 그럴수록 더 많은 학생들의 반대와 저항에 부딪혔고, 결국 점점 회원이 줄어 10년이 되지 않아 완전히 사라진 단체가 되었습니다.
    이야기의 내용은 잘못된 내용의 강요지만 사실은 옳은 일에 대한 강요도 좋은 것은 아닙니다. 개인의 자유와 생각을 존중하며 옳은 길로 끌어주는 것이 정말로 지혜로운 사람입니다.
    힘보다 사랑으로 다른 사람의 마음을 감화시키십시오. 반드시 창대하게 될 것입니다.

♥ 주님! 자유와 선택이 주님이 인간에게 주신 권리임을 알게 하소서!
📖 강요보다는 경청과 관심을 통해 옳은 길로 인도하십시오.

나의 영적 일지

## 한 가지 소망

**12월 29일**

읽을 말씀 : 갈 5:2-15

● 갈 5:5 우리가 성령으로 믿음을 따라 의의 소망을 기다리노니

여론조사 기관인 갤럽은 약 13년 동안 미국인들의 업무 의욕에 대해서 조사를 했습니다.

기본적으로 70%의 미국인들은 자신들이 하는 일에 매우 낮은 의욕을 갖고 있었습니다. 나머지 30%의 사람들은 능동적으로 일을 하며 높은 생산성을 올리는 부류였는데, 이들에게는 다양한 차이점이 있었지만 가장 뚜렷한 것은 "더 나은 미래에 대한 한 가지 이상의 소망"이 있는가, 없는가라는 차이였습니다.

토마스 칼라일은 인간은 희망에 기초를 둔 존재이며 모든 것을 빼앗긴다 해도 한 가지 희망만 있다면 살아갈 수 있다고 말했습니다. 그러나 모든 희망보다 중요한 것은 무엇에 희망을 가졌는지입니다.

백의의 천사 나이팅게일은 서른 살이 되던 해에 다음과 같은 일기를 썼습니다.

"내 나이 서른, 예수님이 사역을 시작한 나이입니다. 나 역시 오늘부터 주님의 부르심을 따라 살겠습니다."

서른 살의 나이팅게일은 주님을 통해 인생의 소망을 가졌고, 그 소망으로 인해 아름다운 삶을 살았습니다. 내 삶을 유지하고 있는 궁극의 소망은 오로지 예수님이어야 합니다.

유일한 목표인 주님에게 참된 소망을 품으십시오. 반드시 창대하게 될 것입니다.

💗 주님! 주님을 향한 소망 가운데 살아가는 삶이 되게 하소서!
📖 부정적인 생각이 들 때마다 주님이 주시는 소망의 말씀을 묵상하십시오.

나의 영적 일지

# 세 가지 공통점

읽을 말씀 : 사 49:1-8

● 사 49:8 여호와께서 이같이 이르시되 은혜의 때에 내가 네게 응답하였고 구원의 날에 내가 너를 도왔도다 내가 장차 너를 보호하여 너를 백성의 언약으로 삼으며 나라를 일으켜 그들에게 그 황무하였던 땅을 기업으로 상속하게 하리라

미국 템플 대학의 설립자 러셀 콘웰 박사는 1920년대 무렵 미국의 백만장자 4043명을 조사했습니다.

그들의 가정환경을 비롯한 전 생애를 조사해 성공할 수 있는 비결이란 게 과연 존재하는지 찾는 것이 박사의 목표였습니다.

박사는 조사 중에 한 가지 특이한 점을 발견했는데, 그것은 백만장자 중에 남들보다 환경이 유복하거나 능력이 특출한 사람은 별로 없었다는 사실입니다. 4043명 중에 대학을 졸업한 사람은 69명밖에 없었습니다. 다만 이들에게서 찾을 수 있는 공통점은 다음의 세 가지였습니다.

● 첫째, 이루고자 하는 분명한 목표.
● 둘째, 목표를 이루고자 하는 뚜렷한 동기.
● 셋째, 고난 속에서도 꺾이지 않는 굳은 의지.

시작이 초라한 사람도 목표와 소원과 열의를 가지고 있으면 성대한 마무리를 할 수 있습니다.

하나님이 주신 분명한 목표와 동기를 가지고 어떤 고난 속에서도 원대한 비전을 성취하는 위대한 마무리를 꿈꾸십시오. 반드시 창대하게 될 것입니다.

♥ 주님! 출발점을 생각하지 않고 결승점에 집중하며 살게 하소서!
📖 하나님과 함께하는 사람은 절대로 망하지 않음을 기억하십시오.

나의 영적 일지

### 12월 31일
## 그리스도인의 내일

읽을 말씀 : 빌 1:19-26

● 빌 1:20 나의 간절한 기대와 소망을 따라 아무 일에든지 부끄러워하지 아니하고 지금도 전과 같이 온전히 담대하여 살든지 죽든지 내 몸에서 그리스도가 존귀하게 되게 하려 하나니

장 마리는 한국 전쟁이 발발했을 때 참혹한 전장을 뛰어다니며 취재를 하던 프랑스의 종군기자였습니다.

그는 죽을 뻔한 위기를 숱하게 넘기면서도 취재를 포기하지 않았고, 그의 노력 덕분의 전쟁의 참혹한 실상과 병사들이 겪는 고충이 세계에 많이 알려졌습니다.

한 번은 그가 전장을 누비다가 유난히 두려움에 떨고 있는 한 병사를 만났습니다. 극심한 두려움에 빠진 병사를 안정시키기 위해서 그는 자신의 신분을 밝히고 취재요청을 했습니다. 그리고 지금 가장 필요한 것이 무엇인지 물었습니다.

병사는 떨리는 목소리로 더듬더듬 말했습니다.

"내일..입니다. 나에게 내일을 주십시오..."

목숨을 잃을 위험이 도처에 깔린 전쟁터에서 병사를 가장 힘들게 하던 것은 불확실한 미래라는 두려움이었습니다.

그러나 꼭 전장에 나간 병사뿐 아니라 주님을 알지 못하는 모든 사람의 삶은 이와 같은 삶입니다. 그러나 그리스도인에게 미래는 확실한 하나님의 약속입니다.

내일도, 내년도 주님께서 함께 하시고, 승리하게 하실 것을 믿고 오늘 최선을 다하며 내일을 기대하십시오. 반드시 창대하게 될 것입니다.

♥ 주님! 새롭게 인도하실 주님을 기대하며 한 해를 마무리하게 하소서!
📖 한 해를 주신 주님께 감사하며 한 해를 주실 주님께 감사하십시오.

나의 영적 일지

망망한 바다 한가운데서 배 한 척이
침몰하게 되었습니다.
모두들 구명보트에 옮겨 탔지만
한 사람이 보이지 않았습니다.
절박한 표정으로 안절부절 못하던 성난 무리 앞에
급히 달려 나온 그 선원이
꼭 쥐고 있던 손바닥을 펴 보이며 말했습니다.
"모두들 나침반을 잊고 나왔기에 … "
분명, 나침반이 없었다면 그들은 끝없이 바다 위를
표류할 수밖에 없을 것입니다.

삶의 바다를 항해하는 모든 이들을 위하여
우리는 그 나침반의 역할을 하고 싶습니다.
우리를 구원하신 아름다운 주님을
21세기 문명의 이기(利器)를 통하여
널리 전하고 싶습니다.

우리 나침반 가족은
구원의 복음과 진리의 말씀을 전하며
당신의 믿음 성장과 삶을, 가정을, 증거를,
그리고 당신의 세계를 돕고 싶습니다.

그리스도 안에서
우리는 당신을 진실로 사랑합니다.

"하나님은 모든 사람이 구원을 받으며
진리를 아는 데 이르기를 원하시느니라."
(디모데전서 2장 4절)

## 나를 심히 창대케 하소서

지은이 | 김장환
발행인 | 김용호
발행처 | 나침반출판사

발행일 | 2014년

등 록 | 1980년 3월 18일 / 제 2-32호
주 소 | 157-861 서울 강서구 염창동 240-21
       블루나인 비즈니스센터 B동 1607호
전 화 | 본  사(02)2279-6321
       영업부(031)932-3205
팩 스 | 본  사(02)2275-6003
       영업부(031)932-3207

홈페이지 | www.nabook.net
이 메 일 | nabook@korea.com
          nabook@nabook.net

ISBN 978-89-318-1471-2
책번호 마-1045

값은 뒷표지에 있습니다.